COLECCIÓN POPULAR

566

LA CIUDAD DE MÉXICO: UNA HISTORIA

Traducción de
PAULA LÓPEZ CABALLERO

SERGE GRUZINSKI

LA CIUDAD DE MÉXICO: UNA HISTORIA

FONDO DE CULTURA ECONÓMICA

MÉXICO

Primera edición en francés, 1996
Primera edición en español, 2004

Gruzinski, Serge
    La ciudad de México: una historia / Serge Gruzinski ;
trad. de Paula López Caballero. — México : FCE, 2004
    618 p. ; 17 × 11 cm — (Colec. Popular ; 566)
    Título original Histoire de México
    ISBN 968-16-7284-4

    1. Ciudad de México — Historia 2. Historia — México
I. López Caballero, Paula, tr. II. Ser III. t

LC F1386.3 G78   Dewey 972 G665c

Comentarios y sugerencias: editor@fce.com.mx
Conozca nuestro catálogo: www.fondodeculturaeconomica.com

Título original: *Histoire de México* de Serge Gruzinski
World copyright © Librairie Arthème Fayard, 1996

D. R. © 2004, Fondo de Cultura Económica
Carretera Picacho-Ajusco, 227; 14200 México, D. F.

ISBN 968-16-7284-4

Impreso en México • *Printed in Mexico*

ÍNDICE GENERAL

Segunda Parte
TENOCHTITLAN, CENTRO DEL UNIVERSO

Tercera Parte
MÉXICO, UNA CIUDAD MESTIZA

Anexos

Para Pedro Pérez
in memoriam

NOTA AL LECTOR

Es difícil establecer una bibliografía satisfactoria de la ciudad de México. El lector recordará que la redacción de este texto se terminó en 1995 y que estaba destinado a un público francés, poco familiarizado con la historia mexicana. En 1995 pocos títulos estaban disponibles en francés a excepción de los trabajos de Jacques Soustelle, Michel Graulich y Christian Duverger para la época prehispánica; los de Solange Alberro, François-Xavier Guerra, Annick Lempérière para la época colonial y moderna; los de Claude Fell, Jerôme Monnet y Claude Bataillon para la ciudad contemporánea.

Los archivos de la ciudad de México y los de Indias en Sevilla (AGI) conservan muchísimos documentos sobre la historia de la ciudad desde el Renacimiento: las crónicas de viajes (siglos XVI-XX) constituyen otra serie considerable a la cual conviene agregar, desde la conquista española, la mayor parte de las obras notables de la literatura colonial, independiente y contemporánea, abanico que se abre con Hernán Cortés y se cierra con las últimas novelas publicadas en nuestros días. Señalemos en el dominio historiográfico los trabajos pioneros del equipo de Alejandra Moreno Toscano (INAH) para la época colonial y las importantes aportaciones de los investigadores del Instituto Mora para las épocas posteriores. Para el lector particularmente curioso del siglo XIX existen buenas referencias bibliográficas comentadas en Gortari Rabiela (1988ª).

Pero hay otras fuentes además de los testimonios escritos: la arqueología, el arte, el teatro, la música, la pintura, el cine y la televisión ofrecen miradas indispensables sobre la evolución de la ciudad.

PRÓLOGO

Tal vez haya mil maneras de escribir la historia de la ciudad de México desde sus orígenes hasta nuestros días. En todo caso, pocos se han arriesgado y menos aún pueden pretender haber salido adelante de manera honorable. Sin duda, las razones para interesarse en la capital de México abundan. Su misterioso origen precolombino, su pasado "azteca", la conquista española entre Dios y el diablo, su gigantismo de fin de siglo o aun su obstinación, cualquiera que sea la época, por querer figurar entre las megalópolis del globo: hacia 1520 la ciudad azteca era la más poblada del mundo; la aglomeración de hoy rebasa o le pisa los talones a Nueva York o Tokio, encabezando el pelotón. La lista de preguntas podría extenderse al infinito delineando los recuerdos prestigiosos y los récords infames —la contaminación atmosférica, las ciudades perdidas—. Precursor del enfoque apocalíptico, Julio Verne no pudo evitar esta observación en *Un drama en México:* "¿No sabe usted que todos los años se cometen mil asesinatos en México y que estos parajes no son seguros?"[1] Invirtamos la visión y tenemos, al término del primer siglo de dominación española, el elogio ditirámbico del cronista Suárez de Peralta: "Primero que se halle otro México […] nos veremos los pasados

[1] Julio Verne, *Un drama en México,* prólogo de Carlos Monsiváis, México, Hexágono, 1986, p. 73.

y los presentes juntos, en cuerpo y ánima, delante el Señor del mundo, aquel día universal donde será el juicio final".[2]

Si se quiere encerrar a la ciudad de México dentro de las páginas de un libro, los poetas son sin duda tan indispensables como los historiadores y los sociólogos:

Hablo de la ciudad,
novedad de hoy y ruina de pasado mañana
enterrada y resucitada cada día,
convidada en calles, plazas, autobuses, taxis, cines,
teatros, bares, hoteles, palomares, catacumbas,
la ciudad enorme que cabe en un cuarto de tres
metros cuadrados, inacabable como una galaxia,
la ciudad que nos sueña a todos y que todos
hacemos y deshacemos y rehacemos mientras la soñamos...[3]

"La ciudad enorme que cabe en un cuarto..." Los versos de Octavio Paz sugieren abordar lo infinitamente complejo partiendo de cosas sencillas. Puede ser, puesto que es un lugar de fácil acceso para el mexicano con prisa o para el europeo de paso, el Sanborn's de los Azulejos.

En pleno centro de la ciudad, cuando el sol de mediodía calienta al máximo el olor a gasolina y el polvo de la avenida Juárez, la gran sala del Sanborn's de los Azulejos rebosa de clientes. Los rayos de una luz tibia bordada de resplandores dorados recortan la penumbra del restaurante. Las columnas de piedra cincelada enmarcan un gran patio barroco adornado con una

[2] Suárez de Peralta (1949), p. 89.
[3] Publicados en 1987 en la recopilación *Árbol adentro*, Barcelona, Seix Barral.

fuente invadida de plantas. Filas de clientes esperan pacientemente a que se desocupe una mesa.

Instalado en un palacio de la época española, decorado en el siglo XIX con frescos de colores deslavados, el Sanborn's de los Azulejos puede preciarse de haber recibido el siglo: los burgueses de la *belle époque* y los europeos de paso, Emiliano Zapata y la Revolución mexicana, Diego Rivera y Frida Kahlo, María Callas, los pioneros de la *beat generation* y los estudiantes de octubre del 68.

Actualmente, el oasis refresca a los turistas agotados, a los empleados de las tiendas, a los burócratas en sus trajes apretados, a los músicos de la ópera y a los ciudadanos nostálgicos de la época en la que su ciudad tenía, todavía, un centro.

Si se evita el insípido café americano podemos pedirle a la mesera vestida de china poblana un agua de melón o de guayaba, a menos que se prefiera una Bohemia, cerveza clara servida en un tarro de vidrio con el cristal coronado por una fina capa de hielo. Un poco de alcohol —el tequila no se sirve más que en el bar— y la luz, los olores, las caras, los muros pintados de jardines fantásticos tejen historias sin fin en las que se atropellan el pasado de los archivos, los recuerdos íntimos y las heridas del olvido.

La Historia exige dar una apariencia de orden al caos de nuestras memorias y de nuestras posturas. El género tiene sus mañas y sus convenciones pero nos deja elegir el recorrido. En lugar de partir de los orígenes para perderse en el porvenir, empezaremos, pues, por remontar uno a uno los grados del tiempo. A ello responden sabias razones cuya explicación co-

rre el riesgo de aburrir al lector, pero también la preocupación por acrecentar el placer que nos produce
descubrir:

la ciudad que nos sueña a todos y que todos
hacemos y deshacemos y rehacemos mientras la soñamos...

PRIMERA PARTE

VENECIA DEL NUEVO MUNDO

I. OBSESIÓN POR LA MODERNIDAD

En busca de indios, de ruinas aztecas y de playas tropicales, el visitante europeo, así como el turista que viene de Estados Unidos o de Japón, se tropieza con una realidad inesperada. Éste descubre con estupefacción una ciudad contemporánea, animada por un dinamismo a la medida de sus veinte millones de habitantes. Las estrellas de rock de este fin de siglo, Sting, Madonna, Pet Shop Boys, se han acostumbrado a llenar el gigantesco Auditorio Nacional, rejuvenecido de arriba abajo para recibir los grandes rituales colectivos de la posmodernidad. El éxito del grupo español Mecano corona siglos de influencia musical hispana, pero ¿habrá alguien, dentro de esas multitudes nacidas a mediados de los años setenta, que se lo imagine o que se lo pregunte? En este planeta, donde el cine no se halla muy bien, la producción mexicana continúa ofreciendo, año tras año, creaciones originales: *Principio y fin* de Arturo Ripstein en 1993, *Como agua para chocolate* de Alfonso Arau o *Danzón* de María Novaro (1991), sin olvidar las películas de Jaime Humberto Hermosillo, de Paul Leduc y de algunos otros que filmaron durante los años ochenta. Pero, ¿se sabe realmente del otro lado del océano que en la ciudad de México el cine es una industria venerable, con un prestigioso pasado?

En el transcurso de los últimos treinta años han surgido museos, salas de concierto, cines de arte y experimentales, teatros. Cerca de las grandes avenidas Reforma e Insurgentes, el Polyforum Siqueiros con sus frescos ciclópeos, los museos del bosque de Chapultepec —entre ellos el célebre Museo Nacional de Antropología e Historia— y el Centro Cultural Universitario llaman la atención por la sobriedad de su concepción y la audacia de un modernismo que sabe resistir al tiempo. Los nombres de Luis Barragán y de Pedro Ramírez Vázquez resumen la considerable aportación de la arquitectura mexicana al arte contemporáneo. Una pléyade de obras dan testimonio de la capacidad financiera, de la ambición y, frecuentemente, de la búsqueda estilística propia de la ciudad de México. He aquí algunos ejemplos al azar: El Colegio de México, búnker de sabiduría plantado al pie del Ajusco, la nueva Cámara de Diputados en el barrio de San Lázaro —en los confines del viejo centro— o aun la cúpula neobarroca de la Bolsa de Valores, sobre la avenida Reforma. Todos esos edificios marcan las distintas etapas de un frenesí constructor, a tono con el crecimiento continuo de la aglomeración. Durante este periodo, el desarrollo de la ciudad rebasa la razón: la ciudad de México es "la ciudad que nos sueña a todos y que todos hacemos y deshacemos y rehacemos mientras la soñamos… y se convierte… en un manantial hecho de muchos ojos y cada ojo refleja el mismo paisaje detenido…" (Octavio Paz).

Dentro de este decorado en perpetua transformación, las modas y las corrientes confluyen a un ritmo que se acelera desde fines de los años sesenta. La retrospectiva de cine internacional que se organiza cada año bajo el nombre de Muestra, los espectáculos del Festival Cervantino —importados del mundo entero mientras el maná petrolero lo permitió (1979-1981)—, las grandes exposiciones de pintura han atraído a miles de espectadores hacia las obras de arte antiguo y contemporáneo. A fines de los años setenta, en tan sólo unos días el Bolshoi sucedía a la Orquesta Filarmónica de Nueva York, el pianista Alexis Weissenberg a Zubin Mehta, la Comédie Française a los ballets del siglo xx. Todos corríamos al cine Roble para descubrir las producciones cinematográficas del extranjero, en una de esas salas inmensas por las que París ya había perdido el gusto. ¡Qué sorpresa estar a algunos asientos de la actriz María Félix!, dividido entre la fascinación que ejercen los grandes astros apagados y la pantalla gigante en donde centelleaba la fabulosa *Siberia* del japonés Akira Kurosawa.

Algunas claves para entender esa efervescencia: hasta el día de hoy, la vida cultural de la ciudad de México ha permanecido esencialmente en manos del Estado. En ese sentido, la capital mexicana es una ciudad latina, casi francesa, de ninguna manera anglosajona. El Estado es quien construye la mayoría de los museos; las dependencias de sus ministerios mantienen el patrimonio nacional y sostienen la vida artística. El Seguro Social (imss) posee teatros famosos; es el caso, igualmente, de la Universidad Nacional Autónoma de México. El Instituto Nacional de Bellas Artes tiene vara alta en la música clásica y contemporánea, en la ópera, en las exposiciones de pintura y de escultura. El Instituto Nacional de Antropología e Historia administra el patrimonio histórico, los museos, los monumentos prehispánicos y coloniales, orgullo de la ciudad. Estudios cinematográficos y salas de espectáculos han pertenecido durante mucho tiempo al Estado. Si a ello agregamos que es el Estado quien suministra el papel a los periódicos y a las revistas, adivinamos la fuerza de su dominio sobre la prensa escrita.

La misma presencia —aunque más discreta— se encuentra en los medios de comunicación contemporáneos. El Estado posee un canal de televisión que haría palidecer a *Arte*,[1] mientras que el Instituto Politécnico Nacional difunde programas educativos y culturales desde el Canal 11. Junto a ellos, Radio Educación y Radio Universidad son radiodifusoras públicas de calidad. La editorial Fondo de Cultura Económica —también del Estado— resplandece sobre todo el continente americano. A finales de los años setenta, las editoriales universitarias, en particular las de la UNAM, publicaban más de un libro por día y los distribuían en sus librerías. Durante esa década, muchos intelectuales chilenos y argentinos encontraron refugio en los medios universitarios y artísticos de la capital, la cual aprovechó esa afluencia tonificadora.

El mecenazgo privado —infinitamente más generoso que en Francia— está lejos de ser desdeñable. Hoy, las fundaciones ligadas a Televisa, Banamex, Condumex o Domecq, por no citar más, ocupan un lugar cada vez mayor que está transformando las costumbres. No

[1] Canal de televisión franco-alemán de arte subvencionado por ambos gobiernos. [T.]

obstante, el teatro, el cine de arte y el experimental, la música, los museos, la vida intelectual siguen ampliamente estimulados y financiados por el gobierno. La sombra del socialismo de Estado flota por toda la ciudad mientras que convive excelentemente bien con el capitalismo. Paradoja cuya explicación hay que buscar en la primera mitad del siglo xx.

Los años cincuenta o la nostalgia de una época dorada

En la ciudad de México, la memoria humana es más engañosa y más frágil que en cualquier otro lugar. En ella, los puntos de referencia surgen y se borran al ritmo acelerado de las generaciones. El decorado urbano es tan móvil que no ofrece más que un mínimo anclaje al recuerdo. A mí mismo me cuesta trabajo encontrar muchas de las calles y avenidas recorridas en 1970, durante un primer viaje, y sé que aquella ciudad del pasado —que un tiempo fue mía— resulta totalmente desconocida para los adolescentes de los años ochenta. Nada que ver con la tranquilizadora inmovilidad de las ciudades europeas.

En el recuerdo de las personas mayores, hoy largamente minoritarias dentro de la población urbana, la ciudad de los años cincuenta se parece a un paraíso perdido. Proletarios, clases medias o burguesía evocan el encanto anticuado, la dulzura de la vida, el júbilo de una ciudad hecha a la medida humana. En invierno, los volcanes cubiertos de nieve se recortaban sobre el azul metálico del cielo; en mayo, el viento tibio arrastraba olores de flores y golosinas que se vendían en cada esquina. Los vendedores de camotes empujaban sus carritos calientes por todos los barrios de la ciudad. Los confines de los barrios periféricos aún eran de campos de maíz dorado. El flujo mesurado de los carros, la velocidad tranquila de los tranvías permitían circular sin cansancio de un extremo a otro de la ciudad. Una ciudad en la que callejonear seguía siendo un placer. Mientras estos recuerdos sigan vivos, ése será el horizonte idealizado que la ciudad, veinte veces millonaria, contemplará con nostalgia.

En 1950, la ciudad de México tenía ya tres millones de habitantes, cifra respetable en el mundo de la posguerra. Aun cuando ese término no tiene sentido aquí, puesto que, como en el resto de América Latina, la ciudad de México no vivió más que de lejos la segunda Guerra Mundial.

¿Cómo encontrar la sombra de esa ciudad señorial y segura? Quizás en los rincones sombreados de la colonia Condesa o en las calles más pretenciosas de Polanco. Esos barrios guardan trazas de la ciudad de entonces, tal y como nos la muestra Luis Buñuel en *Él,* una de sus películas mexicanas mejor logradas (1952). Los delirios secretos de Arturo de Córdova sobresalen en una ciudad de apariencia tranquila: fachadas de los años cincuenta de modernas líneas, grandes avenidas, barrios residenciales, villas con entradas espaciosas a donde se precipitan lujosos automóviles norteamericanos, parques de suaves curvas repletos de agua en época de lluvias, un estilo burgués, más californiano que europeo, si bien aún cargado de presencias del Viejo Mundo, por lo menos de aquellas de los refugiados expulsados por el franquismo, el nazismo o el espectro de la guerra. Las pastelerías de la Europa central en la colonia Hipódromo conservaron, durante mucho tiempo la memoria de esas familias exiliadas de una Europa que los rechazaba. Entre ellas están los Stern, provenientes de Praga y cuya hija, Miroslava, se convirtió en la estrella de *Ensayo de un crimen* antes de suicidarse al término de su fulgurante carrera.

Es difícil disociar los años cincuenta del encanto, el misterio y la hipocresía de una burguesía próspera, como la que se reconoce en el humor negro de *El esqueleto de la señora Morales,* llevado a la pantalla en 1959 por Rogelio A. González o, nueve años antes, en la mirada helada de la intérprete de *Doña Perfecta,* Dolores del Río. Pero los años cincuenta son también el número 212 de la calle de Orizaba, en la colonia Roma: detrás de los tranquilos muros de esa residencia burguesa, Jack Kerouac pasó dos años con sus amigos *junkies.*

La ciudad respira entonces, al menos en apariencia, una modernidad controlada. En el sur, en sólo cuatro años (1948-1952) la Ciudad Universitaria surge de la tierra y transforma la geografía de maestros y estudiantes, al mismo tiempo que promete educación para la mayoría. Levantada a principios de los años cincuenta, la Torre Latinoamericana rasga el cielo y materializa el dinamismo urbano. Su verticalidad rompe con la horizontalidad que aún domina la ciudad. Símbolo del Progreso, de la norteamericanización a todo galope, proeza técnica a prueba de los futuros terremotos de 1957 y 1985: casi cuatro décadas desde que ese primer rascacielos domina el centro de la ciudad. Sueño de un crecimiento que nada podría detener y de una apertura hacia el resto del mundo. Octavio Paz puede escribir: "Por primera vez en la historia, somos contemporáneos de los demás hombres". Se equivoca, veremos por qué, pero expresa la mentalidad que reinaba entre los intelectuales, élites políticas y clase media.

Esa ciudad de México no nos es totalmente ajena. Junto a la figura del español Buñuel y las películas que realizó en México, hay otros nombres que la vuelven casi familiar: Octavio Paz —que publica en 1950 su *Laberinto de la soledad*— o Carlos Fuentes, cuya novela *La región más transparente* describe la historia reciente de la ciudad (1946-1952). El novelista traza un retrato alucinante:

> la ciudad vasta y anónima, con los brazos cruzados de Copilco a los Indios Verdes, con las piernas abiertas del Peñón de los Baños a Cuatro Caminos, con el ombligo retorcido y dorado del Zócalo, [...] los tinacos y las azoteas y las macetas renegridas, [...] los rascacielos de vidrio y las cúpulas de mosaico y los muros de tezontle y las mansardas, [...] las casuchas de lámina y adobe y las residencias de concreto y teja colorada y enrejado de hierro...[2]

El cine mexicano está en su cumbre. Célebres en el mundo entero, María Félix, Dolores del Río, Pedro Infante son estrellas cuyas carreras se confunden con la historia de la gran ciudad. Al sur, desde 1945, Churubusco es el Hollywood o la Cinecittà mexicana. Pero también en esa época la joven María Callas triunfa en

---

[2] Fuentes (1958), p. 453.

el Palacio de Bellas Artes, donde canta lo esencial de su repertorio: *Norma, Aída, Tosca, El trovador* en 1950; de nuevo *Aída* y *La traviata* en 1951, *Los puritanos* y *Lucía de Lammermoor* el año siguiente. Asimismo, en 1954 desaparece la pintora Frida Kahlo, esposa de Diego Rivera y diosa del Tout-Mexico.

María Callas, María Félix, Frida Kahlo, el arte lírico, el cine, la pintura: tres rostros, tres figuras excepcionales en una misma ciudad. Es más de lo que se necesita para estimular el horizonte confuso de nuestras memorias.

LOS PRIMEROS RASCACIELOS

Este horizonte es ya tan lejano que todo aquello que le precede parece extraído de la Historia o del Mito, parece fundirse en un pasado que se declina en tono épico en los libros de texto mexicanos: las nacionalizaciones de los años treinta y cuarenta, la presidencia gloriosa del general Lázaro Cárdenas (1934-1940) bajo el signo del populismo y de la expropiación petrolera (1938) —el gesto elevó a México a la cabeza de lo que todavía no se llamaba tercer mundo— y sobre todo, como telón de fondo, el acontecimiento principal y fundador: la Revolución mexicana al alba de los años veinte. La Revolución victoriosa renueva al personal político e igualmente transforma el clima social, artístico e intelectual de la ciudad. Con ella se introduce una ruptura análoga a la provocada en Europa por la primera Guerra Mundial, y la ciudad de México se abre a las tres décadas fundamentales de la modernidad y del siglo xx.

El paisaje urbano no esperó hasta los años cincuenta para rejuvenecer y "modernizarse". La mutación era plenamente visible desde los años cuarenta, cuando los edificios de quince pisos se multiplican sobre la avenida Reforma y los automóviles empiezan a proliferar: más de setenta mil automóviles recorrían las calles de la ciudad. Un mural ofrece una cómoda referencia. Pintada en 1947, la obra de Juan O'Gorman *La ciudad de México* —se encuentra en el Museo de Arte Moderno— nos revela una ciudad en construcción. Desde el techo del Monumento a la Revolución la mirada envuelve las transformaciones del centro de la ciudad, donde cada vez más edificios se lanzan al asalto de un cielo aún dominado por el de la Lotería Nacional.

En realidad, veinte años atrás más de dos tercios de las construcciones aún no tenían más que un piso y veinte edificios tenían apenas seis. Como en la época de la dominación española, el horizonte urbano seguía siendo horizontal y bajo. México es

una ciudad llana. Pocos edificios rebasan los dos pisos y las azoteas forman otra ciudad encima de ésta. Donde quiera que uno dirija la vista, cúpulas y campanarios de las iglesias barrocas, balcones forjados en los pisos altos, el rojo apagado del tezontle, una que otra chimenea de ladrillo al rojo vivo, y el valle extendido con sus bosques y sus huertas, sus pantanos, sus ríos y sus canales, los poblados cercanos discretamente escondidos por las arboledas: una ciudad depositada en la cuenca de un valle y que parece levantarse hacia el sol.[3]

[3] Olivier Debroise (1984), p. 94.

Y Octavio Paz:

¿Sabe a lo que se parecía el centro de México? No a
Madrid. El México que conocí era superior a Madrid.
Aquel México era asombrosamente parecido a Palermo,
porque Palermo vieja está llena de antiguas casas y palacios muy parecidos a los de nuestro centro. Sus momentos
históricos coinciden. Los palacios tienen en ambos
lugares esa mezcla indefinible de severidad, grandeza y
melancolía que es muy española pero que trasladada a
México o a Italia se transforma inmediatamente. Lo que
se puede decir del México de aquella época es que era
una ciudad llena de grandeza caída. Grandeza y pobreza:
vieja grandeza y melancolía.[4]

Hacia finales de los años veinte el centro trata de
respirar mejor: se abrieron nuevas arterias, como la
avenida San Juan de Letrán o la avenida 20 de Noviembre que desemboca frente a la catedral. Con ellas se
modificó la circulación de la ciudad vieja, pero al mismo tiempo se crearon nuevos puntos de vista que acen-
tuaron la monumentalidad de la ciudad.

La modernidad arquitectónica se implantó al oeste
del viejo centro. En 1935 se inicia la construcción de
la Lotería Nacional en el cruce de avenida Juárez y de la
avenida Reforma. No lejos de ahí, unos años más tarde, los constructores del Monumento a la Revolución
recuperan una estructura metálica erigida antes de la
Revolución y que habría alojado a la Cámara de Diputados. Para completar esta decoración, los arquitectos
acondicionan los grandes hoteles de la avenida Juárez

---

[4] Octavio Paz, "Una grandeza caída", en *Artes de México,* otoño
de 1988, pp. 9-10.

—Del Prado, Palace, Regis— y del Paseo de la Reforma. El crecimiento continuo de la ciudad hacia el oeste y hacia el suroeste provoca el desplazamiento definitivo de su centro de gravedad hacia el majestuoso Paseo de la Reforma y los barrios rodeados por el bosque de Chapultepec.

En esos mismos años treinta, la ciudad vieja resintió el paso de las demoledoras o la fantasía devastadora de los arquitectos. La ciudad de México tiene prisa por sacudirse un yugo que le resulta insoportable, arcaico y repelente. En el Zócalo, al Palacio Nacional —antiguo palacio de los virreyes de la época española— se le agrega un piso. Esta operación se efectúa en 1929, junto con una remodelación de la fachada del siglo XVIII. En 1938 el Portal de las Flores se remplaza por el nuevo edificio del Departamento del Distrito Federal. Palacios edificados a finales del siglo ven su vida truncada; por ejemplo, la residencia de la riquísima familia Escandón —a dos pasos del Sanborn's de los Azulejos—, en cuyo lugar el Estado manda construir el pesado y mussoliniano Banco de México. La apertura de la avenida 20 de Noviembre "exigió [...] la destrucción parcial del Portal de las Flores, de la iglesia de San Bernardo, de la Casa de San Felipe y del curato de la parroquia de San Miguel, por no hablar de lo que desapareció por completo".[5] En 1938, para ampliar la avenida San Juan de Letrán, se arrasa el convento de Santa Brígida. Años más tarde, en 1947, la fuente del Salto del Agua, obra maestra barroca, es desmontada y reconstruida fuera de la ciudad en los jardines del museo de Tepotzotlán.

[5] Tovar de Teresa (1991), I, p. 109.

La lista de edificios desaparecidos o transformados en cines, almacenes, tiendas, dice mucho de los daños infligidos al patrimonio y de la mutilación causada a la memoria urbana. Pesada será la factura de la modernidad, aunque la ciudad "moderna" no hizo más que rematar el trabajo de depuración emprendido desde mediados del siglo XIX. Lo peor, lo veremos, se consumó hace mucho tiempo.

LA ÉPOCA DE ORO DEL CINE MEXICANO

La mutación arquitectónica es contemporánea de una explosión cinematográfica excepcional fuera de Europa y Hollywood. La carrera de Luis Buñuel en el México de los años cincuenta no está ligada únicamente a la existencia de una importante colonia de refugiados españoles. La realización de las películas del cineasta republicano deben mucho a las aportaciones de técnicos de calidad —camarógrafos y fotógrafos— formados en la ciudad de México, convertida en una de las metrópolis del cine mundial. En realidad, Europa esperó hasta 1946 para percatarse. En ese año, el triunfo de *María Candelaria* en el Festival de Cannes atrajo la atención de críticos y espectadores hacia el cine mexicano. La película de Emilio Fernández entusiasmó a Georges Sadoul. Mucho tiempo, e injustamente, Hollywood había hecho sombra a los cineastas, actores y productores instalados en la capital mexicana.[6]

[6] La filmación de *María Candelaria* en Xochimilco, al sur de la ciudad, suscitó polémica. La película resultaba muy indígena y demasiado exótica. Sobre el cine mexicano véase Emilio García Riera, *Historia documental del cine mexicano,* México, Era, 1969.

Los años cuarenta fueron, entonces, fecundos en cineastas y en fotógrafos talentosos, así como pródigos en obras destinadas a volverse clásicas. La ciudad de México emplea —a veces en el mismo escenario— a Gunther Gerszo, a Gabriel Figueroa, a Alex Phillips. Los cineastas Emilio Fernández, Julio Bracho, Alejandro Galindo, Roberto Gavaldón, Fernando de Fuentes e Ismael Rodríguez realizan cada año películas que hacen historia: *Flor silvestre* y *Distinto amanecer* en 1943, *Enamorada* y *La otra* en 1946, *Río escondido* en 1947, *Una familia de tantas* y *Salón México* en 1948, *Aventurera* en 1949, por citar unas cuantas que debieran figurar en cualquier videoteca... Tantas obras destacadas son inconcebibles sin la expansión de un vivero intelectual que aliara una sólida formación estética con las nuevas técnicas cinematográficas.

La riqueza de las pantallas mexicanas también está ligada a encuentros excepcionales: el del fotógrafo Gabriel Figueroa con el director Emilio Fernández; el de estos dos artistas con el novelista John Steinbeck (en *La perla);* el de la actriz Dolores del Río con Pedro Armendáriz; el del cineasta Alberto Gout con Ninón Sevilla, "la diosa pelirroja del cine mexicano". Los historiadores del cine pretenden incluso que Gout fue para ella lo que Von Sternberg fue para Marlene Dietrich. Los itinerarios son a veces tortuosos. Emilio *el Indio* Fernández se gana un nombre filmando *La isla de la pasión* (1941), que traza las peripecias de un grupo de mexicanos abandonados en la isla de Clipperton. Dos años más tarde, *el Indio* convence a Dolores del Río para que deje Hollywood, donde ya es famosa, para filmar *Flor silvestre*. Al principio, la película se encamina hacia el fracaso. El día del estreno en el Palacio Chino los curiosos son pocos pero de calidad: los tres grandes muralistas —Diego Rivera, José Clemente Orozco, David Alfaro Siqueiros—, Manuel Rodríguez Lozano, Miguel Covarrubias y un joven actor: Arturo de Córdova. La película se salvó. La época de oro del cine mexicano aprovechaba una coyuntura singularmente propicia: la proximidad de California y el apoyo del medio artístico de la capital mexicana. La carrera del *Indio* no conocería, en lo sucesivo, más obstáculos.

Los inicios de esa época dorada se sitúan a principios de los años treinta. En 1930, *Santa* de Antonio Moreno marca la entrada del cine mexicano a la era del cine sonoro. Este último se benefició de la experiencia de artistas que habían pasado por los estudios de Hollywood. Entre ellos, *el Indio* Fernández antes de su gloria y Alejandro Galindo, director de *Almas rebeldes*. Productores de la envergadura de Raúl de Anda, figura clave del cine mexicano, juegan un papel motriz en el auge de la industria cinematográfica. Gracias a ellos, las producciones prosiguen y se multiplican. Entre ellas, dos películas de Fernando de Fuentes: *El compadre Mendoza* (1933) y una espectacular epopeya inspirada en la historia revolucionaria, *Vámonos con Pancho Villa,* filmada dos años más tarde. Todavía en 1933 los cines de la ciudad anuncian *La mujer del puerto,* melodrama expresionista que debemos al cineasta ruso Arcadi Boytler. Extraña mezcla: esta asombrosa película traslada la atmósfera oscura y germana de las obras de Murnau o de Fritz Lang a los muelles tropicales de Veracruz. A su vez, también las influencias de la Europa nórdica y oriental vinieron a fecundar a la joven cinematografía mexicana.

Por lo demás, no es un azar que la ciudad de México reciba a ese cineasta ruso, ni que emplee al cineasta alemán J. Bohr,[7] ni que termine por ser uno de los grandes centros de creación cinematográfica en América y en el mundo. La ciudad de los años treinta mantiene una población de artistas y de intelectuales que muchas ciudades de Europa envidiarían. Un nombre y un lugar son su símbolo: Frida Kahlo y la Casa Azul.

LA CASA AZUL DE FRIDA

"Espero alegre la salida [...] y espero no volver jamás... Frida." La desaparición de la pintora Frida Kahlo, el 13 de julio de 1954, fue un acontecimiento nacional y el desenlace de un interminable calvario personal seguido por el Tout-Mexico.

Un año antes de su muerte, la artista participó en la retrospectiva que una galería de la Zona Rosa le consagró, en el número 12 de la calle Amberes. Recostada en la cama que le habían instalado en la galería, se confundía con sus obras, expuestas al público. Según su biógrafa Hayden Herrera: "Uno de los cuadros de la pintora adornaba el pie de la cama, la cual permaneció en la galería aun después de la inauguración. Las almohadas bordadas estaban perfumadas con el aroma *Schocking* de Schiaparelli. Al igual que los santos lujosamente ataviados que se apoyan en sábanas de raso y se veneran en las iglesias mexicanas, Frida recibió a su corte". Durante un breve instante, como el de un per-

---

[7] Le debemos *Luponini. El terror de Chicago,* filmada en 1935.

fume con aromas de incienso, el recuerdo de una ciudad anterior afloró bajo la modernidad sin memoria. Con el genio de lo híbrido y del contratiempo que la caracterizó, Frida resucitó de un pasado barroco que parecía sepultado para siempre. Una de sus mejores amigas, la fotógrafa Lola Álvarez Bravo, evoca ese singular momento:

> Les pedimos a las personas que circularan, que la saludaran y luego pasaran a la exposición misma, pues temíamos que la muchedumbre asfixiara a Frida. Formaba una verdadera turba. Esa noche no acudieron únicamente los círculos artísticos, los críticos y sus amigos, sino un gran número de personas inesperadas. Hubo un momento en el que nos vimos obligados a sacar la cama de Frida a la estrecha terraza al aire libre, porque apenas podía respirar.[8]

Frida Kahlo era hija de un fotógrafo de origen húngaro. En 1928 esta joven de veintiún años, bella y tímida, mostró su pintura a Diego Rivera, con quien se casó al año siguiente. Desde entonces compartió la vida agitada del pintor, lo acompañó a Estados Unidos, se peleó y se reconcilió con él, amó a algunas mujeres y tuvo algunos amantes. Paralelamente, realizó una obra inclasificable, luchando sin descanso contra la enfermedad que terminó por clavarla a una silla de ruedas.

Incesantemente repetidos, los autorretratos se nutren de su enfermedad, de la que envían una imagen mórbida, obsesiva y sometida. La pintura de Frida Kahlo

---

[8] Hayden Herrera, *Una biografía de Frida Kahlo*, México, Diana, 1985, pp. 335-336.

revela un testimonio personal de una intensidad insostenible. Pero expresa también, a su manera ingenua y brutal, casi exhibicionista, la diversidad de compromisos, corrientes y sensibilidades que atraviesan a la élite intelectual de la capital mexicana: influencia del marxismo —*Autorretrato con Stalin* y *El marxismo curará a los muertos* son algunos de sus últimos cuadros—, temáticas indígenas y folclóricas, feminismo anticipado, homosexualidad femenina, obsesión por la muerte, la enfermedad y la sangre... El presente se mezcla con el pasado indio en la artesanía y en esos exvotos de los que gustaba rodearse y que la sumergen en la memoria de un México barroco y popular.

Frida Kahlo pasó la mayor parte de su vida en la que se convertiría en uno de los faros de la ciudad del siglo xx: la Casa Azul de Coyoacán. El crecimiento de la ciudad hacia los suburbios atrajo a artistas e intelectuales hacia el sur. A finales de los años treinta, muchos emigraron hacia Tacubaya —adonde se instalaron los fotógrafos Manuel y Lola Álvarez Bravo, Edward Weston y Tina Modotti—, mientras que otros se dirigieron a San Ángel, como el pintor Juan O'Gorman. La Casa Azul sigue siendo la más famosa de esos nuevos anclajes. Es una construcción de estilo colonial, edificada en un barrio al sur de la ciudad, Coyoacán, famoso por haber pertenecido al conquistador Hernán Cortés. El edificio se encuentra en la esquina de las calles de Londres y de Allende. Las paredes de la planta única son de color azul, de un azul intenso y cálido que no se borra de la memoria y que parece resistir las pruebas del tiempo.

La Casa Azul de Frida Kahlo se convirtió en una de

las residencias artísticas y políticas de la ciudad, adonde concurrían escritores, pintores, músicos, políticos, mexicanos, estadunidenses, latinoamericanos y europeos. Todos los caminos se cruzaban en la Casa Azul. Enferma o convaleciente, Frida recibía ahí a Dolores del Río y a María Félix, a Carlos Pellicer y a Salvador Novo, la poesía y el cine. Con su decoración tradicional, sus sillas de hoja de palma, sus exvotos pintados sobre metal, sus tapices tejidos, sus árboles y sus orquídeas, esta casa es hoy uno de los museos-santuarios del México moderno.

LAS VANGUARDIAS DE LOS AÑOS VEINTE

Como ocurre siempre con las modas, la mirada apasionada que hoy dirige Estados Unidos a la pintura y a la persona de Frida Kahlo —elevada a la categoría de emblema posmoderno de una América mestiza y feminista— deja en la oscuridad el mundo del cual es producto y expresión: la ciudad de México de las vanguardias y del muralismo revolucionario.

A finales de los años treinta, el joven Octavio Paz frecuentaba el café París:

> había una tertulia que empezaba más o menos a las cuatro de la tarde. En una gran mesa estaban siempre o casi siempre Octavio Barreda, Celestino Gorostiza, Xavier Villaurrutia [...] y dos personas que eran de las más asiduas, León Felipe y José Moreno Villa [...] De lo que se hablaba era de libros y de vida literaria, de arte, de música y muchísimo de teatro [...] Había otra mesa al lado que era de los marxistas, la de los revolucionarios, donde la figura

más importante era José Revueltas [...] Después de las seis de la tarde se hacía una mesa muy ruidosa en la que me gustaba sentarme porque era la más divertida. En ella estaban Juan Soriano, que era un poco el centro de atención, Lupe Marín, Lya Costa, quien después se casó con Cardoza y Aragón, Lola Álvarez Bravo, María Izquierdo, que era encantadora y estaba siempre decorada como un ídolo, como una especie de diosa precolombina totalmente pintada y repintada, una máscara viviente. Este grupo llegaba tarde, salía tarde del café y después se iba a correrías nocturnas que no siempre terminaban brillantemente [...]

En esa época, víspera de la segunda Guerra Mundial y desenlace de la guerra civil española, la nueva generación mexicana —nacida hacia 1914— se reúne alrededor de la revista *Taller*. Además de Octavio Paz, ahí se codean Carlos Pellicer, Rafael Solana, Efraín Huerta, José Revueltas... La traducción de *Una temporada en el infierno*[9] de Rimbaud es el manifiesto de este grupo comprometido con el marxismo y la izquierda mundial: "En *Taller* habíamos vivido la guerra de España como si fuese nuestra".[10] La revista se interesa en el conjunto de la producción literaria hispanoamericana, aunque también en el pasado de la literatura en lengua española, pues acoge una edición moderna de *Endechas* de la gran poetisa del México barroco sor Juana Inés de la Cruz. Ello no les impide publicar la primera antología de T. S. Eliot en castellano.

[9] Arthur Rimbaud, *Temporada en el infierno,* Caracas, Monte Ávila, 1986.
[10] Octavio Paz, *Sombras de obras,* Barcelona, Seix Barral, 1983, p. 98.

Esta ebullición intelectual se sitúa dentro de la estela dejada por la Liga de Escritores y Artistas Revolucionarios, creada en 1934, "en el nuevo cauce abierto por la elección de Cárdenas".[11] Pero su origen se remonta aún más lejos, a la linde de los años veinte, década por excelencia de todas las vanguardias. Así, una parte de los artistas mexicanos difundía los ideales de la joven Revolución al empaparse de las fuentes de la mexicanidad, mientras otros trataban de rivalizar con las metrópolis artísticas de Occidente, movidos por una necesidad irreprimible de incorporar a la ciudad de México al siglo xx y de expresar su modernidad.

La vanguardia de los años veinte inventa su modernidad al diversificar sus manifestaciones. Unos extraen de Gide y de Cocteau lo que otros piden a Gorki y al socialismo. El movimiento cristaliza alrededor de revistas que se enfrentan a su primer público: *Ethnos* para los antropólogos, *Mexican Folkways* para los artistas, *Crisol,* emanación del reciente PNR, el Partido Nacional Revolucionario. La vanguardia, aprovechando la tranquilidad posrevolucionaria, se apiña en los cafés de moda, asiduamente frecuentados por intelectuales, periodistas, actores, cantantes, hombres y mujeres prendados de novedades. En el centro de la ciudad, el café Tacuba, La Flor de México, el Sanborn's, el Selecty, el café América, reciben a esos círculos entusiastas, gracias a los cuales la ciudad de México saborea, en su momento, el frenesí de los *années folles.*[12] Las mujeres

[11] Lempérière (1992), p. 138.
[12] *Los années folles* engloban una época claramente delimitada que abarca la década de los veinte en París: época de las vanguardias y de la entreguerra. [T.]

43

llaman la atención por su belleza luminosa y su inteligencia: María Izquierdo —quien llega a la ciudad de México en 1923—, Dolores Olmedo, Lupe Marín, quien se casó, antes que Frida Kahlo, con el pintor Diego Rivera.

En lo sucesivo, las galerías tendrán casa propia. The Aztec Land expone obras del norteamericano Weston, un estreno en la historia de la ciudad que no pasa inadvertido. Organismos oficiales, la Secretaría de Educación Pública (SEP) y la Universidad inauguran también sus propios lugares de exposición. En 1935 la Galería de Arte Mexicano abre sus puertas para trabajar en estrecha colaboración con los coleccionistas de Europa y Estados Unidos.

En el Centro Histórico —en esa época es aún el corazón de la ciudad— viven pioneros y creadores: Diego Rivera, Rufino Tamayo, Pablo O'Higgins, Villaurrutia... Ahí, la bohemia se cruza con la ciudad *chic* que cena en el Prendes y en el Sanborn's de los Azulejos, la misma que se viste en la tienda High Life de la calle Gante cuando no compra ropa de ultramar.

Corrientes se esbozan, triunfan y se desvanecen. El movimiento estridentista reúne a los poetas Manuel Maples Arce y a Germán List Arzubide, a los pintores Jean Charlot y Ramón Alva de la Canal. El 12 de abril de 1924 se inaugura una exposición de pintura estridentista en el Café de Nadie, sobre la avenida Jalisco —hoy número 160 de la avenida Álvaro Obregón—. Ahí, los lienzos de Edward Weston y de Revueltas son admirados al lado de algunos muralistas como Orozco y Siqueiros. El movimiento preconiza una estética vanguardista: exalta el avión, la radio y la fotografía en nombre de un hipermodernismo con tintes de futurismo y de expresionismo, en contraste total con la realidad mexicana, tradicional, indígena y campesina;[13] esta vanguardia hace del mundo industrial y obrero parte importante, sin dudar en invocar una ideología del trabajo próxima al anarquismo y al marxismo. La aparición de la ciudad, del paisaje urbano con sus cables eléctricos y sus chimeneas de fábrica como objeto pictórico es una de las conquistas del movimiento estridentista. Con él, y por primera vez, la imagen de la ciudad industrial se impone, arrebatada por las agitaciones de la modernidad.

En 1926, el movimiento estridentista se disuelve. Reunidos en torno a su revista, los *Contemporáneos* (1928-1930) toman el relevo. La ciudad de México se dota de una revista capaz de jugar un papel análogo al de *La Nouvelle Revue française* o al de la *Revista de Occidente,* recién fundada en Madrid por José Ortega y Gasset. Es el turno de los escritores Salvador Novo, Xavier Villaurrutia, Antonieta Rivas Mercado y de los pintores Rufino Tamayo, Agustín Lazo, María Izquierdo, quienes empiezan a explorar las formas y las maneras de ser de la modernidad, mucho antes de que ésta penetrara en la sensibilidad de las clases medias y desechara al México viejo. La ciudad es el centro de sus preocupaciones. Si el poeta Xavier Villaurrutia sigue el ejemplo de André Gide, si el pintor Manuel Lozano se refiere a Cocteau es porque sus búsquedas son idénti-

---

[13] Debroise (1984), p. 90.

cas. ¿Cómo forjar una sensibilidad adaptada a una ciudad que, en lo sucesivo, será percibida como la esencia de la modernidad?

> la ciudad insurrecta de anuncios luminosos
> flota en los almanaques

Manuel Lozano pinta la vida cotidiana y la gente de la ciudad.[14] El pintor prefiere a los mestizos de la calle que a los indios idealizados de Diego Rivera. En él, la búsqueda de la mexicanidad no se limita al indigenismo oficial sino que explora el arte de los exvotos o recurre a técnicas tradicionales como la aplicación de laca. La ciudad moderna le fascina. El retrato del poeta Salvador Novo —representado en un automóvil atravesando la ciudad— expresa esa tendencia que invade a la literatura. En su relato *El joven,* el mismo Novo explota los anuncios publicitarios colgados en los muros de la ciudad. La ciudad nocturna, onírica, angustiante, encanta a los creadores. Se insinúa en la poesía de Ramón López Velarde "El sueño de los guantes negros" (1924). Reina sobre los "Nocturnos" de Xavier Villaurrutia (1931). En todos los tonos, las vanguardias mexicanas reivindican la modernidad en la ciudad.

---

[14] Manuel Lozano reorienta el sistema de Best Maugard hacia un nuevo formalismo, más alejado de la abstracción hasta entonces preconizada.

La bomba del muralismo[15]

La ciudad del cine, de Frida y de las vanguardias es, antes que nada, la ciudad de la Revolución. El fracaso del cientificismo conservador que sustentaba al régimen precedente abrió el camino a nuevas experiencias sociales, mientras que en esa misma época Occidente ardía. Contemporánea de las revoluciones alemana y rusa, la Revolución mexicana aparece hoy, a fin de cuentas, como un logro hábilmente manejado por la clase media, la élite intelectual y la burguesía nacional. Progreso y modernización fueron su grito de combate. Esa revolución constituye, también, el principal punto de referencia del siglo xx mexicano, exaltado por los libros de texto, por los monumentos y las conmemoraciones. La historia de la ciudad de México ignora las rupturas mortales que infligieron la primera y la segunda guerras mundiales en la memoria europea. Ni guerra ni posguerra. En cambio, a partir de 1911, la ciudad asiste a la explosión de una revolución que los mexicanos de hoy todavía perciben como el advenimiento de un siglo y de un régimen.

Las más espectaculares trazas de la ciudad revolucionaria subsisten en el corazón de grandes edificios públicos —realizadas en los años veinte— o en vesti-

[15] Sobre el muralismo: Jean Charlot, *The Mexican Mural Renaissance 1920-1925*, New Haven y Londres, Yale University, 1963; los numerosos trabajos de Raquel Tibol, crítica de arte e importante protagonista de la vida artística de la capital, *Orozco, Rivera, Siqueiros, Tamayo*, México, FCE, 1974; de la misma autora, *Historia general del arte mexicano. Época moderna y contemporánea*, México, Hermes, t. III, 1969; o aun *José Clemente Orozco. Una vida para el arte*, México, Cultura/SEP, 1984; Mario de Micheli, *Siqueiros*, México, SEP, 1985.

gios de la época colonial remodelados en el siglo XIX. Los murales, frescos gigantescos, cubren los muros de la Escuela Nacional Preparatoria, de la Secretaría de Educación Pública, del Palacio Nacional, del ex seminario de San Pedro y San Pablo, de la Suprema Corte de Justicia, del Hotel del Prado... Detrás de esos frescos se encuentran un movimiento bautizado como muralismo y un trío ilustre: José Clemente Orozco, David Alfaro Siqueiros y Diego Rivera.

Inmediatamente, los frescos provocaron un escándalo. En la ciudad de México, así como en Moscú, el arte, arrancado de los cenáculos artísticos, expuesto a la vista de la mayoría, instalado en el centro mismo de la ciudad, se convertía en una bomba política; y no sólo porque los muralistas pintaban con una pistola al cinto. El arte del siglo XX efectuaba en la ciudad de México una de sus mutaciones más controvertidas.

Los frescos pasmaron a los extranjeros, ya se trate de D. H. Lawrence o del muy católico Graham Greene. No hay visita que valga sin pasar por los murales. El autor de *Quetzalcóatl* envía a Kate, su heroína, a la Escuela Nacional Preparatoria. Estamos en 1923. La joven irlandesa observa a los pintores en plena creación, encaramados sobre sus andamios. La precocidad desbordada de los artistas, su energía tan "americana" la sorprenden y la divierten. En cambio, la agresividad de los temas anticlericales y anticapitalistas, la brutalidad caricaturesca de las formas, la fealdad deliberada ofenden a la joven. Kate juzga la obra de Diego Rivera "interesante", pero "su impulso era el odio que el artis-

48

ta sentía".[17] Los frescos del antiguo colegio jesuita de San Ildefonso tienen aún menos gracia a sus ojos: "Eran caricaturas tan crueles y horribles que Kate se sentía simple y llanamente repelida. Estos frescos tenían la intención de ser provocadores, pero precisamente esta voluntad deliberada es la que les impide ser tan provocadores como podrían serlo". La violencia inaudita de José Clemente Orozco y de sus compañeros no podía dejarla indiferente.

En 1938, Graham Greene no es aún el autor de *El poder y la gloria*. En ese entonces visita los santuarios del muralismo. Si es sensible a la carga emocional contenida en la pintura de Orozco, no soporta la manera en que los muralistas desvían los símbolos cristianos al servicio de su mensaje revolucionario. El escritor descubre una constante en la historia de la ciudad y no se equivoca demasiado: bajo la Revolución aflora el sedimento del pasado. El muralismo vuelve a representar un escenario con cuatro siglos de antigüedad, puesto en marcha al día siguiente de la conquista española, cuando el cristianismo integró la idolatría indígena para ganarse a los indios:

En la ciudad de México, la catedral fue construida en el lugar de un gran templo azteca, y tal vez sólo experimentemos la inquietud de los antiguos sacerdotes aztecas cuando nos alejamos impacientemente de esas pinturas murales de maestras rurales vestidas de blanco con rostros piadosamente apostólicos y dedos alzados para bendecir.[18]

[17] D. H. Lawrence, *The Plumed Serpent*, Londres, Heinemann, 1965 (1ª edición, 1926), p. 46.
[18] Graham Greene, *Caminos sin ley*, trad. J. R. Wilcock [1953], México, CNCA, 1996.

Antes de convertirse en atracción turística —banalizados por millones de reproducciones y por la aparente debacle de las ideologías—, los frescos de los muralistas, rechazados o admirados, fueron poderosos instrumentos de crítica social e incluso de propaganda revolucionaria. El origen de esta experiencia se remonta a los años de la Revolución mexicana (1910-1920). Mientras que la vanguardia escoge las grandes capitales europeas, búsquedas análogas, influenciadas por el expresionismo y el cubismo, se esbozaban en América, en Nueva York, São Paulo y la ciudad de México. En esta última el movimiento despuntó en condiciones singulares. La ciudad y el país escaparon a la primera Guerra Mundial pero pasaron por una revolución, tan larga y también perturbadora como el conflicto europeo.

El nuevo Estado surgido de la Revolución toma las cosas en sus manos. Los dirigentes no olvidan ni a los pintores ni a la pintura y sostienen iniciativas que habrían podido quedarse sin futuro. De 1921 a 1924 un político e intelectual de primer plano, José Vasconcelos, reorganiza la Secretaría de Educación Pública.[19] Confía a Best Maugard el destino del futuro arte "nacional y mexicano". Inspirado por la experiencia soviética y por las ideas de Gorki, el secretario de Educación estimula la creación artística de los pintores dispuestos a promover la Revolución mexicana. La ciudad de México se convierte en el centro de una experiencia estética sin equivalente en el planeta, salvo en Rusia. Como en la joven Unión Soviética, el nuevo po-

[19] Claude Fell, *José Vasconcelos. Los años del águila*, México, UNAM, 1979.

der lanza a la vanguardia fuera de su gueto y la divulga a escala nacional. Ésta rompe de manera brutal con el academicismo y practica con frenesí el expresionismo y el culto a la espontaneidad, como lo muestran los manuales de dibujo destinados a los jóvenes estudiantes. El "método" de Best Maugard marcó el comienzo de pintores tan distintos como Rufino Tamayo, Antonio Ruiz o Agustín Lazo.

En la misma época, el interés del poder se orienta hacia el arte popular, hacia la artesanía indígena y hacia la decoración de los grandes edificios públicos. En 1920, en Chimalistac, un barrio al sur de la ciudad de México, Alfredo Ramos Martínez fundó una "escuela al aire libre", que posteriormente se instaló en un antiguo convento de Coyoacán. Abierta a todos los pintores sin distinción social o de formación, la experiencia se reveló aún más audaz que el método de Best Maugard. Ésta promovía la espontaneidad creadora de los niños; al mismo tiempo buscaba febrilmente en el arte prehispánico maya, azteca, tolteca y en la pintura popular la esencia de un arte auténticamente mexicano. La efervescencia creativa es llevada hasta su límite en el seno de una ciudad sumergida en los *années folles*. Esas iniciativas son tanto más notables en virtud de que precedieron históricamente a los avances en la enseñanza artística de la Rusia revolucionaria y, en particular, a las producciones de los talleres libres *Svomas*.

La actividad de los pintores se beneficia plenamente del apoyo del joven Estado revolucionario y de los intelectuales. El nacionalismo está a la orden del día, como lo afirman sin ambages los periódicos el día de la conmemoración del centenario de la Independencia en 1921: "Nuestra revolución artística consiste o está consistiendo en desligarnos del extranjero [...] Empezamos a volver los ojos a lo nuestro [...] al terminar la crisis revolucionaria, la reducción de la fragmentación cultural y la creación de un sentimiento de pertenencia colectiva al cual puedan suscribirse todos los habitantes, cualquiera que sea su origen, se vuelve para los gobernantes un fin en sí mismo".[20] El ministro Vasconcelos alienta igualmente a los muralistas. A partir de 1922 confía la decoración de la Escuela Nacional Preparatoria a artistas que pronto serían famosos —Diego Rivera, José Clemente Orozco, David A. Siqueiros— o a artistas destinados a jugar un papel importante en la pintura mexicana como Jean Charlot, De la Cueva, Montenegro: el movimiento muralista había nacido.

Los pintores se lanzan a la decoración de los pasillos, las escaleras y los anfiteatros de la Escuela Nacional Preparatoria mientras que otros muros los esperan en el nuevo edificio de la Secretaría de Educación Pública, en la calle de Argentina. Orozco transforma los muros de la Escuela Nacional Preparatoria al pintar composiciones intituladas *Maternidad, La huelga, La trinchera, La trinidad*... Rivera pintó una *Creación* con una madona laica. Siqueiros concibió y realizó *Los elementos* (1922) y *El entierro del obrero sacrificado* (1923). Los murales mostraban obreros, campesinos, zapatistas en la cumbre, mientras que los secuaces de las tinieblas —conservadores, capitalistas, curas— eran ridiculizados, denunciados y aplastados.

[20] A. Lempérière (1992).

Pintura de mensaje profundamente híbrida, duda todavía en la elección de sus recursos. Queriendo ser socialista pero con referentes católicos, el primer muralismo extrae del Renacimiento italiano los elementos de una monumentalidad adecuada para impresionar al espectador. Orozco es italianizante en su *Maternidad*, Rivera alinea figuras neobizantinas. Pero Fernando Leal pinta una *Fiesta del Señor de Chalma* de inspiración totalmente india y de mentalidad indigenista.

La experiencia fue tan agitada como el periodo en el que se desarrolló. En 1924 una crisis enfrenta a Vasconcelos y sus pintores contra los alumnos de la Escuela Nacional Preparatoria. Esta confrontación resulta de las contradicciones entre un arte emanado de la Revolución, pero al servicio de un Estado cuyas decisiones eran cada vez menos revolucionarias. Aunque conservador, Vasconcelos es tachado de bolchevique por una parte de la opinión pública y debe aliarse tácticamente a los pintores socialistas en contra de los alumnos en huelga. En desacuerdo con el presidente Álvaro Obregón, el brillante José Vasconcelos presenta su dimisión. El movimiento muralista, como tal, ha dejado de existir.

Los pintores se dispersan: Orozco va a Estados Unidos y Nueva York; Siqueiros se traslada a Guadalajara y pinta murales encargados por el gobernador local José Guadalupe Zuno. Durante una decena de años, el muralismo pasa inadvertido: en 1926, Orozco completa y restaura los murales deteriorados de la Escuela Nacional Preparatoria; el año siguiente, Fernando Leal decora la Secretaría de Salud. En 1928, Rivera termina los doscientos treinta y cinco murales de la Secretaría de Educación Pública. De 1925 a 1935, el pintor Diego Rivera se pone a la cabeza del movimiento muralista. Menos innovadores, los murales que realizó en las escaleras de Palacio Nacional siguen recalcando la saga nacional: en ellos desfilan las grandes etapas de la historia de México, desde la época prehispánica hasta la Revolución... La Revolución mexicana y el indio, elevado al rango de encarnación de la mexicanidad, nutren una iconografía que mezcla escenas grandiosas con la fuerza irresistible de los estereotipos: aquí, los obreros sublevados acometen contra una burguesía degenerada; allá, los campesinos en guerra se apresuran detrás de sus líderes ya legendarios: Emiliano Zapata y Pancho Villa. En la misma época, las pantallas de la ciudad de México presentan las epopeyas revolucionarias de Fernando de Fuentes. Pocas veces pintura y cine han dialogado de manera tan espontánea.

Pero una actualidad amenazante obliga a los pintores a enfrentar otros demonios. En 1939, la denuncia del fascismo inspira a Siqueiros para su *Retrato de la burguesía*. Pintado en la sede del Sindicato Mexicano de Electricistas, calle Antonio Caso número 45, el mural está invadido de un imaginario fantástico y terrorífico cuyo estrépito hace resonar el espacio. Los recursos del montaje cinematográfico, la imbricación de las perspectivas, la agresividad de los anuncios de propaganda, la alegoría sistemática producen una de las obras maestras del arte socialista.

Compromiso político, militancia y creación pictórica iban de la mano. Siqueiros militó en el partido comunista y participó en la guerra civil española. Rivera abandonó la III Internacional por el trotskismo.

Escándalos, polémicas, rivalidades, rumores, operaciones publicitarias, esnobismo, encarcelamiento, censura, todo coincidió para confrontar a la ciudad con sus creadores, quienes extirpaban el arte de los museos y los palacios con la esperanza —parcialmente ilusoria— de ponerlo ante los ojos del pueblo. La ciudad de México —en el sentido restringido de sus élites culturales— quería ser un teatro expuesto a la mirada de la mayoría.

De Eisenstein a Buñuel, de Morand a Kerouac

El resplandor de la ciudad de México no se explicaría sin la cercanía estimulante de Estados Unidos, ni sin la presencia de numerosos extranjeros en su territorio. Las estancias de Luis Buñuel o de Jack Kerouac en la ciudad no tienen nada de insólito ni de excepcional. De 1920 a 1960, la ciudad atrae a los representantes de las vanguardias extranjeras, a los creadores norteamericanos y latinoamericanos, pero también a artistas españoles, franceses, ingleses, alemanes como Bohr, rusos como Boytler. La ciudad de México ofrece asilo político a las víctimas de los totalitarismos, a los trotskistas que huyen de la persecución estalinista, a los republicanos españoles perseguidos por Franco, a los judíos de Europa o aun a los franceses que dejaban la Francia de Vichy. Ecléctica, cosmopolita, la ciudad genera mecenas tan inesperados como el embajador de Estados Unidos, Dwight W. Morrow, quien financia y alienta al pintor Diego Rivera.

Luis Buñuel tuvo un predecesor insigne en la ciudad de México: el ruso Serguei M. Eisenstein. A principios de los años treinta, cuando el cineasta llega a México procedente de Estados Unidos, ya ha producido una parte de sus obras maestras —*Octubre, El acorazado Potemkin*—. Desde 1920 había abordado el tema de la Revolución mexicana participando en Moscú en la puesta en escena de una obra de teatro —*El mexicano*—, extraída de una novela de Jack London.[21] El muralismo apasionó a Eisenstein pues le parecía que aportaba respuestas precisas a las preguntas que se hacían los creadores soviéticos. Una fotografía que data de 1931 nos lo muestra en el patio de la Casa Azul de Coyoacán, al lado de Frida Kahlo y Diego Rivera. Pero su interlocutor privilegiado fue el pintor Siqueiros. El muralista le enseñó "la estupenda síntesis entre la concepción de las masas y su representación percibida individualmente". Una confrontación se inició entre la imagen cinematográfica tal y como Eisenstein estaba inventándola y la pintura figurativa según Siqueiros. El arte, el cine y la revolución dialogaban en la ciudad de México, anfitriona de uno de los debates fundamentales de nuestra modernidad.

El interés de los rusos por el muralismo mexicano se remonta, de hecho, a los años veinte. En 1925, Vladimir Maiakovski reside en la ciudad de México, aprovechando la hospitalidad de Diego Rivera y Lupe Marín. El muralista escoltó al poeta, le mostró los murales que se estaban haciendo y consiguió la publicación de varios de sus poemas en la revista de José Vasconcelos *La Antorcha*. Como lo confesó más tarde

<hr>

[21] Serguei M. Eisenstein, *Le Mouvement de l'art*, París, Cerf, 1986, p. 267.

Maiakovski, "la pintura fue lo primero que conocí en México".[22]

Para los visitantes extranjeros, la ciudad de México no era objeto de descripciones ni de magnificencias como para Lozano o Novo. Era una encrucijada de mundos, un lugar de encuentro excepcional, un punto de partida para otros horizontes. Los caminos de muchos creadores se cruzaban en la ciudad de México: Eisenstein no tenía ojos más que para el campo mexicano, mientras que Siqueiros, igual que Rivera, se sentía irresistiblemente atraído por las grandes ciudades industriales de Estados Unidos: Los Ángeles, Nueva York, San Francisco... Siqueiros enseñó a Eisenstein a ver el México "profundo" y le compartió su visión exaltada y trágica de la Revolución mexicana. El ruso quedó prendado de esta tierra india, con un exotismo incandescente, atravesada por caras fascinantemente herméticas y bellas. De ella extrajo una película que no terminó, *Que viva México,* cuyas imágenes siguen cautivando nuestros imaginarios, al punto de hacernos olvidar todo lo que deben a los pintores y a los fotógrafos de la ciudad de México: al genio de un Manuel Álvarez Bravo, al talento del estadunidense Edward Weston y de la italiana Tina Modotti, quienes llegaron en 1923.[23] Sin la experiencia de su mirada, sin las vanguardias de la ciudad de México, una obra con ese ful-

[22] Olivier Debroise, "Hotel Bristol, Tverskaya 39", *Curare,* núm. 5, enero-marzo de 1995, pp. 4-8; R. William Harrison, *Mexico through Russian Eyes, 1806-1940,* Pittsburgh, University of Pittsburgh Press, 1988; Luis Mario Schneider, *Dos poetas rusos en México, Balmont y Maiakovski,* Sepsetentas, núm. 66, México, 1973.
[23] Sobre Tina Modotti se puede leer la biografía que propone Elena Poniatowska en *Tinísima,* México, Era, 1992.

gor hubiera sido inconcebible. A la radiante Tina Modotti, ex estrella de Hollywood, y a Edward Weston, fotógrafo de la línea de Alfred Stieglitz, debemos tomas cuyo diseño sofisticado desafía al tiempo: *Lis* (1925), *Agave* (1926). "Aquí la vida es intensa, exaltada. No hace falta fotografiar escenas arregladas. Más vale ocuparse de los muros asoleados con fascinantes texturas..."[24]

La presencia de la pareja en la capital mexicana nos recuerda que Estados Unidos está a dos pasos. Nada sorprendente es que multitudes de anglosajones lleguen a la ciudad de México. Desde principios de los años veinte, D. H. Lawrence, y después John Dos Passos, Malcom Lowry, Graham Greene —por sólo citar a los más famosos—, engrosan la cohorte de novelistas que vienen a explorar México. Igualmente, los actores bajan del norte yanqui hacia la gran ciudad, donde adquieren algunos cuadros, como Edward G. Robinson, quien, medio siglo antes que Madonna, se lleva varios lienzos de Frida Kahlo.[25] En los años cincuenta, los fundadores de la *beat generation*, William Burroughs y Jack Kerouac, pasan por la ciudad de México, atraídos por el olor "de las apestosas salchichas de hígado bañadas en una salsa negra, cebollas blancas fritas en la grasa que se agita sobre la sartén".[26]

¿Cómo explicar la frecuencia de esas fascinaciones ? ¿Por el eco de una Revolución que el tiempo y la dis-

[24] Edward Weston, *Journal mexicain (1923-1928)*, París, Seuil, 1995; Tina Modotti, *Lettres à Edward Weston (1922-1931)*, París, Anatolia, 1995.
[25] Herrera (1985), p. 103.
[26] Kerouac, *Tristessa*, París, Stock.

tancia magnifican? ¿Por el exotismo caluroso de un país tropical, antípoda de la prohibición y el puritanismo de los gringos? Década tras década los efluvios de los bajos fondos y los paraísos artificiales arrastran a sus adeptos. Marihuana, tequila y música de Pérez Prado ayudan a olvidar las melancólicas ciudades industriales del norte del continente. La ciudad de México es la América de América.

Pero la ciudad no solamente tiene el encanto de los territorios sin ley o de los *no man's land* anónimos. La ciudad atrae porque se exporta: lienzos, pinturas, estrellas de cine, letras y música. En 1927, de paso por Moscú, Diego Rivera da a conocer la obra de los muralistas mexicanos, aprovechando las amistades trabadas en los medios de Montparnasse. Siqueiros también frecuenta la capital moscovita. En Estados Unidos mecenas, directores de museos y galerías invitan a Diego Rivera y le encargan algunos murales: en el Stock Exchange de San Francisco (1930), en el Art Institute; en 1931 en Nueva York, el año siguiente en Detroit. Siqueiros vive y pinta en Los Ángeles, en Nueva York, donde Jackson Pollock se cuenta entre sus discípulos. En 1938, Frida Kahlo expone por primera vez en Nueva York. El músico Aaron Copland sigue las creaciones de su colega mexicano Carlos Chávez: la música mexicana vive un florecimiento tan asombroso como la pintura y el cine.

Los franceses descubren la ciudad de México a continuación del escritor Paul Morand. A su propio ritmo. En 1914, la visita Henri Cartier-Bresson, quien se instala con el pintor Ignacio Aguirre y un poeta negro norteamericano en un barrio popular de la ciudad, cerca del mercado de La Merced y de la Candelaria de los Patos. En 1936 llega Antonin Artaud, "delgado, eléctrico y brillante",[27] quien pasa varios meses en la ciudad antes de partir a la Sierra Tarahumara para sumergirse en la búsqueda de un México mágico, metafísico, donde reinen la raza pura y la sangre de los indios. Lola Álvarez Bravo, María Izquierdo, Luis Cardoza y Aragón son los raros confidentes que soportan sus delirios y su neurosis.

El surrealismo hace su primera aparición a finales de los años veinte gracias a Agustín Lazo y a Villaurrutia, quienes leen a Freud, Breton y practican la escritura automática. En 1928, Jaime Torres Bodet publica un estudio sobre *Nadja*. El mismo año, Jorge Cuesta conoce en París a varios miembros de la corriente surrealista. En 1938, André Breton visita la ciudad y se aloja con Lupe Marín, primera esposa de Diego Rivera, y luego con Diego mismo en su casa de San Ángel. México embelesa a Breton, pues ahí encuentra la confirmación de sus intuiciones. México es surrealista como lo es, a sus ojos, la obra de Frida Kahlo: "Expresión pura del surrealismo [...] este arte contiene la gota de humor atroz que es capaz de unir las fuerzas preciosas que componen el misterioso filtro de amor mexicano".[28] Por fin, Francia devuelve a México el interés que este país le manifiesta desde hace más de un siglo: en 1939, la galería Pierre Colle organiza en París una exposición de pintores mexicanos, entre ellos Frida

[27] Debroise (1984), p. 157.
[28] Citado en el catálogo de la exposición *Frida Kahlo, La Casa Azul*, Museum Paleis Lange Voorhout, La Haya, Europalia, México, 1993, p. 204.

Kahlo, cuyas obras entusiasman a Kandinsky y cuya belleza encanta a Picasso.

Las tormentas políticas que sacuden a Occidente repercuten hasta los trópicos. En 1937, Trotski y su esposa Natalia se refugian en México provenientes de Noruega.

Desembarcan en el puerto de Tampico, donde los recibe Frida Kahlo. Los refugiados llegan inmediatamente a la ciudad de México en el tren especial que el presidente Lázaro Cárdenas les despacha. Diego Rivera los recibe y pone la Casa Azul de Coyoacán a su disposición. Entre las plantas tropicales y los ídolos prehispánicos que atiestan el balcón y el jardín de la casa, y bajo la protección constante de sus partidarios, Trotski continúa su obra y sus combates. El creador del Ejército Rojo y uno de los principales artífices de la Revolución rusa se encuentra de frente con la Revolución mexicana unos años después de que Eisenstein hubiera descubierto la tierra de Emiliano Zapata.

Trotski aprecia la hospitalidad de Frida Kahlo y de Diego Rivera. Encuentra en Rivera al mejor intérprete de la Revolución de Octubre, mientras que cae bajo el encanto de la joven mujer y trata —¿en vano?— de seducirla. Pero el círculo aún no está completo. Cuando André Breton visita la ciudad de México en compañía de su esposa, frecuenta a los Rivera y a los Trotski. Es difícil imaginarse reunidos en la Casa Azul de Coyoacán al papa del surrealismo, al fundador de la IV Internacional, al jefe del muralismo mexicano y a la hechizante Frida Kahlo. Los hombres discuten de arte y de política mientras que las señoras juegan "cadáveres exquisitos". Pelean, coquetean, se divierten. Trotski, inflexible, prohíbe fumar a Frida y a Jacqueline Breton. La ciudad de México: centro del mundo moderno.

La historia intelectual de la ciudad de México remite igualmente a la guerra de España. En 1937, el pintor Siqueiros se enrola en las filas del ejército republicano español. A su vez, Octavio Paz colabora en la guerra civil al año siguiente y traba amistades que refuerzan el éxodo de los intelectuales republicanos hacia México. En 1939 son numerosos los republicanos españoles que desembarcan huyendo de la dictadura de Franco y que frecuentan los cafés del centro: Tupinamba, El Papagayo, La Parroquia, el Fornos, el Madrid, el Latino, donde tratan de recrear una España tal vez perdida para siempre. Los poetas se unen al grupo formado alrededor de la revista *Taller* y de Octavio Paz. Éste proclama: "La verdadera nacionalidad de un escritor es su lengua".[29] En *Taller* colaboran autores tan prestigiosos como Pablo Neruda, Luis Cernuda, Rafael Alberti, León Felipe. Pintores españoles como Antonio Rodríguez Luna y Miguel Prieto trabajan con Siqueiros y participan en la realización de los frescos de la sede del sindicato de electricistas.

La gran exposición surrealista de 1940 ratifica los lazos de la ciudad de México con la vanguardia europea e internacional, sin por ello disolver la originalidad de las aportaciones mexicanas. Y mientras que la segunda Guerra Mundial somete al viejo continente al yugo nazi, la ciudad de México se vuelve el refugio de los europeos expulsados por el conflicto: actores como Louis Jouvet, poetas como Benjamin Péret, pintores

[29] Paz (1985), p. 99.

como Marc Chagall o la catalana Remedios Varo, cuyos lienzos fantásticos cautivan a Octavio Paz y a Roger Caillois.

De Maiakovski a Kerouac, de Eisenstein a María Callas, la ciudad de México comparte con Nueva York el privilegio de haber recibido a la modernidad en el continente americano. Una mirada al partido en el poder desde la Revolución será suficiente para descubrir ahí la alianza de los corporativismos fascistas y los métodos estalinistas, teñidos de los primeros fuegos de tercermundismo. Tal vez el psicoanálisis es el único ausente en la escena urbana. Queda claro que una visita a esa ciudad no puede hacerse más que descubriendo o redescubriendo a los poetas, a los novelistas, a los fotógrafos y a los cineastas que la atravesaron y que luego la abandonaron por Los Ángeles, París o Moscú. La ciudad de México es uno de los lugares en donde mejor se puede pasear por la modernidad del siglo xx, captar las aportaciones y las aberraciones —más contribuciones que monstruosidades, sin duda—. Como Nueva York o Berlín, la ciudad de México destila nostalgia de esa era en la que nacimos y que ya no es más que un pasado relegado entre muchos otros.

El estrépito lejano de la Revolución

El éxito de la escuela muralista, el esplendor de las vanguardias, la afluencia de creadores extranjeros, se inscriben dentro del impulso político, social e intelectual impreso por los cambios de los años 1910-1920. Mientras que Europa se desgarra en los campos de batalla de la primera Guerra Mundial, y antes aún de que a Rusia le tocara entrar a su propia revolución, la ciudad de México afrontaba los sobresaltos del caos.

Fue un tiempo de extrema confusión para aquellos que lo atestiguaron y que trataron más tarde de ordenar sus recuerdos. El 6 de junio de 1911, la entrada triunfal de Madero a la ciudad de México marcó la caída de la dictadura de Porfirio Díaz —y el alba de otro México—. Algunas fotografías nos han preservado milagrosamente los momentos más destacados de esa época: la entrada de los partidarios de Emiliano Zapata y de Pancho Villa a la ciudad de México, el 6 de diciembre de 1914, cuando las fuerzas revolucionarias se apoderaban de la capital; Zapata y Villa comiendo en el Palacio Nacional; Villa, loco de alegría, sentado en la silla presidencial con Zapata a su lado; Zapata y sus tropas en el restaurante Sanborn's. El pueblo campesino hacía irrupción en un universo protegido, burgués, europeizado, aparentemente fuera de peligro. No sin razón, Zapata desconfiaba de la ciudad de México, "nido de políticos y foco de intrigas".[30] Más allá de los combates y los choques entre partidos, los hombres trataban de inventar otra repartición del poder que remplazara a un régimen desgastado y liquidara a una dictadura sacudida por una crisis económica que rápidamente se convirtió en crisis de hambre.

Formas nuevas vieron la luz en plena tormenta. La confusión, la epopeya y el estrépito de las armas estimularon la creación. En 1914, como un indicio del mo-

[30] John Womack Jr., *Zapata y la Revolución mexicana,* México, Siglo XXI, 1969, p. 29.

mento, el músico Manuel M. Ponce recibía la misión de reunir música popular mexicana para inspirarse.[31] Los futuros muralistas exponían sus primeras obras. Desde 1916, en una tienda de la avenida Madero, José Clemente Orozco presentaba sus lienzos de inspiración expresionista en los que explotaba la realidad sórdida de la ciudad: sus burdeles, sus prostitutas, sus barrios bajos. Los cuadros de Orozco provocaron un escándalo. Su pintura tenía un contenido demasiado social.

Pero la tradición burguesa se apoderó incluso de la ruptura nacionalista y revolucionaria. Durante la Revolución, el espectáculo continuó. El mismo año que Zapata y Villa entraron a la ciudad de México, el teatro Hidalgo dio trece óperas diferentes, entre ellas *La traviata, La tosca, I puritani* y *Lakmé.* En 1918, la bailarina María Conesa presentó sus espectáculos coreográficos y, en la calle de Donceles, se inauguró el futuro Teatro de la Ciudad bajo el nombre de Teatro Esperanza Iris. Cantante y sagaz mujer de negocios, Esperanza cantó la opereta *La duquesa del Bal Tabarín* ante el presidente Venustiano Carranza.[32] ¡Como si la ciudad de México se creyera todavía en la época de París y de la *belle époque!* [33]

[31] Lempérière (1992), p. 29.
[32] El edificio será totalmente restaurado en 1976. Hoy es uno de los grandes teatros de la ciudad de México.
[33] Periodo de aparente estabilidad y prosperidad que duró desde finales del siglo xix hasta principios de la primera Guerra Mundial y que encontró su máxima expresión en el café-teatro, la moda, el arte y la arquitectura. [T.]

II. LA DICTADURA O EL CAOS

¿Qué se disimula detrás del heroico horizonte de la Revolución mexicana, transfigurado por el cine y la propaganda de todo tipo? La época que precede a la Revolución tiene mala fama. Para conservar su legitimidad, los gobiernos subsecuentes se empeñaron en subrayar las rupturas y así engrandecer la distancia entre la ciudad de México posrevolucionaria y la ciudad de principios de siglo. La academia y la élite intelectual les siguieron el paso. El régimen que la Revolución tiró y que los muralistas caricaturizaron era, sin duda, una potente dictadura que hizo sufrir a los espíritus libres, a los campesinos y a los obreros. Pero era también una dictadura de "orden y progreso" comprometida, a cualquier precio, en modernizar al país y su capital. Se apoyó en un hombre fuerte, contemporáneo de la reina Victoria y de Nicolás II, el general Porfirio Díaz (1876-1910), y movilizó equipos de "tecnócratas" desbordados de actividad. Todavía hasta nuestros días, los vestigios del México de 1900 evocan esa ciudad burguesa, fascinada por el crecimiento económico y el progreso técnico, cuyos frutos se proponía monopolizar.

Una "belle époque" demasiado bella

Cuando, en 1910, el programa de modernización porfiriana culmina, un siglo ha transcurrido desde el estallido de la guerra de Independencia que liberó a la ciudad de México de la dominación española, para hacer de ella la capital de una nación libre y americana. Un siglo lleno de esperanzas y de errores, cuyas peripecias políticas podrían desalentar al mejor lector. Inaugurada el 16 de septiembre de 1910 sobre el Paseo de la Reforma, la Columna de la Independencia celebra ese primer centenario. El monumento marcó, al mismo tiempo, el último acto de un régimen que se había vuelto insoportable y el apogeo de una época próspera, protegida de las agitaciones que padeciera todo el siglo XIX mexicano. "El Ángel" —como hoy se le conoce— materializa las ambiciones y los gustos de la clase dirigente de la época. Dicho monumento se levantó al oeste del Centro Histórico, en medio de los barrios nuevos. De estilo neoclásico, el Ángel fue encargado a Francia y se inspiró en un modelo francés. Gracias a él, la ciudad de México se parece un poco más a una capital europea.

Nada de esto es gratuito. Para los privilegiados, esa *belle époque* se manifiesta, primero que nada, por una admiración enloquecida hacia las grandes ciudades de Europa y de América. La capital mexicana se siente cosmopolita, elitista. París y Londres son modelos que se visitan y se tratan de imitar en su estilo de vida, su moda, sus espectáculos. Limitémonos al año de 1900 y a la ópera. Ese año el teatro Arbeu presenta *Atzimba* de Ricardo Castro en *première* mundial; pero también *La Bohemia* de Puccini y *Aída* de Verdi; el teatro Principal presenta *La navarra* de Jules Massenet, *Cavalleria Rusticana* de Mascagni, *Norma* de Bellini, *Otello* de Verdi y *Carmen* de Bizet; en el teatro Renacimiento se aplaude

la *Manon* de Massenet, *Lucía de Lammermoor* de Donizetti, *La sonámbula* de Bellini, *El trovador* y *Rigoletto* de
Verdi, *La africana* de Meyerbeer y *Mefistófeles* de Boi-
to. En suma, programas muy honorables al alba del siglo xx, aun cuando la ciudad no cuenta más que con
7 200 lugares en los teatros para sus 300 000 habitantes.

La obra del mexicano Ricardo Castro (1864-1907)
alegra las salas, encantadas de encontrarse con el gusto
y la elegancia de la música francesa. El artista viajó a
Europa, donde obtuvo cierto éxito. Con *Atzimba* y *La
leyenda de Rudel,* Castro ofrece al público mexicano
óperas dignas de rivalizar con la obra de Massenet y de
Saint-Saëns.

De esa época burguesa data la expansión de las
grandes tiendas, que dan un impulso renovador al comercio de lujo al importar las novedades de Europa. Al
Puerto de Veracruz se abrió en el centro, en la esquina de las calles de la Monterilla y Capuchinas. Es el
negocio más antiguo y sin duda el más elegante de la
ciudad. Pertenece a los franceses Signoret, Honorat y
Compañía. Se encuentra de todo: muebles, vestimenta, moda parisina para señoras, caballeros y niños. La
mercancía se importa directamente de las casas más
reputadas de París. El Palacio de Hierro y su anexo,
triunfo del cemento y la varilla, surgen en los años 1900-
1901. Es, igualmente, un negocio que prospera bajo
los auspicios de uno de los miembros más importantes
de la colonia francesa, Henri Tron. Los talleres de la
tienda abarcan veinte mil metros cuadrados y emplean
a más de mil obreros.

Las grandes arterias de la época son aquellas que,
aún hoy, irrigan el Centro Histórico, al oeste del Zócalo.

La avenida 16 de Septiembre es uno de los ejes más animados y la vitrina más bella de la ciudad porfiriana. Rebosa de casas comerciales y de oficinas atareadas, de hoteles de lujo y de restaurantes finos, como El Centro Mercantil con sus imponentes cariátides, los establecimientos Boker —ferretería y mercería— adornados con un frontón sostenido por "dos arrogantes columnas de granito azul-rosa", el hotel Palacio, el hotel Jardín, sin contar los mejores restaurantes de la ciudad: el París, el Sylvain, el ilustre Prendes, donde cena la crema y nata de la ciudad y la república. La avenida 5 de Mayo, que corre desde la catedral hasta la Alameda, reagrupa a las compañías aseguradoras —entre ellas la Mutua, sucursal de una casa neoyorquina, construida con piedra de Pachuca pero concebida por ingenieros yanquis—, la sede de Ferrocarriles de México y los Telégrafos Nacionales.

La aristocracia de la ciudad se reúne en el Jockey Club, en la avenida San Francisco —hoy Madero—, en el edificio del antiguo palacio de los condes de Orizaba: es el Sanborn's de los Azulejos. A dos pasos se levanta el palacio de la riquísima familia Escandón. Esos dos edificios realzan la plaza de Guardiola, centro de elegancia, atravesada por una avenida que los contemporáneos comparaban gustosos con la calle Rivolí de París, el Corso de Roma y Wall Street de Nueva York. La presencia financiera de los extranjeros no pasa inadvertida. El Casino Español es una construcción reciente de estilo Renacimiento en la que abundan el mármol italiano, los mosaicos y las maderas preciosas. El Casino recibe a los miembros más ricos de la comunidad hispana. El eclecticismo reina en ese edificio al reunir órdenes dóricos, moriscos y corintios.

A falta de grandes bulevares, la ciudad de México tiene su Paseo de la Reforma. El paseo no adquirió su fisonomía definitiva hasta finales del siglo xix, bajo el régimen porfiriano. En sus inmediaciones se multiplican las residencias de lujo. Estatuas de glorias nacionales anidadas entre los árboles, monumentos de "estilo azteca" (1887) en memoria de Cuauhtémoc —el último soberano indígena, ejecutado por Cortés— hacen de esta imponente avenida un gran libro de historia. Si la elección de las estatuas desencadena una polémica en los periódicos de la época, el conjunto consagrado a los héroes de la resistencia india contra el invasor español colma las aspiraciones nacionalistas. Cafés cada vez más frecuentados refrescan a los elegantes peatones del paseo. En 1889, para celebrar el primer día del carnaval, se inaugura el café Colón frente a la glorieta desde la que domina el monumento levantado a la gloria del descubridor.[1] En 1894 el café de Panc se instala frente al café Colón. La avenida está definitivamente a la moda, así como sus establecimientos "de esparcimiento", aderezados con cafés, restaurantes, juegos de bolos, grandes salones de baile y vastos jardines. Todo ello contribuye a acrecentar el parecido entre el Paseo de la Reforma y los Campos Elíseos parisinos. En 1910 un fotógrafo de origen húngaro, Guillermo Kahlo, pasea por ahí a una niña de tres años y cabello negro llamada Frida.

En el extremo occidental del Paseo de la Reforma

[1] Marroquí (1969), iii, p. 645.

se eleva el cerro de Chapultepec, coronado por el castillo del mismo nombre, residencia del general Porfirio Díaz lujosamente remodelada por la esposa del dictador. Pero el visitante intimidado preferirá detenerse en el Café de Chapultepec: "Del salón feéricamente iluminado, salen melódicos acentos, arrancados a las cuerdas del violín o a las notas del piano [...] Una ola inmensa de damas elegantes y de mujeres bellísimas invade aquel recinto encantado..." Es ahí donde el burgués o la elegante de abrigo de piel sueñan con el Bois de Boulogne,[2] sin dudar, en ningún momento, que el parque parisino está lejos de poseer la exuberancia semitropical ni los perfumes embriagadores que emanan de los jardines de Chapultepec.

Entre Chapultepec y el viejo centro, nuevos barrios surgen de la tierra. Es la coartada, la razón de ser, la mejor carta de presentación de la ciudad porfiriana: "Una ciudad que tal suburbio posee, demuestra un grado de riqueza que solamente se explica por el amplio desarrollo de la cultura general". Grandes terrenos abandonados, pantanosos, plantados con algunos árboles o dedicados hasta entonces a la cría de ganado, atrajeron la atención de los especuladores, quienes revendieron los lotes a burgueses preocupados por vivir en un espacio nuevo, aireado, elegante. La colonia Juárez es la primera de esas avanzadas conquistadoras: barrio aristocrático, modelo de urbanización de lujo, resulta fascinante para el paseante, arrebatado por sus auténticas *villas* coronadas de buhardillas a la francesa.

---

[2] El bosque de Bolonia, al oeste de París, es un importante punto de reunión de la sociedad parisina, especialmente a finales del siglo XIX y principios del XX. [T.]

Sus calles desparraman los nombres de la vieja Europa: Liverpool, Dinamarca, Londres, Niza... El barrio aún no se ha convertido en la Zona Rosa de hoy, atestada de restaurantes, hoteles y cabarets, devoradora de turistas y proveedora de diversión adulterada.

Una vez que la colonia Juárez se terminó de construir, los promotores pusieron su mirada sobre lo que se convertiría en la elegante colonia Roma, rápidamente sembrada de chalets, *maisonnettes* y residencias burguesas: "La arquitectura dominante en los edificios de este suburbio carece de estilo determinado; tiene este *cachet* moderno que no puede definirse, pero en el que la comodidad y la fantasía del propietario prevalecen sobre las reglas severas de los órdenes clásicos". La referencia europea es omnipresente, aunque ya se adivina cierta influencia norteamericana, indisociable del confort y de la modernidad.

Pero ya hay otros parajes que interesan a la alta sociedad. Por ejemplo, el restaurante San Ángel Inn, en el pueblo de San Ángel, al sur de la ciudad, famoso durante mucho tiempo por sus fresas deliciosas, que las indias llevaban cada mañana a la capital. Los clientes aprecian su comodidad, que reúne el lujo de una hacienda colonial y los atractivos del progreso procurados por la alianza de "buen gusto y capital". Precisamente durante los primeros años del siglo xx, la burguesía mexicana descubre el provecho que puede sacar de la explotación comercial y turística del pasado colonial. En los jardines del San Ángel Inn se come o se cena en medio de antiguos cuadros, de crucifijos de marfil, dentro de un México feudal elevado —o rebajado— al rango de decoración exótica: "Parece que nos hablan de una época ya desaparecida, y la impresión se completa cuando el visitante se acomoda en aquellos suntuosos sitiales, en esos sillones cordobeses, de brazos primorosamente esculpidos".[3] En 1904, cerca de San Ángel, en Coyoacán, Guillermo Kahlo aprovecha el desmantelamiento de la hacienda local para construir la residencia donde Frida haría la Casa Azul. Ya desde entonces el sur atrae a los ciudadanos.

LA METAMORFOSIS PORFIRIANA

La transformación de la ciudad se refleja en el programa de infraestructura implementado por los "tecnócratas" del régimen. Muchos de los monumentos y de las instituciones de la ciudad de hoy encuentran su origen en el reino de treinta años del general Porfirio Díaz.

En el corazón de la ciudad antigua, el Correo Mayor despliega una pasión desbordada por el eclecticismo arquitectónico y los materiales nobles: piedra de cantera, mármol y bronce. Su construcción se inicia con el siglo, en 1900, sobre las ruinas del antiguo hospital de Terceros, un edificio del siglo XVIII. Los arquitectos son un italiano (Adamo Boari) y un mexicano; el estilo se copió del Renacimiento español; su volumen robusto e impresionante se siente a la medida de las ambiciones de la ciudad porfiriana. Es el mismo Adamo Boari quien concibe y realiza un inverosímil pastel de tres pi-

[3] Eugenio Espino Barros, *Crónica gráfica de la ciudad de México en el centenario de la Independencia,* México, Distrito Federal [1910], 1988, pp. 36, 58, 60.

sos *Art déco:* el Palacio de Bellas Artes, cuya inauguración se retardó hasta 1934. En cuanto a la Escuela Nacional Preparatoria, aún no es el gran lugar del muralismo revolucionario. Iniciada en 1902 e inaugurada en 1910, se integra sin mucho esfuerzo a los antiguos edificios del ex colegio jesuita de San Ildefonso gracias a su estilo neocolonial.

En las lindes de la ciudad se escalonan las construcciones encargadas de mostrar el modernismo, de asegurar la salubridad y la seguridad: fábricas, hospitales, una cárcel, un asilo para locos. En el suroeste de la ciudad de México, en la colonia Hidalgo, el Hospital General abarca cerca de 125 000 metros cuadrados y agrupa más de sesenta edificios y pabellones; puede recibir hasta mil enfermos; es también un centro de enseñanza destinado a los estudiantes de medicina. Ahí se practican la gimnasia sueca, la hidroterapia, la electroterapia, los rayos x. Aprovechando las fiestas del centenario de la Independencia, se inaugura el manicomio de Mixcoac, en el suroeste de la ciudad. El arquitecto es el propio hijo de Porfirio Díaz.

En el noreste, los arquitectos del régimen, aconsejados por criminólogos y sociólogos, edifican la prisión que la ciudad burguesa y la dictadura necesitaban. Ligeramente apartada de los barrios de San Lázaro y San Antonio, la Penitenciaría se inspira en el panóptico de Bentham. Se inaugura el 29 de septiembre de 1900 y hasta 1970 se cerró sobre los delincuentes y los prisioneros políticos, muchos de ellos desaparecidos en las entrañas de lo que los mexicanos llaman el "palacio negro de Lecumberri", de siniestra memoria. Readaptada, la estructura panóptica contiene hoy al Archivo

General de la Nación. Venganza de la sabiduría y del tiempo sobre la arbitrariedad policiaca, saboreada por el investigador que se aventura a ese lejano barrio con olor a fritangas y fruta echada a perder.

El régimen porfiriano no pudo alcanzar todos los objetivos de su tarea urbanística, no fue capaz, por ejemplo, de terminar la nueva Cámara de Diputados, cuyo gigantesco domo central, abierto a todos los vientos, sigue recortando el cielo de la capital. En vez de demolerlo —¿es posible deshacerse del pasado para siempre?— el México de los años veinte rehabilitó esa ruina en potencia para hacer, sin ironía alguna, el Monumento a la Revolución.

TEATRO, MÚSICA Y CENAS FINAS

En el siglo XIX el arte y las letras constituían el patrimonio de un pequeño número de privilegiados. En los años de 1870, dos círculos reunían a ese puñado de elegidos: el liceo Hidalgo y la Sociedad Filarmónica.[4] En ellos se cultivaban el amor a la poesía, la ciencia, la música y el teatro. Desde su torre de marfil estos *happy few* se preciaban de escapar de los desórdenes políticos. El teatro los apasionaba. Festejaban a la "sacerdotisa del arte", la actriz Adelaida Ristori, con el entusiasmo que consumía a los admiradores de Rachel en el París de Proust. Pronta a denunciar la insuficiencia de compañías, de actores, de repertorio —demasiadas obras españolas, juzgadas soporíferas; falta de obras france-

[4] Ignacio Manuel Altamirano, *Obras completas,* México, SEP, 1988, t. XI-2, pp. 174-175.

sas o inglesas—, esta minoría ponía en ridículo a un público considerado "grosero, infantil y obsceno".

Parapetada detrás de murallas de dinero, poder y buen gusto, despreciando a la burguesía ignorante y a las masas analfabetas, esta minoría se ve constantemente atraída por dos polos opuestos: los arranques nacionalistas y la admiración profesada a Europa. Se pelea para hacer que las obras de origen mexicano se reconozcan: las piezas del dramaturgo Manuel Eduardo de Gorostiza y de una decena más de autores. Esta élite recibe con entusiasmo la modernización de teatros donde "se respira una atmósfera de elegancia y buen tono". ¡Basta leer los artículos suscitados por la renovación del teatro Iturbide en 1868! Y sin embargo las producciones extranjeras no dejan de fascinar: los españoles Luis de Eguilaz, Luis de Larra, Manuel Tamayo y Baus, los franceses Dumas, Émile de Girardin y Victorien Sardou son las luminarias ante las cuales ninguno osa compararse todavía. ¿Se es o no parte del *mundo civilizado*? ¿La ciudad de México cuenta en 1868 con un público suficientemente numeroso y adinerado como para mantener vivos dos o más teatros?

La pregunta deja escéptico al ensayista y periodista Ignacio Manuel Altamirano:

> Los individuos que lo componen se pueden contar por los asientos que hay en el teatro. Falta, pues, en primer lugar, mayor número, y luego una población flotante para mantener diversos espectáculos [...] No faltan sus diez mil personas por lo menos bastante acomodadas para pagar un abonillo cada mes, que más pobres diablos sufragan con gusto, y es seguro que con dos mil que hubiera, estaría cubierto el presupuesto de los dos teatros

[...] Es preciso confesar que semejante inconveniente proviene de que no estamos bastante acostumbrados a ese espectáculo todavía, y de que preferimos otras diversiones más inocentes y menos costosas...[5]

El debate es fundamental para la ciudad y no se resolverá hasta el siglo xx, con la participación cuantiosa del Estado posrevolucionario en el teatro, la música y la ópera.

En el siglo xix, el brillo cultural de una ciudad se juzga también y sobre todo por el brillo de su ópera y de sus cantantes. La construcción en París de la Ópera Garnier lo ilustra perfectamente. Sin ópera y sin *prima donna* una ciudad, una capital no merecería en absoluto ese nombre, al menos en Occidente. Nada sorprendente entonces que la burguesía de la ciudad de México pudiera aplaudir las obras maestras italianas, alemanas y francesas, como se hace en Madrid, París o Londres. La presencia de María Callas a principios de los años 1950 y la variedad de obras anunciadas en 1900 son el fruto de una antigua tradición, y no solamente una carrera enloquecida en pos de la moda. Ningún título mayor, ningún compositor famoso pueden ni deben faltar al llamado, cualquiera que sea la calidad de las representaciones.[6]

Durante los años 1860 la ópera reviste los rasgos de

---

[5] Altamirano (1988), x-1, pp. 59, 206, 204.

[6] Empecemos por Rossini. Siete años después de su creación en Roma, *El barbero de Sevilla* se presenta en el Coliseo en 1823; *L'italiana in Algeri* lo hace el año siguiente; *Tancredo* y *La pietra de Paragone* se ofrecen en 1825; *Semiramide* y *La Cenerentola* en 1829. Once años separan la creación de *L'italiana in Algeri* (Venecia, mayo de 1813) de su primera representación en la ciudad de México: no es mucho si se toma en cuenta que la ópera se construyó en Barcelona en 1815, en

la cantante Ángela Peralta, el "ruiseñor mexicano". La ciudad de México se enorgulleció aún más de tener una artista prestigiosa puesto que la derrota de los franceses y el hundimiento del imperio de Maximiliano habían estimulado el nacionalismo artístico e intelectual. En mayo de 1871 admiradores, prensa y autoridades se precipitaron a la estación de Puebla para ovacionar a Ángela Peralta, de regreso de una gira por Europa.

> La tarde era lluviosa; pero eso no fue un obstáculo, y la muchedumbre estaba apiñada literalmente en la estación, en cuya plazoleta había centenares de carruajes, lo mismo que cuando llegó el maestro Morales de Italia. Varias músicas militares esperaban también la llegada de la artista para saludarla con las armonías del Himno Nacional. Por fin, a las cuatro y cuarto, el rugido de la locomotora anunció la llegada del tren, y la multitud, aun antes de que éste hiciera alto, comenzó a vitorear a la ilustre viajera.

El gentío desenganchó los caballos de su carro y llevó su equipaje hasta la morada de la cantante, en el número 22 de la calle Zuleta.

Algún tiempo antes, el compositor Melesio Morales

Munich y en Madrid el año siguiente, en París y Viena en 1817 y en 1819 en Londres y Budapest... Sin contar que las distancias oceánicas, los problemas de la Independencia y la separación de la madre patria explican esa demora que muy pronto se reparó. Creadas en Milán en 1831, *La sonámbula* y *Norma* de Bellini se presentan apenas cinco años más tarde en la ciudad de México. La versión mexicana de *Lucía di Lammermoor* (Donizetti) en 1841 es seis años posterior al estreno en el San Carlo de Nápoles. De cinco a seis años es el tiempo que se necesita para que el público mexicano descubra la mayor parte de las grandes obras del repertorio europeo. En 1815 es el turno de Verdi con *Ernani*, el de Gounod llega en 1864 con la repre-

—de regreso de Italia, donde su ópera *Ildegonda* había sido aclamada— recibió una bienvenida igualmente desmedida.[7] La ciudad de México se sentía en París, Londres o Milán. Faltaba conciliar ópera, nacionalismo y mitología local, como en la Europa de la época. Cosa que se hizo en 1871 con la creación de la ópera *Guatimotzín* de Aniceto Ortega, quien extrajo de la historia nacional todo lo necesario para rendir un homenaje lírico al último soberano indio. Cuauhtémoc fue el héroe trágico de la lucha entre la ciudad de México y los conquistadores españoles. Su suplicio y su lamentable muerte satisfacían todas las convenciones de la ópera romántica y posromántica.

A pesar de esas preocupaciones políticas e intelectuales, Europa y Francia daban el tono en todos los ámbitos. La recepción que se dio en el Tívoli del Eliseo en julio de 1871 no necesita comentarios. Arbustos y flores decoran el gran salón de la Cabaña. No lejos de ahí, una orquesta ejecuta piezas a la moda bajo la dirección del maestro E. Gavira.

Hemos guardado el menú, propuesto en francés[8] (Véase al reverso.)

---

sentación de *Fausto*. Esta colonización musical es un fenómeno del que la ciudad de México no tiene manera de escapar. No obstante, algunos compositores mexicanos tratan de trascender: Luis Baca compone *Leonor* y un *Juan de Castilla* con un libreto de Temístocles Solera, el primer libretista de Verdi. En 1852, su *Ave María* cantado por la cantante francesa Koska en el teatro Santa Anna consigue un gran éxito. En los años siguientes, las *premières* mundiales se multiplican: *Catalina de Guisa* (1859), *Romeo y Julieta* (1863), *Pietro d'Abana* (1863), *Agorante, rey de la Nubia* (1864) afirman la importancia del género y las aportaciones de la ciudad de México.

[7] Altamirano (1988), xi-2, pp. 74-77.
[8] *Ibid.*, pp. 112-113.

Olives farcies, Royans de Blaye, Maquereaux nains.
Début
Œufs brouillés, pointes d'asperges.
Relevées
Turbans de filets de sole, sauce homard; Filets suprêmes.
Arrosés d'un Chablis 1858.
Entrées
Vol-au-vent de truite saumonée;
Côtelettes de chevreuil, purée de marrons;
Aspic de foie gras truffé en Bellevue.
Arrosés d'un Clos-Destournel 1858.
Coup du milieu
Punch au kirsch-maraschino
Rôt
Dindonneaux truffés; Salade mosaïque.
Arrosé d'un Chambertin 1858.
Légumes
Asperges en branche, sauce hollandaise; Petits pois français.
Accompagnés d'un Clos-Vougeot 1859.
Entremets
Plombière panachée; Savarins au rhum; Gelée aux
paillettes d'or.
Arrosés d'un Champagne Veuve Clicquot.
Pièces montées.
Desserts
Dessert varié. Moka.
Liqueurs. Cigares.

Sueños imperiales

¿Qué identidad le corresponde a esta capital latinoamericana? Las élites de la ciudad, que vituperan el provin-

cialismo, buscan el fermento de una primera mexicanidad pero siempre con los ojos puestos en Europa. El
rechazo al pasado español incita al México del siglo xix
a inspirarse en Francia o en Inglaterra, corriendo el
riesgo de lanzarse a aventuras como la que patrocinan
los medios conservadores cuando ofrecen la corona imperial a Maximiliano de Habsburgo (1864-1867).

Extraño coctel destinado a un trágico fin. El soberano es austriaco, su esposa, Carlota, es belga y el con-
ductor del juego un emperador francés: Napoleón III.
La Francia del Segundo Imperio decidió anexarse México a su esfera de influencia, con el fin de recuperar
las deudas de los financieros mexicanos y de oponerse
a la influencia anglosajona. Obstinado, como Bonaparte, con campañas lejanas, aconsejado por una esposa española, Napoleón III montó una expedición
militar y empujó al archiduque Maximiliano al trono
de México.

De 1864 a 1867, de la ciudad de Maximiliano y Carlota se desprende un perfume europeo.[9] El valle de México se convierte en un "departamento"[10] a la francesa.
Se llevan a cabo programas arqueológicos siguiendo el
modelo de la campaña de Bonaparte en Egipto. La
presencia extranjera invade la ciudad y muchos mexicanos la juzgan inaceptable. Bajo el reinado del archi-
duque-emperador los europeos ya ni se cuentan en la
corte "imperial" de la ciudad de México: austriacos,

[9] Torcuato Luca de Tena, *Ciudad de México en tiempos de Maximiliano,* México, Planeta, 1992; Paula Kolonitz, *Un viaje a México en 1864,*
México, sep, 1972.
[10] Departamento: división política al interior de Francia y con sus
colonias. [T.]

húngaros, belgas y franceses. El conde Karl Bombelles está ubicado a la cabeza de la guardia palatina; el conde Pachta comanda a los húsares austriacos; el belga Félix Eloin dirige el gabinete imperial. Un francés, E. Boban, es nombrado arqueólogo imperial; el flamenco Alfred Luis van der Smissen es el comandante en jefe de la legión belga. Por último, es un español quien dirige el teatro Imperial. A ellos debemos agregar la cohorte de comandantes y oficiales de las tropas francesas de ocupación, con el general Bazaine a la cabeza. Franquear el umbral del palacio imperial da al visitante la impresión de abandonar México para perderse en una opereta vienesa o en una caricatura de salón parisino.

En 1865, una de las grandes arterias de la ciudad moderna sale a la luz, por iniciativa de Maximiliano. Para llegar cómodamente del centro a su palacio de Chapultepec, el emperador manda trazar el futuro Paseo de la Reforma. Es también una manera de dotar a la ciudad de México de una réplica de los Campos Elíseos parisinos. Años más tarde, bajo la presidencia de Lerdo, se plantan árboles en la avenida y se construyen banquetas para el placer de los paseantes, antes de conocer el esplendor de la era porfiriana.

Así, durante algunos años la ciudad de México, como París, soñó con el Imperio. Como París, la ciudad de México se sumergió en los fastos ya entonces anacrónicos de una corte cuyo brillo disimulaba mal las intrigas de los medios financieros y los apetitos de un capitalismo en plena expansión. Para bien o para mal, la ciudad mexicana vivió al ritmo de la capital del Segundo Imperio. O al menos alimentó durante algún tiempo esa ilusión. Escuchando a Ángela Peralta cantar el papel titular de *Ildegonda,* la obra maestra de Melesio Morales, la emperatriz Carlota ignoraba que, algunos años más tarde, esa historia de la princesa que se vuelve loca por el asesinato de su esposo sería la suya...

1861, "DEL PASADO HAGAMOS AÑICOS..."

La suerte arquitectural de la ciudad de México había sido echada poco antes del advenimiento de Maximiliano. La victoria de los conservadores que consolidó la instauración del Imperio había interrumpido la experiencia liberal iniciada por Benito Juárez en 1855. No obstante, el gobierno de este indígena convertido en presidente tuvo tiempo de implementar una política activa, caracterizada por la ruptura estrepitosa con la todopoderosa Iglesia católica. Promulgó una nueva legislación, las Leyes de Reforma, que abolieron la propiedad eclesiástica y precipitaron la destrucción de una parte del patrimonio arquitectónico de la capital. De buenas intenciones está empedrado el infierno.

A mediados del siglo XIX, la superficie de la ciudad de México estaba aún cubierta de iglesias, capillas, conventos y establecimientos religiosos. A ojos de los liberales en el poder, tal situación era insoportable: había que secularizar el espacio urbano para afirmar mejor la identidad republicana. El desmantelamiento de la ciudad colonial se volvió la orden del día. Para conquistar el espacio público, el México liberal se sentía obligado a terminar con la "ciudad sagrada", levantada durante la dominación española por las órdenes religiosas y el clero secular, por los ejércitos de benefactores y donadores que habían transferido todos o parte de sus bienes a la Iglesia católica.

Las Leyes de Reforma (1855-1867) instauraron la separación entre Iglesia y Estado. Con ellas se expropiaron treinta y siete monasterios: dieciocho de mujeres y diecinueve de hombres. El año 1861 perteneció a las demoledoras, que derribaron decenas de edificios en algunos meses. Muchos de los vestigios monumentales de la ciudad antigua desaparecieron, tachados del mapa urbano. Los soldados irrumpieron en las iglesias para arrancar las estatuas barrocas de sus zoclos y para desmantelar las estructuras de los grandes retablos, utilizando la fuerza de sus caballos. En estas circunstancias, el inmenso retablo de la iglesia de San Francisco de Tlatelolco, obra maestra de finales del siglo XVI, se convirtió en carbón.

La suerte del gran monasterio de San Francisco se dictó de igual manera. Su historia se confundía con la de la evangelización en la ciudad y en el país, al amanecer de la conquista española. Sus edificios abarcaban una superficie considerable: una iglesia, dos vastas capillas, un gran atrio, un claustro principal, claustros secundarios y un jardín hacían una ciudad en la ciudad, constantemente mantenida y renovada en el transcurso de los siglos. A mediados del siglo XIX el convento aún alojaba a cerca de cincuenta frailes.[11] En 1856 el gobierno tomó como pretexto el descubrimiento de una conspiración al interior de San Francisco para castigar a los frailes y suprimir por primera vez su conven-

---

[11] Marroquí (1969), III, p. 6.

to. Poco después, las autoridades ordenaron la apertura de la calle de Independencia (que se convirtió con Porfirio Díaz en la avenida 16 de Septiembre), escindiendo en dos partes casi iguales el espacio ocupado por las dependencias del monasterio; la enfermería, la cocina y varias celdas podían derribarse. Pero las autoridades tuvieron que multiplicar las presiones sobre los obreros para que se atrevieran a tirar los muros del venerable edificio. ¿Cómo darse valor para profanar la sacralidad de esos lugares? Lo que quedó del jardín del convento pasó de manos del ejército a manos de un francés y después a un empresario, quien crearía en 1886 el Hotel del Jardín, establecimiento de lujo que recibía a los extranjeros de paso por México. En 1861 se demolieron todos los edificios que subsistían en el ángulo delimitado por las calles de San Francisco (hoy Madero) y San Juan de Letrán. El año siguiente no quedó nada del interior neoclásico de la iglesia principal. El gran retablo del escultor Jerónimo Antonio Gil (1782) al igual que la sillería del coro (1715) se convirtieron en humo. Para terminar de expulsar el recuerdo del catolicismo, la República mexicana concedió la iglesia a un italiano, Chiarini, quien instaló un circo donde presentaba números ecuestres. A partir de entonces la iglesia se usó para resguardar caballos y carros, antes de servir de templo para la comunidad protestante (1880). Vengándose de tres siglos de catolicismo, el protestantismo iconoclasta "limpió" lo que había escapado de las demoliciones: la fachada churrigueresca de la capilla de Balvanera —hoy es la entrada principal de la iglesia de San Francisco— perdió todas sus estatuas y sus bajorrelieves. El destino del convento de San Francisco dice mucho del anticlericalismo reinante en las esferas del poder. Pero no solamente expresa un rechazo al clero, también materializa el desprecio hacia una herencia histórica y la negación de una presencia monumental. ¿De qué espantoso pasado guardaban memoria esas ruinas?

Es muy significativo que un intelectual tan clarividente como Ignacio M. Altamirano no haya retenido de la ciudad colonial más que tres edificios: la catedral, el palacio de gobierno y el Colegio de Minas. Periodista, ensayista, político, pero también crítico de arte, Altamirano forma parte de los mexicanos que, en la segunda mitad del siglo XIX, luchan por el desarrollo de un arte nacional y de una cultura democrática. En cuanto a la pintura producida bajo la dominación española, ella no es —a sus ojos— más que una pálida imitación de modelos europeos, recargada de un ascetismo triste y enervante. Consagrados exclusivamente a la pintura religiosa, los artistas de la época colonial "agotaron todas las manifestaciones de tristeza, de dolor, de resignación, de abatimiento, de lúgubre y de sombrío misticismo, que una religiosidad exagerada por los terrores de la Inquisición pudo inspirarles".[12]

Estas líneas resumen la manera en que las élites del siglo XIX percibían el pasado anterior a la Independencia. Para que la capital pudiera adquirir una nueva identidad, había que expulsar las tinieblas, ignorar o negar lo que la había precedido. Los artistas de la Revolución mexicana, hay que decirlo, tuvieron la misma actitud con respecto del México porfiriano. Frente

[12] Altamirano (1989), XIV-3, pp. 196-197, 181.

a esa repulsión física, frente a esas condenas inapelables, pocas voces se levantaron para defender los vestigios del pasado colonial, acechados por especuladores de toda índole.

El destino del convento de Mercedarios (La Merced) no fue mucho mejor que el del convento de San Francisco: el claustro del siglo XVIII tuvo la suerte de convertirse en cuartel pero la iglesia desapareció en 1861, y con ella su excepcional cúpula artesonada. La biblioteca fue saqueada y los archivos se convirtieron en cenizas. El convento de Santo Domingo fue despedazado el mismo año; las capillas del Rosario y de Terciarias, aniquiladas; el muro del atrio, derribado. Diez años más tarde no quedó más que la iglesia principal bordeada a su izquierda por una calle nueva de la que se decía "que venía de ningún lado y llegaba a ningún lugar". Vendidos a particulares, transformados en habitaciones populares, muy pronto los claustros no fueron más que tugurios insalubres. Los monasterios de las Capuchinas, de Santa Clara y de Santa Isabel sufrieron un destino análogo. La iglesia de Santa Clara se convirtió en tienda y luego en fábrica de seda antes de ser demolida para permitir la construcción del Palacio de Bellas Artes, la Ópera del siglo XX.

Ciertas adaptaciones salvaron algunos edificios: la iglesia del convento de Santa Clara se convirtió en biblioteca. Mientras sus claustros se derrumbaban, librados al abandono y la depredación, la iglesia de San Agustín se metamorfoseó en Biblioteca Nacional (1867), no sin algunos arreglos estilísticos muy discutibles. El bajorrelieve que representaba a san Agustín se salvó del aniquilamiento con el pretexto de que el Padre de la Iglesia ¡había sido filósofo antes que santo! Los manuscritos de los conventos desaparecidos, los de la catedral, los de los colegios jesuitas, todas las páginas que se pudieron sustraer a la destrucción, al robo o a las fugas al extranjero se acumularon en la Biblioteca, para así constituir el fondo antiguo de esa institución. La biblioteca del convento de San Francisco contenía dieciséis mil volúmenes, entre ellos casi todos los libros impresos en México durante el siglo XVI:

> se nombró a José Fernando Ramírez interventor del gobierno en la incautación, la trasladó en carretas que iban tirando libros por el camino [...] La biblioteca del señor interventor fue magnífica. Cuando se vendió en Londres en 1880 [...] Los más selectos bibliófilos de la época (Bancroft, el marqués de Heredia, Quaritch, Trubner y otros...) lograron adquirir los tesoros bibliográficos que la componían. Muchísimos de los libros mexicanos más raros que se guardan en bibliotecas de Estados Unidos y Europa ostentan la marca de fuego del convento de San Francisco de México.[13]

Con más de medio siglo de retraso con respecto a París, la ciudad de México sufrió las consecuencias de la alienación de los bienes de la Iglesia romana.

La verdad es que el clero católico había cavado más de una vez su propia tumba, vendiendo o destruyendo retablos y decoraciones barrocas para sustituirlas por altares neoclásicos que, pocos años después, la aplicación de las Leyes de Reforma eliminaría despiadadamente. Curas, propietarios, especuladores, burócratas

---

[13] Tovar de Teresa (1991), I, p. 15.

y administradores sumaron esfuerzos para desfigurar, saquear o desaparecer los restos del pasado colonial. En el siglo xx, después de la Revolución, la conciencia del valor del patrimonio antiguo y las intervenciones de la Dirección de Monumentos Coloniales se pondrán lentamente a salvar la ciudad colonial, pero no harán más que limitar la amplitud del desastre. El historiador Guillermo Tovar de Teresa, consternado, concluye con el siguiente balance un inventario de las pérdidas experimentadas:

> que no exista en la ciudad de México un solo edificio del siglo xvi (lo prehispánico son sólo ruinas), ni una iglesia, ni una casa, ni un hospital, ni un convento, y sólo se rescate una decena de restos —tres pinturas, un sepulcro, una virgen mutilada, un escudo y dos portadas—, es algo inverosímil. Que el siglo xix acabara con la ciudad barroca y el siglo xx destruya al xix y al mismo xx es igualmente lamentable.[14]

¿Ciudad de provincia o capital del futuro?

¿A qué se parecía la ciudad de México antes de esas campañas de destrucción? A una ciudad del siglo xviii, con un considerable patrimonio barroco y neoclásico, la mayor parte abandonados. Las cuatro décadas mediocres (1820-1859) que siguieron a la proclamación de la Independencia sumergieron a la ciudad en una agitación tan agotadora como estéril. El destino de la ciudad de México era incierto: ¿qué lugar ocupaba es-

[14] Tovar de Teresa (1991), i, p. 17.

ta joven capital en un país que buscaba febrilmente su identidad y su estabilidad, en el seno de una América nueva, conformada por naciones embrionarias? La ciudad de México era el teatro de una inestabilidad política perpetua, alimentada por la lucha de conservadores contra liberales y acentuada por la aparición o reaparición de caudillos incapaces de aportar el codiciado orden: Su Alteza Serenísima don Antonio López de Santa Anna (once veces presidente entre 1833 y 1855) o, antes que él, don Agustín de Iturbide (1783-1824). En la ciudad de México se alternan peripecias rocambolescas —como las solemnes exequias hechas a la pierna de Santa Anna— y episodios trágicos, tal como la ocupación yanqui de la ciudad en 1847.

En esas circunstancias, la vida de la capital es forzosamente apagada, intermitente, desigual, una mezcla de lo mejor y —más frecuente— lo peor. La invasión norteamericana de 1847, las epidemias de cólera, los pronunciamientos, la pérdida del norte del país, absorbido por Estados Unidos, todo ello trastorna a un pequeño mundo, atormentado de por sí por un gigantesco complejo de inseguridad: las élites, los sobrevivientes de la aristocracia colonial y de la burguesía mexicana, que viven con la obsesión de huir hacia París o Londres.

Es sorprendente que, no obstante las circunstancias, la ciudad de México consiga algunos resultados. Es porque la ciudad no está completamente desprovista de atributos: cuenta con dramaturgos de talento, mantiene vivos varios teatros, recibe la visita de compañías italianas de ópera y también de compañías españolas de zarzuela. El teatro romántico —dramas históricos, melodramas, comedias— triunfa con autores europeos —sobre todo españoles y franceses— que se representan regularmente, aunque algunos mexicanos logran hacerse un nombre: Calderón, Galván. La llegada, en 1855, del gran dramaturgo español José Zorrilla —a quien le debemos la versión romántica de *Don Juan,* titulada *Don Juan Tenorio*— no podía pasar inadvertida.

Aún más que los cafés El Progreso, La Bella Unión o El Bazar, los teatros de la ciudad de México son el centro de una intensa sociabilidad.[15] Aunque es cierto que los bailes de máscaras tienen más éxito que las puestas en escena o los conciertos, el teatro concentra una buena parte de la vida pública. Es ahí donde las facciones miden sus fuerzas y donde los políticos intrigan. En 1844 problemas y bancarrotas no impiden la inauguración del Gran Teatro de Santa Anna ni la del teatro de Iturbide, construido en la esquina de las calles de Allende y Donceles doce años más tarde. Se percibe entonces que la ciudad no sólo aloja a un público ávido de música, sino que además éste se incrementa regularmente. Que ese público abuchee el *Don Giovanni* de Mozart revela menos la falta de cultura que el predominio del *bel canto* italiano, combinado con el rechazo de todo aquello que, de lejos o de cerca, evoque el arte barroco y el siglo anterior.

Los empresarios extranjeros ejercen una influencia determinante sobre el gusto de la burguesía mexicana. Max Maretzek, un italiano-alemán particularmente emprendedor, organiza las temporadas de ópera en

---

[15] Marcos Arróniz, *Manual del viajero en México,* París, Librería Rosa et Bouret, 1858 (ed. facsimilar, México, Instituto Mora, 1991), p. 43.

que se interpretan hasta diecisiete obras diferentes, repetidas durante sesenta representaciones y escalonadas a lo largo de siete meses. Suficientes espectáculos para formar al público de la ciudad de México en el gran repertorio europeo: Bellini, Donizetti, Verdi... Maretzek presentó a artistas de calidad, entre ellos la soprano Balbina Steffannone y el tenor Lorenzo Salvi. Solamente faltaba reclutar a músicos y coristas locales, limitante que a veces guardaba amargas sorpresas.

En 1854, la gira de la célebre cantante Henriette Sontag desencadena un entusiasmo delirante. Tan célebre en su tiempo como la Malibrán, ídolo de Theophile Gautier y de Hector Berlioz, la Sontag encanta al público mexicano después de haber triunfado en Nueva Orleans y en La Habana. Casi un siglo antes del éxito de María Callas en el Palacio de Bellas Artes y en parte con el mismo repertorio, la Sontag canta *Hernani, Maria di Rohan, La Fille du Régiment, La sonámbula*. Pero la gira termina de manera trágica: en pocos días una epidemia de cólera se lleva al tenor Pozzolini, al bajo Rossi y a la Sontag. Como la muerte de Frida Kahlo, a un siglo de distancia, la desaparición de la cantante trastorna a las élites cultivadas. La ciudad lloró a la mujer que, en plena mitad del siglo, había personificado una etapa fulgurante de su historia musical.

El mismo año, también en el escenario del Gran Teatro de Santa Anna, Jaime Nunó creó el himno nacional mexicano. Parecía que la ciudad de México prefería ofrecerse, en la ópera, la imagen heroica que las guerras perdidas y la crisis política le negaban obstinadamente. El himno nacional fue interpretado por la

Steffanonne y el tenor Salvi antes de una representación de *Atila* de Verdi, una ópera aún más preciada del público debido a que una escena del prólogo mostraba la fundación de Venecia en medio de los pantanos:

> *Dall'alghe di questi marosi*
> *qual risorta fenice novella,*
> *rivivrai più superba, più bella*
> *della terra, dell'onde stupor!*[16]

El episodio hacía una inevitable referencia al origen fabuloso de la ciudad de México, fundada en medio de un lago por los indios, tan heroicos como la gente de Aquileia. En cuanto a López de Santa Anna, ¿corría el riesgo de ser comparado con Atila o con Foresto? En todo caso, los regresos sucesivos del caudillo al poder, las apariciones públicas en su palco presidencial, el marcado gusto por los desfiles militares y los uniformes recargados, ¡tenían el aspecto de una mala ópera italiana![17]

Los balbuceos de la Independencia

Mientras más nos acercamos a los años de 1820, los tiempos se vuelven más mediocres. En 1821, la proclamación de la Independencia puso fin a tres siglos de dominación española y provocó una ruptura en la his-

[16] "Desde las algas de este pantano /cual fénix que retoma el vuelo, /regresarás más orgullosa y más bella, /estupor de la tierra y de las ondas." Véase la grabación de *Atila* bajo la dirección de Ricardo Muti, EMI 7 499952 1/2/4.

[17] Habrá que dirigirse al trabajo que actualmente realiza Annick Lempérière sobre el estilo barroco de Santa Anna.

toria de la ciudad, comparable con las causadas trescientos años antes por la victoria de los conquistadores (1521) o cien años después con el estallido de la Revolución (1911). La ciudad de México dejó de ser —junto con Lima— el centro del Imperio español de las Indias para no ser más que la ciudad principal de un estado americano por construir. Los problemas desencadenados por los combates de la Independencia desorganizaron la vida de la ciudad, y ésta tuvo que aprender a valerse por sí misma.

A principios de los años 1820, el estado de la ciudad resultaba preocupante para cualquier espectador: "Por tanto tiempo (México) estuvo en posición de ser la primera del Nuevo Mundo y todavía lo es, si no por su riqueza y población, sí por lo menos por su antigüedad y recuerdos históricos". La ciudad de México se lanzaba al siglo XIX de las naciones con un puñado de recuerdos, el prestigio de su pasado y una población estimada en 168 000 habitantes —estimación de 1816 que se volvió a tomar en 1824, pues las circunstancias impidieron hacer un nuevo censo—.

Los primeros momentos fueron caóticos, aun cuando espíritus ilustrados —Francisco Fagoaga, Lucas Alamán, Tadeo Ortiz— e impregnados de las realidades europeas concibieron vastos proyectos para la joven capital. Algunas instituciones vieron la luz, como el Archivo General y Público de la Nación, el Museo de Historia Natural y de Antigüedades (1825), una renovada Academia de San Carlos y el primer gabinete de lectura. Pero en lo inmediato, parecía más urgente borrar las trazas de la dominación colonial, actitud tan lógica como suicida puesto que lo esencial de la grandeza de la ciudad reposaba sobre ese pasado y sus numerosos vestigios.

Los cambios de nombres simbolizaron esta revolución. Corazón histórico de la ciudad y del país, sede de los poderes civil y eclesiástico, la plaza mayor se convirtió en la Plaza de la Constitución en honor al texto constitucional firmado en Cádiz por los representantes de todo el Imperio español (1812). ¿Se podía celebrar mejor el efímero triunfo, en los dos hemisferios, del liberalismo? La estatua del rey Carlos IV, que dominaba la plaza desde principios de siglo, se envolvió con papel antes de retirarla de la vista de los peatones e instalarla, gracias a los cuidados de un francés, en el patio de la universidad (1824). La nación independiente no podía soportar la figura triunfante de la dinastía aborrecida.

En la misma época se trató seriamente de expulsar a todos los españoles del país. Volantes ofensivos para los peninsulares circulaban en la ciudad, uno de ellos famoso por su claro encabezado: "O se destierra al Coyote o mata a nuestras gallinas". En 1823, los cuerpos de los héroes y de las víctimas de la Independencia recibieron una gloriosa sepultura dentro de la catedral, en un clima tan exaltado que una parte del público quiso ir a la iglesia del Hospital de Jesús. Pretendían exhumar la osamenta de Hernán Cortés, sepultado ahí, y quemarla en la hoguera de San Lázaro, ahí donde, durante varios siglos, se quemaba a los sodomitas. Una hispanofobia amplificada por folletos incendiarios se apoderó de la ciudad. Las autoridades lograron evitar lo peor: se apresuraron a cambiar los restos de lugar y a destruir el sepulcro del conquistador y del padre de la Nueva España. En la ciudad de México, como en el resto del país, los signos de la monarquía española desaparecieron: los bustos de los soberanos y los escudos. Es revelador que hoy todavía ninguna calle, ninguna plaza llevan el nombre de Hernán Cortés y que las sucesivas administraciones del México independiente se hayan tardado tanto en proteger su patrimonio histórico.

El municipio se preocupó igualmente por sanear la gran plaza suprimiendo las imágenes cristianas que ahí se veneraban, para instalarlas en iglesias: un *Ecce Homo* y una Purísima Concepción ofrecidos a la devoción del público bajo el Portal de los Mercaderes se trasladaron, uno al sagrario de la catedral y el otro a la parroquia de San Sebastián. El municipio demolió las capillas en ruina convertidas en guarida de criminales, como la capilla de los Talabarteros, adosada a la catedral: "Hace mucho tiempo que no se dice allá misa ni se hace uso de esta capilla más que para depósito de cadáveres; no hay paramentos ni más vaso sagrado que un cáliz viejo de plata depositado en la próxima capilla de las Ánimas; no sólo hay vendimias alrededor sino que [...] a la sombra de aquel lugar se cometen por las noches mil obscenidades y excesos..."

Estas medidas de salubridad pública estaban desprovistas de acento anticlerical, aunque lastimaban el fervor popular. La ciudad de la Independencia es heredera directa de la ciudad católica del Siglo de las Luces. A diferencia de sus rivales protestantes del Nuevo Mundo septentrional, sus construcciones religiosas atraían desde lejos la vista del viajero: "A alguna distancia, México supera a cualquier otra ciudad de América del

Norte".[18] Los visitantes que la describen en los años 1820 se maravillan del número de campanarios —más de una centena levantados hacia el cielo de la ciudad—, de la cantidad de iglesias —más de la cincuentena sin contar la catedral—. Muchas de ellas —como la de Santa Teresa, La Encarnación, Santo Domingo, La Enseñanza, La Profesa— todavía alojaban resplandecientes interiores de oro y plata.[19]

La devoción de los habitantes está a la altura del barroquismo de la decoración. La unanimidad reinante sorprende y encanta al visitante católico: a mediodía, con la primera campanada, la ciudad se inmoviliza, se quita el sombrero y murmura una pequeña plegaria. Carros, carretas, caballeros y peatones se detienen de improviso para unos instantes de recogimiento. Misma parálisis momentánea cuando pasa el santo sacramento: comerciantes, curiosos, mendigos, todos se descubren y se arrodillan delante de la hostia. Esta atmósfera religiosa alcanza su paroxismo en la Semana Santa, en la celebración de Corpus Christi y en cantidad de otras celebraciones enraizadas en los diferentes barrios y santuarios de la ciudad.

Lo mundano y la devoción hacen buena pareja. En los años 1820, el jueves santo a las cinco de la tarde, muchedumbres se arremolinan en las calles de Plateros y San Francisco para observar a los elegantes que siguen la moda de París y Madrid. Los collares de perlas y los diamantes resplandecen bajo las mantillas, el terciopelo azul y rojo, las sederías realzan el lujo de los

[18] Novo (1987), pp. 80, 23.
[19] Poinsett, en Novo (1987), pp. 24-25; véase también Henry G. Ward, *México en 1827*, México, FCE [1828], 1981.

adornos. Las autoridades políticas y militares del México independiente no se quedan atrás. Tienen un lugar notable en las ceremonias religiosas: la noche del jueves santo acuden con gran pompa al convento de San Francisco para escuchar las letanías de los monjes que después los acompañan con grandes velas de cera. El Paseo de las Cadenas es entonces uno de los paseos elegantes de la ciudad. Ahí donde las cadenas cierran el atrio de la catedral, los mexicanos gustan entretenerse las tardes de luna llena a la salida de las ceremonias religiosas. Vendedores de dulces, de tamales y de atole, de castañas y de empanadas acosan al paseante gritando:

Ah Las empanadas de dieguinas!
Ah De nuestro Señor san Diego!
Las hay pa las gentes finas
y pa las Chulas catrinas....[20]

Al día siguiente de la Independencia, a pesar de sus dificultades pasajeras, "la región más transparente" ya había conquistado fervientes admiradores. En 1822, en pleno romanticismo, el diplomático norteamericano Joel R. Poinsett se extasía con el paisaje que sirve de estuche a la ciudad de México: desde la colina de Chapultepec la mirada alcanza toda la ciudad, rodeada por sus lagos de aguas espejeantes. Al sur se distinguen el lago de Xochimilco y el de Chalco, al norte los de Zumpango y San Cristóbal, al este el de Texcoco. Campos fértiles, entrecortados por jardines y huertas, flanqueados por acueductos de arcos poderosos, separan las superficies lacustres y pantanosas. Árboles

[20] Novo (1987), p. 87.

enormes bordean las cinco calzadas que permiten el acceso a la ciudad. Las laderas de las montañas están cubiertas de bosques tupidos y de campos de maíz dispuestos en terrazas. En la planicie abundan los pueblos con iglesias blancas y esbeltos campanarios. Más lejos, cortando el horizonte, los volcanes de Puebla, el Popocatépetl y el Iztaccíhuatl, "monumentos tan enormes y magníficos, que los ojos descansan en ellos con renovado deleite. Nos quedamos en este sitio hasta que el hermoso y extenso paisaje se suavizó con las sombras del crepúsculo y los últimos rayos del sol se descompusieron en preciosos matices desde las nevadas cimas de los volcanes". La sutileza del aire permitía entonces distinguir con una precisión impresionante hasta los objetos más alejados. El viajero alemán C. C. Becher consigna ese sorprendente detalle: "El aire es tan puro y transparente que a una gran distancia se puede reconocer claramente y a simple vista el tronco de cada uno de los árboles de la montaña".[21]

[21] Citado en *ibid.*, pp. 17, 19; véase también Joel R. Poinsett, *Notes on Mexico made in the Autumn of 1822*, Filadelfia, H. C. Carey et I. Lea, 1824.

III. LUCES SOBRE LA CIUDAD

MIENTRAS QUE LA REVOLUCIÓN FRANCESA conmocionaba la escena europea, el rey de España seguía siendo dueño y señor indiscutible de la mayor parte del continente americano. Desde California hasta la Tierra del Fuego, Madrid reinaba sobre millones de almas indias, mestizas, negras y españolas. Contrariamente a los clichés machacados después de la Independencia, el periodo colonial no fue para la ciudad de México un eterno intermedio sumergido en las tinieblas de una ocupación extranjera. Antes de que se liberara de la tutela española, la ciudad se encontraba a la cabeza de un reino —la Nueva España— que dominaba América. Era la sede de una corte a las órdenes de un virrey enviado por la metrópoli y de una sociedad criolla de raíces ya antiguas, enriquecida por los frutos de la tierra, el comercio y las minas. En las lindes del siglo XIX, la Nueva España, y por lo tanto el México español, producía dos tercios de la plata americana.

Pero en el siglo XVIII la ciudad de México fue también el mayor laboratorio del despotismo ilustrado fuera de Europa. Ello explica la sorpresa de aquel que descubría, en 1800, una ciudad sin punto de comparación con la provinciana capital del siglo XIX, en cierto sentido más cercana a la ciudad porfiriana. Como si desde la segunda mitad del siglo XVIII la ciudad de México hubiera alojado un primer esbozo de ciudad moderna.

Los avances de la ciudad de México en esa época captaron la atención de un observador de genio cuyos escritos contribuyeron a forjar y a imponer la imagen de la ciudad de la Ilustración. Gracias a Alejandro de Humboldt, la capital de la Nueva España accedió al rango de gran ciudad moderna del mundo occidental.

Nacido en Berlín en 1769 y formado por la *Aufklärung* germánica, Humboldt poseía una formación científica e intelectual de primer orden. Familiarizado con la estadística, especialista en minas y en geología, frecuentó a Goethe y a Schiller, antes de visitar el París revolucionario y decidirse a atravesar el Atlántico. En compañía de su amigo, el naturalista francés Aimé Bonpland, el barón se propuso visitar y describir la América española en los primeros años del siglo XIX. Su viaje terminó con una estancia en la Nueva España y en la ciudad de México.[1] El barón se colocó entre sus admiradores incondicionales: "México debe contarse sin duda alguna entre las más hermosas ciudades que los europeos han fundado en ambos hemisferios". El sitio le encantó: "No puede darse espectáculo más rico y variado que el que presenta el valle, cuando en una hermosa mañana de verano estando el cielo claro y con

---

[1] A lo largo de todo su periplo, las autoridades españolas acompañaron a Humboldt con solicitud, otorgándole una considerable suma de información y reservándole el mejor recibimiento. Una treintena de volúmenes reúne los análisis y las impresiones del prestigioso viajero, gracias al cual Europa descubrió la obra del despotismo ilustrado en la América española. El *Ensayo político sobre el reino de la Nueva España* (1807-1811) constituye una suma incomparable sobre el México de las Luces.

aquel azul turquesa propio del aire seco y enrarecido de las altas montañas, se asoma uno por cualquiera de las torres de la catedral de México o por lo alto de la colina de Chapultepec". El paisaje fascinó al alemán como seduciría, unos veinte años después, al norte-americano J. R. Poinsett.

La comparación con Suiza se impone en su mente. ¿Origen germánico, primeros aromas del romanticismo o recuerdo de la grandeza salvaje de los Alpes? Humboldt percibe esa sensación que hoy todavía nos resulta tan sorprendentemente familiar de los horizontes montañosos del sureste del valle de México: la majestad de sus cordilleras, las cimas cubiertas de "nieves perpetuas", los lagos, el entrelazado de los pueblos y de los campos "muy bien cultivados" constituyen un paisaje digno de los más bellos valles suizos:

> Al norte se descubre el magnífico santuario de Nuestra Señora de Guadalupe, construido en la falda de las montañas de Tepeyac, entre unas quebradas a cuyo abrigo se crían algunas datileras y yucas arbóreas. Al sur, todo el terreno entre San Ángel, Tacubaya y San Agustín de las Cuevas parece un inmenso jardín de naranjos, duraznos, manzanos, guindos y otros árboles frutales de Europa. Este hermoso cultivo forma contraste con el aspecto silvestre de las montañas peladas que cierran el valle, y entre las cuales se distinguen los famosos volcanes de la Puebla, el Popocatépetl y el Iztaccíhuatl.[2]

Testigo excepcionalmente bien informado, Humboldt se permite comparar la ciudad mexicana con las

[2] Humboldt (1980), I, pp. 257, 259.

ciudades europeas y norteamericanas más avanzadas. A sus ojos, la ciudad de México resiste el paralelo con San Petersburgo, Berlín, Filadelfia e incluso algunos barrios de Westminster. Lo que asombra al barón prusiano no es tanto la calidad o la belleza de sus edificios como la regularidad de su alineación, la amplitud de sus calles, la impresión de orden que emana del conjunto urbano. "Dos clases de piedras de cantería, es a saber: la amigdaloida porosa llamada tezontle y sobre todo un pórfido con base de feldespato vidrioso y sin cuarzo." Humboldt retiene los embellecimientos recientes, describe los nuevos monumentos. Pero es igualmente sensible a la calidad de vida de que se goza en la ciudad de México: "La ciudad de México es también muy notable por su buena policía urbana. Las más calles tienen andenes muy anchos; están limpias y muy bien iluminadas con reverberos de mechas chatas en figura de cintas".[3] Con sus ciento treinta mil habitantes, la ciudad de México rebasa sobradamente a La Habana y a Río de Janeiro. A ojos del barón, la ciudad de México —la más poblada de América— supera a sus rivales norteamericanas: Filadelfia, Boston o Nueva York, desprovistas de algún patrimonio arquitectónico de importancia.[4]

La potencia comercial y la riqueza minera de la Nueva España parecían augurar un pujante destino, tan prometedor como el de los jóvenes Estados Uni-

[3] Humboldt (1980), i, p. 260.
[4] Brading (1991), p. 526. Hacia 1800, la ciudad de México contaba con 130 000 habitantes. Alcanzó los 150 000 en 1815 y rozó los 170 000 un año más tarde, cifra alcanzada gracias a los refugiados de provincia que huían de los problemas de la guerra de Independencia.

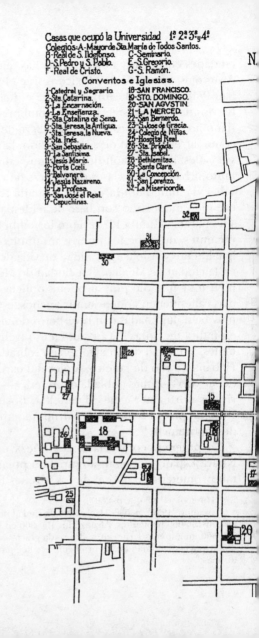

Casas que ocupó la Universidad 1ª 2ª 3ª y 4ª

Colegios: A - Mayor de Sta. María de Todos Santos.
B - Real de S. Ildefonso.   C - Seminario.
D - S. Pedro y S. Pablo.   E - S. Gregorio.
F - Real de Cristo.   G - S. Ramón.

Conventos e Iglesias.

1 - Catedral y Sagrario.
2 - Sta. Catarina.
3 - La Encarnación.
4 - La Enseñanza.
5 - Sta. Catalina de Sena.
6 - Sta. Teresa, la Antigua.
7 - Sta. Teresa, la Nueva.
8 - Sta. Inés.
9 - San Sebastián.
10 - La Santísima.
11 - Jesús María.
12 - Porta Coeli.
13 - Balvanera.
14 - Jesús Nazareno.
15 - La Profesa.
16 - San José el Real.
17 - Capuchinas.

18 - SAN FRANCISCO.
19 - STO. DOMINGO.
20 - SAN AGUSTIN.
21 - LA MERCED.
22 - San Bernardo.
23 - S. José de Gracia.
24 - Colegio de Niñas.
25 - Hospital Real.
26 - Sta. Brígida.
27 - Sta. Isabel.
28 - Bethlemitas.
29 - Santa Clara.
30 - La Concepción.
31 - San Lorenzo.
32 - La Misericordia.

N.

PLANO DE LA CIUDAD DE MEXICO
LEVANTADO POR EL TTE.CRNEL.DE DRAGONES
DON DIEGO GARCIA CONDE EN EL AÑO DE 1793
Y GRABADO EN EL AÑO DE 1807 DE ORDEN DE LA
MISMA NOBILISIMA CIUDAD.

ESCALA DE 1000 VARAS CASTELLANAS.

PALACIO
DE LOS
VIRREYES

dos. La ciudad de México se benefició de los mejores atributos. Sus sabios y sus instituciones —entre ellas la Academia de Bellas Artes (San Carlos) y el Colegio de Minas— hicieron desde entonces una ciudad moderna. Su administración eficaz ayudó al barón a llevar a cabo los estudios estadísticos y cartográficos que le había encargado el virrey José de Iturrigaray. Las oficinas de la ciudad de México bullían de archivistas, ingenieros y oficiales del Tesoro capaces de prestarle su colaboración. Gracias a esos escuadrones de técnicos, el barón logró dibujar un cuadro meticulosamente documentado de la Nueva España y de su capital. En resumen, ¿qué ciudad podría reunir un personal diligente, instituciones competentes, una autoridad ilustrada, si no fuera una metrópoli abierta hacia el porvenir?

También es cierto que ni las divergencias cada vez más sensibles entre españoles de la metrópoli y "americanos", ni la miseria de los indios, ni el "fanatismo popular", supuestamente atizado por las órdenes mendicantes, escaparon al barón, como no lo hicieron las extravagancias ornamentales del sagrario de la catedral, construido con el "estilo llamado vulgarmente gótico". Aunque insensible a los refinamientos y a las excentricidades de la arquitectura barroca, Humboldt minimizó el peso del pasado y dio a la ciudad mexicana una imagen tan halagadora como aquella que, un siglo más tarde, difundirían los aduladores de la ciudad porfiriana.

La ciudad que descubre el barón de Humboldt ha experimentado el paso de la nueva política americana de los Borbones de España. Frente a la expansión colonial de las otras potencias europeas, la corona española se dedicó a afianzar su influencia en sus posesiones americanas: confiaba en incrementar los recursos extraídos e introducir, al mismo tiempo, una nueva forma de gobierno.

Durante unos treinta años (1780-1810), España aplica una política económica, fiscal e industrial tan intervencionista como innovadora, imponiendo reformas y desplegando una red de intendencias calcadas del modelo francés. Mucho antes de enfrentarse a la modernidad porfiriana y revolucionaria, aun antes de ofrecerse una cura de positivismo anticlerical, la ciudad de México pasa por los rigores del despotismo ilustrado. Como París, Madrid o Nápoles, la ciudad de México vive la experiencia de la Ilustración.

Virreyes, altos funcionarios, arquitectos, ingenieros militares se inclinan sobre la capital de la Nueva España y se relevan para arreglarla. Españoles de la Península —Sessé, Cervantes, Elhúyar, Del Río, Bataller— son los artesanos de una política que aspira a controlar mejor el espacio urbano, así como a embellecerlo y modernizarlo. La corte sigue el juego. Ésta tiene la intención de civilizar y domesticar a la sociedad e infligirá sus *diktats* a la ciudad criolla hasta que el movimiento de Independencia rompa el cordón umbilical y expulse a los representantes de la corona, con las consecuencias que ya hemos descrito.

La etapa de la Ilustración preludia también el frenesí de demoliciones que se apoderó de la ciudad liberal en 1861. Mucho antes de la ruptura provocada por el movimiento de Independencia, desde los años de 1780, el historiador descubre los signos premonitorios de la mutación urbana que se aceleró a mediados del siglo XIX. Desde esa época, la ciudad destruye y pierde sus primeras iglesias: la del Amor de Dios, remplazada por una tienda y una vivienda; la de San Felipe, convertida en casa de vecindad; la de San Pedro y San Pablo (1784). La Capilla de los Gallos corrió la misma suerte. Donde se adoraba una imagen de Nuestra Señora de la Concepción se elevará una casa particular de lo más banal. La "profanación" se hace siguiendo incluso las reglas de la Iglesia y por motivos que no tienen nada de anticlericales.

Se presiente, sin embargo, que un clima nuevo está por instaurarse. Se adivina el inicio de una laicización de la decoración, análoga a la secularización de las ciencias y las artes, arrastradas por un gusto nuevo que prefiere la sobriedad neoclásica a la exuberancia barroca. Con la Ilustración, la sombra del modelo francés se extendió, por primera vez y con la mediación de España, sobre la ciudad. Durante el siglo siguiente, liberales y conservadores no dejarán de señalar esa referencia. Salvo que un abismo separa a la ciudad de la Ilustración de la capital liberal: el proyecto de los Borbones concernía a la mayor ciudad de su imperio americano y no a la debilitada capital de una joven nación independiente.

La ciudad de la Ilustración debió inventar por completo la decoración del porvenir con el cual soñaba.

Los monumentos erigidos para las fiestas reales de 1789 —arcos de triunfo, andamios o tablados de palacio— no buscaban ni exaltar la ciudad contemporánea ni la del pasado. Volcados hacia el futuro, estos monumentos multiplicaron las muestras de arquitectura neoclásica. Mientras que las fachadas que se consideraban anticuadas se disimulaban bajo mantas y cartones, aquellos monumentos constituyeron el prototipo y la maqueta, a escala real, de la ciudad que el virrey Revillagigedo deseaba dejar tras de sí.

Americano, ya que nació en Cuba y después fue educado en la ciudad de México, este virrey, nunca corto de proyectos, ejerció una influencia determinante sobre el destino de la ciudad. Revillagigedo "quiso hacer todas las cosas nuevas". Aunque llevó hasta su más alta expresión el despotismo ilustrado, se decía igualmente que estaba imbuido de las máximas de los filósofos, que incluso era favorable al principio de la Revolución francesa, aunque reprobaba los excesos. Por cierto, su llegada a la Nueva España en 1789 coincidió con el inicio de la Revolución. Su reinado se terminó en 1794, cuando París apenas emergía del Terror.

En la ciudad de México, como en muchos otros lugares, el despotismo ilustrado se propuso cambiar la decoración urbana. No se trataba de un simple aseo: la imposición del estilo neoclásico encubrió preocupaciones políticas, sociales y étnicas totalmente explícitas, tan deliberadas como serán, en su tiempo, las de los ingenieros de Porfirio Díaz o las de los consejeros del ministro Vasconcelos. Hombres e instituciones nos ofrecen indicios precisos. Geómetra, cartógrafo, excelente dibujante y también ingeniero militar, Manuel

109

Constanzó reviste una de las fachadas de la Casa de Moneda de adornos neoclásicos. Es él quien dirige los gustos de toda la joven Academia de San Carlos, fundada en 1784 por Carlos III de España e inaugurada dos años más tarde. Profesores, libros, grabados, modelos de yeso facilitan a la nueva institución los medios para implantar el neoclasicismo, cuyas formas depuradas hacen que circule el aire de la Ilustración sobre una ciudad colonial todavía bajo la influencia del más profuso barroco.

En vista de que la ciudad de México y la Nueva España están a miles de leguas de la Península, el arte-propaganda es aún más indispensable: la exaltación de la figura real sirve de inspiración a algunos proyectos para una estatua ecuestre. El resultado, en 1803, es la realización del monumento a Carlos IV, inaugurado por el virrey José de Iturrigaray. El escultor Tolsá concibió una obra maestra de equilibrio comparable al Marco Aurelio de Campidoglio. El barón de Humboldt no olvidó señalar su interés al lector europeo:

Todo viajero admira con razón, en medio de la plaza mayor, enfrente de la catedral y del palacio de los virreyes, un vasto recinto enlosado con baldosas ricamente guarnecidas de bronce, dentro de las cuales campea la estatua ecuestre del rey Carlos IV [...] Fue fundida y colocada por el mismo escultor, el señor Tolsá, cuyo nombre merece un lugar distinguido en la historia de la escultura española. El mérito y talento de este sujeto sólo puede ser dignamente apreciado por los que conocen las dificultades que presenta, aun en la Europa civilizada, la ejecución de estas grandes obras de arte.[5]

[5] Humboldt (1980), i, p. 258.

110

La estatua ecuestre de Carlos IV fue el primer monumento civil edificado en la ciudad de México. Ésta poseía innumerables imágenes religiosas y periódicamente se adornaba con efímeros arcos de triunfo a la gloria de reyes y virreyes. La estatua de Tolsá instauró una nueva costumbre. Después de la Independencia, la obra tuvo un agitado destino antes de ser instalada en el cruce del Paseo de la Reforma y de la avenida Juárez. Hasta los años 1970 su famosa silueta —llamada *el Caballito*— fue una referencia familiar para todos los ciudadanos. Desde entonces adorna la plaza Tolsá, que delimita el Museo Nacional de Arte y el Palacio de Minería.

Con el apoyo del virrey Revillagigedo, el arquitecto en jefe de la ciudad —el maestro mayor don Ignacio Castera— también acometió a la antigua ciudad. En cinco años el virrey propuso a la ciudad de México lo que Carlos III realizaba en Madrid con la ayuda de Sabatini. El testimonio del español José Gómez, quien reside en la ciudad de México de 1789 a 1794, es elocuente:

En su tiempo se hicieron agujeros por toda la ciudad y se sacaron varios ídolos del tiempo de la gentilidad [...] En su tiempo se quitó el repique de las campanas con esquilas en todas las iglesias [...] por mandado del virrey se mataron más de 20 000 perros. Se pusieron en todas las calles faroles y unos hombres que los cuidaban que se llamaban serenos y que estaban toda la noche gritando la hora que era y el tiempo que hacía. Se pusieron unos carros para la basura y otros para los excrementos de casas, con su campana. Todos los miércoles y los sábados de la semana se barrían todas las calles y se regaban todos los

días, y si no, se multa a los vecinos con 12 reales. Se qui-
taron de palacio todas las imágenes que había de Cristo y
de la Virgen [...] Se pusieron en todas las calles o esquinas
los nombres y los números de las casas en azulejo. Se
pusieron coches de providencia que no los había ni se
habían visto...[6]

Castera abre y pavimenta calles, llena canales, construye puentes. Es a quien debemos "la hermosa y bella
obra del Paseo Nuevo", la Garita o los nuevos arcos del
acueducto de Chapultepec.[7] En 1793, el arquitecto
presenta al virrey su "plano regulador":[8] la traza de los
barrios se regulariza y las fachadas de las casas se corri-
gen para respetar la alineación. Al mismo tiempo que
se enfrenta al control puntilloso de una Academia im-
buida de neoclasicismo, Castera hace que la ciudad
experimente una revolución urbana que no es comparable más que con las innovaciones del siglo xx o, doscientos sesenta años antes, con las transformaciones
traídas con la conquista española. La planificación y la
especulación —signos de esa modernidad anticipa-
da— van de la mano: Castera no ignora que los terrenos cuya infraestructura está desarrollando con sus
propios capitales adquirirán un valor del que obten-
drá, al cabo del tiempo, bastantes beneficios.

La construcción de la fábrica de tabaco simboliza

[6] Guillermo Tovar de Teresa, "Arquitectura efímera y fiestas
reales. La jura de Carlos IV en la ciudad de México, 1789", *Artes de
México*, I, 1988, pp. 38-39.

[7] Lombardo de Ruiz (1980), pp. 67-70.

[8] Francisco de la Maza, "El urbanismo neoclásico de Ignacio de
Castera", *Anales del IIE,* VI-22, México, UNAM, pp. 93-101, citado en
Tovar de Teresa, *Artes de México* (1988), p. 44.

esta política y esta nueva era. El virrey Revillagigedo escoge una zona inhabitada, al suroeste de la ciudad, llamada el potrero de Atlampa. Se extendía entre la calle de Bucareli y la calzada de Chapultepec, cerca del acueducto del mismo nombre, que proveería, sin mucho esfuerzo, el agua necesaria para la obra. Peones indios y mestizos levantaron un inmenso edificio diseñado por arquitectos españoles. Fue ésta una innovación radical en el tejido urbano. Capaz de emplear a siete mil hombres y mujeres para la fabricación de puros y de cigarros, el establecimiento se convirtió en el prototipo de la arquitectura industrial de la ciudad de México a tal punto que, paradójicamente, las manufacturas del siglo xix —la fábrica Henry Lee (1882) o la Tabacalera Mexicana...— estarán lejos de poseer tan vastas dimensiones.

El edificio ofrece también un ejemplo del estilo neoclásico. Formas sobrias y funcionales, líneas horizontales y notablemente equilibradas: el diseño cuadriculado está dividido en dos espacios simétricos, concebidos para racionalizar la producción de puros y cigarros.

La fábrica parece inspirarse en la de Sevilla, inmortalizada por la ópera de Georges Bizet. En la ciudad de México como en Sevilla, la corona española coordinó la concentración de grandes cantidades de trabajadores en espacios dispuestos para la industria. Pero la fábrica de Sevilla, aun decorada con numerosos elementos barrocos, seguía obedeciendo a una concepción que daba preferencia a la administración, a la representación y al lujo sobre la producción. El edificio de la ciudad de México es más tardío —su construcción se desarrolla entre 1793 y 1807— y su objetivo es exclusivamente industrial; así, no posee una capilla. En la ciudad de México, neoclasicismo rima con industria, razón y Luces.

La fábrica de tabacos de la ciudad de México todavía es visible hoy en día, aunque perdió desde hace mucho tiempo su vocación primera. Fue transformada en prisión —uno de los héroes de la guerra de Independencia, Morelos, estuvo encarcelado ahí en 1815— y en armería durante los disturbios que acompañaron la insurrección. De ahí el nombre de Ciudadela, que conservó a pesar de que hoy aloja a la Escuela de Diseño y Artesanías y a la Biblioteca de México.

Un palacio dejó una huella más duradera y más espectacular aún. En 1793 la corona encargó al arquitecto Tolsá que levantara un edificio destinado a recibir al Real Seminario de Minas. Conocido bajo el nombre de Palacio de Minería, el Colegio de Minas constituye un notable ejemplo de arquitectura neoclásica. El edificio atestigua, además, un dinamismo industrial que no concuerda con nuestra imagen de una España y un imperio afectados por la decadencia. La fachada de piedra gris sobrepone columnas dóricas y jónicas. Su patio majestuoso y sobrio se despliega alrededor de una gran escalera de doble rampa. Fue el primer establecimiento del mundo consagrado a la ciencia de las minas en respuesta al progreso prodigioso de la industria minera en México.

Por último, la ciudad de México de la Ilustración no podía privarse de un jardín botánico. En 1788 uno de los patios del palacio del virrey fue acondicionado para ello: era "muy pequeño pero en extremo rico en producciones vegetales raras o de mucho interés para la industria y el comercio".[9] Polémicas y rivalidades trabaron el desarrollo de ese primer jardín botánico, pues ahí se enseñaba la clasificación de Linneo, rechazada con obstinación por los sabios criollos y la universidad.

DE POMPEYA A LA CIUDAD DE MÉXICO

A veces el azar hace bien las cosas. Si en la ciudad del siglo XX las obras urbanas permitieron extraer los restos del Templo Mayor prehispánico, el urbanismo de la Ilustración fue el inicio de varios hallazgos arqueológicos. Los trabajos de nivelación y de pavimentación que el virrey Revillagigedo llevó a cabo en la gran plaza de la ciudad de México ocasionaron el descubrimiento de "tres monumentos curiosos":[10] la Piedra de Sacrificios, el calendario mexicano y la estatua de la diosa Coatlicue. En agosto de 1790, "se encontró a muy corta distancia de la superficie de la tierra una estatua curiosamente labrada en una piedra de extraña magnitud, que representaba uno de los ídolos que adoraban los indios en tiempo de su gentilidad. Pocos meses habían pasado cuando se halló la otra piedra, mucho mayor que la antecedente, a corta distancia de ella, y tan poco profunda que casi tocaba la superficie de la tierra...."[11] Uno tras otro, el monolito de la Coatlicue, el calendario mexicano llamado "Piedra del Sol" y, un

[9] Humboldt (1980), I, p. 263.
[10] Alejandro de Humboldt, *Site des cordillères et monuments des peuples indigènes de l'Amérique,* París, Jean-Michel Place, 1989, p. 254.
[11] Antonio de León y Gama, *Descripción histórica y cronológica de las dos piedras,* México, Porrúa [1792], 1978, p. 3.

tiempo después, la Piedra de Sacrificios volvían a ver la luz del día.

En lugar de destruir esos ídolos, como se hubiera hecho poco antes, se tomaron medidas que permitieron su conservación. La Coatlicue fue trasladada al patio de la universidad. Los vestigios recibieron, incluso, los honores de la imprenta, ya que motivaron una publicación erudita: la *Descripción histórica y cronológica de las dos piedras* (1792). En ese primer estudio arqueológico consagrado a la ciudad mexica, el sabio don Antonio León y Gama rinde homenaje a "la cultura y extraordinaria instrucción en las artes y ciencias con que florecieron los indios".[12]

Hechos en el corazón de la ciudad española, los hallazgos de finales del siglo XVIII forman parte de la mentalidad de la Ilustración. La arqueología es entonces una ciencia a la moda en el mundo occidental. A fin de cuentas, la excavación no está desprovista de segundas intenciones. Al explorar su suelo, la ciudad de México se propone rivalizar con las ciudades italianas y españolas, donde las excavaciones se multiplican. El estudio de León y Gama se refiere explícitamente al ejemplo que en el reino de Nápoles ofrecen el museo de Portici y los trabajos de campo llevados a cabo en Herculano y Pompeya, "sepultadas tantos siglos entre las cenizas, piedras y lavas de las erupciones del Vesubio".[13] De las ruinas romanas a las ruinas mexicas, del Vesubio al Popocatépetl no había más que un paso fácil de franquear. Las excavaciones italianas, ¿no habían

---

[12] Antonio de León y Gama, *Descripción histórica...*, p. 3. "Parecer del Padre Joseph Pichardo".

[13] *Ibid.*, p. 4.

sido realizadas bajo el patrocinio del actual rey de España, Carlos III, entonces rey de Nápoles?

Tendida hacia el porvenir, curiosa de su pasado antiguo como Nápoles lo estuvo del suyo en la misma época, la ciudad de la Ilustración afirma su personalidad, esforzándose por romper con su pasado inmediato. Los sabios de la Nueva España emprendieron la rehabilitación de los templos anteriores a la conquista española, sin presentir que sería el conjunto del periodo colonial lo que terminaría devorado bajo el recuerdo exaltado de la ciudad mexica.

A finales del siglo XVIII, la herencia del pasado barroco molestaba más y más a los espíritus ilustrados. Un rechazo casi unánime se expresa mediante la pluma de los observadores. En 1813, el escritor criollo José Joaquín Fernández de Lizardi se lanza contra la ciudad antigua, simbolizada por su catedral:

> Su arquitectura no es delicada pues le sobra bastante cargazón. En el crucero tiene un pino que parece pinal: hechura antigua y digna de desprecio del gusto del día....
> —Pues siendo así ¿no puede México entrar en el rango de las civilizadas de Europa?
> —Así es puntualmente. ¿Cómo se había de comparar su Alameda, ni orilla de un Prado, con un Escorial, con una Granja en España; ni menos con el parque de San James y el Green Park o Parque Verde en Inglaterra; con los canales de Amsterdam en Holanda; con los jardines de Versalles en Francia, con las villas de Roma en Italia, etc., etc.?[14]

[14] Fragmento del *Diálogo entre un francés y un italiano sobre la América septentrional* (1813) de Fernández de Lizardi, citado en Fernández (1972), p. 218.

El urbanismo, la arquitectura, la técnica, la arqueología, no son los únicos ámbitos donde las élites de la ciudad de México se dedican a asimilar la Ilustración. La actividad intelectual prospera en las academias, como la de matemáticas, fundada por el sabio Joaquín Velázquez de León. Las sociedades españolas que se abren a la nueva mentalidad —es el caso de la Real Sociedad Vascongada de Amigos del País— poseen corresponsales en la ciudad de México. En 1767, la expulsión de los jesuitas priva a la Nueva España de muchos discípulos de la Ilustración, pero no agota el entusiasmo criollo. Los promotores de esas Luces mexicanas —que sucederán a los artistas españoles del despotismo ilustrado— se llaman Díaz de Gamarra, Alzate, Bartolache, Soria, Velázquez de León. Antes de la corte del virrey, las élites de la ciudad trabajan para divulgar los descubrimientos científicos y técnicos.[15]

Periódicos y periodistas hicieron su aparición dentro de la mejor tradición del siglo XVIII: el *Periódico literario de México* (1768), el *Mercurio volante* (1772), los *Papeles periódicos* (1777), la *Gazeta de México* (1784). Obviamente, no se habla de política ni de religión. Sí, en cambio, de teatro, bellas artes, ciencias, física, historia natural y de problemas de mecánica, así como del buen uso de los relojes. Se trata, entonces, de elevarse al rango de "todas las naciones cultas de Europa".[16]

[15] Elías Trabulse, *El círculo roto. Estudios sobre la ciencia en México,* México, SEP/80, FCE, 1982.

[16] José Antonio de Alzate Ramírez, *Obras. I. Periódicos,* México, UNAM, 1980, p. 66.

El *Diario literario de México* es el primer periódico de este tipo publicado en la América española. Su objetivo no es solamente dar a conocer al público mexicano las publicaciones europeas —los diarios de París, Leipzig, Venecia, Roma, Ferrara, las memorias de las academias de ciencias...— sino también difundir las obras impresas o manuscritas producidas en la Nueva España. Este periódico se puede adquirir en la imprenta de la Biblioteca Mexicana, en el puente del Espíritu Santo, y en la librería del Arquillo, frente al palacio del virrey. También en las librerías de la ciudad los lectores curiosos pueden examinar los documentos relativos a las máquinas o a las experiencias descritas en los periódicos.

Este desarrollo intelectual debe sobrepasar los obstáculos acumulados por las distancias oceánicas, la débil actividad de las prensas locales, la represión inquisitorial. En la ciudad de México no se leen, oficialmente, más que las obras autorizadas por la Iglesia y la Inquisición. Clandestinamente, en los rincones de las bibliotecas, en los cuartos y salones protegidos de miradas indiscretas, los lectores se sumergen en la literatura prohibida. Ésta llega en secreto de Europa o proviene de aquellos privilegiados a quienes el tribunal del Santo Oficio otorga el derecho de leer los libros del *Índex*. Los filósofos y, más todavía, cantidad de autores eróticos desembarcan silenciosamente en la ciudad católica. La Ilustración fue también un asunto de contrabando.

La ciudad del siglo xviii enloquece desde entonces con la música, el teatro y la danza. Algunas notas de *La Péri-chole* (Offenbach), algunas imágenes de *La carroza de oro* (Renoir) —donde resuena para siempre la risa de Anna Magnani— nos han vuelto familiares las tribulaciones de las compañías de artistas europeos en la América española del siglo xviii. Las giras de actores y de cantantes —tan frecuentes, se recordará, en la capital del siglo xix— tienen, entonces, un antiguo origen. A semejanza de la famosa Micaela Villegas —alias *la Perricholi*—, actores, bailarines, músicos se arriesgaban a atravesar el Atlántico para ofrecer a las capitales americanas, Lima, Cartagena y obviamente la ciudad de México, la ilusión de rivalizar con las ciudades de la vieja Europa. Así, algunos actores alcanzan una efímera popularidad: Eusebio Vela, Ana María de Castro, Josefa Ordóñez, Antonia de San Martín. Otros tuvieron un destino más agitado, a veces con estancias en prisión, de donde las autoridades debían sacarlos a falta de suplentes aceptables. Por regla general, las condiciones de vida eran precarias, los salarios mediocres, las obligaciones aplastantes y la existencia tan turbulenta como un guión de comedia.

La segunda mitad del siglo xviii se mostró particularmente fasta para el teatro en la ciudad de México. La Iglesia aprendió a templar su repulsión respecto de los comediantes. En 1753, incluso aceptó que el actor Diego de Arias fuera sepultado en el convento de San Bernardo. Un año antes, el virrey Revillagigedo —padre del Revillagigedo de la Ilustración— manifestó el deseo de que la ciudad albergara un teatro comparable con los de Madrid. La corte de la Nueva España ya no se conformaba con la construcción de madera que desde el siglo XVII servía de sala principal de espectáculos. En 1753, el virrey inauguró el Coliseo Nuevo. Adornado de un gran portal, este primer teatro de mampostería se alzaba en la calle del Colegio de Niñas. En el siglo XIX llevó el nombre de Teatro Principal (1826) y desapareció arrasado por el fuego en 1931, después de 178 años de buenos y leales servicios.

La sala del Coliseo Nuevo podía recibir a mil quinientos espectadores. Los espectadores de pie —o mosqueteros— ocupaban el fondo del patio de butacas, mientras que los menos afortunados se apretujaban en el cuarto piso, en el gallinero, donde un simple tabique separaba a los hombres de las mujeres. Los muros estaban pintados de azul y blanco; el techo se hallaba adornado de pinturas mitológicas. La sala estaba dotada de "balcones volados de hierro". La temporada se iniciaba en abril, el domingo de Pascua, y se prolongaba hasta los últimos días del carnaval, en febrero del año siguiente. Enfrente del teatro, la Casa de Irolo, adquirida especialmente para ese propósito, servía de escuela y de salón de ensayo a los cantantes, bailarines y músicos.

En la ciudad de México, como en Europa, la cuestión del teatro apasionó a las élites ilustradas e inspiró a uno de sus más brillantes representantes, José Antonio de Alzate. En 1768, el fundador del *Diario literario de México* publicó un artículo sobre la reforma del teatro y subrayó el prestigio que aportaría a las Américas y a la patria mexicana una nueva obra de teatro "sublime". El entusiasmo desbordado de Alzate tuvo la mala suerte de disgustar al virrey de la época, el marqués de Cruz. Pero nuestro autor volvió más tarde sobre el asunto, persuadido de la influencia que el teatro contemporáneo podía ejercer sobre la sociedad mexicana. "Diversión o correctivo", el arte escénico parecía tan poderoso que ricos y pobres asistían a las representaciones del Coliseo Nuevo y de los corrales, esas salas al aire libre que se montaban por todos lados en la ciudad. Como en París, "el teatro es un *melting-pot* cultural que espacializa su jerarquía, desde el balcón hasta el patio de butacas, desde los palcos hasta los asientos".[17] De nuevo como en París, el teatro debía ser "una divertida escuela de virtudes privadas y sociales".[18] La corte de la ciudad de México y las élites de la capital tenían muchas razones para interesarse en el teatro.

El escenario no podía escapar a la manía reformista del despotismo ilustrado. El ejemplo del teatro en París mostraba lo que podía provocar un espacio demasiado libre, en el cual "la libertad del patio de butacas, su turbulencia, se volvió un elemento esencial para la constitución de una opinión capaz de hacer un juicio".[19] El conde Bernardo de Gálvez publicó unos edictos que dieron un giro a las relaciones entre el gobierno, la ciudad y las artes. Durante su corto reinado (1785-1786), el virrey gratificó al Coliseo con un lujoso telón e hizo construir salones de ensayo y para clases

[17] Daniel Roche, *La Culture des apparences. Une histoire du vêtement XVIIᵉ-XVIIIᵉ siècle*, París, Fayard, 1989, p. 601.
[18] Viqueira Albán (1987), p. 67.
[19] Roche (1989), p. 601.

de danza.[20] Sobre todo, publicó un edicto con el primer conjunto de reglas destinadas a regir la actividad teatral en la Nueva España. Una reglamentación puntillosa y puritana sometió a la censura previa no solamente los programas y los textos, sino también las puestas en escena; eliminó los comportamientos tendentes a faltar a la decencia; pretendió disciplinar y moralizar a los actores.

Algunas de estas decisiones tuvieron efectos paradójicos. La prohibición de representar obras con temas religiosos contribuyó, de manera involuntaria, a la secularización de las mentalidades. Otras medidas prohibieron la presencia de los espectadores sobre el escenario e impusieron al público un mayor respeto hacia los actores: sus reacciones debían limitarse a aplaudir o a guardar silencio; el teatro no era una escuela de protesta. Las costumbres, las ventas ambulantes en el interior del teatro, la circulación a su derredor, el precio de los boletos, ningún detalle se omitió, ni siquiera el consumo de tabaco. Un letrero a la entrada del teatro advertía que, puesto que no se podía prohibir el uso de tabaco, era conveniente impedir que "los concurrentes arrojen desde la cazuela y palcos, yesca encendida y cabos de cigarros al patio, sucediendo no pocas veces que se quemen los vestidos y capas de las personas que ocupan los palcos más bajos, bancas y mosquete". El horario de las representaciones se modificó: pasó de las cuatro y media de la tarde a las ocho de la noche.

[20] Maya Ramos Smith, *La danza en México durante la época colonial*, México, Consejo Nacional para la Cultura y las Artes, Alianza Editorial Mexicana, 1990, p. 83.

La intervención de la corte se enfrentó a actores turbulentos que se sabían indispensables para el funcionamiento del teatro. Uno de los sucesores de Gálvez, el virrey Revillagigedo, dominó cada vez más el teatro y la danza, al igual que el resto de la vida artística e intelectual. Este virrey consagró al arte una pasión tan desbordada, que los conflictos explotaron con actores, cantantes y bailarines, rebeldes a la voluntad del virrey.[21] Incluso una pequeña guerra en el teatro sacudió los últimos años del siglo XVIII. Exclusiones y amenazas de extradición recayeron sobre los artistas recalcitrantes, cuyos alegatos rozaban la arrogancia. El escándalo estaba a la altura del problema. Espectáculo por excelencia, el teatro representaba un instrumento muy importante para las élites del momento, ya porque apoyaran el despotismo ilustrado, ya porque quisieran dar a México el lustre de una capital europea.

El repertorio habitual estaba integrado por piezas españolas —Lope de Vega, Calderón, Moreto, Solís— que iban desde lo mejor hasta lo peor. Muchas de las representaciones de fines de siglo chocaban con el gusto neoclásico, pero la censura se contentó con expurgar los contenidos. El público reía al escuchar farsas y melodramas como *El negro sensible, El diablo predicador* o aun *El falso nuncio de Portugal.* Los espíritus elevados se deleitaban con la llegada de algunas piezas de Molière al repertorio: *El misántropo* y *El casamiento a fuerza.*[22]

Una excepción causó escándalo. En 1790, el censor permitió la representación de un drama inicialmente intitulado *México rebelde* y después rebautizado *México*

[21] Ramos Smith (1990), p. 85, 111.
[22] Viqueira Albán (1987), p. 124.

reconquistado. La pieza desencadenó el enardecimiento del público que seguía con entusiasmo las peripecias del cautiverio y ejecución de Cuauhtémoc, último soberano de la ciudad de México. Durante la primera y única representación, la asistencia se dividió: las filas criollas rompieron en aplausos, mientras que los españoles salieron furibundos. Si la historia de la conquista de México había inspirado durante todo el siglo xviii a los dramaturgos y a los músicos europeos —Antonio Vivaldi en primera fila— la representación de esos sucesos en la ciudad de México, a dos siglos y medio de distancia, cobraron inmediatamente un tinte político. El impacto fue aún más fuerte puesto que la rehabilitación de los indígenas vencidos y la apropiación del pasado indio ocupaban, desde hacía ya varias décadas, a las élites criollas. *México reconquistado* tuvo en la capital de la Nueva España el poder detonador de las piezas de Beaumarchais en la Francia de Luis XVI. El momento se prestaba: ¿cómo hacer oídos sordos a los cambios radicales en la escena internacional? La independencia de las colonias inglesas constituía un obsesivo precedente y las noticias de la Revolución francesa se difundían en toda América.

A pesar de su éxito, esta obra fue la única excepción. El teatro de la Ilustración se limitó a cumplir con el papel que heredó la ópera del siglo xix: el de una válvula de escape, una huida hacia la imaginación que nunca logró conducir a la sociedad de su tiempo de manera crítica y política. De ahí su extraordinaria boga, al mismo tiempo que su relativa inocuidad.

Hay que reconocer que el público mexicano prefería ver a las bailarinas que escuchar a los actores declamar. La boga del ballet trajo la gloria al Coliseo Nuevo. La introducción del ballet a la italiana o ballet académico en México se remonta posiblemente a finales de los años 1770, cuando los italianos Peregrino Turchi y Giuseppe Sabella Moralli dirigían la compañía del Coliseo Nuevo. El primero era originario de Rímini, el segundo de Palermo. Con la llegada del conde Bernardo de Gálvez (1785-1786) y el establecimiento del bailarín y coreógrafo Gerolamo Marani, el ballet se enraizó definitivamente en la capital de la Nueva España. Toda proporción guardada, Marani ejerció en México una influencia comparable a la de Domenico Rossi en el teatro de Madrid.

La salida de estos italianos hacia el Nuevo Mundo respondía a motivaciones personales, ocasionalmente a la instigación de las autoridades. ¿Por qué Marani abandonaría Europa para irse a la ciudad de México, probablemente sin esperanzas de regresar? La carrera del bailarín había sido, empero, rica en éxitos. Acostumbrado a los grandes escenarios europeos —Milán, Roma, Venecia, Nápoles, Turín, Viena, Lisboa—, Marani había trabajado en Viena con el célebre Noverre (1766-1767) y luego en Milán con Charles Le Picq. A partir de 1773, el coreógrafo y su mujer, la bailarina Teresa Pier Antoni, se instalaron en España y dirigieron la compañía del Teatro Italiano de Cádiz. La ciudad portuaria no sólo era la puerta económica de la América española. Dotada de tres teatros —español, italiano y francés— y de dos compañías de danza, Cádiz constituía el eslabón artístico que incorporaba las Indias a Europa antes de la consumación de la Independencia.[23] En Cádiz, después de doce años, Marani terminó por aceptar la oferta del virrey Bernardo de Gálvez, quien le propuso que viniera con él a La Habana y después a la ciudad de México. En 1785, a los cuarenta y cinco años, el milanés se embarcaba hacia el Nuevo Mundo. Una vez en la ciudad de México, recibió la dirección de la compañía de ballet formada por el conde de Gálvez, con la obligación de montar ocho grandes obras por temporada. Marani proporcionaría la decoración y la música y garantizaría dos espectáculos por semana: el jueves y el domingo.

Marani y su familia dominan la escena en las últimas décadas del siglo. La compañía representa bailes populares —españoles y mexicanos—, danzas cortesanas y ballets de temas heroicos, mitológicos, bufos o trágicos. *Ariana y Teseo* o *El triunfo de Baco, El campamento de los húngaros* y *El baile inglés* figuran entre las obras montadas durante la temporada 1786-1787.[24] Entre los bailes "del país" (es decir, mexicanos), el jarabe, los bergantines, los garbanzos, la bamba y la bamba poblana se repartían el favor del público y de los bailarines.[25]

---

[23] Ramos Smith (1990), pp. 89-91.
[24] *Ibid.,* pp. 104-105.
[25] Pero la situación del bailarín y coreógrafo siguió siendo muy precaria en suelo americano. Cuando Revillagigedo tomó la dirección de esos asuntos no tardó en entrar en conflicto con Marani. Adulado en los escenarios madrileños, un recién llegado, el español Juan Medina, continuó la obra de Marani, inaugurando un periodo igualmente brillante, marcado por numerosas creaciones a las cuales la guerra de Independencia puso término finalmente.

Como la danza, la música evidenciaba la influencia italiana. La actividad musical que enorgullecía a la ciudad del siglo xix se remontaba a una tradición arraigada mucho antes de la Independencia. En el apogeo del despotismo ilustrado la música religiosa inició un descenso paralelo al retroceso de la influencia de la Iglesia sobre la vida privada. La música cortesana y la música profana reinaron a fines del siglo xviii, aun cuando organistas y compositores del talento de fray Martín Francisco de Cruzelaegui siguieron escribiendo misas de calidad.[26] La ópera estaba de moda. La cantante Felipa Mercado entretuvo a la ciudad de México en los últimos años del siglo xviii. En 1804 Manuel Aranzana presentó su ópera en dos actos *El extranjero*. El año siguiente se representó *El filósofo burlado* de Cimarrosa con María Dolores Munguía, Mariana Argüello, Andrés del Castillo y Victoria Rocamora.[27] En 1806 el público mexicano descubrió *El barbero de Sevilla* de Paisiello. La Independencia no hará más que acentuar esta avidez de arte lírico y sobre todo de óperas italianas.

Musicalmente, el último tercio del siglo xviii fue precedido por un periodo esplendoroso, dominado por la personalidad del maestro de capilla Ignacio Jerusalem (1710-1769). Bajo su dirección, la ciudad de México no se conformó con interpretar y ejecutar la música italiana, también la produjo. ¡Y de alta calidad! Nacido en Lecce en 1710 —el mismo año que Pergolesi—, Ignacio Jerusalem e Stella se formó en una Ita-

[26] Por ejemplo el *Dixit Dominus* interpretado en el disco compacto *Gran Festival Ciudad de México. 450 años de música* (Discografía).
[27] José Octavio Sosa y Mónica Escobedo, *Dos siglos de ópera en México,* México, SEP, 1986, t. i, p. 8.

lia donde la ópera-seria y el bel canto alcanzaron su pleno desarrollo; una época en que los *castrati* triunfaban en todos los escenarios con maravilloso éxito. En 1742, durante una estancia en España, el representante del teatro Coliseo de México contrató al músico como violinista y compositor. Una veintena de instrumentistas hicieron el viaje también. Como tantos otros músicos de la Península, atraídos hacia las Indias por la esperanza de una carrera fácil y una fortuna al alcance de la mano, Ignacio Jerusalem atravesó el Atlántico y se instaló en la capital de la Nueva España junto con una compañía de ópera italiana.

El viejo teatro del Coliseo los recibió. Escenario principal de la ciudad de México hasta mediados del siglo XVIII —antes de la inauguración del Coliseo Nuevo— el Coliseo era una imponente estructura de madera edificada en el patio del Hospital Real de los Naturales, al que proporcionaba una parte de sus recursos. Ventaja financiera que compensaba los disgustos sufridos por los enfermos, privados de aire y de luz por culpa de las instalaciones del escenario y de la sala. Cantantes, bailarines y músicos venidos de Italia vía España se presentaban ahí con frecuencia. Fue en dicho escenario donde Ignacio Jerusalem tuvo la oportunidad de mostrar su talento al público mexicano. Algunos años más tarde, en 1749, su carrera estaba hecha. El cabildo de la catedral lo llamó a la cabeza de la capilla de la ciudad de México, donde ofició como maestro hasta su muerte.

Con Ignacio Jerusalem, la música religiosa mexicana se une con los refinamientos de la música napolitana, se abre a los descubrimientos, al estilo y al énfasis de la ópera italiana. La influencia de la Península Itálica alcanzó un grado tal que se pensó en reclutar a cuatro *castrati* del reino de Nápoles para el coro de la catedral. El genio de Jerusalem brilla en el puñado de obras grabadas con las que contamos hoy en día. Su música armoniza la elegancia contenida de los "versos para orquesta", la puntuación incisiva de los grandes oficios, la traza delicada y aérea de las arias —*Oiga el orbe Virgen pura*—, el ritmo agitado de misas como la *Misa de niños,* el júbilo de las cantatas *Cuando alegre vivo* y *La ciudad que a María...* Jerusalem no tuvo más que un rival en la ciudad de México, italiano también: Matheo Tollis de la Rocca, clavecinista y organista que gozaba de la protección de la corte y del apoyo de la virreina, la marquesa de Amarillas.

El reino musical de Ignacio Jerusalem se terminó en 1769. La desaparición del maestro de Lecce hizo perder a la capilla de la catedral de la ciudad de México la tutela que hasta entonces había ejercido sobre la vida musical de la capital y del país. Para la ciudad fue una fecha tan notable como la inauguración del Coliseo Nuevo (1753) o la irrupción del ballet clásico (1778). Urbanismo, letras, teatro o música, el último tercio del siglo empujaba a la ciudad de México hacia un mundo cuyos valores e ideales se secularizaban lentamente a medida que se liberaba de sus reminiscencias barrocas.

La "Ciudad de los Palacios"

Los conciertos de Ignacio Jerusalem y los espectáculos de Marani atraen a un medio adinerado cuyo marco de vida no tiene nada que envidiar a los aristócratas del Viejo Mundo. A mediados del siglo XVIII, la de México es una ciudad cuyas élites nobiliarias, mineras y comerciantes se complacen en hacer alarde de su fortuna en residencias suntuosas, palacios principescos, iglesias, capillas y fundaciones pías. De ahí que la ciudad ostente durante mucho tiempo el prestigioso título de "Ciudad de los Palacios", evocado aún hoy con ironía y nostalgia frente a las constantes agresiones de la fealdad, la contaminación del aire y el caos urbano.

Frente a una corte regularmente renovada por la llegada de virreyes y de su séquito, las grandes familias de la nobleza criolla dominan la ciudad. Apegadas a su patria americana, éstas cultivan un tipo de vida, un gusto y un estilo más mexicano que europeo, donde el barroco prevalece aún sobre las veleidades clasicistas.

Las calles de San Francisco, de las Capuchinas, de la Cadena y de la Moneda están bordeadas de palacios. El de los condes de San Mateo de Valparaíso rebosa de innovaciones arquitectónicas. El arquitecto Francisco de Guerrero y Torres (1721-1792), cuyas creaciones seducían a la ciudad antes de la irrupción del academicismo neoclásico de fin de siglo, fue el encargado de su construcción en 1769. A partir de 1774 ocupó la eminente función de arquitecto en jefe —o maestro mayor— del palacio real, de la catedral y de las obras de la Inquisición. Para el conde de San Mateo de Valparaíso, Guerrero y Torres concibió un patio de una audacia inusitada, rodeado de arcos que se precipitaban al vacío antes de enlazarse en asombrosas combinaciones: "Sobre esta estructura, como si fuera una estructura telescópica, se proyecta —liviana— la galería

131

alta".[28] Con la misma armonía, la escalera de doble rampa sintetiza la alianza de la búsqueda geométrica, el cálculo matemático y un gusto por las formas inusitadas y laberínticas.

Guerrero y Torres edificó igualmente el palacio de los condes de Santiago de Calimaya —hoy Museo de la Ciudad de México—. Su construcción se remonta al año de 1781. Es uno de los palacios más fastuosos de la ciudad. Su portal filipino está tallado en maderas preciosas por artesanos chinos, probablemente establecidos en Manila. La fachada está adornada con paramentos tallados en piedra chiluca, extraída de las canteras de Los Remedios, y en tezontle (roca volcánica de color rojo). Incomparable filigrana de piedra, el elegante patio interior aloja una gran escalera en la que alternan mármol, malaquita, tezontle y hierro forjado.

Dominando la calle de San Francisco, se dice del palacio del marqués de Jaral del Berrio (1785) —rebautizado en el siglo XIX como palacio de Iturbide— que es la construcción más monumental de Guerrero y Torres. Detalle poco usual en la ciudad de México, el edificio se compone de tres pisos. Sobre la fachada, la oposición cromática de la piedra de cantera y del tezontle rojo acentúa los efectos obtenidos por la proliferación de elementos decorativos que bordan las ventanas y el inmenso portal de dimensiones napolitanas. Esta huella italiana no es fruto del azar. Como el marqués don Miguel de Berrio y Zaldívar había casado a su hija con un siciliano, solicitó la réplica de un pala-

[28] Berchez (1992), p. 279; *Los palacios de la Nueva España. Sus tesoros interiores.* Museo de Monterrey, Museo Franz Mayer, 1991, Monterrey, Impresora Monterrey, 1990.

cio de Palermo. Su yerno probablemente participó en la concepción del patio, que quería igual al de su palacio de Sicilia.

A pesar de ese tributo a la monumentalidad de los palacios italianos, la obra de Guerrero y Torres conserva un tono mexicano que le valió, hacia el final de su vida, el sarcasmo de los directores de la novísima Academia de San Carlos. La flexibilidad con la que mezclaba los repertorios de órdenes y estilos, el movimiento sinuoso que daba vida a sus creaciones, la profusión de arcos con inquietantes formas, alejaban a Guerrero y Torres de toda línea clasicista.

El palacio de los condes del Valle de Orizaba es notorio por su decoración exterior de azulejos; de ahí el nombre de Casa de los Azulejos. La casa fue la primera residencia que se recubrió por el exterior de esos cuadros de loza, con una dominante azul, obtenida por medio de un óxido de cobalto: los azulejos. La quinta condesa del Valle de Orizaba, doña Graciana Suárez de Peredo, ignoraba que esta iniciativa pronto se volvería una moda. Y que su palacio, salvado por el tiempo, alojaría en el siglo XX uno de los más bellos restaurantes de la ciudad.

Otras residencias rivalizaban en esplendor: el palacio de los condes de Santa Fe de Guardiola o Casa de los Perros, la residencia de don José de la Borda, el riquísimo propietario de las minas de plata de Taxco y de Zacatecas. El interior reunía muebles y objetos de arte originarios de todos los continentes. Los recursos liberados por las grandes haciendas y más aún por las minas del norte del país alimentaban esas cuevas de Alí Babá, de las cuales los museos no dan más que una

pobre idea.[29] Carrozas importadas de España, porcelanas de China, vajillas de plata, vestidos de seda y de
brocados figuran entre los inventarios de las principales residencias. Sin contar con los objetos fabricados
en la ciudad misma: los talleres de la ciudad de México
producían una "loza achinada que ninguno de los más
instruidos podría distinguir la suya de la de China y la
del Japón". Al interior de los palacios, la elegancia de
las columnas que rodeaban el patio, el refinamiento
de las bóvedas y los arcos, los balcones de hierro forjado y los revestimientos de azulejos confirmaban la impresión de lujo que producía la fachada, con grandes
cantidades de molduras de piedra, de pilastras tosca-
nas, de artesones, de follajes, conchas, volutas y mas-
carones. En el primer piso se encontraban los aposentos de los patrones. Las salas de recepción, el despacho
de curiosidades, la biblioteca, el salón de música y el
comedor acogían la vida pública de la familia. Las con-
solas se doblegaban bajo los servicios de oro y plata.
Los muebles incrustados de nácar, carey y caoba, los
cofres laqueados de China y los marfiles filipinos se
reflejaban en gigantescos espejos trabajados con hoja de oro. Esta manía por la ostentación anuncia el
kitsch de las clases medias de los siglos siguientes. Las
recámaras ofrecían refugios más discretos donde reinaba un mundo de mujeres: alrededor de la señora
española, de sus hijas y de sus íntimas, las sirvientas
indias y mulatas o los esclavos negros servían el chocolate y preparaban los atavíos que, por la tarde, la dama
se pondría para el paseo.

[29] Con excepción del Museo Franz Mayer.

El ceremonial del chocolate marca el ritmo de esas existencias privilegiadas. No hay visita, recepción o fiesta sin chocolate. Ni un solo día sin que se deguste al menos dos veces: por la mañana y a las tres de la tarde.[30] Suntuosos servicios de chocolate hacen de este consumo un ritual deleitoso, que mezclaba la plata de las entrañas de la tierra con el fruto más codiciado de las regiones tropicales. Aunque el chocolate no es la única pasión que intriga a los visitantes de paso: la ciudad rebosa de vendedores de helados, tan frecuentados por los ciudadanos en las tardes, que esos parajes se vuelven inaccesibles. En las filas de carros que se estacionan alrededor, las damas saborean la frescura de los aromas más extravagantes, mientras que afuera se empuja el tropel de consumidores.[31]

Durante las recepciones el tabaco es de rigor. Nadie duda en consumirlo, y menos aún las damas: "En las visitas de las señoras pasan varias veces una bandeja de plata con cigarros y un braserito (y los he visto muy pulidos) de plata o de oro con lumbre". Porque en la ciudad de México se fuma mucho, demasiado según algunos. Se fuma en todos lados, menos en la iglesia. El uso del tabaco se generalizó en la alta sociedad, sin distinción de edad ni de sexo, "hasta las señoritas más delicadas y melindrosas". A pie o en carro, éstas tienen siempre un cigarro en los labios. Así como en Europa se lleva el reloj "colgando de la basquiña", "aquí traen su cigarrera de plata o de oro y aun guarnecida con diamantes". En cualquier circunstancia, ya sea delante

[30] Ajofrín (1986), p. 67.
[31] Vetancourt (1990), p. 279.

de personas de alto rango o en medio de una conversación, todo el mundo se apresura a sacar "sus bolsas donde traen el eslabón, pedernal y yesca".

Los placeres del chocolate, de los helados y del tabaco delinean el perfil de una sociedad sensual, ostentosa y ávida de fiestas. En los palacios se baila hasta la madrugada: fandangos y minuetos, pasos mexicanos y pasos europeos.[32] Se callejonea por el Paseo de Bucareli o el de la Alameda, donde miles de carros pueden circular con toda comodidad. En esa época, el paseo es un placer cotidiano y los virreyes comprendieron el gran valor que tenía para esa riquísima nobleza que cultivaba las apariencias. Los artistas del despotismo ilustrado supieron acondicionarlos con el mismo cuidado que pusieron en volver a pensar la ciudad. Por último, la ciudad española estaba rodeada de campos cuyos árboles enterraban sus raíces en el agua dormida y poco profunda de los canales indígenas. Estos parajes verdosos atraen a los ciudadanos. "Unos se van al barrio de la Candelaria, otros a la Coyuya, otros al Pradito, otros a la Tlaxpana, otros a Romita, otros al Coliseo..." Los negocios serios, en cambio, se arreglan en la tranquilidad lujosa de las grandes cofradías de la ciudad: la del Muy Santo Sacramento, la del Santo Escapulario, la de Nuestra Señora del Carmen, o la de Nuestra Señora de Aránzazu —lugar de reunión de las familias vascas—, o bien durante las reuniones de los consejos administrativos de algunas instituciones prestigiosas como el Colegio de Las Vizcaínas, donde las jóvenes de la élite recibían una educación de calidad.

[32] Ajofrín (1986), pp. 66-68.

Era todo lo que se necesitaba para acrecentar los títulos de excelencia de la "cabeza del Nuevo Mundo".[33]

Este recorrido por la ciudad de la Ilustración deja una sensación de *déjà vu*. El lujo y la arrogancia de las élites prefiguran los fastos y el destino de la ciudad porfiriana. Movidas por la misma preocupación de copiarle a Europa y de rivalizar con ella, las dos ciudades, a un siglo de distancia, zozobrarán en los disturbios de la Independencia y de la Revolución.

---

[33] Vetancourt (1990), p. 259; Frédérique Langue, "De la munificence à l'ostentation: la noblesse de Mexico et la culture de l'apparence (xviie –xviiie siècle)", comunicación presentada en la Jornada de Estudios *Acerca de Sor Juana Inés de la Cruz,* París, Universidad de París iii, 4 de febrero de 1995; Clara García, "Sociedad, crédito y cofradía en la Nueva España a fines de la época colonial: el caso de Nuestra Señora de Aránzazu", *Historias,* 3, 1983, pp. 53-68.

IV. EL ORDEN BARROCO

Las fiestas reales de 1789 proponían al pueblo y a las élites la imagen de una ciudad en ruptura con su pasado. Pero el ideal de la Ilustración se topaba con un obstáculo de peso: la presencia de una metrópoli barroca, erigida sobre los vestigios materiales, humanos e imaginarios de una herencia híbrida, resultante de la conquista española y la derrota indígena.[1] Una metrópoli consciente de su grandeza, agitada por multitudes ruidosas y diversas, en un laberinto de torres, iglesias y conventos, que zumban himnos, órganos y campanas.

Éste es el cimiento sobre el cual se asentó la ciudad de la Ilustración que los Borbones de España querían. Tal vez el nuevo injerto estaba destinado a un hermoso futuro pero ello no borró a la otra ciudad, a tal punto que suele ser difícil trazar una frontera física o temporal entre la ciudad barroca y la ciudad de las Luces.

Ciudad barroca, ciudad sagrada

En el siglo XVIII, la ciudad de México está colmada de iglesias. Es más, el paisaje urbano está saturado de ellas.

---

[1] Con setenta años de diferencia, el inglés Thomas Gage (1625) y el italiano Gemelli Careri (1697) no olvidan agregar a su descripción de la ciudad barroca un recordatorio histórico que evoca esa ruptura. Ello dota a la ciudad de México de un pasado heroico y explica

Parece que la riqueza proverbial del Nuevo Mundo se convierte en fundaciones religiosas: ¿cuántos españoles que desembarcaron pobres de Castilla no terminaron sus días fundando capillas, construyendo conventos, como el de Churubusco o el de las Capuchinas? En la primera mitad del siglo XVIII, Cayetano Cabrera y Quintero consagra una sección interminable de su escudo de armas a la descripción de los santuarios de la ciudad. Vetancourt, un cronista franciscano de finales del siglo XVII, cataloga meticulosamente las fundaciones de su orden. En 1697, el italiano Gemelli Careri enumera veintidós conventos de religiosas y veintinueve monasterios de hombres: "Está el poder no menos que los bienes en las manos de los eclesiásticos".[2] Las rentas anuales del arzobispado de la ciudad de México alcanzan en ese entonces la considerable suma de trescientos mil pesos. Desde esa época, Gemelli Careri estima que la superficie de la ciudad ¡es demasiado reducida como para albergar tantas iglesias y conventos! Viniendo de ese súbdito del rey de Nápoles, familiarizado con innumerables santuarios de la capital napolitana, la observación vale su peso en oro.

Algunos años antes, un jesuita americano —nacido en Florida—, el padre Florencia, desplegó todos los artificios de su retórica para describir las cuatro vírgenes que, desde sus iglesias erigidas en los cuatro puntos cardinales, extendían su protección celestial sobre la ciudad: bello ejercicio de cartografía religiosa inspirado en una red, siempre más densa, de lugares de culto,

la decadencia de los indios: "en el presente están inmersos en el ocio y no se ejercitan sino en astucias" (Gemelli Careri [1976], p. 63).
[2] Gemelli Careri (1976), pp. 110, 112.

fundaciones pías, inmensos conventos colmados de plegarias y cantos. La constatación es unánime: durante el siglo XVII la ciudad de México se convirtió en una ciudad sagrada.

Como en una gigantesca caja de resonancia, en la ciudad barroca repercuten todos los acontecimientos que marcan la historia de la Nueva España y del imperio. Las catástrofes —pestes, inundaciones, correrías de piratas en las costas del Golfo y el Caribe—, pero igualmente las victorias de España y de los Habsburgo suscitan manifestaciones propias de cada ocasión, para apaciguar la ira del cielo o para expresar la gratitud del pueblo de Dios. Semana Santa, Corpus Christi, Navidad, Día de Reyes... La ciudad de México alberga una serie ininterrumpida de misas solemnes, de acciones de gracias, de procesiones, de desfiles financiados por la municipalidad, por el tribunal de la Audiencia, por el arzobispado, por la Compañía de Jesús, los monasterios e, incluso, por algunos ricos a quienes la ostentación de su devoción les confiere un incalculable prestigio.

La ciudad se ve regularmente surcada por imponentes cortejos que recorren trayectos cuidadosamente delimitados. El espacio urbano se presta de maravilla, pues posee una particularidad que en vano se buscaría en las otras ciudades barrocas del mundo occidental: una traza cuadriculada. Las plazas y las calles son excepcionalmente largas; los ejes de circulación son rectilíneos y se cortan en ángulo recto. Imponentes calzadas unen la ciudad con tierra firme. Nada comparable con el laberinto de callejones de Madrid o de la Roma barroca. Nada parecido a Londres, descrito por John Evelyn como "un montón heteróclito de casas deformes y monstruosas".[3] Aunque Nápoles posee una avenida tipo mexicano, la vía Toledo —obra de un virrey español—, ésta es única en la ciudad. Cuando hay planes de urbanismo que proponen grandes plazas hacia las que confluyen avenidas trazadas en línea recta, éstos se quedan, como en París, en proyectos tan utópicos como el de la plaza de Francia bajo Enrique IV. En la ciudad de México, desde el siglo XVI, realidad y geometría se confunden. Esta singularidad americana permite reunir las ventajas de una escenografía extendida sobre toda la ciudad y los recursos de la pompa barroca. La capital de la Nueva España puede transformarse casi en su totalidad en un teatro espectacular de múltiples perspectivas. Entonces, la ciudad de México se enciende con mil luminarias, las campanas suenan, los órganos resuenan y los fuegos artificiales explotan en el cielo nocturno. Las estatuas y las imágenes milagrosas se ponen en marcha y circulan de un santuario al otro, con los honores reservados a los soberanos del cielo.

Evoquemos tan sólo una semana del mes de agosto. El 13, la ciudad de México festeja a San Hipólito, patrón de la ciudad; el 14, la catedral celebra las vísperas de la Asunción de María; el 15, la misa de la Asunción se acompaña con una procesión de la imagen mariana engarzada de oro, diamantes y rubíes. El 16 de agosto, la ciudad se reúne alrededor de San Roque en el hospital del mismo nombre; el 17 se solemniza la octava de San Lorenzo; el 18, don Luis Gil y Guerrero organi-

[3] Citado en la Introducción a Samuel Pepys, *Journal,* I, 1660-1664, París, Robert Laffont, 1994, p. LVIII.

za otra fiesta de San Roque; el 19, el convento de las bernardinas celebra las vísperas de San Bernardo; al día siguiente, monjas y fieles escuchan la misa y el sermón en presencia del arzobispo... Nada falta para entretener al visitante católico, preocupado por agotar todas las ocasiones de mundanidad piadosa que le ofrece la ciudad barroca.

Según el italiano Gemelli Careri, las procesiones mexicanas no tienen nada que envidiar a las de la Europa mediterránea. En la mañana del viernes santo, el italiano se dirige a casa de don Felipe de Rivas para ver pasar la procesión del Calvario, que

sale de San Francisco el Grande con la insignia del Santo Sepulcro. Cuatro horas antes de mediodía se oyeron tres trompetas con sonido triste, y luego se vio a muchos cofrades con luces en las manos, entre los cuales iban varios disciplinantes. Seguía una compañía de soldados, algunos de los cuales iban a caballo, llevando la sentencia, el título, las vestiduras y otros símbolos de la Pasión; después algunos que representaban al bueno y al mal ladrón, a Nuestro Señor, a su Madre santísima, a san Juan y a santa Verónica. Luego dos que fingían ser sacerdotes hebreos sobre mulas; y otras representaciones semejantes muy bien dispuestas. Vuelta la procesión a San Francisco, se predicó en medio del atrio para la multitud allí reunida para ver las tres caídas de Nuestro Señor, los autos de Verónica, de la Madre santísima y de san Juan, que allí se debían representar para mover a todos al amor de Dios. Después de comer apareció la procesión de los negros y de los indios, hermanos de la cofradía de Santo Domingo, con muchas personas que se disciplinaban y hacían otras penitencias.

Como en España, el Corpus Christi es uno de los días culminantes del año litúrgico. Lo preparan semanas antes. El aspecto de las calles está completamente transfigurado:

> se vieron paramentadas todas las calles y las ventanas de la ciudad, ricamente adornadas con relieves, tapices y paños fúnebres que, junto al verde de las plantas y a la hermosura de las flores formaban una graciosa vista. En la calle de los Plateros estaba muy bien pintada la conquista de México, precisamente como eran entonces las cosas en la ciudad y los trajes que en aquel tiempo usaban los indios.[4]

La desgracia, en cualquiera de sus manifestaciones, suscita reacciones colectivas que las procesiones canalizan. En 1663, los indios imploran el auxilio de Nuestra Señora de la Asunción. En mayo de 1667, el alguacil mayor de la parroquia de Santiago Tlatelolco solicita la autorización para organizar una procesión entre el convento franciscano y las ermitas de Santa Ana y San Martín, puesto que "todos chicos y grandes por nuestros pecados estamos padeciendo de más de dos meses a esta parte una grave pestilencia y achaque de viruelas de que cada día resultan morirse seis, ocho o diez personas..." En 1694, las reliquias de san Primitivo y de san Hilario salvan a la ciudad de la sequía. Iglesias, fiestas religiosas y devociones de todo tipo mantienen un imaginario barroco que se nutre continuamente del brillo de las imágenes santas y de los milagros que se les atribuían.

---

[4] Gemelli Careri (1976), pp. 73, 114.

Porque el barroco es, ante todo, un asunto de imágenes. Precisamente en la ciudad del siglo XVIII triunfa el culto a la Virgen de Guadalupe: en 1737, la Virgen es proclamada oficialmente patrona de México. Pero el auge de esta devoción se remonta al siglo anterior. Cuando, en los años de 1690, Gemelli Careri se dirigió al cerro del Tepeyac, al norte de la ciudad, para visitar el santuario de la Virgen de Guadalupe, ya había obreros atareados en la construcción de una nueva iglesia de tres naves destinada a remplazar el santuario primitivo. En esa ocasión, Gemelli Careri relata la "verdadera" historia de las apariciones: en 1532, la Virgen se le apareció a un indio llamado Juan Diego y le pidió que anunciara al obispo de la ciudad de México, Juan de Zumárraga, que deseaba que le levantaran una capilla en el lugar de su aparición. El indio trató de convencer al obispo de su buena fe y le llevó rosas que había envuelto en un manto de fibra de agave. Cuando se disponía a tender el ramo al obispo, la imagen de la Virgen apareció impresa en el manto. Este retrato milagroso es el que la ciudad venera en el santuario de Guadalupe. El relato, infinitamente repetido, se volvió artículo de fe. Con el tiempo, los predicadores, rivalizando entre sí, no dejaron de introducir nuevos elementos tan edificantes como extraordinarios. Sin por ello llegar a la demagogia mediática del mes de julio de 2002. A finales del siglo XVII, más y más mexicanos están convencidos de que "María nació en México y en él permanece".[5]

Muchas otras vírgenes milagrosas cuidaban la ciu-

[5] Francisco de la Maza, *El guadalupanismo mexicano*, México, FCE, 1981, pp. 160, 162.

144

dad. Gemelli Careri no olvidó ir al noreste de la ciudad de México, al santuario de la Virgen de los Remedios, donde le mostraron el recipiente (o tecomate) con el que un indio alimentaba a la Virgen cuando se apoderó de ella en los tiempos de la conquista. La devoción a la Señora de los Remedios era aún más antigua que la de Guadalupe. Durante el siglo xvii, la Virgen dejó su santuario más de diez veces para ofrecerse a las súplicas de los ciudadanos y traer la benéfica lluvia.

Otros santuarios milagrosos dividían a la ciudad y la investían de una sacralidad confirmada por los repetidos milagros, además de que mantenían el flujo de riquezas transformadas en relicarios de plata, en retablos dorados y en lámparas de oro encendidas día y noche.[6] El estuche estaba a la altura de una ciudad que pretendía haberse anexado el cielo entero. Como en Praga, en Nápoles o en Palermo, iglesias, conventos, capillas y edificios civiles cultivaban la forma barroca de todos colores. Pero la ciudad americana torneaba su propio estilo con múltiples variantes alrededor de formas y materiales elaborados en la Nueva España.

UN ORDEN MATEMÁTICO

Durante mucho tiempo ese florecimiento barroco nos ha confundido. Desde fines del siglo xviii, el cúmulo de lo barroco y de lo sagrado desencadenó todo género de reacciones de rechazo, cuyos costos los pagó el aspecto físico de la ciudad colonial. La exaltación "fre-

---

[6] Gemelli Careri (1976), p. 79.

nética" de la religión y la explosión desordenada de las formas parecían emanar de una ciudad víctima de lo irracional, que se debatía entre la represión inquisitorial y el oscurantismo de una piedad sin frenos. Nada más falso.

El barroco mexicano despista por su "exuberancia tropical". Pero en realidad, esta selva de piedra y de madera dorada es una apariencia, incluso un señuelo. La proliferación caótica de las formas implica sutiles cálculos, traduce sólidos conocimientos científicos y preocupaciones completamente racionales.

Los arquitectos mexicanos del siglo XVIII devoran textos matemáticos, reivindican esa ciencia. Uno de los más notables, Miguel Custodio Durán, se proclama "cosmógrafo en el arte de las matemáticas". Al lado de Vitruvio, de Serlio, Viñolo y Palladio, reinan en sus bibliotecas la *Trigonometría española* de José de Zaragoza (1672) o los *Elementos geométricos de Euclides* de J. Kresa (1698).[7] Los procedimientos de los arquitectos y sus obras inspiran especulaciones geométricas extraídas de las mejores fuentes de la época.

Cuando en 1709, una decena de años después de la visita de Gemelli Careri, Pedro Arrieta interviene en la construcción de la iglesia de Guadalupe para acentuar la presencia de las formas poligonales, hace del santuario el prototipo de un barroco totalmente concebido y fundado en el saber matemático: arcos semioctagonales, portales y nichos, todos octagonales, fachada trapezoidal que corresponde a un semioctágono... Italia sugiere las inflexiones, los arquitectos mexicanos

[7] Berchez (1992), p. 163.

se las apropian y las moldean. La Nueva España devuelve sistemáticamente en términos poligonales las "convexidades curvas" de los arquitectos italianos. Pedro Arrieta es también el autor de la iglesia de La Profesa, testigo mayor del barroco mexicano, donde introdujo innovaciones extraídas del tratado del jesuita italiano Andrea Pozzo.[8] Su maestría se despliega con la misma armonía sobre la fachada que sobre el patio de la sede de la Inquisición (1733-1737), donde realiza una proeza técnica, aplaudida por los contemporáneos. Suprimiendo las columnas de ángulo, obtiene un efecto simple y cautivador: los arcos que rodean el patio se reúnen sin tocar el suelo, como "suspendidos en el aire".

El culto a la geometría, nutrido de los *Disegni* del italiano Guarino Guarini, dicta a otro maestro de renombre, Miguel Custodio Durán, una arquitectura prolífica en formas curvilíneas, serpentinas y ondulantes. La iglesia de San Lázaro (1721-1728), la de San Juan de Dios (1729) y la capilla Medina Picaso en la iglesia de Regina Coeli ilustran con brío su actividad en la capital de la Nueva España.

Con la estela de estos dos arquitectos y con la tradición inaugurada por la iglesia de la Guadalupe, la ciudad de México desarrolló un estilo original que floreció durante la primera mitad del siglo XVIII: las complejas formas de la geometría abrazaban ritmos ondulantes sobre un fondo marcado por la oposición del tezontle rojo y de la piedra gris de Chiluca. Las grandes iglesias coloniales que subsisten hoy en día se

---

[8] *Prospettiva de Pittori et Archittetti,* Roma, 1693 y 1700.

inscriben dentro de esa corriente: la del convento de San Francisco (1710-1716), la de Santo Domingo (1720-1736) y la de San Hipólito (1740), a las cuales conviene agregar las fachadas de San Agustín y de San Fernando realizadas en el transcurso de los años 1730.

Sin embargo, una obra clave de esa época, el retablo de los Reyes Magos de la catedral de México, "colosal máquina barroca",[9] no pertenece al barroco de filiación propiamente mexicana. Lo debemos al talento del español Jerónimo de Balbás. Frente a los arquitectos mexicanos, resueltos a defender sus gustos y sus posturas, y en ruptura total con su geometrismo, a Balbás le costó mucho trabajo imponer su personalidad. En la Península Ibérica se había familiarizado con los descubrimientos del italiano Pozzo. En 1717 se dirigió a la Nueva España y adaptó el soporte estípite, o columna disminuida, e hizo de ella la pieza central de un orden arquitectónico nuevo, de tipo heterogéneo. Gracias al genio de Balbás, el injerto español terminó por metamorfosearse en territorio novohispano, al punto de convertirse en una de las características del barroco mexicano. Pero el español tuvo que resignarse a construir retablos: sus colegas de la Nueva España habían acordado negarle cualquier talento arquitectónico.

Otro español, Lorenzo Rodríguez, se encargó de introducir el soporte estípite en la arquitectura de piedra, al realizar el sagrario de la catedral de México (1749-1768), por cierto, con la ayuda de Balbás. La fachada piramidal del edificio despliega uno de los más espectaculares ejemplos de arquitectura barroca. Es un

[9] Berchez (1992), p. 250.

auténtico retablo de piedra, elevado hacia el cielo por las columnas estípites tan queridas de Balbás, en una abundancia de formas rigurosamente ordenadas, cual un gigantesco encaje gris claro, sostenido por dos grandes alas de tezontle rojo. Es el edificio que, tiempo después, Alejandro de Humboldt tachará de "gótico", confundiendo las viejas catedrales de la tierra germana con el surgimiento magistral del barroco mexicano. Sin contar la prolongada continuidad que tuvo en provincia, el sagrario de la catedral inspiró a los arquitectos de las iglesias de San Felipe Neri, la Santísima (1755-1781), la Santa Vera Cruz y la Universidad.[10]

El surgimiento del ornamento barroco

Ese barroco triunfante, fecundado de influencias externas —italianas, españolas—, replanteadas en el cuadro de una tradición local y urbana, es el fruto de una lenta maduración. La transformación gradual de la arquitectura mexicana en arquitectura barroca nos lleva, de hecho, al último tercio del siglo xvii. De esa época datan el Antiguo Seminario (destruido en los años 1930), el portal, la torre y el claustro del oratorio de San Felipe Neri (1696-1705), o aun el portal de la iglesia de Santa Teresa la Antigua (1684). Detalles, formas, procedimientos estilísticos se despliegan progresivamente sobre las fachadas: es el caso, por ejemplo, de las estrías ondulantes o de las columnas "de Salomón"

[10] La ciudad colonial que hoy podemos visitar está compuesta esencialmente por edificios levantados en el siglo xviii, ya sean barrocos o neoclásicos.

o salomónicas —es decir, columnas retorcidas en espiral— e incluso del arco poligonal inspirado en Rubens y en Miguel Ángel.

El gusto por las matemáticas tampoco data del siglo xviii. Ya la primera generación de arquitectos —José Durán, Simón de Castro, Diego Rodríguez, Diego de los Santos— aprendió a innovar al explotar los progresos de la geometría y de la ciencia de los logaritmos; con ellos se abrió el camino hacia el cual se precipitaron sus sucesores del siglo xviii. En estas circunstancias apareció "una modernidad arquitectónica y a la vez una peculiaridad que se desea mexicana, criolla".[11]

Una singularidad criolla. En la ciudad de México, toda novedad debía tomar en cuenta la herencia de las fórmulas vinculadas a las limitantes del entorno. Las características de la ubicación de la ciudad imponían a los arquitectos una maestría consumada de las técnicas de su arte. Los temblores, la inestabilidad de un suelo ganado a las aguas lacustres, la amenaza de las inundaciones exigían un esfuerzo de imaginación, de habilidad y de ciencia que repercutió en la formación de los arquitectos. Había que saber alejarse de los cánones europeos para construir edificios adaptados al medio mexicano.

Pero la influencia de las ciencias se explica igualmente por la presencia en México de una élite informada, cultivada y curiosa por las cosas del mundo. Gracias a los jesuitas instalados en la ciudad y en el pueblo cercano de Tepotzotlán, los arquitectos descubrían las obras de los matemáticos Milliet Dechales, Caramuel y

[11] Berchez (1992), p. 122.

Tomás Vicente Tosca, y al mismo tiempo leían a Guarini. Los libros que cotejaban estaban adornados de frontispicios poligonales de perfil ondulado que seducían a esos técnicos ávidos de formas nuevas. Arcos complicados, pero sabiamente calculados, se agregaban a los de la tradición clásica. Una rehabilitación del orden gótico abría horizontes hasta entonces insospechados. Los grabados inspirados por la arquitectura de Miguel Ángel y de Rubens difundían modelos inéditos, rápidamente inscritos en el repertorio mexicano.

La llegada, en 1680, del checo Simón Boruhradsky parece haber ejercido una influencia determinante. El hermano jesuita fue el contacto con Europa central, la Bohemia (Brno, Klatovy) y Roma. Éste concibió un proyecto para la reconstrucción del palacio del virrey y colaboró en la realización del Antiguo Seminario. Tan sólo en la fachada del edificio el arquitecto proponía un programa innovador: las estrías ondulantes sobre los fustes de las pilastras al estilo de Guarini y las curvas del frontón revelaban el surgimiento de formas barrocas sobre una decoración aún clasicista.

A finales del siglo xvii, los primeros resultados de esas especulaciones ya provocaban la sorpresa del viajero. Ante el espectáculo de una ciudad capaz de rivalizar con las mejores ciudades de Europa, el calabrés Gemelli Careri se maravilla. Su juicio prefigura el entusiasmo del barón Alejandro de Humboldt: "Por sus buenos edificios y por los ornamentos de sus iglesias, puede decirse que compite con las mejores de Italia", a lo cual agrega, como conocedor, "pero por la belleza de las damas las supera". Poco después de su reconstrucción, en los últimos años del siglo xvii,

Careri considera que el palacio del virrey admite incluso la comparación con el de Nápoles, ya sea por su fachada o por la escalera que lleva a los grandes aposentos.[12]

La pintura barroca mezcla su revuelo polícromo y sus torbellinos de telas con la decoración arquitectónica. Dos prolíficos talleres dominan la producción del siglo XVII, el de don Juan Correa (hacia 1646-1716) y el de Cristóbal de Villalpando (murió en 1714). Los dos realizan inmensas obras barrocas, continuamente comparadas, por sus proporciones, con los murales del siglo XX. Los biombos alegóricos del pintor mulato Juan Correa —por ejemplo *Las artes liberales* y *Los cuatro elementos,* conservados en el Museo Franz Mayer— se sumergen en conjuntos recargados, pero privilegian el color y el movimiento. Las cabezas morenas de los ángeles de ojos negros son, tal vez, la discreta firma, el guiño de un pintor de origen africano que se impone con más de cuatrocientas composiciones. Dispareja, la obra culmina con la *Asunción de la Virgen,* que decora la sacristía de la catedral de la ciudad de México, espectacular visión e iluminada apoteosis con acentos triunfalistas.[13]

No obstante, el arte de Juan Correa no alcanza nunca el paroxismo de los cuadros de Cristóbal de Villalpando. Entre ellos, particularmente los que adornan la sacristía de la catedral de la ciudad de México y que realizó entre 1684 y 1686: *La apoteosis de San Miguel, La*

[12] Gemelli Careri (1976), pp. 22, 112.
[13] Sobre los artistas mestizos de esa época, Guillermo Tovar de Teresa, *Los escultores mestizos del barroco novohispano,* México, Banca Serfín, 1990.

152

mujer del Apocalipsis, La Iglesia militante y la Iglesia triun-
fante, El triunfo de la Eucaristía. La fantasía, el ardor, una
opulencia heredada de Rubens se desencadenan en un
diluvio de oro, piedras preciosas, penachos, plumas, en
medio de escuadras de ángeles músicos, sorprendidos
tocando la viola da gamba, el laúd, la vihuela, el arpa y
todo tipo de trompetas: "En ese año de 1685, en que
aún viven pero ya no pintan Valdés Leal y Claudio
Coello, y muertos Ribera, Zurbarán y Murillo, es aquí
en la Sacristía de la Catedral de México [...] donde está
representada la más pura esencia de la gran pintura
hispánica barroca".[14] Pintor sensual, Villalpando puebla sus pinturas de efebos angelicales similares a los
que sus contemporáneos describen en sus versos y en
sus crónicas:

> Organiza del aire más lucido
> un armónico cuerpo el ángel bello:
> envidias del abril era el vestido
> emulación del Tíber el cabello ...[15]

Pintor de piedras preciosas, Villalpando inunda sus
telas de rubíes, de esmeraldas y de diamantes, cuyo
brillo rivaliza con el centelleo de los relicarios en la
penumbra de las capillas. ¡Una vitalidad perfecta para
escandalizar, tiempo después, a los apóstoles del gusto
neoclásico!

[14] Francisco de la Maza, *El pintor Cristóbal de Villalpando,* México,
INAH, 1964, p. 65.
[15] Por ejemplo, Carlos de Sigüenza y Góngora en *Primavera indiana;* Juana Inés de la Cruz en *Narciso.*

Más allá de sus prolíficos talleres, la ciudad de México aloja, en ese fin del siglo XVII, cenáculos ávidos de seguir y de participar en los avances de la ciencia europea. Italia, la Francia de Luis XIV, Europa central y España, tienen vínculos con la capital de la Nueva España. El arquitecto Diego Rodríguez mantiene relaciones epistolares con el matemático jesuita Dechales, quien publica su *Cursus mathematicus* en Lyon en 1674; también traba una estrecha relación con Simon Boruhradsky, familiar de los virreyes. El jesuita Eusebio Francisco Kino reside en México entre 1681 y 1683. Originario del Tirol y apasionado de las matemáticas, Kino trae a la capital de la Nueva España el conocimiento que acumuló en los colegios de Trento y de Ingolstadt, antes de irse a explorar la Baja California y evangelizar a los indios de Sonora y de Arizona. El calabrés Gemelli Careri, que ya se ha cruzado en nuestros caminos, se rezaga en la ciudad durante su famosa vuelta al mundo y se lleva una plétora de recuerdos e información.[16]

A pesar de las distancias, la ciudad de México no tiene nada de "rincón del mundo". Las noticias de Europa le llegan regularmente por el *aviso* que acompaña a la flota española. El de marzo de 1685 informa, en desorden, del inicio de las hostilidades contra Luis XIV, el envío de ayuda a Flandes gracias a los subsidios levantados en España, las nominaciones a los más altos cargos de los reinos de Castilla y de Nápoles y, sobre

---

[16] Oldrich Kaspar, *Los jesuitas checos en la Nueva España, 1678-1767,* México, UIA, 1991.

todo, las peripecias de la lucha contra los turcos, cuyo ejército sigue amenazando el corazón de la Europa cristiana.

Los sucesos de ese otro confín del mundo de los Habsburgo entusiasman a la opinión mexicana, que sigue, en diferido, las campañas dirigidas por el emperador, el papa, Venecia y el rey de Polonia. La derrota de los turcos ante Viena en 1683 alegra a la ciudad, que se regocija cuando los cristianos alcanzan cierta ventaja al invadir Hungría, sitian Buda y arrebatan la plaza a los musulmanes, quienes la detentaban desde 1526. En 1687, las inundaciones catastróficas de Roma y de Venecia —acaecidas el año anterior— fueron la comidilla de la ciudad de México, pese a que la noticia tardó nueve meses en llegar.[17]

La información proveniente del Caribe, Panamá y Cartagena, en la costa colombiana, interesa mucho, sobre todo por los temidos asaltos de piratas, cuyos navíos acechan sin tregua las flotas españolas, provocando inquietud en los puertos de la Nueva España.

La ciudad de México es también la puerta de entrada a Asia. El archipiélago de las Filipinas —español desde la segunda mitad del siglo xvi— depende directamente de la administración de la Nueva España, lo cual significa que una vuelta al mundo como la que llevó a cabo Gemelli Careri pasa, casi de manera obligatoria, por la ciudad de México. Una ruta marítima recorrida regularmente une Acapulco y Manila a través del interminable Océano Pacífico; el precio es una travesía agotadora pero proveedora de riquezas. A su re-

[17] Robles (1946), ii, pp. 85, 145.

greso, el navío, cargado de sederías, de especias y de porcelanas del Extremo Oriente, trae noticias de esa parte del mundo, que llegan a la ciudad de México bastante antes de tocar Europa. La actualidad asiática alimenta las conversaciones en la corte, en la sede de la Audiencia, en las salas de los colegios y de la universidad, en los locutorios de los conventos y en las bibliotecas de las órdenes religiosas.

Las bibliotecas eclesiásticas encierran un vasto panorama de todo lo que se publica en la Europa católica y, de manera más discreta, una selección de obras prohibidas por la Inquisición pero puestas a disposición de sagaces censores. Los contingentes de monjes que desembarcan en México traen regularmente publicaciones europeas. Paralelamente, libreros e impresores de la ciudad de México contribuyen a la difusión de libros, más por lo que importan que por lo que imprimen: para 1683 la librería de la viuda Calderón distribuye 276 títulos españoles y europeos. En 1665, en plena mitad de siglo, el criollo Melchor Pérez de Soto poseía una biblioteca de mil seiscientos volúmenes. Los clásicos griegos y latinos, los Padres de la Iglesia, los teólogos de la Edad Media y del siglo xvi, los faros del Siglo de Oro español —Cervantes, Lope de Vega, Góngora, Calderón, Quevedo, Gracián...— pero igualmente autores italianos —Guicciardini, Guarini, Sannazaro, Tasso, Castiglione— conviven en las estanterías.[18]

Los gustos evolucionan: los lectores de novelas de caballería —*Amadís de Gaula, Don Belianís, Palmerín*— y

[18] Benassy-Berling (1983), pp. 107, 114.

de grandes epopeyas — *Orlando furioso,* la *Jerusalén liber-
tada, Los lusíadas, La araucana*— son cada vez menos
numerosos a medida que transcurre el siglo xvii. ¿Se
podrá descubrir en ello la aparición de una élite intelectual más exigente?

La historia del cometa

Una figura excepcional domina el pequeño mundo de
la élite capitalina. Don Carlos de Sigüenza y Góngora
es probablemente el sabio en quien mejor se encarna
la ciudad criolla, frente a los españoles de la Península
y a los europeos, más ligados a la corte del virrey. Erudito, poeta, cosmógrafo, profesor de matemáticas y
luego rector de la universidad, ese eclesiástico curioso
y disperso fue uno de los promotores de los círculos
donde se elaboró la sensibilidad barroca. Es la primera
personalidad que consultan los viajeros de paso; es el
hombre informado por excelencia, el anfitrión pródi-
go de sus conocimientos y de sus archivos sobre el
pasado y el presente de la ciudad.[19]

Nació en 1645 en la ciudad de México; su padre fue
el preceptor del príncipe heredero Baltasar Carlos, y su
madre estaba emparentada con el gran poeta Góngora. Don Carlos destacó en las matemáticas y la astro-
nomía. Dotado de una pluma alerta cuando escapaba
de los meandros recargados de la retórica, este hombre no desdeñaba la controversia, sin por ello alejarse
nunca de una ortodoxia irreprochable. Su reputación

---

[19] Trabulse (1974); Irving A. Leonard, *Don Carlos de Sigüenza y
Góngora,* Berkeley, University of California Press, 1929.

llegó a España, atravesó los Pirineos y alcanzó la corte del Rey Sol, si acaso es cierto que Luis XIV le ofreció el puesto de cosmógrafo del rey. Su biblioteca incluía a Descartes, a Kepler, a Gassendi, a Galileo; sus corresponsales europeos lo tenían informado de todas las novedades del Viejo Mundo.

La aparición del cometa de 1680-1681 suscitó en la ciudad de México un fuerte debate científico que transparenta el clima intelectual de ese fin de siglo. ¿Cómo interpretar el fenómeno? Los sabios de la ciudad y de toda la Nueva España intervinieron en el asunto y las publicaciones se multiplicaron. Pero la polémica se concentró en don Carlos y el astrónomo jesuita Eusebio Kino. Los dos hombres tenían la misma edad, treinta y seis años —cuando uno todavía cree que todo es posible y que el tiempo aún es infinito—. El asunto propagó el nombre del criollo por Europa e incluso en Asia, revelando con ello que la capital de la Nueva España era, desde ese entonces, capaz de tomar partido en las disputas científicas del mundo occidental. Es el mismo cometa que en Europa inspiró a Fontenelle su comedia (1861) y a Pierre Bayle sus *Pensamientos diversos* (1863).[20]

La postura del mexicano es más moderada que las de los dos franceses. Para Sigüenza, no se trata de hacer pública la ironía corrosiva de un Fontenelle; menos aún el escepticismo y el espíritu crítico de un Bayle. No tanto por sus abiertas represiones sino por la autocensura que desencadena, la Inquisición española vigila que la ortodoxia se mantenga. Pero frente a su pode-

[20] Pierre Bayle, *Pensamientos diversos escritos a un doctor de la Sorbona con ocasión del cometa que apareció en el mes de diciembre de 1670.*

roso adversario jesuita, Sigüenza y Góngora encarna la razón y el buen juicio. De mentalidad más moderna que Eusebio Kino, don Carlos reducía los cometas a la dimensión de fenómeno físico, sin ver ahí el signo o el prodigio precursor de espantosas calamidades.

El sabio de la ciudad de México había incluso reaccionado con una ligera delantera sobre los pioneros franceses de la Ilustración. Pero se enfrentaba a un fuerte adversario: no sólo al jesuita tirolés, y por lo tanto a la Compañía, sino también a la corte, al virrey Mancera y a su influyente esposa, quien apoyaba al matemático extranjero. Sin duda los Mancera no hacían más que extender en la Nueva España las protecciones de que gozaba el jesuita en la alta nobleza de España.[21] En esta polémica, como en muchas otras circunstancias, aflora una línea divisoria entre dos esferas a la vez cercanas y antagónicas: la corte y la ciudad. A este respecto, la ciudad de México es una réplica de las capitales europeas.

A partir de 1682, don Carlos se instaló en el Hospital del Amor de Dios, donde se atendía a los sifilíticos. Sus nuevas funciones no lo desviaron en absoluto de sus trabajos científicos e históricos. Acondicionó su despacho en un ala del hospital con sus libros, sus aparatos, sus manuscritos indígenas y sus mapas. Don Carlos se interesaba igualmente en las bellas artes: trazó un panorama bien documentado de la pintura mexicana de su tiempo, donde se revelaba más de un siglo de investigación y de creación. Su amplio conocimiento de la arquitectura corrobora lo que sabe-

---

[21] Benassy-Berling (1983), p. 128.

mos de las relaciones que mantenían arquitectos y eruditos. La exploración y la descripción de la bahía de Penzacola ocuparon igualmente su pluma, así como la reconquista de Nuevo México y la lucha de Santo Domingo contra los franceses. Bajo las apariencias de una ortodoxia sin falla, esta curiosidad tan heterogénea deja traslucir un sorprendente eclecticismo que se refuerza con una obstinada labor. Gracias a mentes de este valor, la matriz intelectual del México barroco se forjaba.

La Décima Musa o la "admirable excepción"

El barroco tiene sus estrellas, como otras épocas tienen sus *stars*. Don Carlos de Sigüenza y Góngora tenía un rival en el terreno del arte y del conocimiento. En 1680, escribe al respecto: "En un solo individuo goza México lo que en los siglos anteriores repartieron las gracias en unas cuantas doctas mujeres con asombro venerable de las historias [...] No hay pluma que pueda elevarse a la eminencia donde la suya descuella". Inagotable, la exalta: "La sublimidad de la erudición que la adorna [...] su capacidad en la enciclopedia y universalidad de sus letras".[22]

Esta mujer "inmortal" supera a todas las que la precedieron, saldando, a favor del Gran Siglo, la eterna querella de antiguos contra modernos. Este prodigio, que deja estupefactos a los contemporáneos, cuyas *Obras completas* se editan y reeditan estando ella en vida

[22] Sigüenza y Góngora (1960), pp. 247, x, 246; Paz (1982).

—tres ediciones en tres años (1692-1693) sólo para el segundo tomo—,[23] y a quien se le otorga el título de Décima Musa, se llama Juana Inés de la Cruz. Tiene tres años menos que don Carlos y fue, sin lugar a dudas, la poetisa más grande de habla hispana del siglo XVII y una de las mujeres más brillantes de la época barroca, en todos los continentes. Ni la española María de Zayas ni la dramaturga inglesa Aphra Behn tuvieron siquiera la sombra de su talento. Ni madame Lafayette ni madame de Sévigné —su casi contemporánea— alcanzaron su esplendor y su celebridad. La ciudad de los arquitectos matemáticos, del pintor Villalpando, de los jesuitas de Europa central y del sabio don Carlos sigue siendo, hasta hoy, la ciudad de sor Juana.

Nacida en 1648 frente a las laderas nevadas del Popocatépetl, en un pueblo indígena aureolado por un aire tibio y traslúcido, Juana fue hija ilegítima del vasco Pedro Manuel de Asbaje. Su madre, Isabel Ramírez de Santillana, pertenecía a una familia criolla de condición modesta. Nada dejaba presagiar el destino excepcional de la joven si no fueran sus talentos de niña prodigio: en unas cuantas lecciones Juana dominó el latín, a una edad en que los pequeños españolitos se peleaban en el patio con los niños mulatos. La biblioteca del abuelo Ramírez, completamente a su disposición, la discreta abnegación de su madre, doña Isabel, la entrada al convento, la protección de un tío, el favor de un familiar lejano que pagó su dote de religiosa, todo contribuyó a proporcionarle los medios

---

[23] Benassy-Berling (1983), p. 77.

para olvidar su bastardía y reunir las condiciones de una existencia conveniente, sustraída a las oscuras perspectivas de un matrimonio mediocre. El convento era, en ese entonces, junto con la viudez, la única manera de conservar un mínimo de autonomía siendo una mujer de condición media. Mientras más prestigioso el establecimiento en cuestión, más desahogado el camino. Ése fue el caso del monasterio de San Jerónimo, que recibió a la novicia a los veintiún años. Las comodidades de ese convento aristocrático le permitieron conservar el placer de escribir a su gusto y de frecuentar la corte.

A imagen de su tiempo, la curiosidad de Juana es múltiple: literaria, teológica, histórica, científica. Su biblioteca habría tenido cuatro mil volúmenes. El eclecticismo nutría su inspiración. Y es así que sus contemporáneos la perciben: sabiduría, erudición, saber enciclopédico, "universalidad de sus letras".[24] Pero Juana es por encima de todo una poetisa que maneja con destreza la musicalidad de versos y fórmulas, jugando con conceptos brillantes o sorprendentes, explotando todos los recursos de la teatralidad, capaz de manifestar una personalidad asombrosa.

Su éxito casi la perjudica, al punto de disfrazar su personalidad más íntima. Como ella misma lo confiesa, "la verdad yo nunca he escrito sino violentada y forzada y sólo por dar gusto a otros; no sólo sin complacencia, sino con positiva repugnancia, porque nunca he juzgado de mí que tenga el caudal de letras e ingenio que pide la obligación de quien escribe [...]

[24] Sigüenza y Góngora (1960), p. 246.

Yo nunca he escrito cosa alguna por mi voluntad, sino por ruegos y preceptos ajenos; de tal manera que no me acuerdo haber escrito por mi gusto sino un papelillo que llaman *El sueño*".

Una de sus heroínas, Leonor, hace afirmaciones que expresan la manera en que Juana percibía el recibimiento del público:

> Era de mi patria toda
> el objeto venerado
> de aquellas adoraciones que forma el común aplauso;
> y como lo que decía,
> fuese bueno o fuese malo,
> ni el rostro lo deslucía
> ni lo desairaba el garbo, llegó la superstición
> popular a empeño tanto,
> que ya adoraban deidad
> el ídolo que formaron...

Ese personaje público le imponía un doble juego, magníficamente descrito en el "romance" *Cuando númenes divinos*:

> No soy la que pensáis
> sino es que allá me habéis dado
> otro ser en vuestras plumas
> y otro aliento en vuestros labios...[25]

Aquí, los recuerdos se atropellan como lo hacen las ciudades en nuestra mente. Podemos recordar lo que un crítico surrealista escribió, cerca de tres siglos más tarde, sobre Frida Kahlo: "Tenía cierto modo de ser

---

[25] Benassy-Berling (1983), pp. 83, 81.

teatral y muy excéntrico. Siempre estaba consciente de que representaba un papel...."[26] "Objeto venerado", "mujer de culto", Juana Inés de la Cruz acumuló marginalidades: mujer, bastarda, provinciana, criolla, niña prodigio, monstruo de feria dotado de una memoria asombrosa que valía el desvío a la ciudad de México, antes de que alcanzara la cima de la gloria en el mundo hispánico. Su trayectoria revela la flexibilidad de una sociedad urbana capaz de una apertura imprevisible a pesar del yugo del catolicismo tridentino y de la vigilancia de la Inquisición.

La omnipresencia de la hipérbole y de la palabrería en el corazón de la retórica barroca explica la amplitud "mediática" del fenómeno. Elementos más concretos dan cuenta del perfil de una carrera inconcebible sin apoyos sólidos. La libertad de acción de la cual goza la religiosa descansa en sus lazos con la corte de los virreyes. El marqués de Mancera, fray Payo de Rivera, el marqués de la Laguna, el conde de Galve no le cuentan los favores. Gracias a la protección cómplice de las virreinas —Laura, Elvira y Lysi en los poemas— Juana encontró en el palacio un espacio propicio para la creación y para la expresión de su inspiración. La marquesa de Mancera, María Luisa Manrique de Lara y Gonzaga, hizo de Juana su dama de honor cuando apenas tenía trece años y la presentó a la mejor sociedad española.[27] La amistad se confundía con la adulación y los juegos de sociedad. Los lazos de parentesco que unían a la marquesa de Mancera con la duquesa de Aveyro, protectora habitual de hombres de ciencia

[26] Herrera (1985), p. 200.
[27] Benassy-Berling (1983), p. 128.

en España, promovían una red de mujeres cultivadas a la cual sor Juana Inés de la Cruz logró introducirse.[28]

Entre la ciudad y la corte, Juana escogió la corte. La religiosa y el palacio sacaron provecho de ello. Gracias a Juana, la corte mexicana conquistó un lustre comparable con el de sus rivales europeas; en ese sentido, la publicación de las obras de la religiosa en Madrid fue una prestigiosa operación aprovechada por la pareja virreinal. En ese juego, don Carlos de Sigüenza y Góngora, el hombre de la ciudad, salía doblemente perdedor, víctima de una situación en la que el palacio daba el tono, establecía contacto con Europa y poseía políticamente la última palabra. Don Carlos tenía la desventaja de la triple banalidad de su condición: hombre, criollo y eclesiástico; nada de esto resultaba excitante para las mentes de aquel Gran Siglo, como no lo ha sido para las de nuestros días.

Ello no impidió que la ciudad y la corte colaboraran. En 1680, para la recepción al nuevo virrey, el marqués de la Laguna, la municipalidad encargó a don Carlos y a sor Juana la concepción de los arcos de triunfo destinados a festejar el acontecimiento. El sabio y la religiosa conjugaron erudición e inteligencia en una de esas escenografías urbanas y efímeras que explotaban la mitología antigua y las alegorías para seducir a las masas y complacer a los grandes. Los nuevos gobernantes colmaron los deseos "monumentales" de don Carlos y de sor Juana, puesto que en ese fin de siglo la vida cortesana alcanzó un esplendor inusual.

[28] La sombra tutelar de la marquesa y de su esposo, emparentado con las familias reales españolas y francesas, veló por la existencia de la joven incluso después de su regreso a España.

En la ciudad de México, el antagonismo entre la ciudad y la corte recubre una discrepancia más marcada que la que se observa en la Europa del Gran Siglo. La ciudad criolla está enraizada en la Nueva España, es americana en el sentido más amplio del término y está orgullosa de serlo. La corte, en cambio, es la parte importada, el cuerpo europeo, y por lo tanto extranjero, aristócrata, impuesto por Madrid y renovado más o menos cada cinco años. En este sentido, la ciudad de México es, hasta la Independencia, una ciudad bicéfala.

Un cuadro del pintor Cristóbal de Villalpando —*La plaza mayor de México* (1695)— describe con finos detalles el centro de la ciudad en los últimos años del siglo XVII. Teatro de grandes ceremonias y de fiestas, la plaza mayor —o plaza real— es un inmenso espacio saturado de historia, de presencias y de símbolos. Está rodeada por una serie de edificios que conjugan el poder español en todos sus tiempos: el palacio del virrey, el ayuntamiento, la catedral y el palacio de los descendientes de Cortés.

La plaza es el espacio político por excelencia, particularmente adaptado a las puestas en escena barrocas. Para la entronización de los soberanos, la plaza se transmuta. Nada es demasiado bello para festejar a un rey que jamás será visto en suelo americano. En 1701 se desplegaron telas de China, tafetanes de Bengala y bordados de Japón para celebrar el advenimiento de Felipe V, nieto de Luis XIV y primer Borbón de España. Una docena de años más tarde, una pirámide de fruta y de comida levantada a expensas del virrey, el duque de Linares, dejó una huella indeleble en las memorias. En esas ocasiones, la infantería y los nobles de la ciudad, engalanados con uniformes rutilantes, bloquean el área que separa el palacio de la catedral. Mientras que los estandartes ondean al viento, el virrey, vestido de rojo y llevando un sombrero adornado con una gigantesca pluma que le cae hasta la cintura, pasa revista a las tropas y a los efectivos, más simbólicos que temibles.

La plaza mayor y sus inmediaciones alojan igualmente las distracciones. En el cementerio de la catedral se representan comedias; juegos de cañas, corridas de toros y mojigangas en la plaza mayor. Pero antes es necesario abrir tajantemente un espacio, pues por lo general el lugar está invadido de vendedores de fruta, de carne, de pan y cubierto de chozas de todo tipo. El día anterior a las corridas, las tiendas y los puestos de madera que obstruyen la plaza mayor se desmontan, mientras que los tablados se levantan para que puedan instalarse, con relativa comodidad, la corte y las autoridades que asisten al espectáculo.[29]

Los autos de fe de la Inquisición son también una manifestación de la autoridad del rey, quien tiene vara alta en el tribunal. Éstos necesitan de complicados preparativos, ya que los autos de fe tienen lugar en presencia de todas las autoridades del país, de los notables, del pueblo de la ciudad y de los alrededores. El auto de fe es una ceremonia edificante y al mismo tiempo un espectáculo popular. La plaza mayor se llena de andamios y de empalizadas levantadas para con-

[29] Guijo (1953), II, p. 96.

tener el entusiasmo de las masas y para organizar la circulación de las procesiones. Todo está hecho para realzar la pompa del clero, que desfila entre la catedral, el ayuntamiento y la sede de la Inquisición, mientras que el coro de la catedral entona algunos motetes. No obstante, la ejecución de las víctimas no sucede en la plaza mayor sino fuera de los límites de la ciudad, en la hoguera de San Hipólito.

Las fiestas religiosas, el nacimiento de príncipes o las honras fúnebres arrastran a las autoridades en ballets admirablemente reglamentados que los llevan de un extremo a otro de la plaza: el virrey llega con su cortejo a la catedral para asistir a un tedeum; rodeado de su cabildo, el arzobispo se dirige al palacio real para felicitar al virrey; la municipalidad se desplaza a la residencia de este último y después a la catedral desde donde efectúa el recorrido inverso. Las mojigangas desfilan bajo los balcones del palacio antes de llegar al arzobispado. Estos recorridos respetan tanto las prelaciones como las correlaciones de fuerzas; dibujan auténticas coreografías políticas, de cuidadosos movimientos preparados y negociados.

La armonía entre el arzobispado, la corte y la municipalidad siempre es susceptible de transformarse en conflicto declarado, durante el cual cada uno tratará de mostrar su mal humor o sus pretensiones de desafiar las costumbres. Una innovación en apariencia insignificante —la representación de una comedia en un patio del palacio en lugar del cementerio de la catedral— puede desencadenar una crisis cuyos remolinos se harán sentir hasta Madrid. A veces, la corte debe ceder: Madrid impuso al conde de Baños una multa de

12 000 ducados por haber abusado de sus derechos transgrediendo la costumbre.[30]

La plaza mayor sirve, así, de vínculo entre la ciudad criolla —con la ciudad mestiza e india como telón de fondo— y el palacio del virrey, español y europeo. Entre esos dos polos, la plaza mantiene una frágil simbiosis, pero indispensable para el equilibrio de la Nueva España.

LOS PLACERES DEL PALACIO

La vida de la corte se desarrolla a la vez en el interior del palacio real, para las fiestas "íntimas" ofrecidas por el virrey y la virreina, y sobre la plaza mayor cada vez que la solemnidad reclama un despliegue público, ostentoso y fastuoso, de hombres y de recursos. La corte invade regularmente los grandes conventos de la ciudad y emigra por periodos cortos a los lugares de veraneo del valle de México. Sucediéndose a intervalos de pocos años, los virreyes son aristócratas que importan en sus maletas los gustos y la etiqueta de la Península, haciendo del palacio un gran foco de influencia de las modas ibéricas sobre la ciudad y las grandes residencias de la nobleza criolla. En 1640, la llegada del virrey Villena, don Diego López Pacheco y Portugal, duque de Escalona, inaugura el advenimiento de un estilo nuevo, de acuerdo con las pretensiones de ese Grande de España. En 1655, uno de sus sucesores, el duque de Albuquerque (1653-1660), hijo del virrey de Cataluña y de Sicilia, nieto del virrey de Aragón y

[30] Guijo (1953), ii, pp. 172, 225.

hermano del virrey de Perú, manda remodelar el palacio e instala sus aposentos en el ala que da a la plaza mayor. Nuevos pasajes facilitaron la circulación interior de carrozas y remplazaron ventajosamente las letrinas que utilizaban los demandantes y el personal de los tribunales. El palacio es, antes que ninguna otra cosa, la sede de la administración virreinal.

Estos esfuerzos sucesivos explican que el palacio se haya convertido, con el paso del tiempo, en uno de los polos de la ciudad. Está ocupado por el virrey y la vireina y su entorno de familiares, pajes, damas de palacio y de compañía —criados y allegados del virrey—; también está la guardia, a la cual se agregan, excepcionalmente, los hijos e hijas de la pareja reinante, acompañados de sus cónyuges, su séquito e incluso sus hijos. La servidumbre está compuesta en parte de esclavos, algunos de los cuales terminan ocupando posiciones codiciadas: en 1656, la camarera de la virreina, una esclava negra, fue sepultada con gran pompa en la iglesia de Santa Teresa, en presencia de la nobleza y de las órdenes religiosas.[31]

Bautizos, cumpleaños reales y virreinales son los pretextos de las fiestas que reúnen en los salones y en los patios del palacio a los allegados del virrey y de su esposa. La etiqueta manda ahí, igual que en Madrid o que en Versalles. Durante el año nuevo, los comensales echan suertes: cada dama de la corte recibe un apodo y un galán que se tira a sus pies: "A don Juan salió Matilde, a don Miguel Amarilis [...], a don Carlos salió Julia [...], a don Luis le cupo Lisi..." Cantos y dan-

---

[31] Guijo (1953), II, pp. 24, 215, 43.

zas, bailes y reuniones se suceden uno tras otro en el palacio. Jugando a amarse, los cortesanos traban con las jóvenes del séquito de la virreina los galanteos de palacio, parecidos a los que pone en escena el primer sainete de *Los empeños de una casa* (sor Juana Inés de la Cruz). La condesa de Paredes se consagró a los placeres de la música, ayudándose de un tratado concebido por la Décima Musa. En cada visita se derraman los cumplidos. Los intercambios de regalos, los envíos de joyas, de cuadros, de libros, de música y de sabrosos pasteles engañan la monotonía de los días, tan lejos de los palacios del Viejo Mundo, cuando los aguaceros torrenciales de la época de lluvias impiden los paseos.

Los artificios del lenguaje forman parte de estos juegos. Las alusiones libres a la mitología grecolatina atemperan la influencia del catolicismo al transmutar la realidad local en una fabulosa decoración, sabia e intemporal. Código familiar y *snob,* galante y sensual, las palabras tienden una cortina entre el palacio y la Nueva España, hacen un puente entre Europa y las Indias españolas. Apolo y las Musas atraviesan los salones de la lejana América; la simbólica solar ilumina la ciudad de México y el castillo de Versalles cuando Juana Inés de la Cruz se dirige al marqués de la Laguna con un "Vos, de quien se teme el Sol". Bajo su complaciente pluma, el marqués se vuelve a veces el "centro glorioso donde terminan de tan gran circunferencia tantas bien tiradas líneas" o bien un "Águila de dos cuellos".[32] La alegoría es un juego de cortesanos al igual que un *art de vivre,* donde las palabras se

[32] Cruz (1976), II, pp. 98, 61-65, 66.

vuelven tan valiosas como una obra de arte, tan melo-
diosas como los himnos sagrados. La mitología —o la
geometría— permiten decir casi todo sin exponerse a
la condena de la Inquisición.

El paseo no es una invención del siglo xviii. Desde
esta época es una actividad en la que la corte dicta las
modas, juzga la elegancia. Para las élites adineradas, es
uno de los encantos de la vida urbana. A todo lo largo
del siglo xvii, en el oeste de la ciudad, la Alameda atrae
a los paseantes: "Los galanes de la ciudad se van a divertir todos los días sobre las cuatro de la tarde, unos
a caballo y otros en coche, a un paseo delicioso que llaman la Alameda, donde hay muchas calles de árboles
que no penetran los rayos del sol".[33] Una fuente de
bronce más bella que la de la plaza mayor marca el
centro de reunión: ahí se asiste a espectáculos de marionetas y a todo tipo de "juegos de agua". En compañía de sus esclavos moros y de bellas mulatas, nobles,
burgueses de la ciudad y finas damas llegan en sus carrozas "con tal asiduidad como nuestros comerciantes a la
bolsa". Los jóvenes rivalizan en elegancia. Vendedores
de grajeas y dulces ofrecen sus golosinas a los paseantes mientras que los aguadores "dan a beber en vasos
de cristal muy puro y muy limpio". Cuando no dege-
nera en un duelo mortal, el paseo en la Alameda es una
oportunidad para socializar refinadamente. Esta actividad permite la ostentación y el lujo y da la réplica a los
esplendores de Madrid cada vez que el séquito del virrey se une al paseo.

A finales del siglo xvii otros paseos atraen a los ciu-

<hr>

[33] Gage (1676), i, p. 213.

dadanos ricos: el canal de Jamaica se presta a excursiones en barca o a caminatas por las orillas, al son de instrumentos y voces que, a lo lejos, hacen eco. En las canoas, elegantes damas ostentan coronas de flores o penachos de Perú, hechos de "plumas blancas y suaves". Sobre las riberas, pequeñas chozas de indígenas ofrecen bebidas refrescantes locales: el chocolate, el atole y los tamales de elote y de carne, de azúcar y de especias cuidadosamente envueltos en hojas de maíz.

Al oeste, sobre la colina de Chapultepec, se levanta el castillo construido por Luis de Velasco. Como muy pronto resultó pequeño, sólo recibe de cuando en cuando al virrey y a su séquito. "Me pareció ver el castillo de Emaús por la variedad de tantas figuras a caballo y a pie; yendo abrazados los hombres con las mujeres, a las que llevaban en la grupa de los caballos." San Agustín de las Cuevas, en el sur de la ciudad, es también un lugar de veraneo a la moda. El virrey y su mujer lo frecuentan, invitados por los grandes oficiales del reino, quienes cuidan jardines y huertos donde se come al aire libre. Las peras, las manzanas y los chabacanos del huerto de los carmelitas de San Ángel encantan a Gemelli Careri y repletan la caja registradora de los frailes, quienes despachan en los mercados de la ciudad. El jardín del noviciado jesuita de Tepotzotlán, al noroeste de la urbe, también tiene la suerte de gustar al italiano, así como la caza en el Pedregal de San Ángel, zona cubierta por una capa de lava donde pululaban los conejos.[34] Hoy, Tepotzotlán está carcomido por la zona industrial de Cuautitlán, pero bajo la

[34] Gemelli Careri (1976), pp. 117, 76, 68, 106.

sombra del antiguo convento jesuita aún se puede
escuchar el zumbido de los insectos y el viento que do-
blega las buganvilias.

Demonios de la escena y de la música

La ciudad de México debe sobreponerse a numerosas
desventajas. En el siglo xvii no podía sostener una producción editorial comparable con la de la metrópoli:
las publicaciones son onerosas, el público restringido y
muy pocos mecenas pueblan la Nueva España. Sigüenza y Góngora se queja de ello amargamente y lamenta
que deba abandonar muchos de sus proyectos, "condenados a morir con él".[35]

Pero la amargura del sabio hace más negro el panorama. La capital de la Nueva España ofrece actividades artísticas únicas en América, exceptuando las
que se presentan en Lima, la "Ciudad de los Reyes".
A fines del siglo xvii, Gemelli Careri puede distraerse
yendo al teatro. Asiste a representaciones de *La rosa de
Alexandría* y de *Las mocedades del duque de Osuna.* No
todo le gusta; lo que menos es una comedia intitulada
La dicha y la desdicha del nombre de Calderón, interpretada
—muy mal, a su gusto— por dieciséis actores cómicos
"mestizos o indios".[36]

El Coliseo es en ese entonces el principal teatro de
la ciudad y lo seguirá siendo hasta mediados del siglo xviii. Levantado en el patio del Hospital de los Na-

[35] Elías Trabulse, *Los manuscritos perdidos de Sigüenza y Góngora,*
México, El Colegio de México, 1988, p. 17.
[36] Gemelli Careri (1976), pp. 118, 75.

174

turales, su frágil estructura de madera deberá repararse a intervalos regulares. Cuenta con unos cincuenta palcos, pasillos para circular, cuatro escaleras, bastidores y un vestidor. El conjunto está expuesto a la intemperie. Se dudaba en agrandar las dimensiones de la sala —se deseaba tan vasta como la del Coliseo de Sevilla— por temor a incomodar demasiado a los enfermos. Los actores son originarios de España, de Italia o de Perú, las obras son ibéricas o mexicanas, con una marcada predilección por las comedias españolas:

> que siempre las de España son mejores
> y para digerirlas los humores
> son ligeras; que nunca son pesadas
> las cosas que por agua están pasadas.[37]

Obras de Lope de Vega y de Calderón de la Barca conviven con piezas del criollo Luis de Sandoval Zapata y con las de un mexicano de adopción, Agustín de Salazar y Torres. Las producciones del Siglo de Oro español despiertan tal entusiasmo que muchas de ellas, traducidas y adaptadas al náhuatl —lengua de los indios de la ciudad de México—, se presentan ante la curiosidad de un público compuesto de notables y de nobles indígenas que se precian de descender de los príncipes prehispánicos.

Juana Inés de la Cruz destina una parte de sus composiciones al escenario, entre ellas una obra maestra, *Los empeños de una casa*. La pieza se representó el 4 de octubre de 1683 en casa de un oficial del Tesoro, en una recepción ofrecida a la virreina durante las fiestas

[37] Schilling (1958), pp. 24, 241.

que celebraban la llegada del arzobispo de México. Normalmente, las salas de recepción del palacio real alojaban las representaciones ofrecidas en honor del virrey y de su esposa: un público escogido entre la nobleza y los notables de la Nueva España tienen el placer de ver al séquito del príncipe actuar la comedia. [38]

El teatro es indisociable de la música. Pero, ¿qué música se escuchaba en la ciudad barroca antes de la llegada en masa de los italianos y del reinado del napolitano Ignacio Jerusalem e Stella? Un nombre se impone, ignorado por nuestras historias de la música: Manuel de Zumaya. Contemporáneo de Juan Sebastián Bach y de Haendel, Zumaya encarna el apogeo de la música occidental en la ciudad de México. Recibe su formación en la capilla de la catedral durante los años en que ésta se hace de su primer gran órgano, encargado con altos costos a España e instalado por especialistas venidos de la Península.[39] Cuando en 1715 Zumaya obtiene el codiciado puesto de maestro de capilla, la catedral de la ciudad de México dispone de un músico de la envergadura de Telemann o Scarlatti. Misas, maitines, motetes, villancicos y cantatas salen de su pluma y resuenan durante mucho tiempo bajo las cúpulas de la catedral. Obras maestras de elegancia aérea, las arias *Hoy sube arrebatada* y *¡Oh feliz culpa!* inventan una música inspirada, poderosa y sofisticada, de ritmos vivos y contrastados que da la réplica sonora a los retablos de oro de los santuarios.

Zumaya no sólo compuso para la Iglesia. Las modas

[38] Guijo (1953), ii, p. 170.
[39] Por Tiburcio Sans, quien atravesó el Atlántico con ese objetivo (Saldívar [1987], p. 230).

europeas y la boga de la ópera no perdonaron a la capital mexicana. Probablemente es a Zumaya a quien debemos la primera ópera mexicana, *El Rodrigo,* drama musical presentado en 1708 en el palacio del virrey, con ocasión del nacimiento del infante Luis Fernando.[40] Los libretos en boga atravesaban rápidamente el océano, puesto que un año antes Florencia aplaudía, bajo el mismo título, una ópera orquestada por el joven G. F. Haendel.

El talento de Zumaya incitó a otro virrey, el duque de Linares, a solicitarle que tradujera al español y que musicalizara libretos italianos. En 1711, el músico compone una ópera en tres actos, *Parténope.* La obra se presenta en el palacio el 1° de mayo para festejar el aniversario del rey Felipe V. Las peripecias de *Parténope* —que hoy conocemos gracias a una versión de Haendel presentada en Londres en 1730—[41] requerían de un grupo de cantantes y de músicos experimentados, así como de decoraciones suntuosas que pudieran sugerir escenas tan variadas como el palacio de Parténope, una puerta de la ciudad, una agitada batalla y el campo de Nápoles. El suceso hizo época en la ciudad de México pues se publicó un libreto bilingüe, italiano-español, de *Parténope,* como se acostumbraba en Europa, a excepción de Italia. Una prueba más de que tanto la corte como la ciudad de México contaban ya con un público interesado en la ópera. Con *Parténope,*

[40] José Mariano Beristáin de Souza, *Biblioteca Hispano Americana Septentrional,* México, Fuente Cultural, s. f., t. II, pp. 201-202.

[41] Los amores de la reina Parténope, fundadora de Nápoles, mezclan batallas, intrigas de corte y escenas de celos. Además de Haendel, Porpora y Vivaldi compusieron música inspirada en el mismo libreto.

la música mexicana, después de la arquitectura, se abría al barroco italiano.[42]

Las iglesias de la ciudad de México no esperaron la aparición de Manuel de Zumaya para que en ellas resonara música de calidad. Escuchas tan distintos como el inglés Thomas Gage o el calabrés Gemelli Careri concuerdan en ese punto, que nos confirman grabaciones recientes. Misas, tedeums, réquiems y vísperas solemnes son interpretados regularmente por los músicos de la catedral.[43] La tradición española, y muy en particular la de Sevilla, ejerce en ese entonces una influencia profunda sobre la música mexicana. El predecesor de Zumaya, Antonio de Salazar, deja una obra abundante, formada de motetes y villancicos con temas religiosos. Salazar se ocupó de la formación de músicos y coristas y al mismo tiempo se encargó de la creación de los primeros archivos musicales de la ciudad de México. Antes que él, Francisco López y Capilla desplegó un estimable talento que apenas hoy se está descubriendo. Esa música del siglo XVII sería demasiado austera para nuestro gusto si olvidáramos que estaba contrapunteada por intermedios indios y africanos que el público de las fiestas barrocas sabía apreciar.

---

[42] El paralelismo entre estas dos artes es aún más fuerte pues las especulaciones sobre la teoría musical coinciden con la curiosidad mostrada por los matemáticos, como lo manifiesta el tratado teórico *El caracol*, que debemos a Juana Inés de la Cruz. La difusión mexicana del tratado *El Melopeo y maestro* (1613) de Pedro Cerone, un italiano de Bérgamo ligado a la capilla real de Nápoles, preparó ese viraje durante el siglo XVII.

[43] López y Capilla fue autor de una Pasión (Estrada [1973], páginas 86, 88 y ss.)

A la ciudad de México no le faltan atractivos para sus visitantes: conciertos de música sacra, misas cantadas, brillantes sermones, entradas de virreyes, comedias y teatro edificante, sin olvidar los exámenes profesionales, salpicados de refrescos y chocolate. Como en Sevilla y en Madrid, como en Nápoles y Palermo, la cabeza de la Nueva España conoce esa inextricable mezcla de lo profano y lo sagrado que impregna las fiestas y las actividades públicas. La atmósfera está saturada de incienso, de olores de frutas y de dulces preparados en los mejores conventos.

Aquí no hay nada de la contrición puritana de Europa del norte o de las ciudades inglesas de América del Norte. Es más, a finales del siglo XVII la futura rival de la ciudad de México, Nueva York, no tiene más de cinco mil habitantes.[44] ¡Treinta veces menos que la capital de la Nueva España! En la ciudad de México la devoción no excluye los interludios cómicos. Se reporta que en pleno oficio divino, en la catedral, un acólito se acercó a la virreina para servirle una copa de vino pero se resbaló en los escalones. Su caída desencadenó inmediatamente las risas de la asistencia, que resonaron durante mucho tiempo bajo las cúpulas del santuario.[45] Las procesiones decaen continuamente por cuestiones de prelación. Para imponer su derecho, los miembros de las cofradías no dudan en abrirse cami-

[44] Joyce D. Goodfriend, *Before the Melting Pot. Society and Culture in Colonial New York City, 1664-1730,* Princeton, Princeton University Press, 1994, p. 134.
[45] Gemelli Careri (1976), p. 72.

no a golpes de mazos y de cruces de plata. Piedad y diversión hacen muy buenas migas, muy a pesar de un observador que poco después se convirtió al protestantismo. Todo parece bueno para "atraer más gente a sus iglesias". "Todo cuanto divierte y deleita los sentidos abunda en la ciudad de México, incluso en los templos, que deberían estar consagrados al servicio de Dios y no dedicados al placer de los hombres."[46]

Júbilos profanos marcan invariablemente las grandes liturgias. Para la octava del Corpus Christi, danzas de gigantes y de hombres enmascarados colman las calles de la ciudad.[47] A todo lo largo del siglo, corridas de toros, fiestas de moros y cristianos[48] y bailes de máscaras obtienen un éxito nunca desmentido.

Existen varios tipos de bailes de máscaras. La corte organiza cabalgatas nocturnas cuyos participantes están obligatoriamente disfrazados. El virrey decide el color de los adornos, de los listones, de las estolas de seda y plata que enarbolarán los caballeros. Portadores de antorchas y pajes escoltan el desfile, que se repite incluso varias noches seguidas. Los participantes se reclutan entre la nobleza, entre el cuerpo de funcionarios reales, pero también entre los vendedores y el pueblo, ya que incluso se invita a los cajoneros a unirse a la alegre compañía. Esa mezcla, que se produce deliberadamente, sin tomar en cuenta ninguna prelación —"con orden que ninguno pretendiese lugar superior"—,[49] tiene sabor a carnaval. Alcanzando

[46] Gage (1676), i, p. 210.
[47] Gemelli Careri (1976), p. 115.
[48] Robles (1946), ii, pp. 184, 181.
[49] Guijo (1953), ii, p. 93.

la centena y formados de dos en dos según un orden establecido por el virrey en persona, los caballeros dejan el palacio a las ocho de la noche. Después, pasadas tres horas, precedidos de un clarín, de un enano a caballo y de la compañía del virrey, los participantes pasan por distintos conventos de la ciudad para permitir a los frailes y a las religiosas disfrutar del espectáculo. Reunidos en coro en los cementerios de los monasterios, los religiosos no pierden ni un detalle del desfile. En cuanto a los ciudadanos que se niegan a participar en la cabalgata —por tacañería, por miedo de montar a caballo o por razones de salud—, tienen que pagar una multa. El regocijo es colectivo y... obligatorio.

Los estudiantes de los colegios también organizan bailes de máscaras para los cuales hay que disfrazarse de negros, negras, mulatas, vaqueros, changos o incluso de indios. Los futuros médicos representan la escuela de Galeno, otros a Moctezuma y a la famosa Malinche, cuyos servicios de intérprete abrieron las puertas de México a Cortés. Si se requería, esta fiesta de disfraces cómica se convertía en una mojiganga "seria" que mostraba la corte de Madrid, los grandes del reino, el rey, la reina, el príncipe heredero, encaramados sobre tronos y carros alegóricos en forma de pirámide. La lejanía de los soberanos hacía indispensable este tipo de puesta en escena política que mezclaba a actores secundarios con los símbolos de la monarquía.

Las festividades barrocas conceden un espacio para el populacho. La gente del pueblo y los indios del valle consagran una parte considerable de su tiempo a los preparativos de las procesiones religiosas y de todo tipo de ceremonias. Con igual entusiasmo, participan en las festividades celebradas en honor de los nuevos virreyes, empapadas de la tradición de los alegres "intermedios borgoñeses". Suntuosos arcos de triunfo recargados de alegorías y de estatuas mitológicas sirven de decoración a las diversiones del populacho. En 1713, en la plaza mayor una "pirámide gastronómica" sufragada por el virrey fue lanzada como pastura a la muchedumbre que se hundía entre la carne, las aves y las frutas:

> No produjo en el valle o en la sierra
> fruta el suelo, que fuese reservada [...]
> la Reina Chirimoya, que esta tierra
> al Imperio usurpó de la granada;
> recia la Piña, indócil el Chayote,
> fresca Sandía, y hartador Camote...[50]

La fusión de lo profano y lo sagrado, de lo popular y lo erudito se expresa con virtuosismo en los villancicos. La víspera de las grandes fiestas litúrgicas, Navidad, la Asunción, san Pedro, santa Catarina y cantidad de otras ocasiones, se cantan los maitines: en ellos se alternan los salmos del oficio litúrgico y los villancicos, en los que se da rienda suelta a la alegría y al ingenio de los fieles. Al ritmo de las intervenciones alegorías eruditas y figuras populares, sutilezas del lenguaje y bromas pesadas, farsas y piedad alegre se relevan con más o menos buen humor según el talento del músico y la inspiración del versificador.

[50] Tovar de Teresa (1988), II, p. 62.

Esta tradición hispana acerca aún más la ciudad de México a las ciudades de la Península. A diferencia de que aquí el pueblo no se compone, más que minoritariamente, de europeos. Para festejar al Divino Niño o la Asunción de la Virgen, los poetas competentes no se conforman con evocar los lenguajes pintorescos de los vascos o los gallegos.[51] Los villancicos mexicanos meten en escena a negros e indios: su manera de hablar, el acento, la vestimenta y las reacciones divierten mucho a la asistencia. El barroco mexicano explota la vena indo-africana con una insistencia y una destreza que se reafirman por el gran número de población no europea que domina la ciudad: indígenas mexicanos, negros introducidos por la trata de esclavos, mulatos libres y todas las mezclas posibles entre esas familias étnicas.[52] Las cifras son elocuentes. A fi-

[51] Cruz (1976), II, p. 289.
[52] Desde principios del siglo XVII, en la metrópoli ibérica dramaturgos y poetas no dudan en agregar un toque de exotismo a sus composiciones al introducir personajes negros y poner en sus bocas esa mezcla de portugués y de español que aquéllos aprendieron del contacto con los mercaderes de esclavos. Lope de Vega y Góngora ofrecen ejemplos famosos. La música, la danza, el canto eran géneros en que algunos negros destacaban y encantaban al público español de las grandes ciudades, y de Sevilla particularmente. Lo que gustaba en España debía gustar en América, aunque las cosas no se presentaban igual. La contribución africana —o más bien ese conglomerado de elementos venido de diversos países de África, a veces tamizado por la Península Ibérica y las islas del Caribe— sufrió, mucho más que la contribución europea, las desventajas del desarraigo y la distancia. Pero los pueblos africanos tienen la fuerza de un peso numérico que no tienen en España. En la ciudad de México los negros tienden a ocupar el lugar que en la metrópoli detentan los medios populares de origen europeo.

nales de siglo se supone que los grupos de origen africano representan cuando menos la mitad de la población urbana. Si moderamos esa estimación, indiscutiblemente excesiva, y si sumamos a los mestizos, obtenemos aún una buena mitad de individuos de sangre mezclada frente a otra mitad compuesta de españoles... e indios.

Imposible entonces que las élites de la ciudad de México ignoraran a esas masas y más aún que no vieran a los indios. Los olores de las calles, de los mercados y de las cocinas, los colores, las sonoridades del náhuatl y los paisajes remiten a la realidad omnipresente del mundo indígena. Desde el fondo de los lagos hasta la cima de los volcanes que dominan el valle, la mirada tropieza con las creencias y leyendas de quienes lo pueblan desde hace miles de años.

Pero aún hay que saber transformar la realidad indígena para integrarla a la diversión y al imaginario de la época. Vieja astucia de intelectuales y artistas que ya nos resulta familiar. En el siglo xx, Eisenstein, Frida Kahlo y los muralistas, con Diego Rivera a la cabeza, destacaron por explotar una indianidad salida directamente de sus cabezas. La misma alquimia moviliza a las élites cultivadas del siglo xvii.

El procedimiento es relativamente fácil en lo que al pasado lejano respecta. El recuerdo prestigioso de los reyes indígenas fascina a letrados criollos y a visitantes europeos que se interesan en la naciente arqueología a finales del siglo xvii.[53] Desde entonces, la excursión a

[53] En el interior del colegio jesuita de San Ildefonso, Gemelli Careri tuvo la oportunidad de admirar piedras esculpidas en las que figuraba el águila sobre el nopal, y ya desde entonces se interroga-

las "antigüedades" (léase pirámides) de Teotihuacan se había vuelto imprescindible y obligaba a prolongar la estancia en la ciudad de México. Teotihuacan se visita como se visita la iglesia de Guadalupe.

Gemelli Careri tuvo el privilegio de tratar al mejor conocedor de las civilizaciones indígenas, el irremplazable don Carlos de Sigüenza y Góngora. Su colección de códices indígenas era tan famosa —"alhajas tan dignas de aprecio y veneración por su antigüedad, y ser originales"—[54] que había pensado en deshacerse de ella para donarla a las bibliotecas de El Escorial, del Vaticano y de Florencia. El desciframiento de los manuscritos y de sus curiosidades arqueológicas le proporcionaron extensos conocimientos para la época. Don Carlos tenía la sensación —por lo demás exacta— de ser un pionero en la materia: "Algunos tendrán por trivialidad despreciable [la explicación de los caracteres o jeroglíficos] y, por lo consiguiente, indigno objeto de sus estudios sublimes". Y el deseo de sacudirse el monopolio detentado por los europeos, "pues cuando todos nos preciamos de tan amantes de nuestras patrias, lo que de ellas se sabe se debe a plumas extranjeras".[55] La rehabilitación del pasado prehispánico no es sólo un ejercicio de erudición. Además, satisface los propósitos más inmediatos, ya que, desde esa época, en la ciudad de México arqueología rima con política. Las fiestas barrocas nos muestran algunos ejemplos, como el arco de triunfo concebido por don

ban sobre la ubicación del templo de Huitzilopochtli, que algunos situaban bajo la catedral. Gemelli Careri (1976), p. 123.

[54] Trabulse (1988), p. 19.

[55] Sigüenza y Góngora (1960), pp. 255-256, 252.

Carlos en honor del marqués de la Laguna, sobre el cual los reyes aztecas representan alegorías de las "virtudes políticas". La exaltación del pasado indígena mata dos pájaros de un tiro: es portadora del mensaje que se quiere transmitir a la metrópoli, representada por el virrey y, al mismo tiempo, sirve para arraigar en la "prehistoria" india la memoria de una joven patria que tiene por nombre México.

Existen otras maneras menos sofisticadas y más banales de neutralizar la realidad indígena en la ciudad del siglo XVII. Músicos, poetas, decoradores y pintores se dedican a esta tarea, atrayendo esa realidad hacia un exotismo de oropel. El resultado es una versión estetizada, despojada de toda aspereza desagradable o amenazadora, purificada de toda nota extraña o incluso desconcertante. La imagen del mundo indio no puede ser más que festiva, la intervención de los mexicanos se pretende sinónimo de felicidad y alegría:

> Los Mejicanos alegres
> también a su usanza salen...[56]

Bajo esta forma, a lo largo del siglo XVII el mundo indígena halla su lugar en las fiestas de las calles y en las diversiones más refinadas de la corte y la ciudad. Penetra hasta los salones de etiqueta del palacio, donde nadie duda en exponerlo a la mirada de los virreyes recién llegados del Viejo Mundo. La obra maestra de Juana Inés de la Cruz *Los empeños de una casa* concluye con una velada o sarao de las cuatro naciones en la que los

---

[56] Cruz (1976), II, p. 16.

mexicanos participan. En tanto las danzas cambian, el coro canta:

> ¡Venid, Mejicanos,
> alegres venid,
> a ver en un Sol
> mil Soles lucir![57]

Es la misma diversión que Matías Bocanegra (1612-1668) plasma en su *Comedia de San Francisco Borja*. Los alumnos del colegio jesuita de San Pedro y San Pablo la representaron durante la visita del virrey, el marqués de Villena. La conclusión del espectáculo se confió a graciosos niños disfrazados de indios "tan vistosamente adornados con preciosas tilmas y trajes de lama de oro, cactles o coturnos bordados de pedrería, copiles o diademas sembradas de perlas y diamantes, quetzales de plumería verde sobre los hombros". Los actores entonaron un homenaje al virrey:

> Salid, mexicanos,
> bailá el tocotín,
> que al sol de Villena
> tenéis en cenit....[58]

En esa ocasión, dieciséis niños bailaron un tocotín o mitote, un baile indígena "majestuoso y grave". El acompañamiento musical se pretendía fiel a la tradición indígena: "A lo sonoro de los ayacatztles dorados, que son unas curiosas calabacillas llenas de guijillas que hacen un agradable sonido y al son de los

---

[57] Cruz (1976), III, p. 180.
[58] *Tres piezas teatrales del virreinato,* edición de José Rojas Garcidueñas y José Juan Arrom, México, UNAM, 1976, pp. 377-379.

instrumentos músicos, tocaba un niño cantor, acompañado de otros en el mismo traje, en un ángulo del tablado, un *teponaztle,* instrumento de los indios para sus danzas, cantando él solo los compases del tocotín en aquestas coplas, repitiendo cada una la capilla, que en un retiro de celosías estaba oculta". Disimulado detrás de las celosías, un coro repetía las coplas.

La precisión de esa reconstrucción deja ver una familiaridad indiscutible con las costumbres indígenas, la instrumentación, los colores, las ropas. El exotismo de los poetas no necesariamente se confunde con la caricatura o el estereotipo. Los criollos tienen un conocimiento preciso de los recursos del arte indígena e incluso de la lengua náhuatl, puesto que sor Juana introduce términos indios, incluso series de coplas, en sus villancicos:

> Sólo Dios Piltzintli
> del Cielo bajó,
> y nuestro tlatlacol
> nos lo perdonó...

Latín, castellano y lengua mexicana se mezclan formando lo que la religiosa llama

> ...un tocotín mestizo
> de Español y Mejicano.[59]

El "mestizaje" de las costumbres era un fenómeno tan evidente y tan familiar para los letrados que el adjetivo mismo —mestizo— aparece en un villancico tan popular y burlesco como el de san Pedro Nolasco (1677).

[59] Cruz (1976), II, pp. 41, 17.

Los grupos de origen africano también están presentes en la fiesta barroca, aunque sea por la voz de ese negro de Guinea o de Puerto Rico que "cantó al son de un calabazo".[60] Esta vez es el acento lo que desencadena las risas y nos restituye la imagen sonora de un mundo desaparecido:

¡Tumba, la-lá-la; tumba, la-lé-le;
que donde ya Pilico, escrava no quede!
¡Tumba, tumba, la-lé-le; tumba, la-lá-la,
que donde ya Pilico, no quede escrava!
[...] La ninglito Joya[...]
es buena casta
que sabe bailá
como la Matamba.[61]

Sin embargo, el milagro que significaría la aceptación del patrimonio afromexicano no tuvo lugar. El canto se limita a expresar la manera en que los españoles letrados se imaginan el habla de los negros que los rodean. La figura del negro bueno que acompaña con su jovialidad los regocijos de la cristiandad pertenece al repertorio de los estereotipos. Tanto ayer como hoy, el exotismo tiene sus convenciones y sus esquemas —a los que debe su éxito—, aun cuando no hay que minimizar los efectos de los contactos cotidianos entre las élites de la ciudad y una sociedad afromexicana particularmente numerosa en la ciudad de México.

Por último, desde ese periodo el exotismo mexicano se exporta a Europa: el famoso baile indio del toco-

[60] Cruz (1976), II, pp. 96-97, 39.
[61] Ibid., p. 277.

tín llega a España hacia 1680, y tal vez antes.[62] No era un fenómeno nuevo. Casi un siglo antes, la boga de los bailes africanos en la ciudad de México, en la Nueva España y en el Caribe habían cruzado el océano para difundirse en la vieja Europa. Chacona y zarabanda invadieron el Viejo Continente. Tres siglos antes de la salsa, de los ritmos tropicales y de la poesía de Octavio Paz, la ciudad de México y la América barroca expedían a ultramar sus ritmos afroindígenas en los mismos barcos que llevaban los manuscritos de sor Juana.

¿Cuándo aparece la ciudad barroca? ¿Qué fecha de nacimiento asignarle al Gran Siglo, que se prolonga hasta la irrupción del despotismo ilustrado? Las tres últimas décadas del siglo XVII —cuando se desarrolla la carrera de sor Juana Inés de la Cruz y de don Carlos de Sigüenza y Góngora— parecen proporcionar un punto de partida "intelectual". Sin embargo, el eclecticismo del saber y la visión exótica del mundo indígena son bastante anteriores. ¿Es el advenimiento de una pintura que privilegiaba el claroscuro, al estilo de Zurbarán, introducida por Sebastián de Arteaga, fallecido en la ciudad de México en 1652? Esa gran etapa en la historia de la pintura mexicana se impone por la calidad de sus producciones, por la construcción de figuras y la maestría de los efectos de luz y sombra.[63] Esto nos lleva a mediados del siglo XVIII. La fundación de la cátedra

---

[62] Benassy-Berling (1983), p. 31.
[63] Rogelio Ruiz Gomar, "La pintura en Nueva España durante la

de matemáticas en la universidad de la ciudad de México —fermento indispensable para el desarrollo de un pensamiento barroco— nos arrastra un poco antes, hacia 1637.[64]

Pero el surgimiento de una arquitectura despejada de la herencia clasicista nos vuelve a traer a las décadas de 1670-1680. Basta recordar las sucesivas etapas de la construcción de la nueva catedral de la ciudad de México, terminada e inaugurada en 1667. Éstas confirman que los gustos de la primera mitad del siglo XVII no tienen nada de barroco. En los años 1630, la catedral tomó un giro decididamente clasicista, muy alejado de las obras de fin de siglo. San Pedro en Roma, El Escorial y el Gesú de Roma constituyen los modelos confesados del arquitecto Juan Gómez de Trasmonte, quien transformó el plano inicial, sustituyéndolo por un modelo basilical. En ese sentido, en la ciudad de México el siglo XVII es más clasicista que barroco.

En realidad, la historia de la ciudad parece tartamudear entre 1630 y 1670, en parte debido a las catástrofes naturales. La gran inundación de 1629 mantuvo a una parte de la ciudad bajo el agua durante cinco años, apremiando a cantidad de habitantes a emigrar hacia los pueblos del valle o a la ciudad de Puebla. Se contaron treinta mil víctimas entre la población indígena. Veinticinco años más tarde, la población europea de la ciudad seguía siendo inferior en una cuarta parte de lo que era en 1620.[65]

segunda mitad del siglo XVII", en *El arte en tiempos de Juan Correa,* México, INAH, 1994, p. 93.
[64] Berchez (1992), p. 25.
[65] Israel (1975), p. 30.

Las repercusiones anímicas del desastre se sintieron durante mucho tiempo. No suficiente como para provocar el abandono de la ciudad —"cadáver de piedra hundido en cristalino sepulcro"—[66] pero bastante para inquietar a las conciencias: en el siglo XVII, en la ciudad de México, como en el resto del mundo, todo acontecimiento importante era un signo por descifrar. La preocupación era todavía mayor puesto que todo castigo del cielo exigía una reparación. Había que apresurarse para encontrar las faltas por expiar y, así, hacerse perdonar.

La opulenta colonia de marranos (judíos conversos) sirvió de chivo expiatorio para la catástrofe, pero también para la revuelta de Portugal y para los pecados del país: fue eliminada en dos autos de fe (1649 y 1659) que pusieron fin a esa intolerable diferencia. En la misma ocasión, los portugueses, muchos de ellos instalados en la ciudad de México desde la unión de las dos coronas en 1581, desaparecieron del paisaje urbano. En 1658 tocó a los sodomitas ser quemados en las hogueras. En esos momentos, la muerte había barrido casi por completo a otro actor de la escena urbana. En los años 1630, las últimas grandes epidemias redujeron la población indígena a su mínima expresión: dejaron de ser una presencia obsesiva y una preocupación prioritaria.

Quizás la ciudad barroca había nacido de una limpieza a fondo, entre un diluvio de agua, las crepitaciones de los autos de fe y los estragos de la peste. ¿O tal vez en la respuesta a las múltiples señales del cielo?

[66] Berchez (1992), p. 21.

Había que purificar y santificar esa ciudad, presa de las epidemias, de las inundaciones, de los sodomitas y de los judíos. Presa también de los placeres: "Sólo diré que se ofende grandemente a Dios en esa segunda Sodoma; y que aún ahora florezcan sus habitantes y abunden en riquezas y deleites mundanos, llegará empero el día en que serán trasegados como el heno, secaránse como la yerba verde que se ha cortado según dice el salmo 37".[67] Todo para construir un "estado deleznable y resbaladizo".

Las celebraciones religiosas, la pompa de las ceremonias, las riquezas ofrecidas a las iglesias, se dedicaron a remediarlo. En plena mitad de siglo, una imagen milagrosa, Nuestra Señora de Guadalupe, indicó el camino y ganó la partida, reconciliando a la ciudad hispana con el cielo americano y la tierra indígena. Los medios eclesiásticos le aseguraron una extraordinaria promoción a través del libro, el teatro, la imagen y la predicación. En 1648, la publicación de un opúsculo consagrado a la Virgen de Guadalupe hizo mucho más que poner al día un culto mariano ligeramente caído en desuso. Sabiamente orquestada por los canónigos de la ciudad de México, esta campaña dio un impulso definitivo a la devoción de la Virgen del Tepeyac, primer eslabón de una vasta operación religiosa que comenzó sirviendo a los intereses del clero de la ciudad y del arzobispado, antes de incitar a la ciudad entera, luego al país —a finales del siglo XVIII— y por último a la América hispánica a seguir el estandarte de la Virgen mexicana. La Madre de Dios ligaba a la ciudad de

[67] Gage (1676), I, p. 205.

México con el cielo, al dejar su más bella imagen entre los hombres: *Non fecit taliter omni nationi*, "No hizo lo mismo con todas las naciones". La ciudad sagrada ganaba una protectora eficaz, una garantía divina y una primacía sobrenatural, por encima de las otras ciudades del mundo occidental. Entre las manos de los sabios y de los sacerdotes criollos, las creencias indígenas se movilizaban al servicio de la Iglesia mexicana. No conformes con estetizar la realidad indígena, las élites la sacralizaron —la leyenda indígena se convirtió en artículo de fe— para asegurar la supremacía del catolicismo y la grandeza de la ciudad. La ciudad barroca había nacido.[68]

[68] O'Gorman (1986); Ernesto de la Torre Villar y Ramiro Navarro de Anda, *Testimonios históricos guadalupanos,* México, FCE, 1982; y, sobre todo, Guillermo Tovar de Teresa, *Pegaso,* México, *Vuelta,* 1993.

V. LA ENCRUCIJADA MANIERISTA

En 1629, la gran inundación había castigado a la ciudad por sus pecados. ¿Condenaba Dios su riqueza, su eterna primavera o tal vez su demencial pretensión por ser un paraíso terrenal? De creerles a sus poetas, ¿no es cierto que la ciudad de México al alba del siglo XVII era:

> Roma del Nuevo Mundo en siglo de oro,
> Venecia en planta y en riqueza Tiro,
> Corinto en artificio, Cairo en giro....?[1]

Resulta entonces que antes de la ciudad barroca había existido una "Roma del Nuevo Mundo" que cultivaba la herencia de un Renacimiento trasplantado a tierras americanas. Impregnada de un manierismo pictórico y literario adaptado a la realidad mexicana, la atmósfera de la ciudad no deja de evocar el cosmopolitismo y el eclecticismo de la primera mitad del siglo XX. Como si hubiera que atravesar la Independencia y la Ilustración, sobrevolar la era barroca; en suma, remontar tres largos siglos para descubrir en la ciudad hispana los primeros fermentos de una modernidad americana...

---

[1] Soneto publicado en Arias de Villalobos, *Canto intitulado Mercurio* (Genaro García, *Documentos inéditos o muy raros para la historia de México,* México, Bouret, 1907).

"Roma del Nuevo Mundo en siglo de oro." Un visitante extranjero nos entregará una mirada menos susceptible a la parcialidad. En 1625, el dominicano inglés Thomas Gage vivía en la ciudad. Mucho tiempo antes que el barón Alejandro de Humboldt y setenta años antes que Gemelli Careri, Gage nos deja un entusiasta testimonio: "México es en la actualidad una de las mayores ciudades del mundo, considerada la extensión que ocupan las casas de los españoles y las de los indios; y aun poco tiempo después de la conquista era una de las más hermosas de todas las Indias, y que más florecía en armas y en letras".

El sitio lacustre de la ciudad despierta en Gage, como en muchos otros, la imagen de Venecia: "La situación de México es poco más o menos semejante a la de Venecia: la única diferencia que hay entre una y otra ciudad es que Venecia está edificada en el mar y México en un lago". Además, le sorprende lo gigantesco de los trabajos emprendidos con el propósito de domar las aguas de los lagos, cuyo aumento amenaza la existencia misma de la ciudad. La ausencia de fortificaciones intriga a este observador inglés, ávido de información sobre la defensa de la América española: "No tienen ni puertas, ni murallas, ni bastiones, ni tampoco torres, plataformas, arsenal, municiones, ni artillería, para defenderse contra los enemigos domésticos o extraños". El repliegue de la población india —a su parecer no más de dos mil— se compensa con el incre-

<hr />

[2] Gage (1676), i, pp. 129 y ss.

mento de los mestizos —un millar— y por el crecimiento del sector español, que usurpa las propiedades
indígenas y que cubre la ciudad con "casas espaciosas
y cómodas y tienen jardín para servir de recreación y
desahogo a los que las habitan". Las construcciones
son de piedra y de ladrillo, no muy altas para poder resistir a los terremotos; las calles "son anchísimas; en las
más estrechas pueden ir de frente tres carrozas, y seis
lo menos en las mayores, lo que la hace aparecer más
grande de lo que es".

El esplendor de las construcciones religiosas fascina al dominico inglés: "Las iglesias son tan opulentas y
están construidas con tanta magnificencia que no se
puede imaginar cosa más grande ni más suntuosa".[3]

Los conventos "que se ven son los mejores que co-
nozco. Los techos y las vigas están dorados; adornan
columnas de mármol de diversos colores la mayor parte de los altares, y las gradas son de madera del Brasil;
en una palabra, los tabernáculos son tan ricos que el
menor vale veinte mil ducados. Además de lo hermoso
de los edificios, son infinitas las alhajas y riquezas que
pertenecen a los altares..."

El mapa levantado por el arquitecto Juan Gómez de
Trasmonte (1628) ofrece una vista audaz y desenvuelta
de la ciudad y de sus iglesias: sus agujas y sus techos
puntiagudos de madera de dos aguas predominan
aún sobre las cúpulas y las bóvedas. La nueva catedral
está en obra: en 1623 sólo la sacristía está terminada;
la construcción de las capillas de la entrada comenza-
rá dentro de unos cuantos años. El conjunto apenas se

[3] Gage (1676), I, pp. 192, 136, 198, 208.

está liberando de sus reminiscencias renacentistas para tomar la forma clasicista que le será definitiva.

La ciudad es rica y Thomas Gage, a la vez con envidia y con admiración, lo repite en todos los tonos. Se contarían quince mil carrozas para una población de entre treinta y cuarenta mil españoles, es decir, casi un automóvil por cada dos europeos. Las bellezas de la ciudad ya son proverbiales: "En México se hallan cuatro cosas hermosas: las mujeres, los vestidos, los caballos y las calles". ¿Habrá espectáculo más rutilante que la circulación de carrozas realzadas de oro, de plata, de telas doradas y de las más bellas sedas de China; en una palabra, "mucho más espléndidas y costosas que las de la corte de Madrid y de todos los otros reinos de Europa"?[4] La elegancia de las monturas adornadas con bridas engastadas de pedrería y de herraduras de plata hace "más suntuoso y magnífico su aderezo".

El lujo de los adornos y de los vestidos es por el estilo:

> Los hombres y las mujeres gastan extraordinariamente en vestir, y sus ropas son por lo común de seda, no sirviéndose de paño, ni de camelote ni de telas semejantes. Las piedras preciosas y las perlas están allí tan en uso y tienen en eso tanta vanidad que nada hay más de sobra que ver cordones y hebillas de diamantes en los sombreros de las señoras y cintillos de perlas en los de los menestrales y gente de oficio.

Algunas fortunas son prodigiosas. Se dice que Alonso Cuéllar posee un despacho "enladrillado de panes de oro en lugar de ladrillos de tierra". Basta recorrer la

[4] Gage (1676), I, p. 199.

calle de la Platería para tener ante los ojos, en menos de una hora, el valor de varios millones en oro, plata, perlas y piedras preciosas;[5] la calle de San Agustín alinea a sus vendedores de sederías; en la de Tacuba "casi todas las tiendas son de mercaderes de obras de hierro, acero y cobre"; la calle del Águila aloja a los oficiales, a la gente de la corte; es ahí donde se levanta el palacio del marqués del Valle, residencia de los herederos del conquistador Hernán Cortés.

"Nada falta a México de cuanto puede hermosear una ciudad." Los placeres de la mesa son numerosos: desde entonces la gente enloquece por el chocolate, que se toma con golosinas; también se degustan aguas de frutas, tan refrescantes bajo el sol de mediodía. La fruta cultivada en el valle o importada de las tierras bajas tropicales tiene todo para seducir al viajero proveniente de las brumas inglesas. No hay que olvidar las *nuchtli,* esas tunas rojas, amarillas y encarnadas; el "manjar blanco" que sabe a "pechugas de capón, leche, arroz, azúcar y agua de rosa", la guanábana o la chirimoya; la piña con su "corteza en forma de escamas y su interior lleno de zumo"; las uvas, las manzanas, las peras, los membrillos, los duraznos, los chabacanos, las granadas, los melones, los higos, las nueces, las naranjas. De paso, Gage rinde homenaje al agave, del cual se extraen miles de productos, "conservas y dulces, y papel hilaza, mantas, esteras, zapatos, mocasines, cíngulos, ceñidores y cordajes", sin olvidar el zumo extraído de su raíz. Un inventario de los productos que la ciudad importa permite dar una vuelta al mundo: plata

[5] Gage (1676), I, p. 211.

de Perú, oro de Chile, canela de Tidoro, coral de Sicilia, granates de Ormuz, porcelana y sederías de China, bezoar de los Andes, tapices de Persia, grabados de Roma, relojes de Flandes, drogas de Egipto, ámbar de Malabar, marfil de Goa, ébano de Siam...[6]

La atracción mexicana

Ese paraíso terrestre no es sólo una fantasía de viajeros apresurados. Probablemente nunca antes de los años 1920-1940 la ciudad de México atrajo a tantos artistas y letrados europeos como a finales del siglo XVI y principios del siglo XVII. La lista de emigrantes es larga y no incluye solamente a españoles: Francia, Italia, la Europa nórdica, los Países Bajos españoles, Holanda, Alemania enviaron sus contigentes de artistas, de sabios, de comediantes y de aventureros.

Un ejemplo entre muchos: Bernardo de Balbuena llega a la ciudad de México a los veintitrés años. Nacido hacia 1561 en Valdepeñas, provincia de Ciudad Real, Balbuena pasó su infancia y su adolescencia en España antes de irse a México en 1584. Era hijo de uno de los primeros colonizadores de la Nueva Galicia —la provincia de Guadalajara— y viaja al otro lado del océano para reunirse con su padre. Las costas del Pacífico, donde residió durante algún tiempo, sus

> desiertos arenales
> sobre que el mar del Sur resaca y quiebra
> nácar lustroso y perlas orientales

---

[6] Balbuena (1604); José F. de la Peña, *Oligarquía y propiedad en Nueva España, 1550-1624*, México, FCE, 1983.

no le impidieron sucumbir a los encantos de la ciudad de México. En 1604 dibuja un cuadro ditirámbico bajo el título de *Grandeza mexicana*. Del primero al último verso, los elogios prorrumpen, las imágenes brotan en disparos continuos, igualando la ciudad mexicana con las más famosas ciudades del mundo:

> Oh ciudad rica, pueblo sin segundo,
> más lleno de tesoros y bellezas
> que de peces y arena el mar profundo...

Grandeza rebosa de acentos premonitorios que transforman a la ciudad de los primeros años del siglo XVII en un alucinante espejo de los tiempos por venir. Ya no es la ciudad de México, es *Metrópolis* por la gracia de un poeta manierista. Balbuena describe las muchedumbres que obstruyen las grandes calzadas a toda hora del día; observa también cómo la ciudad engulle a sus habitantes y los reduce al estado de pigmeos. La ley del provecho manda sin fragmentaciones, pero sin ella la ciudad no sería más que caos.[7] La apología de Balbuena no es una reacción aislada. Cantidad de escritos tejen laureles a la ciudad de México y, como el *Mercurio* de Arias de Villalobos (1623), agotan el repertorio de comparaciones extraídas de la antigüedad grecolatina. Hay que admitir que es una moda extendida en ese entonces por todos lados. En 1611 otra estrella ascendente del mundo occidental, Amsterdam, recibe un panegírico que retoma casi palabra por palabra lo que se escribe sobre la ciudad de México.[8]

[7] Balbuena (1990), pp. 61, 91, 65; José Rojas Garcidueñas, *Bernardo de Balbuena. La vida y la obra*, México, UNAM, 1982.
[8] Es la obra de Johannus Pontanus *Rerum et Urbis Amstelodamensium*.

Los caminos más diversos, más inesperados llevan a la ciudad mexicana. En 1608, el creador de la novela picaresca española, Mateo Alemán, se instala ahí con el séquito del nuevo arzobispo y redacta una notable gramática del castellano que publica ahí mismo. En casa de sus amigos y de sus protectores, Alemán probablemente conoció a un personaje que podría haber salido de su imaginación novelesca: Mateo Rosas de Oquendo. Originario de Sevilla, donde nació hacia 1559, este poeta satírico va a parar a la ciudad de México al cabo de un agitado recorrido que lo habría conducido por Italia, Francia, Tucumán (Argentina) y Lima. Oquendo reside una docena de años en la Nueva España, de 1599 a 1612. Su espíritu burlón tiene por blanco a los españoles recién desembarcados, al igual que a los criollos amargados.

Antes de estos escritores, varios europeos se arriesgan a ir a ese rincón del mundo. El poeta González de Eslava figura entre aquellos que inauguran esta inmigración intelectual. No tenía más que veinticuatro años cuando llegó en 1558. El flamenco Simon Pereyns seguramente no pensaba en la Nueva España cuando dejó sus Países Bajos. Encontramos a este pintor amberino en Lisboa y luego en la corte española, donde llama la atención de don Gastón de Peralta, futuro virrey de la Nueva España. Este pintor llegó a la ciudad de México en 1566; ahí decoró el interior del palacio real y realizó numerosos encargos en el campo mexicano.

Para estos inmigrados, su instalación en la ciudad de México no es siempre una canonjía: dos años después de su llegada Pereyns es buscado por la Inquisición y condenado —lo cual denota talento— a pintar una Virgen de la Gracia para la catedral de la ciudad de México. Sin una sólida red de relaciones no hay salvación para el extranjero aislado. El matrimonio con una sevillana y la asociación con su cuñado, el pintor Andrés de Concha, aseguran la posición del amberino. Los dos mejores artistas del momento pudieron de esta manera conjugar sus dones y mezclar las tradiciones que cada uno de ellos encarnaba en el suelo de la Nueva España.

Heinrich Martin —que adoptaría el nombre de Enrico Martínez— desembarcó en las Indias en 1589. Originario de Hamburgo, de más o menos treinta años, este alemán de mil talentos terminó siendo uno de los letrados más atrayentes de la ciudad. Impresor urgido de deshacerse de sus competidores, ingeniero encargado de la desecación del valle de México, intérprete de la Inquisición, hizo gala de una actividad desbordante, publicó un repertorio astrológico y proyectó un tratado de agricultura y una *Physionomie des visages,* revelándose como un lejano precursor de Lavater. Su adversario más feroz fue un holandés de Delft, Adrian Boot, enviado a la ciudad de México en 1614 para dictaminar los trabajos de desecación del valle. El alemán y el holandés desarrollaron concepciones diametralmente opuestas sobre la manera de evitar las inundaciones, debate que apasionaba a la ciudad y suscitaba los proyectos más descabellados.[9]

¿Qué poderoso imán precipita hacia la ciudad de México a hombres de letras, pintores, escultores e im-

[9] Musset (1992), pp. 198-199.

presores desde las últimas décadas del siglo XVI? A diferencia de sus visitantes del siglo XX, no es el exotismo del país ni el "surrealismo" de sus habitantes, menos aún la magia de los grandes espacios que impulsan la emigración hacia la ciudad de México, ya sea de manera temporal o definitiva. Es más bien la fabulosa riqueza, la perspectiva de una carrera y de una fortuna rápidas, el incentivo de una mayor movilidad social que en Europa y, *last but not least,* la secreta esperanza de un dominio menos rígido de la tradición y de la Iglesia sobre el espíritu. Españoles, italianos y flamencos no se extasían, como lo hicieron más tarde Eisenstein, Breton o Artaud, con las caras de los campesinos indígenas encuadradas en el azul metálico del cielo, sino con el hormiguero urbano, las comodidades de la capital, la opulencia de los magnates y la generosidad de los mecenas...

Más de una persona aprecia, sin nunca mencionarlo en voz alta, la relativa inercia de la Inquisición. Mientras que los tribunales de la Península Ibérica son numerosos y sus esbirros omnipresentes, los de la ciudad de México, rebasados, deben cubrir una inmensa jurisdicción —México, América Central, Filipinas— y adaptarse al medio americano. Sucede que la inmensa mayoría de la población —los indios mal cristianizados— escapa estatutariamente a la jurisdicción de la Inquisición, lo cual sirve de pantalla para las minorías mestizas, negras y europeas que el Santo Oficio debe vigilar. Esta relativa tranquilidad es inestimable viniendo de la España de Felipe II, o de una Europa descuartizada por la Contrarreforma católica y por el fanatismo protestante. El Viejo Continente no tiene buen aspecto.

Hasta fines de siglo, Francia está devastada por las guerras de religión, la Holanda protestante se pelea con los Países Bajos españoles —la Bélgica de hoy— a fuego y sangre, mientras que la Inglaterra de Isabel escapa por poco de la Armada Invencible y guerrea en el continente. Desde entonces, la ciudad de México aparece como un remanso de tranquilidad, como lo fue en vísperas de la segunda Guerra Mundial. Es por ello que a la ciudad de México llegan poetas y novelistas, protestantes disfrazados de católicos, huyendo de los campos de batalla de la Europa nórdica e incluso marranos para quienes el aire de España se ha vuelto irrespirable.

Los nuevos cristianos no son muchos pero su peso económico centuplica su influencia sobre la ciudad. La discreción que les impone la amenaza representada por la Inquisición no les impide prosperar entre dos autos de fe.

Los "flamencos" son súbditos de Felipe II y como tales logran embarcarse hacia México sin mucho trabajo. Algunos son católicos de verdad; otros, ex protestantes para quienes los atractivos de la América española son más poderosos que los riesgos de una denuncia al Santo Oficio.

Pero ¿la realidad local está a la altura de la imagen que se difunde? Exaltados desde Cortés por una propaganda ininterrumpida, oral, manuscrita e impresa, los méritos de la ciudad de México encuentran sin cesar plumas para describir la admiración, consolidar el renombre y enriquecer el mito. La ciudad de México, era de esperarse, está lejos de corresponder puntualmente a las expectativas de los viajeros. Ilusiones, sueños y esperanzas se enfrentan a la violencia y al desorden de una sociedad en gestación. Los que llegaron primero no son muy amables con los recién llegados, de quienes envidian el éxito o la rápida fortuna.

> Por lo que critican a su ciudad:
> Madrastra nos has sido rigurosa
> y dulce Madre pía a los extraños...[10]

Pero ya el "mito americano" está en marcha haciendo brillar, más allá del océano, los encantos de la "ciudad imperial y real".

UNA CIUDAD DE MÚLTIPLES ROSTROS

En las lindes del siglo XVII la ciudad de México alberga un vivero de escritores, músicos y artistas surgidos de los horizontes más diversos, y capaces de alimentar una producción suficientemente vivaz como para que los actores de talento no se sientan fuera de lugar. El trasplante de la cultura occidental ha hecho efecto. Menos de un siglo después de que los españoles la conquistaran, la antigua ciudad indígena ya merece ser considerada una de las capitales del Siglo de Oro español, a semejanza de Sevilla, Madrid o Valladolid.

Los extranjeros descubren en ella, como en cualquier otro lugar de la cristiandad católica, medios letrados dominados por el clero. La ciudad de México cuenta con una pléyade de cronistas eclesiásticos y, en-

---

[10] *Poetas novohispanos. Primer siglo (1521-1621),* editado por Alfonso Méndez Plancarte, México, UNAM, 1964, p. XLI.

tre ellos, dos historiadores franciscanos de primerísimo orden: Gerónimo de Mendieta y Juan de Torquemada. Este último pasa largos años en redactar su *Monarquía indiana,* una historia monumental centrada en México, América y Asia. La *Monarquía* tiene el honor de ser publicada en Sevilla en 1615. Los trabajos de estos frailes revelan el vigor de la investigación histórica en la capital mexicana. Gracias a los archivos de los conventos y a los recuerdos de los sobrevivientes, estos religiosos hacen un balance de la conquista española y enumeran las victorias de la cristiandad. No son los únicos.

Los últimos testigos del mundo prehispánico, los últimos conquistadores o sus descendientes también participan en la escritura de esta gran página de la historia de la ciudad. Es el caso de los círculos de historiadores mestizos e indios, casi siempre ligados a los claustros o a las capillas de la capital. Los indígenas pertenecen a la nobleza que antaño dirigió la ciudad y el valle de México. Vencida en 1521, esta clase mantuvo posiciones envidiables, pues los españoles necesitaban intermediarios respetados que estuvieran al tanto de los asuntos de México. Pero las transformaciones de la segunda mitad del siglo XVI precipitaron el declive político de ese círculo en el que se cultivaba la nostalgia del tiempo perdido y de las grandezas de antaño.

El historiador indígena Fernando Alvarado Tezozómoc es pariente de la familia de Moctezuma, uno de los últimos soberanos de México. Su obra refleja la dualidad de públicos y tradiciones en la ciudad de finales del siglo XVI. Alvarado Tezozómoc dejó dos crónicas, una en español y la otra en náhuatl, como si hubiera sentido la necesidad de dirigirse a la vez a sus congéneres y a los lectores europeos.

Las *Relaciones históricas* de Domingo de San Antón Muñón Chimalpahin descubren a otro autor de origen indio, protegido por los españoles e instalado en la comodidad de una capilla al sur de la ciudad, San Antonio Abad, ahí donde hoy estación de metro y cruce de avenidas no forman más que una intersección ruidosa y contaminada.[11] También en náhuatl, Chimalpahin redacta un diario que contiene la crónica detallada de la ciudad de México entre 1577 y 1615. Apartado de los cronistas nobles, pero obsesionado por el mismo pasado, Cristóbal del Castillo, historiador sin fortuna, consigna la historia de los antiguos mexicanos. Algunos otros continuaron pintando los últimos códices pictográficos, sin que la historia haya salvado sus nombres del olvido.

Algunos escritores mestizos compartieron esas curiosidades. Éstos explotan sus vínculos con el mundo español, la burocracia real y los archivos de sus ancestros indígenas, lo cual no implica que su defensa de la memoria india sea menos apasionada. Mestizo de segunda generación, don Fernando de Alva Ixtlilxóchitl nació hacia 1578. Lleva, al mismo tiempo, el nombre del príncipe indígena del que desciende en línea directa y el del "pacificador de Flandes", el duque de Alba, insigne servidor de la corona española. Poco inspirado en sus orígenes europeos, Alva Ixtlilxóchitl no

---

[11] Las *Relaciones* describen la historia de un señorío del sureste del valle de México —Chalco— desde sus orígenes hasta finales del siglo xvi.

El Zócalo. *Vista del Zócalo capitalino en 1880 y en la actualidad. (Foto inferior: José Ignacio González Manterola.)*

Portal de los mercaderes. *Actualmente en la parte superior se aloja el Hotel Majestic, frente al portal se encuentra el Palacio Nacional (Foto: José Ignacio Gonzáles Manterola.)*

El Templo Mayor. *Los vestigios de la cultura prehispánica mesoamericana junto a la monumental Catedral Metropolitana colonial del siglo* XVII.

Ruinas del Templo Mayor. *En 1978, el proyecto de rescate de las ruinas del Templo Mayor sacrifica los monumentos coloniales, y el antiguo edificio de Seminario es demolido.*

La Plaza de Santo Domingo. *En 1863 y hoy en día. Esta plaza es una de las mejores preservadas. La entrada del convento fue reconstruida en ocasión de los juegos olímpicos de 1968. A la izquierda se puede observar el Portal de los Evangelistas, donde diversos escribanos públicos ofrecen sus servicios. (Foto superior: José Ignacio González Manterola.)*

Santa Brígida. *A principios del siglo* XIX *y en 1933. Este santuario, único en la Nueva España, fue concebido en forma elíptica, obra de Luis Díez Navarro. En 1933 la iglesia fue demolida.*

El Centro. *Panorama general del centro de la ciudad,* ca. *1885 y
1990. (Foto inferior: José Ignacio González Manterola.)*

La Avenida 5 de Mayo. *En 1870, la avenida es cerrada por el pórtico del Teatro Principal, pero en 1905 desaparece el teatro y la avenida se prolonga hasta la Alameda. (Foto inferior: José Ignacio González Manterola.)*

deja de escribir y rescribir una especie de "contra-historia" de la ciudad de México, engrandeciendo el pasado de Texcoco, rival y aliada de la ciudad mexica. La defensa de las propiedades familiares, el orgullo de pertenecer a los más nobles linajes del país y la búsqueda febril de una identidad inspiran la mayoría de los trabajos de estos "mestizos de lujo".

Por su parte, los descendientes de los conquistadores, ante el escaso uso del arcabuz o la espada, tampoco despreciaron la pluma. Hijo de un mayordomo de Cortés, el poeta Francisco de Terrazas se vuelve famoso hasta en España, donde tiene la suerte de llamar la atención de Miguel de Cervantes, para quien este "Nuevo Apolo" es uno de los "espíritus soberanos" del Nuevo Mundo. Terrazas es el fundador de la poesía mexicana de filiación europea. A su muerte, en 1601, la ciudad de México pierde a un poeta petrarquizante, de refinada elegancia.

Siete años más tarde, la ciudad de México recuperó al joven Juan Ruiz de Alarcón, quien a los veinte años había partido a España para estudiar derecho. Ésta no logró conservarlo mucho tiempo, pero los empleos que consiguió en México no le impidieron preferir la Península, donde su producción dramática le aseguró una fama duradera. Ruiz de Alarcón es, sin duda alguna, la más insigne contribución de la ciudad de México y de América al Siglo de Oro español. En su obra *El semejante a sí mismo* quiso acordarse de "México, la celebrada cabeza del Indio Mundo"[12] y, a su vez, engrosar el número de aduladores de la ciudad.

[12] *Poetas novohispanos* (1964), p. LV.

Otros nombres enriquecen el final del siglo XVI: Fernando Córdoba y Bocanegra, poeta e intérprete de vihuela que rápidamente renunció a las cosas mundanas; Antonio de Saavedra Guzmán, autor del interminable *Peregrino indiano,* lectura indigesta para nuestro gusto, pero popular en la época y publicado en Madrid (1599).

En la ciudad barroca, la vida intelectual se cristalizaba alrededor de dos polos: el palacio hispanizante y la ciudad criolla. No hay nada de esto en la ciudad del siglo XVI. La fragmentación de los sectores, la movilidad de los hombres, la multiplicidad de los oficios no anuncian en absoluto la bipolaridad barroca. La Iglesia está dividida. Cada claustro, cada biblioteca conventual es una guarida de eruditos, de investigadores y de teólogos. Pero la ciudad de los monjes apenas si tolera a los curas y los canónigos de la Iglesia secular. Cada bando defiende a capa y espada sus prerrogativas. En cuanto a la enseñanza superior, está dividida entre la universidad y sus jóvenes rivales, los colegios jesuitas.

La conmoción de la experiencia americana se siente todavía por todos lados. El campo de la medicina se confronta con la experiencia de nuevos conocimientos y nuevas plantas. Para los médicos y los cirujanos, la tradición académica occidental es de rigor —Agustín Farfán publica un tratado de medicina y, antes de él, Alonso López de Hinojosos una *Summa y recopilación de Chirurgia*—,[13] pero no agota la curiosidad por los conocimientos indígenas y los curanderos. Los prac-

---

[13] Alonso López de Hinojosos, *Summa y recopilación de Chirurgia con un arte para sangrar muy útil y provechosa*, México, Antonio Ricar-

ticantes europeos saben que la medicina indígena puede resultar más eficaz que los remedios españoles y que constituye una rival respetable. Así pues, los médicos están en relación con los letrados indios. Estos últimos, en vista de que no pueden ser admitidos en los rangos de la Iglesia, constituyen un grupo aparte, tan distinto de la colonia germano-flamenca —ella misma escindida en dos por las evidentes razones religiosas— como de la colonia vasca, muy celosa de sus particularismos.

El círculo discreto de conversos —descendientes de judíos convertidos por la fuerza al catolicismo— permanece apartado de los antes mencionados por motivos que resulta superfluo recordar. "Al lado de quienes buscan conscientemente la asimilación al círculo cristiano y ofrecen los medios para lograrlo, están los otros, la mayoría, que se mueven en el espacio poco cómodo que separa la aceptación del rechazo, que adopta, según las circunstancias, comportamientos variables, a veces contradictorios, que improvisa constantemente un frágil equilibrio".[14]

ACTORES Y MÚSICOS

La capilla de la catedral de la ciudad de México dirigió una vida musical que trataba de marcar su originalidad

do, 1578; Agustín Farfán, *Tractado breve de medicina,* México, Pedro Ocharte, 1592.

[14] Stanley Hordes, *The Crypto-Jewish Community of New Spain, 1620-1649,* tesis de doctorado, Tulane, Tulane University, 1980; Seymour B. Liebmann, *The Jews in New Spain. Faith, Flame and the Inquisition,* Coral Gables, University of Miami Press, 1970; Alberro (1988), p. 204.

con respecto de la Península: se interpreta a Francisco Guerrero (1528-1599), a Tomás Luis de Victoria (1548-1611), pero se saben apreciar los himnos en náhuatl del compositor indígena don Francisco Hernández, que cantan a la Virgen en la lengua elegante y coloreada de los vencidos. Producciones discográficas recientes permiten que hoy se escuchen esas músicas tal y como resonaban en la catedral y en las iglesias de la ciudad a principios del siglo XVII.[15]

Entre misas y conciertos sacros, las justas poéticas movilizan periódicamente al mundo de los letrados y al de los aficionados. En ellas se reúnen varias centenas de candidatos, a falta de verdaderos poetas, y los laureados comparten los premios y el renombre pasajero vinculado a esos encuentros.

Desde esta época, el teatro ofrece otro punto de reunión. Como en Londres, donde Shakespeare se impone; como en Madrid, donde reinan Lope de Vega y Tirso de Molina, esta diversión empieza a tener una popularidad importante. A finales del siglo XVI el teatro empieza a volverse una costumbre. Según la usanza de la Península, hay carteles que anuncian las obras, indican el precio de los lugares y, a veces, confunden al espectador pues atribuyen a obras antiguas y muy vistas un título novedoso y seductor. El teatro no se representa solamente en los tablados de las calles, en los conventos o en las iglesias, en forma de espectáculos edificantes. A principios del siglo XVII, la ciudad de México cuenta con los corrales, dos salas al aire libre donde se presentan al menos dos compañías de actores. Dos "ca-

[15] *México. Misa de la Asunción de la Virgen.* Compañía Musical de las Américas. La Fenice. Dirección: Josep Cabré. AFAA K617.

sas de comedia" es una cifra modesta, comparada con las salas de Madrid o con los seis teatros construidos en Londres en 1600.[16] La ciudad de México no contaba más que con unos cuarenta mil españoles,[17] mientras que la ciudad de Shakespeare alojaba a más de doscientos veinte mil habitantes. Así, las proporciones europeas se respetan en la ciudad mexicana, a condición de excluir del número de espectadores potenciales a los habitantes de origen africano —unos cincuenta mil— e indígena —unos treinta mil—.[18] En la ciudad de México, el teatro es una diversión exclusiva de los estratos europeos y criollos, y tal vez de algunos sectores privilegiados de origen mestizo e indio.

En el repertorio predominan los autores castellanos como Lope de Vega y los arreglos que proponen las compañías. Es más, los empresarios se precian de "poner en público las más aventajadas obras que en toda España se hayan visto".[19] Uno de ellos aparece como un promotor excepcionalmente activo: con apenas veintiséis años, el poeta Arias de Villalobos escribe comedias, monta espectáculos y ofrece a la municipalidad producciones "para llevar", mediando respetables cantidades de dinero. Cuidadoso con la calidad del repertorio, preocupado por el precio de los lugares y por los carteles, Arias se mueve con el sentido práctico y el

[16] Ramón de Mesonero Ramos, *El antiguo Madrid*, Madrid, Don F. de P. Mellado, 1861, pp. 144-145.
[17] Gage (1676), i, p. 198, dice "entre treinta y cuarenta mil" españoles; Vázquez de Espinosa (1944), p. 118, calcula 15 000 vecinos, cifra que se debe, por lo menos, triplicar.
[18] Según Vázquez de Espinosa (1944), hacia 1620 la ciudad cuenta con 50 000 negros y mulatos.
[19] Schilling (1958), p. 164.

entusiasmo de aquellos que, como Balbuena y tantos otros, ven en la ciudad de México la ciudad del futuro.

En esta época, autores, actores y actrices son aún españoles de la Península. Entre los comediantes, celebridades como Gonzalo de Riancho —a ratos actor, director o decorador— atraen a los espectadores y logran imponer sus condiciones financieras a sus mecenas. Alonso Velázquez, Juan Corral *el Malagueño* y Marco Antonio Medrano se presentan con igual éxito. La vida de estos autores sigue siendo, a pesar de todo, precaria y agitada: su reducido número los hace indispensables y al mismo tiempo frágiles frente a la arbitrariedad de las autoridades, raramente dispuestas, y con razón, a permitirles dejar la Nueva España. Sus aventuras americanas no se limitaban a México. Después de algunos altercados con el virrey, el genovés Marco Antonio Ferrer y su mujer, Mariana de Valdés, tuvieron la suerte de llegar al puerto de Acapulco y embarcarse hacia Lima, la "Ciudad de los Reyes", donde la vida teatral era aún más dinámica. Un año antes, dos bailarines, Melchor de los Reyes Palacios y su hijo, tomaron la misma dirección.[20] Episodios de este tipo se repitieron hasta finales del siglo XVIII.

A veces, las representaciones se anulaban debido a la censura. Ésta no era, en principio, ejercida más que por las autoridades eclesiásticas y la Inquisición, pero el cabildo y el virrey tenían también voz y voto. Según la costumbre, antes de aparecer en público los actores presentaban la comedia en el ayuntamiento. Como durante esas presentaciones las piezas se sometían a la

[20] Schilling (1958), p. 94.

censura y corrían el riesgo de que sus días terminaran antes del estreno o de ser copiosamente modificadas, o que, en fin, el espectáculo fuera gratuito, eclesiásticos, notables, oficiales de la corona, amigos y relaciones atravesaban la plaza mayor para apresurarse a llegar al edificio del ayuntamiento. Durante algunos años, los ensayos incluso se hacían en las galerías y las salas de audiencia de la Inquisición. El mismo público se dirigía entonces hacia la plaza de Santo Domingo y se diseminaba en la sede del Santo Oficio, acostumbrado a sesiones más austeras. La afluencia de espectadores, las intervenciones de las actrices, los cantos, la música provocaban tal algarabía que los prisioneros de la Inquisición, recluidos en las prisiones secretas, terminaron por quejarse del trastorno "murmurando de los inquisidores".

El teatro profano convive con espectáculos espirituales en los que se insertan, mucho más suavemente, los préstamos a las tradiciones indígenas y africanas. La explotación del exotismo utilizada para la diversión y la edificación no data de la época barroca, más bien la precede. Así, desde 1620 un tocotín concluía un largo poema bucólico de Francisco Bramón consagrado a la Virgen. *Los sirgüeros de la Virgen* abren un gran espacio al color local, poniendo en escena a seis caciques y al *Reino mexicano,* "riquísimamente vestido con una tilma de plumería y oro costosamente guarnecida. Las demás ropas que sacaron, que fueron zaragüelles y cacles, estaban de rico oro bordadas. Llevaba, como los seis, en el brazo izquierdo un rico escudo con un vistoso plumero de muchas y diversas plumas que más realzaban el adorno de la persona". Los siete personajes se ponían a bailar un *netotilztle* que Bramón tradujo por mitote o tocotín: "Es danza que para relación o escrita no tiene gracia y donaire, que le comunican aquellos que diestramente deleitan en ella con sus agradables vueltas, reverencias, entradas, cruzados y paseos".[21] Los instrumentos son igualmente objeto de una minuciosa descripción. El teponaztle "que es de palo, y todo de una pieza, muy bien labrado, hueco y sin cuero ni pergamino por de fuera, con cierta hendedura o muesca por lo alto; tócase con palillos, aunque son los extremos delicados, por ser de algodón; de otro instrumento usan, que es mayor que éste, alto más que hasta la cinta, redondo, hueco, entallado por de fuera y pintado, en su boca tiene un ancho parche de cuero de venado, bien curtido y estirado, que apretado, sube, y flojo, abaja el tono; tócase con las manos, aunque con trabajo".

Esos "intermedios" se multiplican en las ceremonias de Corpus Christi. Comedias de circunstancia alternan entonces con danzas indias y africanas que, los empresarios lo saben, gustan al público mexicano. Virreyes tan familiarizados con las cosas de México como Luis de Velasco (1590-1595 y 1607-1611) insisten para obtener tal compañía de bailarines indígenas que aprecian más que las otras. Ello da a los espectáculos de México un aire abigarrado que sorprende al visitante e incita a los empresarios a formarse en el sutil arte de la "dosificación cultural", que se convirtió, en la ciudad barroca y luego en nuestras ciudades de fin de siglo, en un ingrediente obligado del espectáculo masivo.

[21] Francisco Bramón, *Los sirgüeros de la Virgen*, México, Imprenta Universitaria, 1943, p. 109.

¿Americana o extremadamente europea?

La ciudad manierista es el espejo de la diversidad. Es al menos bajo esa luz como el poeta Balbuena la percibe, él que, mejor que nadie, le ha tomado la medida:

Varias figuras, rostros y semblantes
de hombres varios, de varios pensamientos...
[...] Hombres y mujeres
de diversa color y profesiones, de vario estado y varios
    pareceres;
diferentes en lenguas y naciones,
en propósitos, fines y deseos
y aun a veces en leyes y opiniones
y todos por atajos y rodeos
en esta gran ciudad desaparecen
de gigantes volviéndose pigmeos...[22]

La diversidad de orígenes multiplica los mundos a los que cada quien hace referencia. El mestizo Alva Ixtlilxóchitl es texcocano antes que mexicano. El indio Chimalpahin clama su origen chalca. Heinrich Martin es alemán antes de ser americano. A pesar de los elogios que concede a la ciudad, Balbuena abandona su patria adoptiva para hacer carrera en su España natal, donde publica su novela *El siglo de oro* y su largo poema *El Bernardo*. El dramaturgo criollo Ruiz de Alarcón también prefiere seguir el llamado del Viejo Mundo. Pese al rencor y la aspereza de sus colegas peninsulares, el dramaturgo no dejará nunca más España. Otros criollos, como Felipe de Jesús, o peninsulares, atra-

[22] Balbuena (1990), pp. 64-65.

viesan el Pacífico y llegan a las Filipinas, Japón o China. En cuanto a los nuevos cristianos, tienen parientes por todos los continentes, relaciones con las costas de África, Lisboa, Amberes, Lima, Brasil, Filipinas, Goa e incluso Amsterdam. Vientos del este y del oeste se sustituyen en la ciudad mientras que, un siglo más tarde, Juana Inés de la Cruz no saldrá jamás de la ciudad de México. No más que Sigüenza y Góngora.

La ciudad manierista es, entonces, una encrucijada abierta a todos los vientos, más que un crisol en el que las identidades se funden. Pero, ¿es ya una metrópoli americana o solamente un puesto de avanzada del mundo occidental? Es indudablemente la capital política de la Nueva España, la sede de las autoridades del virreinato, de un arzobispado, de una poderosa municipalidad. Esta centralización política y económica se percibe aún más, puesto que las capitales europeas de la época están lejos de asumir un papel tan determinante. En 1600, el peso de París, comprometido en la Liga y en las guerras de religión, se ve disminuido; Amsterdam tiene aún el futuro delante de ella y Londres apenas empieza a afirmarse como hogar del poder y del conocimiento isabelino. Madrid es una joven capital, sin una tradición venerable. Finalmente, la ciudad de México se beneficia de una imagen excepcionalmente positiva, *Grandeza mexicana*... ¿Pero posee, en ese momento, una fisonomía propia que la distinga de las otras ciudades españolas o europeas?

La búsqueda de raíces en la conquista o en el pasado prehispánico es una preocupación que muchos comparten. La ciudad de México es igualmente una ciudad que se interroga sobre la diferencia, al pensar en el lenguaje y la comunicación, de la misma manera en que la época barroca y el cine en los años 1930 interrogarán a la imagen. Fuera del castellano, se habla no solamente el catalán, el vasco, el portugués, el flamenco, el alemán, el francés, el italiano, el hebreo, sino también las lenguas indígenas como el náhuatl, el otomí, el mixteco, el zapoteca y los dialectos asiáticos como el tagalo; una gran parte de la producción impresa en la Nueva España concierne a las lenguas y a la traducción. En 1607 el pintor vasco Baltasar de Echave publica un elogio a la lengua de su provincia que raya en la defensa incondicional: ésta era "la primera que se habló en España y en general en toda ella la (han) olvidado sus naturales y admitido otras extranjeras".[23] Durante años, diccionarios, gramáticas de las diferentes lenguas indígenas —mixteco, náhuatl, timicuano de Florida— ven la luz en las imprentas de la capital. La omnipresencia y el talento de intérpretes y traductores —entre ellos el mestizo Alva Ixtlilxóchitl, su hermano el cura Bartolomé de Alva, el astrólogo alemán Heinrich Martin, el franciscano español Torquemada...— proporcionan la resplandeciente demostración de sus preocupaciones lingüísticas.

Las relaciones entre lenguas, grupos y tradiciones no es, por cierto, únicamente una preocupación de las élites letradas. Es un reto cotidiano. En 1611, Pedro de Arenas publica con Heinrich Martin —ingeniero, impresor e intérprete— un manual de conversación español-náhuatl que ofrecía una práctica solución ante las situaciones surgidas del contacto cotidiano con la

---

[23] Tovar de Teresa (1988), i, p. 49.

población indígena. ¿Qué decirle a un criado que mandamos al mercado, a un artesano que trabaja en la casa? ¿Cómo informarse sobre el clima que hará, sobre el estado del cielo? Lejos de ser un objeto de exotismo, como en plena época barroca, o de rechazo como en el Siglo de las Luces, el mundo indio es una realidad con la cual aún hay que enfrentarse todos los días, con la cual hay que convivir.

EL INJERTO OCCIDENTAL

La ciudad manierista también es, en un sentido más banal, una urbe en construcción. La reedificación de la catedral de la ciudad de México es uno de esos eternos proyectos que terminan por formar parte del paisaje urbano. Los arquitectos Diego de Aguilera y Andrés de Concha continúan el proyecto iniciado en 1573 por Claudio de Arciniega antes de que tomara, después de 1630, un giro decididamente clasicista. A principios del siglo XVII, el cielo de la ciudad todavía es pobre en cúpulas. En cambio, los revestimientos de madera proliferan: cubren techos extraordinariamente trabajados con hojas de oro, siguiendo la tradición hispano-morisca del arte mudéjar. El efecto es sorprendente. Los versos de los poetas cantan los "cielos estrellados", los "lazos de oro y jaspeados, galanos, brillantes". En realidad, la elección de los estilos tiene que tomar en cuenta las condiciones naturales. La ligereza de los revestimientos se adapta maravillosamente a un sitio lacustre de suelo poco resistente. Todos los arquitectos de esta época deben saber trabajar la piedra de cantera

220

igual de bien que las estructuras de madera. Gracias a ellos, la ciudad adquiere una monumentalidad que la coloca entre las grandes metrópolis occidentales.

La fisonomía de la ciudad, tal y como se impone a finales del siglo XVI, es el resultado de la intervención de un español de Burgos que pasó por Madrid, Claudio de Arciniega. Cuando él muere en 1593, la ciudad de México pierde a su primer gran arquitecto, quien mereció, además, el título insigne de gran maestro de obra de la Nueva España (1578). En este sentido, la ciudad de finales del siglo XVI es la ciudad de Arciniega, como a mediados del siglo XX será la de Luis Barragán y Pedro Ramírez Vázquez. Por cierto, existen entre ellos, más allá de los siglos, varios puntos en común: la pureza de las líneas, la sobriedad de los volúmenes. A diferencia de sus lejanos sucesores, Claudio de Arciniega no logró imponer el purismo que quería introducir y se esforzó por adaptarse a los gustos del momento y de los mecenas. De ahí sus concesiones a la ornamentación plateresca, su eclecticismo abierto a las formas ojivales y a los techos artesonados de tipo mudéjar. Debemos a Arciniega la concepción de la segunda catedral y su reconstrucción, al igual que la erección de las iglesias de San Agustín y Santo Domingo, la realización de trabajos importantes en el convento de San Francisco y el Hospital Real de los Naturales. Ya se trate de puentes, del abastecimiento de agua potable para la capital, de la remodelación del palacio real y de las cárceles, hay pocos dominios en los que Arciniega no haya dejado su marca.[24]

[24] Manuel Toussaint, *Claudio de Arciniega, arquitecto de la Nueva España*, México, UNAM, 1981.

La confección de una ciudad occidental requería pintores capaces de introducir los estilos y las modas del Renacimiento. Desde el primer tercio del siglo XVII, la ciudad de México disponía, si no de una escuela de pintura de personalidad afirmada, al menos de una corporación rica en figuras interesantes. En esta época, Luis Juárez, Baltasar de Echave Ibía —autor del notable retrato de mujer de la Pinacoteca Virreinal de San Diego— y Alonso López de Herrera, de brillante cromatismo, más cercano a la pintura flamenca que a los maestros italianos, dominaban la escena mexicana. No obstante, éstos ya son los representantes de la cuarta generación de pintores de la ciudad de México, formada en los talleres de Baltasar de Echave Orio y de Alonso Vázquez. Este último era uno de los artistas sevillanos más sobresalientes cuando se fue a la Nueva España con la corte del virrey, el marqués de Montesclaros (1603-1607). Sus obras adornaron la capilla del palacio real, la de la universidad y la iglesia del Hospital de Jesús. Su resplandor reforzó el triple sello —andaluz, flamenco y más indirectamente italiano— que distinguió los balbuceos de la pintura en la Nueva España.[25] La llegada de Vázquez en 1603 y luego la de López de Herrera cinco años más tarde, contribuyeron a esa constante renovación de talentos, de la cual se alimentó la ciudad manierista.

Si a partir de 1600 los pintores venidos de ultramar debían tomar en cuenta el desarrollo de un medio propiamente mexicano, las dos generaciones de europeos que les habían precedido reinaron por completo sobre

[25] Tovar de Teresa (1992), p. 130.

la segunda mitad del siglo XVI. Fueron flamencos, como Simon Pereyns, toledanos como Francisco Morales, sevillanos como Andrés de Concha. A través de ellos, la pintura europea —andaluza en la tradición de Luis Vargas, nórdica en la de Franz Floris y Martin de Vos— echó raíz en la ciudad de México. Todos ellos abrieron camino a la invasión del estilo manierista en sus variantes amberina y andaluza.

LOS LÍMITES DEL MANIERISMO

El eclecticismo marcó a la ciudad de México al multiplicar los círculos y los grupos, al dejar que las formas se bifurcaran, siguieran caminos paralelos o abrazaran corrientes tan distintas como el purismo de Arciniega o la exuberancia ornamental del plateresco y del manierismo nórdico. La ciudad de antes del barroco cultivó pasados múltiples, contradictorios y *a priori* incompatibles: españoles, criollos, mestizos, indios, judíos, que la ciudad no trataba aún de unificar. Por esta razón, la ciudad de los años 1570-1630 fue uno de los últimos bastiones del Renacimiento europeo.

Pero la apertura del mundo occidental tiene sus límites, ya por las normas que impone o, más implícitamente, por las trampas que tiende. Desde principios de este periodo —bajo el reinado de Felipe II— la ciudad de México tuvo que acoger a una serie de instituciones que deberían controlar el espíritu persiguiendo la herejía, retocando la forma y el contenido de la enseñanza, recordando los derechos de una ortodoxia puntillosa. En 1571, la instalación del Santo Oficio inaugura una etapa decisiva para la "normalización" del país: la Nueva España tendría, en lo sucesivo, los medios para eliminar a sus disidentes, aunque la extirpación tomara tiempo. No es tampoco un azar que el brusco freno a la investigación sobre las sociedades prehispánicas y, en particular, la confiscación de los manuscritos del franciscano Sahagún, sucedan en los años 1570. En la misma época, el establecimiento de los jesuitas coloca los cimientos de otra normalización, intelectual y católica, que sigue los preceptos establecidos por el concilio de Trento.[26]

Así, mientras que la ciudad mezcla mestizajes intelectuales, eclecticismo y cosmopolitismo, la ofensiva de la Contrarreforma prepara las condiciones para retomar las riendas y, a mediano término, para el surgimiento de un orden barroco. Como signo de los tiempos, en los años 1630 dos enemigos irreductibles, el alemán Martin y el holandés Boot caían en desgracia bajo el pretexto, entre otros, de que eran extranjeros.[27] La ciudad de México manifestaba esa xenofobia intermitente que incomoda aún en nuestros días.

Otras presiones más insidiosas contribuyeron también a homogeneizar las mentalidades. Trampas de la integración o ardides de la occidentalización, ¿podía la ciudad occidental tolerar las creaciones específicamente indígenas o mestizas? De hecho, al integrar a "escritores" indígenas y mestizos, la era manierista consagra la muerte de la alternativa indígena. A fuerza de occidentalizar el patrimonio prehispánico —o lo que

[26] Alberro (1988); Juan Sánchez Baquero, *Fundación de la Compañía de Jesús en Nueva España, 1571-1580*, México, Patria, 1945.
[27] Musset (1992), pp. 199-200.

subsistía de él—, de privilegiar la escritura alfabética y la retórica europea, los escritores indios y mestizos pasaron definitivamente al "campo occidental". Su mestizaje, forzado o calculado —escribir como europeos para ser escuchados por los españoles— los arrebató del mundo indígena y los ganó para la literatura hispánica. El atraso político de las élites indígenas, la explotación y, sobre todo, el derrumbe demográfico de la población india hicieron el resto, privando a las élites intelectuales indígenas y europeas de cualquier soporte político y social. No es entonces sorprendente que la decoración de la ciudad manierista haya conjugado en todos los tonos la influencia de Europa, reduciendo la intervención india a la traducción de las órdenes de arquitectos y decoradores. Tampoco es sorprendente que los artistas del Viejo Mundo hayan desembarcado en la ciudad de México no sólo como en tierra conquistada, sino como si fuera un teatro vacío donde todo, o casi todo, había que inventarlo.

VI. EL RENACIMIENTO IMPORTADO

COMO TANTOS OTROS PERIODOS HÍBRIDOS, tan abundantes en promesas y posibilidades que desafían el análisis del historiador, el medio siglo que aún nos separa de la conquista es difícil de aprehender. ¿Qué hay que retener de esta primera época? En ese tiempo, México-Tenochtitlan era una ciudad doble como no lo volverá a ser nunca más. Una ciudad india, aún impresionante por su tamaño y sus actividades, pero también una ciudad del Renacimiento que busca, por todos los medios, proclamarse como tal.

En 1559, las exequias del emperador Carlos V señalan el apogeo del Renacimiento en la ciudad de México. Constituyó una de las manifestaciones más grandiosas de la historia de la ciudad. Un año después de la desaparición del "César" —desfase que se debió a la distancia—, las autoridades mandaron levantar un suntuoso catafalco en el patio de la capilla franciscana de San José de los Naturales en honor del difunto soberano. Los habitantes de la ciudad colonial y del valle vinieron en masa a observar los trabajos antes de rendir un último homenaje a su monarca desaparecido. La ciudad de México pudo enorgullecerse de ser una ciudad imperial, a la altura del suceso. Por primera vez, la ciudad compartía un duelo real con la metrópoli. Este ensayo general fue también un acto magistral puesto que no menos de cuarenta mil personas asistieron a las exequias.[1]

La sublimación póstuma del vínculo con el lejano monarca, figura casi de fábula, invisible para siempre pero presente todo el tiempo, convocó a todas las artes del Renacimiento: música, arquitectura, pintura, imprenta, grabado. Un libro publicado en la ciudad fijó el recuerdo oportunamente: *Túmulo imperial de la Gran Ciudad de México* (1560). El texto era del humanista Cervantes de Salazar. La confección de la obra dio al impresor Antonio de Espinosa la ocasión de desplegar su pericia de grabador y tipógrafo. En el libro, un grabado nos muestra el catafalco renacentista imaginado y realizado por Claudio de Arciniega. El estilo del arquitecto se expresa sin tensión en este "túmulo imperial". Es un auténtico manifiesto purista, que se alimenta de los principios de un Renacimiento impregnado de clasicismo, cuya extrema elegancia modera la sobriedad.

La música iba al unísono. Durante las exequias, músicos y cantantes interpretaban el réquiem de Cristóbal de Morales, entonces famoso en la España de su tiempo. Según Cervantes de Salazar, la interpretación del *Parce mihi, Domine* encantó a la asistencia.[2]

Dispuestos alrededor del catafalco, cuadros desbordantes de alusiones mitológicas celebraban los grandes momentos de la conquista de México y el poder inigualable del emperador Carlos V.[3] Ahí se distinguían

---

[1] Joaquín García Icazbalceta, *Biblioteca mexicana del siglo XVI*, México, FCE, 1954, p. 164.

[2] *Ibid.*, p. 162 : "Se dijo el *Parce mihi, Domine,* de canto de órgano, compuesto de Morales, que dió grand contento oírle".

[3] Francisco Cervantes de Salazar, *Túmulo imperial de la Gran Ciu-*

los príncipes indígenas, Moctezuma y Atahualpa, vencidos y arrodillados, simbolizando la anexión de México y de Perú a la corona de Castilla. Pero la presencia indígena no se limitó a siluetas dispersas en pinturas de circunstancia. Es probable que los nobles indígenas de la ciudad desfilaran y bailaran al son de los tambores, teponaztles, vestidos con calzas blancas de pieles de animales y de grandes arreglos de plumas multicolores, mientras que los altos dignatarios enarbolaban la diadema y la capa *tilmatli*.[4] Indígena era la muchedumbre que se apretaba en el patio de la capilla, donde treinta años antes los misioneros franciscanos enseñaban los primeros rudimentos de cristianismo. Igualmente indios eran los artesanos, los carpinteros, una parte de los pintores, una parte de los cantantes y los músicos...

La ciudad del Renacimiento era una ciudad doble, a la vez india y española. Doble por estar escindida en dos por la conquista europea, pero también porque ahí subsistía, a pesar de todo, una alternativa indígena al modelo hispánico y europeo.

UN RENACIMIENTO IMPORTADO

Cuando a mediados del siglo XVI el virrey Luis de Velasco padre recibe al arquitecto Arciniega en la ciudad de México, ya existe una primera ciudad española que

---

dad de México, México, Antonio de Espinosa, 1560; Francisco de la Maza, "Las piras funerarias en la historia y el arte de México", *Boletín del IIE*, UNAM, 1946, pp. 29-35.

[4] *Anales de Tlatelolco. Unos anales históricos de la nación mexicana* y *Códice Tlatelolco*, México, Rafael Porrúa, 1980, pp. 120-121.

no pasa inadvertida. La regularidad del trazado impresiona al mercader inglés Robert Thomson: "Las calles de la ciudad de México son muy anchas y rectas, de manera que quien está en la plaza mayor al extremo de una calle, registra con la vista una buena milla por lo menos". La gestión de esta ciudad no debe ser cosa sencilla, pues cuenta con al menos cien mil habitantes, aunque hay fuentes que le atribuyen doscientos e incluso trescientos mil hacia 1555.[5] La ciudad de México no es, entonces, una aglomeración cualquiera; es cuantitativamente la primera ciudad europea de América y, vista desde el Viejo Mundo, está más poblada que Sevilla, Lisboa o Roma. Robert Thomson confirma ese sentimiento: "Lleva trazas de ser con el tiempo la ciudad más populosa del mundo".[6]

A mediados del siglo XVI, a una generación de la conquista, la ciudad posee ya sus admiradores y aficionados. Uno de los primeros profesores de la Universidad de la ciudad de México, Francisco Cervantes de Salazar, se cuenta entre ellos. En sus *Diálogos,* nos pasea de un extremo al otro de la ciudad, expresando sin reservas el orgullo que siente de vivir en México-Tenochtitlan. Aun siendo Cervantes de Salazar originario de la espléndida ciudad de Toledo, se encuentra, de golpe, conquistado por la capital mexicana.

La trayectoria de este letrado del Renacimiento, uno de los primeros en dejarse seducir por la ciudad de México, es poco común. Llega a la Nueva España a la edad de treinta y siete años, trayendo como equipa-

[5] Porras Muñoz (1982), p. 114.
[6] *Relaciones de varios viajeros ingleses en la ciudad de México,* Madrid, Porrúa-Turanzas, 1963, p. 29.

je un puñado de publicaciones, alguna experiencia como latinista y como maestro en la modesta universidad de Osuna y, sobre todo, tiene un riquísimo primo instalado en la ciudad, Alonso de Villaseca. Éste lo alberga durante los primeros años de su estancia y le abre su red de relaciones con los funcionarios de la corona y los poderosos del país. La fortuna de Villaseca, calculada en un millón de pesos —minas de plata, tierras, comercio de cacao— permite a Cervantes llevar una vida sin preocupaciones materiales y gastar al menos seis veces su salario de profesor. ¡Feliz Nuevo Mundo! La carrera de nuestro humanista se logró tan bien que lo llevó dos veces a la rectoría de la universidad. En cualquier caso, su historia nos revela la colaboración de las fortunas locales con la difusión del latín, el desarrollo del humanismo y el establecimiento de la universidad. Desde mediados del siglo XVI, el mundo del dinero y el de las letras van de la mano en el continente americano.

Impresos en 1554, los *Diálogos* de Cervantes de Salazar, no hace falta decirlo, están redactados en latín, única lengua internacional capaz de dar a conocer al mundo "la grandeza y majestad" de México-Tenochtitlan. Estas conversaciones se desarrollan entre un habitante de la ciudad y un español recién llegado. En ellas se ofrece la primera descripción "turística" de la ciudad y de sus alrededores. El tono es tan ensalzador como los versos manieristas de Bernardo de Balbuena o la prosa ilustrada de Alejandro de Humboldt. La ciudad de México era la capital del Nuevo Mundo antes de la conquista española y sigue siéndolo después. Según Cervantes, la ciudad resiste sin problemas la confrontación con Europa: ¿acaso no era su plaza mayor más grande que todas las del Viejo Mundo?

Desde mediados del siglo XVI vemos que el paralelo con Europa ha comenzado a obsesionar a los letrados de la ciudad, tanto en el registro de las ambiciones intelectuales como en el de la calidad del urbanismo y la arquitectura. Tomemos la Academia Mexicana, es decir, la joven universidad. A Cervantes de Salazar le resulta imposible negar la inferioridad inicial: "Esta academia vuestra, fundada en región antes inculta y bárbara, apenas nace". Pero vemos que esta desventaja es rápidamente compensada con la esperanza de un radiante futuro: "Lleva ya tales principios que muy pronto hará, según creo, que si la Nueva España ha sido célebre hasta aquí entre las demás naciones por la abundancia de plata, lo sea en lo sucesivo por la multitud de sabios". Desde esta época se esboza, bajo su pluma, lo que se convirtió en el programa de la Ilustración y de los liberales del siglo: "Los que enseñan tan lejos de su patria como los que estudian en medio de los placeres y de la opulencia de sus familiares [deben honrarse] por haber de ser los primeros que con la luz de la sabiduría disipen las tinieblas de la ignorancia que oscurecían este Nuevo Mundo".[7]

Durante un paseo en la ciudad, uno de los personajes de Cervantes confía a su interlocutor:

¡Dios mío!, qué espectáculo descubro desde aquí; tan grato a los ojos y al ánimo, y tan hermosamente variado, que con toda razón me atrevo a afirmar que ambos mundos se hallan aquí reducidos y comprendidos, y que puede de-

[7] Cervantes de Salazar (1985), pp. 321, 43, 23.

cirse de México lo que los griegos dicen del hombre, llamándole *Microcosmos,* o mundo pequeño. Está la ciudad toda asentada en un lugar plano y amplísimo, sin que nada la oculte a la vista por ningún lado. Los soberbios y elevados edificios de los españoles, que ocupan una gran parte del terreno, y se ennoblecen con altísimas torres y excelsos templos, están por todas partes ceñidos y rodeados por las casas de los indios, humildes y colocadas sin orden alguno, que hacen veces de suburbios, entre las que también sobresalen iglesias de tan magnífica construcción como las otras. Y es tanto el terreno que ocupan las habitaciones de los Indios que no es asequible cerrarle con muros. Más lejos rodean la ciudad lomas, collados y montes de desigual altura, unos naturalmente selvosos y de abundante madera, otros cultivados y fertilísimos. En todos se ven muchas haciendas que embellecen admirablemente la ciudad y los campos circunvecinos.[8]

Con el advenimiento del virrey Antonio de Mendoza (1535), la ciudad de México, la ciudad sin muralla, se dotó también de un embrión de corte europea. Ésta fue originalmente una modesta réplica de su homóloga castellana, demasiado reducida para imitar su etiqueta y sus fastos. En 1539, el banquete ofrecido por el virrey celebraba de manera escandalosa los inicios de esta institución. Estos ágapes rivalizaban en lujo con aquellos que Cortés ofrecía en sus últimos momentos de gloria. Pero aún es muy pronto para que la corte de los virreyes pueda constituirse como el principal representante de la España aristocrática.

[8] Cervantes de Salazar (1985), pp. 138-139.

Desde los años 1550, la ciudad de México tiene la posibilidad de rivalizar con las ciudades de España y de Europa. En 1553, el virrey Luis de Velasco inaugura la universidad, que casi será la primera de América y anterior a la de Lima. En ella se propaga el conocimiento europeo del Renacimiento y de la Edad Media sobre una parte del continente. La cédula de fundación tiene por modelo a la prestigiosa universidad de Salamanca y, al menos en sus orígenes, está indistintamente abierta a los "naturales" —es decir a los indios— y a los españoles.[9] Los primeros cursos se impartían en la antigua residencia de doña Catalina de Montejo, antes de que se acondicionaran otros locales más espaciosos. Hasta la creación de la Ciudad Universitaria, a mediados del siglo xx, la universidad no dejó nunca el corazón de la ciudad.

Otras creaciones precedieron la apertura de la universidad. Catorce años antes, en 1539, la ciudad recibe su primera imprenta. El obispo de la ciudad de México —aún no tenía el título de arzobispo—, el vasco Juan de Zumárraga, y el primer virrey, Antonio de Mendoza, estimaron que a una ciudad como aquélla no podía faltarle un impresor ni una imprenta. Pero razones más prosaicas apresuraron la instalación de una prensa y de una librería. Unos importantes impresores de Sevilla, los Cromberger, como muchos hombres de negocios andaluces, habían invertido capital en la Nueva España. Para vigilar sus haciendas y sus minas de plata, los

[9] Rubio Mañé (1983), iv, p. 239; Vicente T. Mendoza, *Vida y costumbres de la universidad de México,* México, unam, iie; 1951.

Cromberger decidieron abrir una sucursal en la ciudad de México, hacia donde enviaron material, mano de obra y librería. Estos impresores colocaron a la cabeza de la empresa a un italiano, Juan Pablos, "componedor de letra de molde", quien se estableció en la ciudad a finales del año 1539. Pablos se alojaba en la Casa de las Campanas, en la esquina de las calles de Moneda y de Licenciado Verdad, e inmediatamente se puso a trabajar editando un catecismo destinado a los indios. Varios volúmenes salieron de esta imprenta en los años 1540, primero a cuentagotas —dos títulos por año—, a precios elevados y tiraje limitado. Eran libros píos con excepción de una obra que trataba de un terremoto en Guatemala. Como la librería detentaba también el privilegio de importar libros europeos, su monopolio era absoluto. En 1544, Juan Pablos publicó su primer libro ilustrado: se trataba de una traducción en castellano del *Tripartite* de Jean Gerson, teólogo francés de finales de la Edad Media. Fue también la primera obra de origen francés impresa en suelo americano. Cuando las imprentas no producían libros, tampoco descansaban: se fabricaban juegos de cartas, muy apreciados por la población española.[10]

El monopolio de Juan Pablos terminó a finales de los años 1550: un nuevo impresor, Antonio de Espinosa, vinculado desde hacía poco tiempo a Hernán Cortés, se instaló en la calle de San Agustín, cerca de la iglesia del mismo nombre. Espinosa no se contentó con introducir una sana competencia; también se esforzó en modernizar la tipografía al utilizar caracteres

[10] Eduardo F. Araujo, *Primeros impresores e impresos en Nueva España*, México, Porrúa, 1969.

de tipo italiano. El medio empezaba a tomar cuerpo y a renovarse. Una década después, un joven negociante de Ruán, Pierre Ochart, sucedió a Juan Pablos, con cuya hija, María, se había casado. Con Ochart el normando, el visitante francófono podía informarse útilmente sobre la ciudad y conocer el pequeño círculo de compatriotas, a quienes la Inquisición no tardó en investigar.[11]

Herencia indígena, utopía europea

El Renacimiento europeo desembarca en la ciudad de México en forma de libro y con la universidad. Pero su huella es mucho más profunda. El cuadro urbano de la ciudad colonial —hoy es el Centro Histórico— se fijó de una vez por todas en las dos primeras décadas que siguieron a la conquista gracias a dos hombres de talento.

El primer virrey de México, don Antonio de Mendoza, era un aristócrata cultivado, descendiente de una familia que había tenido cercanía con el Renacimiento italiano. Entre su equipaje y sus libros, el virrey traía un tratado de León Battista Alberti (1404-1472), gran teórico de la imagen, especialista en urbanismo y arquitectura de la Italia del Quattrocento. A lo largo de su obra, Alberti enunciaba las normas y los principios organizadores. La ciudad de México ofrecía el ejemplo ideal que habría entusiasmado al pensador italiano si hubiera vivido un siglo más tarde. A diferencia de la

---

[11] Ochart también publicó numerosas obras en lengua india: mixteca, huasteca, náhuatl (Alexandre A. M. Stols, *Pedro Ocharte, el tercer impresor mexicano*, México, UNAM, 1990).

235

vieja Europa, donde, a excepción de algunas poblaciones nuevas, las ciudades eran el resultado anárquico, confuso de siglos de titubeos, de proyectos abortados y de conmociones, la joven capital de la Nueva España proporcionaba un espacio privilegiado. Las nuevas ideas podían aplicarse sin obstáculos; nada obligaba a respetar las construcciones prehispánicas o el peso de alguna tradición. La ciudad de México fue, entonces, un prototipo renacentista que podía asemejarse a un *castrum romanum,* que se abre sobre grandes avenidas dispuestas regularmente. Esta singularidad rigió durante varios siglos el crecimiento de la ciudad y dio a las formas barrocas un molde perfectamente geométrico. Pensando en términos de larga duración, las preocupaciones urbanísticas del virrey aparecen hoy como la manifestación temprana de una interminable "modernización", proseguida por las obras de la Ilustración, por los grandes trabajos del liberalismo porfiriano y por las construcciones de la era posrevolucionaria.

Antonio de Mendoza no partía de la nada. Sus predecesores —los jueces de la segunda Audiencia (1531-1535)— le habían preparado el terreno. También tenía ante sus ojos el virrey un cuadro concebido y remodelado por Hernán Cortés. Poco después de la derrota de los indios, el conquistador decidió "poblar la ciudad" de españoles y repartió los lotes o solares destinados a iglesias, monasterios, edificios públicos y plazas.[12] Tomó entonces una resolución crucial, sorprendentemente moderna en el mundo del Renacimiento: la nueva posesión de la corona de Castilla tendría una "ca-

[12] Díaz del Castillo (1968), II, p. 80.

beza" y ésta ocuparía el lugar de la gran ciudad de los vencidos, aunque fuera un sitio lacustre, fácilmente inundable y manchado, como el que más, por siglos de idolatría.

Segunda resolución igualmente decisiva: desde 1552, Cortés confió al "geómetra" Alonso García Bravo la tarea de establecer el plano cuadriculado o traza de la ciudad. La herencia de la ciudad romana y de la bastida medieval, después de un primer ensayo concluyente en Santo Domingo, encontraba en México-Tenochtitlan un extraordinario campo para su aplicación.

Aunque el terreno no era virgen. La ciudad de los mexicas estaba en ruinas. Pero había tenido una aglomeración considerable y era una ciudad notablemente organizada cuya disposición y monumentalidad impresionaron a los invasores. La singularidad de la ciudad indígena creó ecos hasta del otro lado del océano. Un grabado realizado en Nuremberg e inspirado en un plano dibujado por Cortés llegó a manos del pintor Alberto Durero, quien creyó descubrir en él una de las versiones de la ciudad ideal. Hernán Cortés no fue insensible a este urbanismo prehispánico y sus ejes norte-sur, este-oeste, sus grandes calzadas y sus canales fueron integrados a la cuadrícula de la ciudad española.[13] Se pretende incluso que el conquistador hubiera preferido evitar la destrucción de las pirámides para guardar trazas de la antigua grandeza de la ciudad.

---

[13] Cuadrícula un poco más pequeña que la ciudad indígena: sus límites probables eran la avenida de San Juan de Letrán al oeste; las calles Colombia o Perú al norte; las calles Leona Vicario y la Santísima (o Jesús María) al oeste; y al sur, las calles de San Pablo y San Miguel (o José Ma. Izazaga).

En todo caso, fue una alianza urbanísticamente lo-
grada y al mismo tiempo una apropiación perfecta,
física y simbólica, de la ciudad indígena: el injerto cor-
tesiano va a ser definitivo. Ello no impide que nos deje
perplejos: ¿hay que maravillarse por la inteligencia del
proyecto o denunciar el imperialismo de esta "cara oscura" del Renacimiento, cuyos costos pagaron, por
todos lados, los indios de América?[14]

La nueva Jerusalén

En su descripción de la ciudad de México, Cervantes
de Salazar señala con minucia una experiencia sorprendente: "Un colegio donde los indios aprenden a
hablar y escribir en latín. Tienen un maestro de su
propia nación, llamado Antonio Valeriano, en nada
inferior a nuestros gramáticos, muy instruido en la fe
cristiana y aficionadísimo a la elocuencia".[15] De hecho, existían dos establecimientos que humanistas
como Tomás Moro o Rabelais hubieran visitado inmediatamente desde su llegada a la ciudad: el colegio
imperial de Santa Cruz de Tlatelolco —al que alude
Cervantes de Salazar— y la capilla de San José de los
Naturales.

El colegio de Santa Cruz constituyó una empresa
única que, por sí misma, justifica que se le otorgue a la

---

[14] Walter D. Mignolo, *The Darker Side of Renaissance,* Ann Arbor,
The University of Michigan Press, 1995; Edmundo O'Gorman, "Re-
flexiones sobre la distribución urbana de la ciudad", México, Cultura, 1938, pp. 16-20.
[15] Cervantes de Salazar (1982), pp. 106-107.

ciudad de México un lugar eminente en la historia del Renacimiento. Fundado bajo el patrocinio del virrey y del obispo, dirigido por franciscanos talentosos, este establecimiento de enseñanza superior impartía cursos de latín y de teología a alumnos indígenas reclutados entre la nobleza de la ciudad y de la región. El colegio era el equivalente de una universidad para la aristocracia indígena. Fundado con el objetivo expreso de formar a un clero autóctono, el colegio les daba acceso al conocimiento de Occidente, y no sin éxito. Las élites intelectuales indígenas de la ciudad y del valle se formaron en Santa Cruz durante unos cincuenta años. Traductores, latinistas, tipógrafos asimilaron tan bien las lecciones de los monjes que suscitaban su admiración. Al último, fueron los indios quienes se ocuparon de dirigir el colegio.

La capilla de San José de los Naturales es anterior al colegio de Santa Cruz. Construida a partir de los años 1520, la capilla propiamente dicha era el edificio principal de una enorme estructura dispuesta alrededor de un inmenso patio rodeado de talleres. Construida a partir de una yuxtaposición de siete naves, la iglesia se parecía a la catedral-mezquita de Córdoba. Sus dimensiones ambiciosas le permitieron recibir a las masas indias que asistían a misa y que escuchaban el catecismo. En la celebración de las solemnes exequias de Carlos V, el edificio demostró su capacidad de recibimiento en la ciudad renacentista.

Sin embargo, ahí no se ocupaban solamente de la salvación de almas. El establecimiento concretaba el proyecto de un franciscano flamenco, pariente del emperador Carlos V, Pedro de Gante, quien llegó con el primer contingente de evangelizadores. Pedro de Gante se preguntaba sobre la manera más eficaz de convertir al cristianismo a los millones de indios que poblaban México. Después de instalarse en Texcoco, en las cercanías de México-Tenochtitlan, el flamenco estableció su base en el corazón de la capital mexicana. Ahí estableció la capilla de San José para hacer de ella un centro de adiestramiento técnico destinado a enseñar a los indios los oficios que ignoraban: tanto las labores referentes al manejo del cuero y del fierro, la herrería y la música como la fabricación de instrumentos musicales y la pintura.

En este recinto franciscano, los indios descubrieron la imagen europea y las técnicas empleadas para su reproducción. Portadores de una tradición que ignoraba la tercera dimensión, pero que utilizaba virtuosamente los glifos y la policromía, los pintores, *tlacuilos*, observaban con atención y a menudo con fascinación las telas pintadas y los grabados que les mostraban los monjes. Estos muestrarios los pusieron en contacto con el arte de los Países Bajos y la producción hispano-flamenca. Así, durante los años 1530 la ciudad de México albergó uno de los grandes encuentros de la historia del arte y de las civilizaciones: el Renacimiento europeo y la pictografía indígena americana. Los intercambios entre los franciscanos y los artistas indios fueron tan cruciales como los que, en la misma ciudad pero cuatro siglos más tarde, se desarrollaron entre el cineasta Eisenstein y los muralistas. Los primeros fueron testigos de la difusión planetaria del arte occidental mientras que los segundos exploraron las relaciones de la imagen fija y del cinematógrafo. ¿Es posible aún escribir la historia de la imagen occidental sin pasar por la ciudad de México?

La creación y la iniciativa franciscanas reflejaban el entusiasmo de los primeros evangelizadores, para quienes la ciudad de México constituía la base y el terreno de pruebas de sus campañas misioneras. En los años 1530 y 1540, el optimismo predominaba. Los rápidos progresos de los indios hacían abrigar las más grandes esperanzas, entre ellas, la de verlos acceder al sacerdocio. La ciudad de México era una nueva Jerusalén, si damos crédito a los acentos proféticos del franciscano Motolinía:

> ¡Oh México, que tales montes te cercan y coronan! Ahora con razón volará tu fama, porque en ti resplandece la fe y evangelio de Jesucristo. Tú que antes eras maestra de pecados, ahora eres enseñadora de verdad; y tú que antes estabas en tinieblas y oscuridad, ahora das resplandor de doctrina y cristiandad [...] ¡Eras entonces una Babilonia, llena de confusiones y maldades; ahora eres otra Jerusalén, madre de provincias y reinos! ¡Oh México, si levantases los ojos a tus montes, de que está cercada, verías que son en tu ayuda y defensa más ángeles buenos que demonios fueron contra ti en otro tiempo, para te hacer caer en pecados y yerros.[16]

ATISBOS DE LA ETNOGRAFÍA

En la ciudad de México el Renacimiento europeo siguió caminos doblemente innovadores. No solamente

---

[16] Motolinía (1971), p. 201.

los monjes venidos de España y del resto de Europa se esforzaban en inventar e implementar medios para evangelizar rápidamente a los indios de México. También se interrogaban sobre las civilizaciones indígenas con las que tenían que convivir y a las que había que desmantelar. De tal manera que en los claustros y celdas de los conventos de la ciudad de México nació la etnografía —o por lo menos una actitud que prefigura lo que será la etnografía en el siglo XIX—: el estudio exhaustivo de los indios, la descripción de sus costumbres, de su pasado, de sus instituciones, apoyados en un paciente trabajo de campo, a menudo escalonado en decenas de años. Ciertamente se trataba de una mirada etnocéntrica, al servicio de ambiciones tan dominadoras como reduccionistas. Pero hoy en día, ¿acaso tiene la antropología una postura distinta, con sus disfraces mediáticos y humanitarios? En última instancia, los monjes se interesaban aún más en los indios puesto que podían ser aliados de peso en una ciudad mayoritariamente indígena.

Sin embargo, proselitismo y cálculos políticos no impidieron que franciscanos y dominicos avanzaran mucho en el universo que los rodeaba. La exploración de los valores de las sociedades indígenas llevó a más de uno a salirse del marco europeo en el que habían sido formados. Esa búsqueda los incitó también a familiarizarse con mundos tan inquietantes por sus prácticas —el sacrificio humano, la antropofagia, los alucinógenos— como por la aparente rigidez de su ética. El contacto cotidiano con informantes indígenas del más alto rango o el compromiso con una realidad tan abrumadora estuvieron a punto de hacer vacilar hasta a los religiosos más preparados. Los trabajos del franciscano Bernardino de Sahagún —quien compiló una enciclopedia del mundo indígena bajo el título de *Historia general de las cosas de la Nueva España*— son uno de los frutos de esta experiencia. El diccionario bilingüe castellano-náhuatl de fray Alonso de Molina es un monumento al conocimiento lingüístico que no será nunca más igualado. Esta obra proporciona a cada término español un equivalente en náhuatl y rebosa de neologismos nacidos de la colaboración entre Molina y su equipo indígena. No solamente monjes e indios pasaron su tiempo sumergidos en interminables discusiones sino que, con el fin de acumular palabras y aprender la lengua de sus fieles, los religiosos no dudaron en unirse a los juegos de los niños indios, de quienes se volvían, por algunas horas, sus atentos discípulos.[17]

Como la Goa de los portugueses, y posteriormente Nagasaki o Macao, la ciudad de México fue uno de los teatros del debate intelectual entre el Occidente del Renacimiento y el resto del mundo. Una situación cuyo significado se puede medir mejor ahora que la occidentalización ha invadido los cuatro rincones del mundo.

Una aristocracia al borde del colapso

El mundo indígena está presente en los mercados, las calles, las cocinas y hasta en los claustros de los monjes. Imposible describir la ciudad del Renacimiento ha-

---

[17] Gruzinski (1988); Bernand y Gruzinski (1991). Georges Baudot, *Utopie et histoire au Mexique. Les premiers chroniqueurs de la civilisation mexicaine (1520-1569)*, Tolosa, Privat, 1977.

ciendo abstracción de la población y de la sociedad indígena. La ciudad de México es en esta época una ciudad bicéfala en la teoría y la práctica, un poco a la manera en que Granada, la ciudad roja, yuxtaponía —en la Europa del siglo XVI— a dos sociedades, la de los vencedores cristianos y la de los musulmanes derrotados. Es evidente que la invasión española no logró borrar siglos de memoria india en algunos meses, menos aún transformar el modo de vida de una población cuya superioridad numérica seguía siendo aplastante. Algunas cifras aproximadas sugieren una idea de las proporciones: en el momento de la conquista, los indios son al menos doscientos mil, tal vez trescientos mil, frente a dos mil europeos; un siglo después no son más de ochenta mil, mientras que los españoles todavía no llegan a más de ocho o nueve mil.[18] La relación de uno a cien y luego de uno a diez revela que, aun vencida, sometida y diezmada, la ciudad de México es una ciudad indígena antes que española.

La Iglesia de los evangelizadores constituye indudablemente el vínculo entre las dos ciudades, la de españoles y la de indios. Su papel y sus responsabilidades de intermediarios son innegables. Pero ello no debe hacernos perder de vista que la ciudad india conserva su personalidad, su homogeneidad y sus élites.

En la ciudad de México y en el resto del país la victoria española trastornó el panorama político. Como para la burguesía porfiriana durante la Revolución o para la nobleza española después de la Independencia,

[18] Porras Muñoz (1982), p. 114. Cualquier tentativa de estimación de la población de la ciudad de México se enfrenta a datos poco precisos y contradictorios.

244

la ruleta había girado. La aristocracia indígena de la ciudad de México rápidamente se dio cuenta de que la sociedad colonial no se había concebido para servir a sus ambiciones, intereses o ideales. Quedaba la tregua que les aseguraba su posición de intermediarios obligatorios entre las masas de indios y los ocupantes. Era suficiente para que las autoridades tradicionales, la nobleza y los grandes mercaderes lucharan hombro con hombro contra el tiempo, buscando conservar parcelas de sus antiguos poderes. De ahí la apariencia, real y engañosa a la vez, de continuidad. A mediados del siglo xvi, las cortes indias vivían sus últimos momentos. Aliados, dependientes, servidores, esclavos indios, enviados, negociantes, compadres españoles, parientes mestizos y frailes de paso se apresuraban a ocupar los palacios que se habían salvado de las batallas.

El caos acarreado por la conquista despertó las ambiciones moderadas en el régimen precedente. El poder arrancado a la familia de Moctezuma estaba a disposición de quien lo tomara. Las rivalidades dividían a las grandes familias y los ajustes de cuentas las desgarraban de cuando en cuando. Algunas casas se apresuraron a tomar distancia de la antigua dinastía: los nobles de Tacuba, alrededor de don Antonio Cortés, gustaban de recordar que ellos no estaban sometidos a México y que sin su ayuda al momento de la conquista hubieran exterminado hasta al último de los conquistadores: "Cuando los españoles salieron de México heridos y desbaratados que avían muerto mas de la mitad dellos, si como aquí los recebimos de paz y les dimos comida les dieramos guerra no quedara hombre dellos y por este hecho los mexicanos fueron muy enojados contra nos". Pero estas luchas siguen estando envueltas por un manto impenetrable. Aun vencido, aun cristianizado e hispanizado, el universo indígena permanece opaco, a la vez porque respeta su ley de silencio y, sobre todo, porque obedece a móviles y reglas de un mundo desconocido para Occidente.

El bando indígena proespañol estaba representado por la mayoría de los descendientes de Moctezuma. Por más sorprendente que parezca, esta dinastía no dejó de reinar oficialmente sobre la ciudad indígena hasta 1565, casi medio siglo después de la conquista española. Hasta entonces se terminaron tres siglos de dominación casi ininterrumpida. En los años 1530, por razones tácticas y por respeto a un poderoso linaje, las autoridades españolas rehabilitaron a varios de sus miembros.[19] Un sobrino de Moctezuma, don Diego Huanitzin, y un nieto del soberano Tizoc (1481-1486) ocuparon el trono venido a menos. Pagados por las autoridades españolas, estos "gobernadores" siguieron una política hispanófila, excluyendo cualquier manifestación pública de mala voluntad y privilegiando la colaboración.

Otros aristócratas mantuvieron una actitud más reservada o más distante. Sin llegar a conspirar contra la dominación española, algunos expresaron sin rodeos su resentimiento. Es el caso de uno de los más eminentes miembros de la aristocracia, don Diego de Mendoza Austria Moctezuma. Éste poseía palacios en la ciudad y en los alrededores. Nieto del "emperador"

[19] Gibson (1964), p. 169.

Moctezuma, don Diego combatió al lado de los españoles en Nueva Galicia e incluso recibió de parte de Felipe II un blasón y una divisa. Pero no perdonó nunca a Cortés haber ejecutado a su padre, Cuauhtémoc, último soberano mexica.[20]

El palacio de la hija mayor de Moctezuma, la riquísima doña Isabel Tecuipochtzín, representaba otro punto de encuentro que los nobles seguían frecuentando con asiduidad. Su nacimiento, su belleza, sus relaciones y sus sucesivos matrimonios con conquistadores españoles hicieron de ella una de las damas más a la moda en el México posterior a la conquista. El bautizo de su primer hijo en 1531 fue un evento mundano que reunió a indios y españoles de la mejor sociedad bajo el padrinazgo del obispo Juan de Zumárraga.

Doña Isabel encarnaba el pasado prehispánico, el presente de la conquista y el futuro del mestizaje. La joven sabía que era hija de un hombre que había sido casi un dios; no olvidaba tampoco que había sido esposa de los dos últimos soberanos, Cuitláhuac y Cuauhtémoc, que luego había pasado a la cama de Cortés y que finalmente era la madre de varios hijos mestizos. Tuvo que aprender a comportarse como una gran señora española mientras que seguía estando rodeada del lujo y la veneración casi religiosa debida a la hija del gran Moctezuma: cuando salía a la calle, había esclavos que limpiaban el suelo que iba a pisar. Alrededor de doña Isabel se esbozó un modo de vida mixto que los otros nobles indígenas se esmeraron en copiar para acostumbrarse a vivir bajo el dominio del emperador Carlos.

[20] Guillermo Fernández de Recas, *Cacicazgos y nobiliario indígena de la Nueva España*, México, UNAM, 1961, p. 278.

Otras hijas de Moctezuma fueron dadas en matrimonio a españoles con quienes tuvieron hijos que después se integraron a las élites hispanas: conquistadores acomodados o ricos propietarios de minas. Estos incesantes contactos difundieron entre la aristocracia indígena costumbres y objetos europeos cuya posesión —a veces ruinosa— se convirtió en un nuevo signo de supremacía.

El vino de España era en ese entonces —y lo sigue siendo hoy— una bebida cara y apreciada. En esos palacios indios o en esas residencias españolas, los nobles aprendieron a mezclar la sonoridad de los instrumentos europeos con la música tradicional de las flautas y de los tambores teponaztles. Otros imitaban las danzas españolas que las damas indígenas descubrían del brazo de sus maridos o de sus amantes europeos. También contrataban pintores para copiar los grabados traídos de España o para hacer frescos sobre temas cristianos en los palacios indígenas. Por último, algunos aristócratas pudieron hablar con conocimiento de causa de la lejana España, siguiendo el ejemplo del único hijo de Moctezuma, Pedro Moctezuma, quien fue a visitar Madrid en 1540, para "besar la mano del emperador" Carlos V y exigir una pensión.

Artistas indígenas para la ciudad española

Si la ciudad indígena sobrevive políticamente a través de su aristocracia, también brilla gracias a sus artistas y a sus artesanos, ya que hasta mediados del siglo XVI la mayor parte de la producción de objetos de arte es especialidad de los vencidos. Ello se explica por la asimilación prácticamente inmediata de los procedimientos europeos así como por la existencia de una tradición india basada en siglos de experiencia y aprendizaje. Mucho antes de la invasión española, Mexico-Tenochtitlan poseía talleres de pintores, amantecas (oficiales de la pluma), orfebres, músicos, cantantes y bailarines experimentados.

Los españoles no dudan en visitar los talleres indígenas para admirar las obras que se están fabricando, para pedir alguna o adquirirla y, a veces, para enviarla a Europa. Sin que se le sospeche de indianofilia, el conquistador Bernal Díaz del Castillo reconoce el talento de los vencidos y su capacidad para adoptar las técnicas europeas: "Los plateros de oro y de plata, así de martillo como de vaciadizo, son muy extremados oficiales, y asimismo lapidarios y pintores, y los entalladores hacen tan primas obras con sus sutiles leznas de hierro, especialmente entallan esmeriles y dentro de ellos figurados todos los pasos de la santa pasión de Nuestro Señor Redentor y Salvador Jesucristo". Y tiene que admitir: "Si no las hubiese visto no pudiera creer que indios lo hacían".[21]

Los pintores indígenas también hacen maravillas. En su crónica, el conquistador nos deja tres nombres que provocan su admiración: Andrés de Aquino, Juan de la Cruz y *El Crespillo*. Díaz del Castillo se apresura a compararlos con los maestros europeos de su tiempo —Berruguete, Miguel Ángel— y juzga que la comparación favorece a los mexicanos. Es una pena que no po-

---

[21] Díaz del Castillo (1968), ii, p. 362.

damos dar los títulos de algunos lienzos que nos permitan apreciar el genio indígena. Desde esta época se inicia una necesidad irreprimible de equiparar el arte de Europa y el de América.

Los indios citados por Díaz del Castillo son los primeros pintores mexicanos conocidos de la era colonial. Junto con ellos, muchos otros recibieron una formación en los talleres de la capilla de San José de los Naturales, donde los monjes les mostraban modelos europeos que los indígenas imitaban con una virtuosidad sorprendente.

Los españoles que no pertenecían a la Iglesia expresaron su más vivo interés hacia estas obras. Fungieron como verdaderos mecenas de este Renacimiento indígena. El virrey Antonio de Mendoza le encargó al jefe del taller de pintores indígenas de México-Tenochtitlan un manuscrito de pinturas que describiera la vida de los antiguos mexicanos: el *Códice Mendocino* —conservado en Oxford—, cuyo contenido enciclopédico describe el mundo anterior a la conquista. Fruto de la colaboración de dos indios, un médico y un latinista, el *Libellus de medicinalibus herbis* nos ofrece otro ejemplo de este mecenazgo ávido de recoger el conocimiento indígena.

Los amantecas —u oficiales de la pluma— siguieron haciendo mosaicos de plumas multicolores que servían para decorar vestidos o escudos de exhibición. Bajo la dirección de los franciscanos, en los talleres de San José de los Naturales, los indios adaptaron esta técnica antigua a nuevos temas de inspiración cristiana, confeccionando mitras, ornamentos litúrgicos y cuadros religiosos. Expedida a Europa, una parte de esta producción se ofrecía a los príncipes y papas con el fin de mostrarles la habilidad de los artesanos indígenas.

La *Misa de San Gregorio* —que hoy está en el museo de Auch, Francia— nos ofrece un ejemplo de este arte. Elaborado en la ciudad de México en 1539 en honor del papa Pablo III, este mosaico de plumas representa un episodio famoso de la vida del papa Gregorio, a quien se le aparecieron milagrosamente Cristo y los símbolos de la Pasión durante la misa. La textura brillante de la pluma da vida a esta evocación cuyo fondo se pierde en un azul de luminosa intensidad. Formulada en un latín un poco torpe, la inscripción indica que el cuadro fue confeccionado bajo el gobierno de don Diego de Alvarado Huanitzin en la ciudad de México, *en* [sic] *magna indiarum urbe,* la "gran ciudad de las Indias". La fórmula no es gratuita: los artistas indios seguían considerándose súbditos de un señor mexica —en este caso don Diego, nieto de Moctezuma— aun cuando los españoles eran los dueños de la ciudad desde hacía veinte años.

En cuanto a los cantantes y músicos indígenas, eran el atractivo de misas y festividades españolas. El virrey Antonio de Mendoza cena escuchando "grandes músicas de cantares [...] y la trompetería y géneros de instrumentos, arpas, vihuelas, flautas, dulzainas, chirimías".[22] Una parte de los intérpretes son indios, a falta de suficientes instrumentistas europeos. En este terreno también la asimilación de técnicas europeas se revela singularmente rápida: los indios aprendieron a escribir música, a fabricar rabeles, chirimías, sacabu-

---

[22] Díaz del Castillo (1968), II, p. 314.

ches, vihuelas, guitarras; también se familiarizaron con el canto llano y la polifonía. Algunos se arriesgaron a componer obras musicales, cánticos, misas, magníficats y motetes. Pusieron en marcha ensambles de flautas que imitaban al órgano y luego empezaron a fabricar este complicado instrumento, al cual daban el nombre de *ehuatlapitzalhuehuetl*, es decir, "tambor-instrumento-de-viento-con-piel".[23]

Por último, sin la participación de los indios los espectáculos que dan vida a la plaza mayor de la ciudad de México en las primeras décadas que siguieron a la conquista serían irrealizables, aunque su concepción es de origen europeo y el impulso lo dan los monjes. Es el caso del *Juicio final* —interpretado por ochocientos actores en la capilla de San José—, de *La conquista de Rodas*, que representa casi a escala las peripecias de la guerra entre turcos y cristianos. Del *Juicio final*, representado en 1535, Bartolomé de Las Casas pudo escribir: "Fue cosa que si en Roma se hiciera, fuera sonada en el mundo". Para *La conquista de Rodas*, montada en 1539 para celebrar la tregua entre el rey de Francia y Carlos V, miles de artesanos indígenas transformaron la plaza mayor en un bosque con las más diversas esencias, habitado por una fauna salvaje, ruidosa por los gritos de pájaros encerrados en mantos disimulados en lo alto de los árboles. Una reconstitución de la ciudad de Rodas —grandes edificios como teatros postizos, altos como torres, con muchos apartamentos y divisiones— sustituía al decorado silvestre. Había actores que imitaban el combate entre turcos y cristianos. Hu-

[23] Lockhart (1992), p. 283.

bo incluso navíos con ruedas, con todas las velas abiertas, que atravesaban la plaza mayor. La mano de obra, los decoradores, las comparsas y una parte de los actores y los cantantes —más de mil intérpretes instruidos en el contrapunto— eran indios. Indios también eran los intérpretes de chirimías, sacabuches y dulzainas, trompetas y tambores que intervenían a lo largo de esta evocación a la Disney de la eterna cruzada contra el Islam. "Andaban sobre cincuenta mil hombres oficiales haciéndolos, y era cosa maravillosa ver el silencio que tenían, que no parecía sino un convento de frailes questaba en coro o en capítulo."[24]

La pompa de las fiestas barrocas y la participación de las masas indígenas en las ceremonias del siglo XVII tienen así su equivalente en la ciudad renacentista. Esta prefiguración funde las tradiciones de la España medieval con las celebraciones de la ciudad prehispánica, sin reducir la parte indígena a un añadido exótico. México-Tenochtitlan todavía es la ciudad de dos mundos.

LOS "VETERANOS DE GUERRA"

Al cabo de algunas reuniones en casa de los españoles de la ciudad de México, el visitante no habría escapado a la enésima evocación de la toma de la ciudad. En una sociedad hispánica que tiene por principal lectura las novelas de caballería, la conquista de México constituía un pasado a la vez candente, verídico y casi tan fabuloso como las hazañas de Orlando o de Amadís

[24] Bartolomé de Las Casas, *Apologética historia sumaria,* t. I, edición de E. O'Gorman, México, UNAM, 1967, p. 334.

de Gaula. El recuerdo de los combatientes caídos entre las manos de los indígenas —y por lo tanto "devorados" por éstos y luego "sepultados en el vientre de los indios"— obsesionaba la memoria de los sobrevivientes, tanto como el resentimiento en contra de aquellos que, sin haber participado en una sola batalla, ocupaban las primeras filas en la ciudad de México.

La ciudad del Renacimiento era en esa época una ciudad de "veteranos de guerra", o de españoles que se presentaban como tales. Los viejos conquistadores, sus hijos y sus nietos no hacían más que repetir las proezas realizadas y las angustias sufridas durante la conquista. Esta historia había trastornado sus vidas al elevarlos a una escena heroica y, al mismo tiempo, determinaba el presente y el futuro de todos ellos: la calidad de los servicios prestados les permitía solicitar los favores de la corona y recibir rentas, tierras, indios y empleos en la burocracia, a condición de no olvidarse nunca de la presencia del emperador.

Muchos nobles indios involucrados de cerca o de lejos en la conquista no se comportaron de manera muy distinta. Se jactaban de haber sido colaboradores desde el primer momento, para así obtener también los favores y protecciones indispensables en un régimen que los desposeía. Siendo los servicios prestados la llave para poder integrarse en el mundo hispano, estos caciques indios tenían que hacer llegar a España o a Bruselas detalladas relaciones de sus "méritos".

El recuerdo de la conquista era aún más pesado puesto que la sociedad laica, española e india, descansaba sobre el prestigio de la hazaña militar, fuente de nobleza y honor. Familias y linajes españoles se remontaban a los acontecimientos fundadores de 1519-1521, igual que en España se evocaban las guerras de Reconquista contra los musulmanes. Para muchos de ellos, Cortés a la cabeza, la vida antes de la conquista correspondía a un periodo mediocre, demasiado oscuro para ser recordado. Su entrada en la escena de la historia, del poder y del renombre comenzaba con la invasión de México y la toma de México-Tenochtitlan.

La residencia de Cortés en la ciudad de México fue uno de los puntos de reunión para estos soldados de reserva. En 1530, el conquistador regresó de Castilla con el título de marqués y una señora de alcurnia como nueva esposa. A partir de ese momento, se encontró a la cabeza de un gigantesco señorío que reunía algunas de las mejores tierras de la Nueva España. Pero el gobierno de la Nueva España se le escapó de las manos. Para él, gloria y frustración fueron de la mano. Su resentimiento se nutría de un creciente amor por "su" Nueva España, y su energía se agotaba en la rivalidad cotidiana con el virrey Antonio de Mendoza, nombrado en el lugar que le correspondía.

Cortés tuvo cuidado de redactar, casi día a día, su visión de la conquista en sus famosas cartas, las *Cartas de relación*. Pero prácticamente cada familia conservaba su versión de los hechos. Los conquistadores más preparados dejaron relaciones o crónicas a las cuales se referían los veteranos menos hábiles con la pluma. Fue el caso de Bernal Díaz del Castillo, quien partió a terminar sus días a Guatemala y redactó una impresionante *Historia verdadera de la conquista de la Nueva España*. "Los que no lo saben, ni vieron, ni entendieron, ni se hallaron en ello, en especial cosas de guerra y batallas, y tomas de ciudades ¿cómo lo pueden loar y escribir, sino solamente los capitanes y soldados que se hallaron en tales guerras juntamente con nosotros?".[25] Tal era el estado de ánimo de un grupo que se negaba a que su papel en la conquista de México y en la toma de México-Tenochtitlan fuera olvidado.

La caída de México

Para los indios de México-Tenochtitlan, es decir, los mexicas, la caída de la ciudad engendró un cortejo de imágenes mucho más agotadoras, ruinas humeantes, cadáveres en descomposición, aguas cenagosas y en-sangrentadas, epidemias, torturas, prisioneros desga-rrados por los perros, huidas enloquecidas hacia las ori-llas del lago a bordo de canoas cargadas de joyas y de estatuas preciosas... Los escritos indígenas posteriores a la conquista expresan crudamente la brutalidad del desgarramiento. Consignan la omnipresencia de la muerte en busca de víctimas hambrientas, heridas, en-loquecidas.

Para los vencedores, la caída de la ciudad fue el punto culminante de una epopeya en la que muchos de los suyos murieron, apartados para siempre del botín de la victoria. Antes de transformarse en éxito, la conquista de México había sido una aventura sin des-enlace previsible. Los episodios que desembocaron en la toma de la ciudad siguen siendo famosos. Se nece-sitaron tres expediciones españolas (1517-1519) para

[25] Díaz del Castillo (1968), ii, p. 337.

que los conquistadores pisaran suelo mexicano y se lanzaran a la conquista del país. Desembarcados en Veracruz en abril de 1519, las tropas de invasores empezaron a avanzar en julio y, después de varias peripecias, llegaron a la capital mexica en noviembre del mismo año. Fue aquélla la ocasión para un primer contacto entre los europeos y la ciudad indígena.[26]

La grandeza y la riqueza de la ciudad maravillaron a los invasores pero por largos meses la suerte de los españoles dependió de los indios. La incertidumbre dominaba las relaciones entre los dos campos. Los conquistadores codiciaban la riqueza vislumbrada, se sentían rebasados por el fasto de la corte de Moctezuma, pero desconfiaban de esos seres que practicaban el sacrificio humano con una regularidad y una convicción ante las cuales parecía no haber argumentos. Los mexicas no entendían ni la naturaleza, ni las intenciones, ni el comportamiento de sus visitantes: ¿se trataba de mercenarios de paso, de molestos embajadores o de una "quinta columna" anunciando siniestros acontecimientos y nuevas expediciones?

La coexistencia entre la pequeña tropa y los habitantes duró hasta el mes de mayo de 1520. Convertido en rehén de sus "visitantes", Moctezuma se enfrentó a una creciente oposición entre los suyos. Cuando Cortés dejó a sus hombres para dirigirse a la costa, el pánico poseyó a los españoles en la ciudad de México y organizaron una masacre preventiva, como era su costumbre en las islas del Caribe: reunidos en el patio del Templo Mayor en la fiesta de Tezcatlipoca, varias cen-

[26] Sobre este episodio, Bernard Grunberg, *Histoire de la conquête du Mexique,* París, L'Harmattan, 1995.

tenas de nobles indígenas cayeron mutilados, traspasados, decapitados por el acero de los conquistadores. La ruptura entre españoles y mexicas se había consumado. Primero a favor de los indios. Descontentos con las vacilaciones de Moctezuma, los adversarios del soberano atentaron contra su vida y pusieron todo en marcha para aplastar a los españoles.

Disminuidos por su inferioridad numérica y su profundo desconocimiento del terreno, los españoles buscaron la manera de huir del palacio donde se habían atrincherado. Lo lograron la noche del 3 de junio de 1520, bajo un aguacero. La historia guarda ese episodio con el nombre de *Noche triste*. Después de haber sufrido pérdidas considerables, los españoles y sus refuerzos indígenas reagruparon sus fuerzas en las orillas del lago y se refugiaron en Tlaxcala. ¿Se habían librado por fin los mexicas de los españoles? Ello equivalía a subestimar los estragos causados por las enfermedades traídas por los conquistadores. Era olvidar el peso de los aliados indígenas que ayudaron a los conquistadores.

Porque sería ilusorio imaginar, frente a los invasores españoles, un mundo indígena unido y monolítico. Indios y ciudades indígenas se unieron tempranamente a los conquistadores. Esas alianzas fueron decisivas. Es el caso de los indios de Tlaxcala, pero también el de una parte de nobles y tropas de Texcoco, ciudad vecina, no obstante vieja aliada de México-Tenochtitlan. Con tropas frescas, un aprovisionamiento asegurado e información de primera mano, Cortés inició el sitio de la ciudad. Durante tres meses, los combates no resultaron decisivos. Pero los españoles no soltaron prenda.

En mayo, los conquistadores lograron interrumpir el abastecimiento de agua dulce de la ciudad. El 13 de agosto de 1521, día de San Hipólito, la ciudad de México caía en manos de los conquistadores.

La conquista española rompió brutalmente el curso de la historia de la ciudad de México, precipitando la ciudad a la órbita occidental y llevándola a una metamorfosis que más tarde alcanzaría a la mayor parte del globo. Pero cualquiera que haya sido la fuerza de la hispanización y de la occidentalización que aquí iniciaron, la ciudad española —y la ciudad moderna después de aquélla— nunca dejó de ser, en lo más profundo de ella misma, una hija nacida de la guerra y de la derrota.

Segunda Parte

TENOCHTITLAN, CENTRO DEL UNIVERSO

VII. EL CENTRO DEL UNIVERSO

En 1520, con sus trescientos mil habitantes, la ciudad mexica era, probablemente, la ciudad más grande del mundo, antes que Constantinopla (doscientos cincuenta mil) y que París (doscientos mil).[1] Antes de someterla y destruirla, los conquistadores pudieron recorrerla y admirarla con toda tranquilidad. Las descripciones de Cortés o de Díaz del Castillo reflejan la sorpresa y la admiración suscitadas por el espectáculo de una ciudad que no era ni cristiana, ni judía, ni musulmana.

Al llegar a este momento, la memoria debería dejar de remontar el tiempo, o continuar haciéndolo en la Península Ibérica, explorando en Extremadura, Andalucía o Granada los orígenes de los españoles que concibieron y poblaron la ciudad colonial. Habría que seguir los primeros pasos de Antonio de Mendoza en la Alhambra de Granada o, años antes, dirigirnos a Medellín, ciudad natal de Cortés. Sin olvidar Gante, la lejana ciudad de Flandes de la cual es originario Pedro (Peter Moor), el futuro apóstol de los indios.

¿Indio o europeo? El pasado se bifurca. ¿Qué dirección tomar?

---

[1] Jean Delumeau, *La Civilisation de la Renaissance,* París, Arthaud, 1967, p. 293; Rojas (1986), pp. 85-92.

Penetrar en la ciudad prehispánica es, en gran medida, un espejismo. México-Tenochtitlan pertenece a otro universo —Mesoamérica—, a una región del mundo que nunca había tenido la más mínima relación con Europa. Todo era diferente: las creencias, los dioses, los comportamientos, la concepción del tiempo, la percepción del espacio. Pero también la manera de recordar, de pensar y escribir el pasado. Incluso la vida urbana y la noción misma de ciudad. La palabra náhuatl *altepetl,* que generalmente se traduce como ciudad-estado, significa literalmente "el agua, la montaña". Designa una realidad doble, que se compone de un territorio y de un núcleo urbanizado. En lugar de oponer —como hacemos nosotros— la ciudad al campo, los antiguos mexicanos concebían su entorno como una unidad más o menos vasta que combinaba lo urbano y lo campestre. Así, a la llegada de los españoles, México-Tenochtitlan constaba de cuatro grandes unidades, cada una constituida por cuatro subdivisiones (o *calpulli)* donde pueblo y campo coexistían. "La noción de una ciudad independiente del *altepetl* no entraba en el vocabulario como una palabra específica."[2]

Un *altepetl* no es una ciudad en el sentido europeo del término, aunque los franciscanos del siglo XVI traducen el vocablo indio por *pueblo* o *villa.* Así, las palabras nos traicionan sin cesar, las fuentes nos abandonan o rehúsan responder a nuestra curiosidad. Todo aparece deformado puesto que los únicos testimonios

[2] Lockhart (1992), p. 19.

orales y escritos de que disponemos provienen de los indios que vivieron bajo la dominación española. No solamente sus declaraciones sufrieron todo tipo de censura y autocensura sino que, además, la cristianización de las almas y el esfuerzo para darse a entender con los europeos modificaron la forma y el contenido de la información que aceptaban proporcionar. Lo demás no es más que vestigios arqueológicos, colosales, sorprendentes, enigmáticos, impenetrables las más de las veces.

A pesar de estas salvedades, la curiosidad nos incita a sondear aquella ciudad. No es posible entender la evolución de la capital hispánica sin tomar en cuenta el resplandor del *altepetl* mexica: a través de la presencia de la población india, la continuidad de ciertas instituciones, pero también esa memoria muda de los lugares y de las cosas que la muerte de la gente nunca elimina por completo. La opacidad intrínseca de esa realidad de origen prehispánico parece incluso hacer más fuerte su influencia puesto que, como un agujero negro, localizable pero inalcanzable, el *altepetl* escapa a nuestra mirada, como escapó al control de los españoles.

La vocación cósmica de los maestros de la tierra

¿Qué es, pues, esta "ciudad" india, proveniente de una tradición sobre la cual ni Grecia, ni Roma, ni nuestra Edad Media hicieron la más mínima mella? ¿Qué era la ciudad a principios del siglo xvi? Una aglomeración de varias centenas de millares de habitantes repartidos sobre la traza dibujada por los canales y las calles que

265

cuadriculaban la ciudad. La segunda ciudad del valle, Texcoco, no contaba con más de treinta mil habitantes y éstos vivían dispersos alrededor de un enjambre de grandes palacios. Desde todos los puntos de vista, México-Tenochtitlan, apretado en sus islotes, era una excepción.

La riqueza y la hegemonía de la ciudad descansaban sobre pretensiones cósmicas. La sacralización del espacio efectuada por el cristianismo barroco al distribuir conventos, capillas, iglesias e imágenes milagrosas sobre el suelo de la ciudad tuvo —los españoles no lo ignoraban— un precedente pagano. Con una intensidad superior aún, el área sagrada de Tenochtitlan concentraba la energía de la Tierra y de los Cielos. Sobre aproximadamente quinientos metros cuadrados, este espacio agrupaba las casas de las divinidades, de sacerdotes y sacerdotisas, los colegios, los patios, los lugares para el sacrificio, es decir, un conjunto de más de setenta edificios. Dominando esta zona ceremonial, la pirámide del Templo Mayor se elevaba hacia el cielo: los santuarios gemelos de Huitzilopochtli, "colibrí zurdo", dios de la guerra, y de Tláloc, dios de la lluvia y los agricultores, ocupaban la cúspide. Dos tramos de escaleras conducían a esos oratorios desde donde la vista se extendía sobre la ciudad y los lagos, abarcando el conjunto del valle hasta los volcanes divinos resplandecientes de nieve.

Para los mexicas, el Templo Mayor irradiaba una presencia desbordante de energía, una memoria viva y habitada. Era el centro del universo. Era Coatepec, la Montaña de la Serpiente, el lugar donde su dios Huitzilopochtli aplastó a sus enemigos y mató a su hermana Coyolxauhqui, cuya estatua rota yacía al pie de la pirámide. En el Templo Mayor y en sus inmediaciones se desarrollaban importantes rituales fijados por el calendario sagrado. El sacrificio humano ocupaba un lugar esencial. La ejecución de cientos y hasta miles de guerreros enemigos daba a las divinidades la energía que les permitía dar vida al universo.

El sacrificio humano no era un acto aislado, sino el punto culminante de procesiones, desfiles, danzas acompañadas de música y cantos según liturgias meticulosamente organizadas. Los cantos exaltaban las acciones militares, daban a conocer los valores esenciales de México-Tenochtitlan, evocaban la memoria de los ancestros. Las danzas ofrecían a los nobles, a los guerreros y a las prostitutas sagradas la posibilidad de presentarse en todo su esplendor, cubiertos de adornos de oro, plumas multicolores y algodón pintado. En esas ocasiones, pintores de ambos sexos llegaban a la plaza del mercado para decorar rostros, brazos y piernas de los bailarines.[3] Una "casa de danza" situada sobre lo que se convertiría en el Portal de los Mercaderes transmitía ese arte a los jóvenes y muchachas venidas de los diferentes barrios de la ciudad.[4] Esta casa tenía varias salas dispuestas alrededor de un gran patio destinado a los ensayos generales.

Las festividades no se restringían al espacio urbano: un día al año, los sacerdotes se dirigían al campo, sobre colinas y montañas, para hacer sacrificios al dios de la caza. Las procesiones recorrían la ciudad y sus alrededores, ocupando un territorio correspondiente a los

[3] Motolinía (1971), p. 74.
[4] Durán (1967), I, p. 190.

límites de la urbe tal y como la conocemos el día de hoy. Una de ellas salía del área ceremonial de Tenochtitlan, alcanzaba Tlatelolco y luego Acolman —donde cuatro prisioneros de guerra, *mamaltin,* eran sacrificados— antes de llegar a Azcapotzalco. El cortejo entraba después a Tacuba y continuaba su camino hacia el suroeste hasta Churubusco, antes de volver a alcanzar Tenochtitlan directamente. Este recorrido de unos veinte kilómetros se efectuaba en aproximadamente seis horas.[5]

Otras fiestas organizadas en las ciudades vecinas atraían a los habitantes de México-Tenochtitlan: las del dios del fuego se desarrollaban en Tacuba, Coyoacán y Azcapotzalco. Durante ese ritual, las víctimas del sacrificio eran arrojadas al fuego por los sacerdotes, antes de retirarlas aún palpitantes del brasero para arrancarles el corazón. Más lejos hacia el noroeste, en Cuautitlán, durante las fiestas del mes de Izcalli, los sacerdotes vestidos con la piel de la mujeres que habían desollado vivas descendían lentamente los escalones de la pirámide delante de una asistencia maravillada que exclamaba: "Ya vienen nuestros dioses, ya vienen nuestros dioses". Los sacerdotes sacrificaban ocho mil codornices bajo los ojos de una muchedumbre que acudía desde lugares ubicados a más de diez leguas.

Las grandes liturgias urbanas sucedían con un ritmo sostenido: fiestas del mes, de la veintena, de la trecena, de los barrios, entronización de los soberanos, celebración del Fuego Nuevo cada cincuenta y dos años... Estas ceremonias movilizaban a una parte considerable

[5] Motolinía (1971), pp. 69, 61.

de los recursos materiales y humanos de la ciudad indígena. A través de ellas los individuos se integraban a sus barrios y a su ciudad pues se les asignaba un papel, aunque fuera muy modesto, en su desarrollo. En el seno de colegios, barrios y casas, los indios preparaban incansablemente las celebraciones. Barrían por todos lados el polvo. Ayunaban varios días, contentándose con comer, a medianoche, los *tzoalli* (tortillas de maíz y de amaranto) con miel y un poco de agua. La etapa de los preparativos se acompasaba con la práctica del autosacrificio: los indios se perforaban la lengua, los lóbulos de las orejas, los senos o el pene para ofrecer su sangre y su dolor a las deidades. Estos preparativos estimulaban, día y noche, una febril actividad, mientras que los sacrificios desprendían una energía preciosa y las danzas sumergían durante horas, incluso días enteros, los cuerpos y sus adornos en movimientos marcados por el ritmo de las flautas y los tambores. Estas actividades tenían un alcance cósmico: contribuían a la animación del cosmos y retardaban el ineludible fin del mundo, tan temido por los indios.

En la ciudad mesoamericana se consideraba que el tiempo era fruto de una creación. Por esta razón era susceptible de transformarse: podía disminuir, prolongarse, incluso acelerarse. La ciudad se veía súbitamente tomada por una lentitud calculada, y también podía acelerarse para calmar a los dioses, cual corazón cuyos latidos varían según sus necesidades. Algunos ritos retardaban el tiempo: antes de morir bajo el cuchillo del sacrificador, el cautivo ascendía paso a paso la escalera del templo, deteniéndose en cada escalón, detallando cada gesto, cada inflexión. Carreras enloquecidas producían el efecto contrario: imprimían una brusca aceleración al curso de las cosas. Así, para celebrar a Huitzilopochtli durante la fiesta de Panquetzaliztli los sacerdotes hacían correr a un hombre con la imagen del dios en sus brazos. La gente se lanzaba entonces a perseguirlo, tratando de atraparlo. La ceremonia se llamaba *ipaina Huitzilopochtli,* "la priesa, y velocidad y ligereza de Huitzilopochtli". El corredor salía del santuario de Huitzilopochtli en el Templo Mayor, tomaba la calzada de Tacuba, alcanzaba Tacubaya, salía a Coyoacán, desde donde llegaba a Churubusco para regresar a Tenochtitlan sin parar nunca. "Iba tras él gran multitud de gente, de hombres y mujeres, con toda la priesa del mundo, y aun dicen que algunos porfiaban por alcanzar al indio que llevaba el ídolo para quitárselo, y al que lo alcanzaba, aunque pocas veces acontecía, teníanlo por hombre de valor y bien afortunado, a quien el dios había de conceder grandes mercedes, pues había permitido que aquél le alcanzase." En el trayecto, los habitantes levantaban arcos de triunfo cubiertos de plumas de colores y de flores, sembrados de pequeños estandartes de oro, cerca de los cuales tocaban orquestas de percusiones, trompetas y caracoles marinos. De regreso a Tenochtitlan, los sacerdotes recibían al ídolo de Huitzilopochtli y lo mostraban a las víctimas alineadas a la espera del sacrificio.[6]

[6] Durán (1976), I, pp. 283-285.

El ritual colectivo mantenía el consenso en torno a los nobles y a la dinastía. Tal era el precio de la cohesión urbana, *a fortiori* en una aglomeración de este tamaño. Como en la ciudad barroca, metafísica y política se confundían en el gran escenario de la ciudad de México. Al igual que los autos de fe de la Inquisición española, los holocaustos de Tenochtitlan no constituían actividades socialmente aberrantes o gratuitas. Al comprometer a todo el conjunto de la población, la actividad ceremonial reforzaba la influencia de los medios dirigentes sobre el pueblo de los *macehuales,* y al mismo tiempo aseguraba la asimilación de una ética compartida por todas las clases de la sociedad mexica.

Las élites urbanas, cuya supremacía se manifestaba espectacularmente en sus fiestas, agrupaban a gente de guerra, a sacerdotes y a mercaderes. La nobleza reunía a los miembros de la dinastía reinante, a los linajes aliados y a una nube de dependientes nobles, a los cuales se les llamaba *pipiltin,* "hijos de alguien".

La dinastía reinante ocupaba la cima del edificio. En 1503 el soberano titular, Moctezuma II, tenía unos veinte años.[7] Acababa de acceder al poder, vacante después de la muerte de su tío Ahuízotl. El "Gran Orador", o *tlatoani,* vivía rodeado de una corte y de un embrión de burocracia encargada de organizar las relaciones con gran parte del actual territorio mexicano, de administrar el tributo proveniente de todas partes y de manejar la enorme ciudad de México-Tenochti-

---

[7] Michel Graulich, *Montezuma,* París, Fayard, 1994, pp. 59-60.

tlan. Los jueces, el consejo de guerra, los contadores del Tesoro acompañaban al soberano en sus múltiples tareas.

El palacio construido por Moctezuma se levantaba cerca de la muralla meridional del Templo Mayor. Una de las salas podía recibir, ella sola, a tres mil personas. Patios espaciosos adornados con fuentes y pilas iluminaban los muros cubiertos de piedras semipreciosas y los entablados de ciprés, pino y palmera. Objetos de oro y de plata engastados con piedras y plumas exóticas reproducían todas las criaturas que poblaban la tierra. Esteras tiradas en el piso, revestimientos de algodón y plumas tan finas como la seda, asientos de juncos cubiertos con piel de puma y de ciervo adornaban los interiores sin ventanas, iluminados por braseros y antorchas de ocote. Había aposentos para albergar a los huéspedes notables, dependencias especiales alojaban a los artistas que divertían al *tlatoani:* bufones, malabaristas, acróbatas, bailarines, músicos y cantantes. Almacenes atestados de víveres y de armas ocupaban otras alas del palacio. Se estima que los servicios del palacio empleaban a varios miles de personas.

Las residencias del príncipe comprendían los jardines plantados con centenas de especies y adornados con pabellones donde Moctezuma gustaba relajarse, rezar e instruirse. Un jardín botánico y una especie de zoológico eran las principales atracciones. Trescientos indios cuidaban a los pájaros y a los animales, que, probablemente, eran los dobles de los principales dioses. Ese zoológico tan particular era un santuario reservado al *tlatoani.* Ello explica la sorprendente alimentación ofrecida a los animales: serpientes, jaguares y pumas comían los torsos de las víctimas humanas que los sacerdotes acababan de sacrificar a los dioses. Por último, una sala reunía especímenes de hombres, mujeres y niños albinos. Y para que nada faltara a las colecciones del príncipe, otros cuartos alojaban monstruos, jorobados, enanos que, según se creía, estaban dotados de poderes sobrenaturales.

Los jóvenes nobles que frecuentaban el palacio se formaban en colegios asociados a los templos, los *calmecac*. Ahí, los sacerdotes los iniciaban en las tareas de la guerra, de la administración y del servicio a los dioses. Al son de caracoles y tambores, teponaztles, los adolescentes aprendían los pasos que los llevarían, durante horas, a realizar las danzas rituales. Estos jóvenes sometían sus cuerpos a interminables maceraciones y sufrían una severa disciplina cuyo puritanismo manifiesto causó, más tarde, la admiración de los monjes españoles. Había sacerdotes que enseñaban a los jóvenes el contenido de los himnos, haciéndoles recitar los orígenes de los dioses y la fundación de su ciudad. El desciframiento de los manuscritos polícromos revelaba los saberes divinos: "lo rojo, lo negro", los calendarios de las fiestas, las transformaciones de las divinidades, la historia de los soberanos. Otras "pinturas" enumeraban las ciudades vencidas e inventariaban los tributos depositados en México-Tenochtitlan.

Los cleros de las diferentes divinidades no sólo se ocupaban de la educación y los sacrificios. Todos estos sacerdotes eran los maestros de ceremonias de una ciudad que continuamente se convertía en el espectáculo de sí misma. Su papel era aún más considerable que el del clero católico después de la conquista española.

A su cabeza, dos dignatarios supremos que llevaban el nombre de Quetzalcóatl dirigían a un sinfín de sacerdotes repartidos entre los múltiples santuarios.

Cerca de los principales templos había residencias que alojaban a las mujeres dedicadas, por un periodo más o menos largo, al culto de las divinidades: "A éstas los españoles llamaron monjas".[8] Estas jóvenes vírgenes rodeadas de matronas consagraban su tiempo a hilar y tejer las telas y capas destinadas "al servicio de los templos". También estaban encargadas de limpiar el atrio del santuario mientras que los sacerdotes se reservaban la tarea de barrer la cúspide de las pirámides y los oratorios donde vivían los dioses.

La ciudad prehispánica tenía sus bibliotecas, o su equivalente. Eran salas contiguas a los santuarios donde se guardaban manuscritos pintados sobre hojas de agave y pieles de venado. La mayoría de ellos desaparecieron después de la conquista, quemados, arrojados al lago o enterrados para sustraerlos a la furia de los europeos. En la ciudad de México, como en toda la región central del país, la transmisión del conocimiento y de los rituales era cuestión de memoria, de tradición oral y de imágenes. Desprovistos de escritura de tipo alfabético o fonético, los indios letrados utilizaban los recursos de la visualización y del color para conservar el recuerdo de las cosas: signos realistas, estilizados o abstractos —las pictografías— y variaciones cromáticas fijaban, con una sofisticación impresionante, los ciclos de sucesos transcurridos y la cosmogonía. Agrupados en talleres bajo la dirección de un maestro, los

<hr>

[8] Motolinía (1971), p. 75.

pintores, *tlacuilos,* copiaban pinturas antiguas o recubrían de frescos los muros de palacios y santuarios. Los escultores, en cambio, tallaban en jade y en basalto nuevas estatuas, cuando no reproducían modelos provenientes de un lejano pasado o de provincias distantes. Los amantecas creaban adornos multicolores que los guerreros vencedores y los soberanos usaban en las fiestas. Joyeros, sastres y armeros se atareaban al servicio de varias decenas de miles de nobles.

Otro medio poderoso y cortesano, los mercaderes, *pochtecas,* garantizaba el comercio de larga distancia. Los banquetes que ofrecían estaban a la altura de la riqueza que amasaban. Gracias a ellos los objetos de lujo llegaban a la ciudad de México y los mercados de la ciudad desplegaban una opulencia que maravilló a los conquistadores. También entre ellos se encuentran los ciudadanos mejor informados sobre América. Su contacto con Michoacán en el noroeste o con sus colegas mayas de América Central les proporcionaban noticias que llevaban al Gran Orador. Probablemente ellos fueron de los primeros en enterarse de la existencia de esos seres extraños que se desplazaban sobre inmensas pirámides flotantes a lo largo de Honduras y Yucatán.

Todas las residencias poseían jardines adornados con piscinas y estanques. La sombra de los patios protegía las pilas de los rayos del sol de mediodía. Los nobles se sumergían en estanques alimentados con aguas de manantial, perfumadas, por las flores que cuadrillas de hábiles jardineros cultivaban. En México-Tenochtitlan el arte de los jardines estaba tan avanzado que daba a la ciudad prehispánica el aspecto de un gran vergel acariciado por el viento. La ciudad sedujo a los invasores españoles no obstante estar acostumbrados a los refinamientos de los parques musulmanes y mozárabes. Entre los árboles y los matorrales floridos, el canto de los himnos sagrados se mezclaba todos los días con el de los pájaros anidados en los follajes. Íntimamente asociados al culto de los dioses del agua, los jardines de México-Tenochtitlan —salvados del olvido gracias a los pocos frescos que se conservan hasta hoy— eran reconstrucciones en miniatura de los paraísos divinos. Imágenes del Tlalocan para complacer a señores y grandes mercaderes.

El florecimiento mexica

"La ciudad también tenía algo de milagro económico y social particularmente."[9] Debía superar numerosas desventajas: ni algodón, ni recursos valiosos como plumas, oro o piedras preciosas; una situación lacustre que la exponía a las inundaciones e incomodidades de un suelo pantanoso; numerosos vecinos con más tiempo y por lo tanto más prestigio que ella. La ciudad de Moctezuma tenía, sin embargo, casi dos siglos detrás de ella. Un lapso de tiempo muy corto en comparación con otras grandes ciudades de Mesoamérica, pero suficiente para arraigar en un sitio tan inhóspito.

Durante todo el siglo xv, México-Tenochtitlan experimentó un crecimiento prácticamente ininterrumpido, al compás del progreso de su ejército. Las reconstrucciones sucesivas del Templo Mayor fueron su reflejo

[9] Inga Clendinnen, *Aztecs*, Cambridge, Cambridge University Press, 1991, p. 19.

y su glorificación. En 1487, Ahuízotl inauguró el Templo Mayor como lo descubrieron los españoles en 1519.[10] En esa ocasión, miles de indios —de veinte mil a más de ochenta mil según las fuentes— murieron sacrificados: a un ritmo infernal, víctima tras víctima, los sacerdotes extraían el corazón de los sacrificados en honor al Sol antes de decapitarlos para ofrecerlos a la Tierra. Si se contabilizan los invitados que vinieron de todo México, si se agregan las centenas de miles, incluso el millón de espectadores originarios del valle de México, reunidos alrededor del Templo Mayor, en los barrios de Coatlán, Tzonmolco, Apanteuctlán, Yopico y otros, y las ciudades por las que las víctimas pasaron, el éxito de la inauguración de 1478 no será igualado por ninguna fiesta barroca. Habrá que esperar hasta los juegos olímpicos de 1968 para rebasar esas cifras.

El traslado de las víctimas en largas filas, la evacuación de los cuerpos, la distribución de las "mejores piezas" destinadas a los banquetes antropofágicos, el control y el abastecimiento de la asistencia eran problemas logísticos a la altura de México-Tenochtitlan. Los restos que no se consumían se transportaban al lago: "Los cuerpos y las tripas los llevaban luego a echar en medio de la laguna mexicana detrás de un peñón que se llamaba Tepetzinco, y echábanlos en un ojo de agua que corre por debajo de las venas y entrañas de la tierra, que se llama Pantitlán, que hoy día está".[11] Las cabezas,

[10] Michel Graulich,"L'inauguration du temple principal de Mexico en 1487", *Revista Española de Antropología Americana*, Madrid, xxi, 1991, pp. 121-143.
[11] Fernando Alvarado Tezozómoc, *Crónica mexicana*, México, Vigil, 1878, p. 517.

ensartadas en estacas de madera, formaban una inmensa estructura llamada *tzompantli,* mientras que otras terminaban empotradas en las paredes del Templo Mayor.

Justamente un predecesor de Ahuízotl, Moctezuma I (1440-1468), es quien se lleva el mérito de haber iniciado los trabajos de ampliación del Templo Mayor. El comienzo de los trabajos de un área ceremonial tan grandiosa movilizó mano de obra y recursos materiales de todo el valle. La explotación de las canteras de piedra de la región y la tala de bosques alcanzaron una importancia sin precedentes. En realidad, las construcciones de Moctezuma I fueron la traducción urbana de la extensión del imperio. El soberano dio órdenes de instalar bajorrelieves que describieran sus conquistas a los lados del Templo Mayor y de tallar una enorme piedra destinada al sacrificio guerrero.[12] Estas primeras grandes obras transformaron la apariencia de la ciudad, que poco a poco se convertía en una aglomeración de apetitos insaciables.

Sin embargo, la capital de Moctezuma I no hubiera podido desarrollarse sin la independencia que había conquistado unos veinte años antes, en 1428. Efectivamente, en esa fecha la ciudad dejó de ser tributaria de la ciudad de Azcapotzalco para comenzar una carrera autónoma. Así, fue asegurando de manera gradual algunas ventajas sobre las ciudades vecinas, superando los inconvenientes de su situación lacustre. Sus victorias le garantizaron el abastecimiento de agua potable, verduras, cereales y materiales de construcción que necesitaba con urgencia.

---

[12] Nigel Davies, *The Aztecs. A History,* Londres, MacMillan, 1973, pp. 118-119.

Igualmente en esa época —el segundo cuarto del siglo xv— los mexicas hicieron construir una inmensa calzada entre México-Tenochtitlan y las fértiles chinampas de Xochimilco, al sur del valle: "El modo de hacerla fue sobre mucha cantidad de estacas, piedra y tierra, sacada de la mesma laguna, como céspedes".[13] Este malecón facilitó la circulación de hombres y de productos y, al mismo tiempo, permitió controlar el flujo del agua de los distintos lagos. La delimitación de zonas pesqueras reservadas a la gente de Tenochtitlan se remonta también a esta época.

Tollan, la maravillosa

Desde ese periodo los mexicas sueñan con habitar, ellos también, una nueva Tollan.[14] Un poco como los europeos de la Edad Media y del Renacimiento hacían de Roma o de Jerusalén la ciudad ideal, el modelo insuperable o que había que imitar, los mexicas y los indios del centro de México cultivaban el recuerdo y la imagen de una ciudad antigua, tierra de abundancia, remanso de riqueza y civilización. Tollan era el prototipo al que toda ciudad encaminada a la hegemonía aspiraba. Los relatos de los ancianos evocan una ciudad con palacios de oro y turquesa, con tal agudeza que es posible imaginar, sin ningún esfuerzo, sus santuarios recortándose en el cielo traslúcido del altipla-

[13] Durán (1967), ii, p. 113.
[14] Es tal vez a un personaje influyente políticamente pero que nunca gobernó, Tlacaelel, a quien debemos atribuir este acercamiento entre Tollan y Tenochtitlan.

no. Tollan adoraba a Quetzalcóatl, la serpiente emplumada, en cuatro palacios: una casa de oro orientada hacia el este, una de turquesa vuelta hacia el oeste, una casa de conchas y plata que daba hacia el sur y otra engastada de conchas rojas abierta al norte. Los toltecas tenían fama de ser artesanos talentosos: ellos inventaron el trabajo de la pluma —cuya continuidad hemos visto a principios de la época colonial— y también crearon la pintura pictográfica.

¿Qué era Tollan, "el lugar de entre los juncos", exactamente? ¿Una ciudad al norte del valle de México, hoy llamada Tula, dominada por pesados atlantes de piedra? ¿Una serie de metrópolis más o menos efímeras, albergues de un ideal de civilización y urbanidad? ¿Quizás Cholula en el valle de Puebla o Chichén Itzá en el Yucatán tropical de los mayas? ¿Una ciudad celeste o una capital del mundo subterráneo? ¿O tal vez una utopía de los orígenes elaborada por los sabios de los colegios *calmecac* y de los jefes en busca de legitimidad?

Tollan parece haber cristalizado el conjunto de estas acepciones, remitiendo, al mismo tiempo, a la Tula histórica —cuyo apogeo se sitúa alrededor del siglo x— y al equivalente indígena de nuestra representación de metrópoli, de civilización y de creación estética. Tenochtitlan quería ser, a cualquier precio, una réplica de Tula. Había signos que corroboraban espontáneamente este íntimo parentesco y otros, forjados por los hombres, reforzaban la analogía. Como Tula, Tenochtitlan era una ciudad "entre los juncos". Como Tollan-Cholula, Tenochtitlan poseía su templo a Quetzalcóatl.[15]

[15] Davies (1973), pp. 30-32.

La presencia de objetos y animales originarios de todo México en las ofrendas descubiertas en el lugar del Templo Mayor no es fortuita. De la misma manera que el abanico de seres y objetos tributados o las "colecciones zoológicas" de Moctezuma, la acumulación obsesiva de todas las formas de vida en Tenochtitlan expresa el deseo de reconocer a Tula en la re-creación de una abundancia sin límites.

La referencia a Tollan está igualmente saturada de implicaciones políticas. El poder supremo, la legitimidad emanaban originalmente de Tollan, lo cual explica sin duda que los príncipes mexicas conservaran la costumbre de contraer matrimonio con las hijas de los señores de Tula. Y en la época española no hay que sorprenderse si un lejano heredero de Moctezuma que llegó de España para gobernar como virrey en México, haya llevado el doble título de conde de Moctezuma y de Tula... La imagen de Tollan condensaba también el recuerdo de una ciudad más antigua e históricamente corroborada: Teotihuacan. En su momento dominó Mesoamérica. Hoy, las ruinas de Teotihuacan se levantan al noreste del valle de México, a unos treinta kilómetros de la capital mexicana. En su apogeo, hacia el año 400, la ciudad cubría más de veinte kilómetros cuadrados y concentraba cerca de cien mil habitantes. Las pirámides del Sol y de la Luna —aún visibles— proclaman la grandeza de una ciudad cuyo confuso recuerdo perduró hasta la época de la conquista española. Un área ceremonial, calzadas, barrios especializados materializan las proezas de una urbanización compleja, algunos de cuyos principios inspiraron todavía la traza de Tenochtitlan; en particular la convergencia de calzadas en un punto central. Provenientes del norte, del este, del sur y del oeste, estas vías dividían Teotihuacan en cuatro grandes barrios.

EL MILAGRO DEL ORIGEN

Aprovechando la herencia acumulada por Teotihuacan, Cholula, Tula y muchas otras ciudades, México-Tenochtitlan no tuvo que inventar todo. Al contrario, le bastó copiar, arreglar y amplificar. Pero la singularidad que reivindicó sin cesar la obligaba a forjarse un origen digno de su futuro.

El telón de fondo es rústico y prodigioso al mismo tiempo. Rústico puesto que, aun revisado y corregido, el inicio de la ciudad deja traspasar una prehistoria modesta: un pueblo de emigrantes que subsistía en un pantano, nutriéndose de pescado, pato, lombrices e insectos; un puesto de mercenarios tolerado por las potencias vecinas que los utilizaban a su antojo para sus conquistas. Nada muy prestigioso para quien pretende dominar el universo. A diferencia de los conquistadores, que tomarían posesión de una capital espléndida, los mexicas empezaron de la nada.

El prodigio también tiene un lugar en la escena. El suceso se remonta a 1325,[16] es decir, dos siglos antes de la invasión española. Al término de largas peregrinaciones y de una estancia agitada en el valle de México, los mexicas se pelearon con los señores de Culhuacán. Expulsados de la ribera del lago, los mexicas se refugia-

---

[16] Davies (1973), p. 37, propone la fecha de 1345.

ron en medio de los pantanos donde, aconsejados por su dios Huitzilopochtli, descubrieron una fuente maravillosa inmersa en una sorprendente sinfonía de blancos: la fuente corría al pie de un sabino blanco, los sauces de los alrededores eran blancos así como los carrizos; blancos eran los juncos, las ranas, los pescados y las culebras "que empezaban a salir del agua". De una gruta abierta hacia el oriente brotaba un agua de fuego, de otra orientada hacia el norte fluía un agua verde, "y ambas corrientes se entrecruzaban". Verde, rojo y blanco, los futuros colores nacionales mexicanos presidieron el nacimiento de la ciudad.

Pero el dios Huitzilopochtli anunció una segunda visión: "Regresen a los carrizos: ahí verán un cactus *tenochtli* y, felizmente parada encima, el águila elevada, el águila que devora y se calienta al sol... Y ahí será nuestra ciudad México-Tenochtitlan, ahí donde chilla el águila, ahí donde se desenvuelve y come, ahí donde saltan los peces, ahí donde silba la serpiente; México-Tenochtitlan y ahí sucederán muchas cosas". Otras fuentes señalan el calor del sol, evocan la frescura de la mañana, delinean una gama de colores, verde, azul, rojo, amarillo y blanco: eran las plumas de las aves preciosas de las que el águila espléndida se nutría. "Y en ese lugar, donde vean el águila parada en el nopal, lo llamaré Tenochtitlan."

Internándose en los juncos, los mexicas encontraron la fuente del día anterior: sus aguas se dividían en dos arroyos, uno rojo como la sangre, el otro azul y espeso. Luego encontraron al águila sobre el nopal. "Por fin hemos sido dignos, hemos sido recompensados, hemos visto el signo maravillados; aquí será nuestra ciudad".[17]

Los mexicas se establecieron definitivamente en medio de la laguna, en un lugar virgen, bajo la protección de su dios Huitzilopochtli. La fecha 2-Casa marca la fecha oficial de la fundación. Corresponde, en nuestro calendario, al año de 1325, es decir, once años antes de que en Europa estallara la guerra de Cien Años.

Pero ¿de dónde venían esos indios, que ya habían tratado de volverse sedentarios dos veces, sin éxito, particularmente en la ribera, en Chapultepec? Aquí también la imaginación de letrados y sacerdotes mexicas dio a luz una versión impecable. La prehistoria del grupo se resumía en dos palabras: Aztlán y migración. Los fundadores de México habrían salido de una lejana ciudad, situada en el noroeste del país, Aztlán, lugar de las grullas. En ese entonces —y sólo entonces— se llamaban aztecas, nombre que los historiadores han utilizado incorrectamente durante mucho tiempo para referirse a los habitantes de la ciudad de México, y a veces a los indios de todo el país.

La historia de Aztlán y de los aztecas nos llevaría muy lejos de la ciudad de México-Tenochtitlan. De hecho, la ciudad de Aztlán es una creación *a posteriori*: reflejo proyectado al pasado, es la doble mítica de México-Tenochtitlan. Los mexicas del siglo XV se inventaron un lugar de origen recortado a partir del modelo del medio ambiente que los rodeaba, como si el pasado duplicara el presente en lugar de precederlo o prefigurarlo. Como México-Tenochtitlan, Aztlán es una

---

[17] Fernando Alvarado Tezozómoc, *Crónica mexicayotl*, México, UNAM, 1975, pp. 64-66.

isla rodeada de agua. Como aquélla, Aztlán se ubica bajo el signo del blanco. Como México-Tenochtitlan, la otra goza de una naturaleza acuática en la que abundan el pescado, la rana, el gusano *izcauitli,* el insecto *axayacatl,* el pato *tlalalacatl* o el ave falaropa *chichicuilote.* Como en México-Tenochtitlan, los habitantes se transportaban en barcas y hacían chinampas para cultivar las verduras con que se alimentaban. Al instalarse en México-Tenochtitlan, los mexicas regresaban al lugar de origen, volvían a encontrar la ciudad perdida, alcanzaban el punto final que se confundía con el punto de partida. Pescadores lacustres habían sido, pescadores volvían a ser.

La simetría es perfecta hasta en los detalles más ínfimos. Este mito revela que los mexicas no manipulaban la historia de cualquier manera. La espléndida austeridad del mito procede de una imaginación que no deja nada al azar: el águila es una manifestación del dios Huitzilopochtli, quien guía a su pueblo; los nombres de quienes salieron de Aztlán son los mismos de quienes llegaron a Tenochtitlan; los colores se repiten. Cada color tiene un sentido preciso, sus combinaciones ofrecen, a su vez, otros significados que los estudiantes aprendían de memoria en los colegios *calmecac.*

Este mito es un montaje que responde a varias motivaciones: primero, sirve para explicar la elección de un lugar tan inhóspito, admitido a falta de algo mejor, aceptado por obediencia y piedad. Los migrantes no hicieron más que seguir a su dios tutelar, de quien recibieron el equivalente a la tierra abandonada y perdida para siempre. Mejor aún. El montaje legitima la presencia de los recién llegados. Al identificar Aztlán con México-Tenochtitlan, los migrantes regresaban, en cierto sentido, al punto de partida, no usurpaban nada ni robaban a nadie. En otros términos, "se reintegraban"[18] a su territorio. Así se cerraba el ciclo. Su concepción circular del tiempo hacía totalmente natural esta forma de ver las cosas. Por último, la existencia de Aztlán establecía la singularidad de los mexicas con respecto a los otros grupos nahuas. El mito señalaba y sacralizaba la diferencia de aquellos que venían de Aztlán la Blanca.

Es por ello que la ciudad prehispánica podía modelarse bajo la magia de las ciudades del pasado sin dejar de ser incomparable. Ésta es la versión que en el siglo XVI los informantes indígenas repitieron a los españoles y que nos transmitieron en las pinturas de los códices y en los caracteres latinos de las crónicas.

[18] Duverger (1983), pp. 144-165, 99-100, 109.

VIII. A TRAVÉS DEL ESPEJO

¿Qué había antes del origen? ¿Cómo fue la prehistoria de la ciudad mexica? La pregunta no es absurda. La rescritura del pasado no se limitó a poner en escena la intervención del dios tutelar. Probablemente la manipulación tuvo que ver con otros asuntos. Como si se quisiera ocultar una realidad menos aceptable. Por ejemplo, que los primeros mexicas habían, simple y llanamente, tomado el lugar de pobladores más antiguos instalados en la zona desde hacía mucho tiempo. Tal vez esto es lo que el soberano Itzcóatl (1426-1440) quiso borrar de la memoria cuando decidió quemar los códices anteriores a su reinado. Ya nada impediría que México-Tenochtitlan impusiera una versión prestigiosa y heroica de sus orígenes.

La prehistoria desconocida

Abramos pues este expediente, bastante oscuro aún. Antes de la fundación de Tenochtitlan, el valle de México no tenía nada que ver con un espacio vacío y silencioso, o con lagos desiertos dominados por volcanes. Durante miles de años, pobladores y ciudades se fueron remplazando unos a otros. Cuando llegaron los futuros fundadores de la ciudad de México encontraron el valle ocupado por señoríos que, en su mayoría, reivindicaban ilustres orígenes: Texcoco, en la orilla oriental del lago que lleva el mismo nombre; Azcapotzalco, la metrópoli tepaneca de la ribera occidental; Culhuacán, en la península que separaba los lagos de Texcoco y de Chalco.

Culhuacán se valía del recuerdo dejado por los toltecas de Tula, a quienes la memoria colectiva asociaba con los primeros refinamientos de la civilización. Texcoco era una metrópoli relativamente reciente, de población mixta, que congregaba a acolhuas de lengua náhuatl y a nómadas chichimecas, los cuales habían llegado hacia finales del siglo XII; Azcapotzalco —donde se hablaba mazahua— se preciaba de vincular sus orígenes con la antigua Teotihuacan. Esta ciudad no tenía rival en el valle de México a finales del siglo XIV.

El emplazamiento de México-Tenochtitlan no era tan virgen como lo pretendieron los relatos mexicas. El doble nombre de la ciudad es suficiente para intrigarnos: mientras que Tenochtitlan constituye una clara referencia a la visión fundadora, la etimología del término México sigue siendo enigmática. Según la versión oficial, los emigrantes, llamados *mexitin*, le habrían dado su nombre al lugar que fundaron: *mexitin*, México. Pero todo nos lleva a pensar que se trata de una reconstrucción de los hechos destinada a disimular un pasado muy distinto. El nombre de México tiene connotaciones lunares: su traducción puede ser "en el centro de la luna" (de *metztli*, luna), o bien "en el centro del maguey" (de *metl*, agave), planta estrechamente relacionada con el astro nocturno. Los indios otomíes, otros pobladores establecidos en la región bastante antes de los mexicas, llamaban a México con el nombre de Amade-tzana, "en medio de la luna".[1] La resonancia acuática, lunar, nocturna y femenina del nombre no concuerda muy bien con lo que se sabe de los guerreros mexicas, situados bajo la égida de un dios solar.

Es posible que los migrantes hayan tomado en cuenta una toponimia primitiva, anterior a su instalación, e incluso a una población establecida *in situ* previamente. Habrían mezclado esa tradición local con sus propias aportaciones, como parte de una dinámica de asimilación que desde entonces acostumbraron. En el estado actual de nuestros conocimientos, la arqueología registra que la ocupación más antigua del sitio data del periodo 900-1200. Excavaciones llevadas a cabo en Tlatelolco confirman esta datación. Esto es, varios siglos de historia sin los mexicas.

No se sabe mucho más, salvo que la historia oficial de México-Tenochtitlan comienza con un acto de prestidigitación que ahoga en un halo de misterio e incertidumbre los primeros balbuceos de la ciudad. En este respecto, la ciudad de México no tiene nada que envidiar a la Roma de los latinos.

Primeras mezclas

No es más fácil traspasar el velo tejido por la historia oficial de los soberanos de México. Guerras, alianzas matrimoniales, intrigas e intervenciones divinas constituyen una memoria heroica que deja poco espacio a

---

[1] Duverger (1983).

las humillaciones cotidianas, a los fracasos vergonzosos, a la lenta asimilación de las tradiciones vecinas, a las diferentes aculturaciones que marcaron la infancia del pueblo mexica.

Para sobrevivir en sus pobres islotes de tierra pantanosa, los mexicas aprendieron a explotar los recursos de su ambiente lacustre. La navegación en los lagos —práctica que sus descendientes realizaron hasta el siglo xx—, la pesca, la caza de pájaros acuáticos, la recolección de barro e insectos pronto dejaron de tener secretos para los recién llegados. La conquista del suelo exigía aún más paciencia y obstinación. Había braseros que desecaban la atmósfera y producían ceniza que a su vez enriquecía el suelo. Se plantaron sauces y se rellenaron los estanques y las partes más pantanosas para evitar que el lago avanzara. Las primeras chinampas de México surgieron del agua: estas islas artificiales, delimitadas por estacas plantadas en el fondo pantanoso se inspiraban en una tradición milenaria del valle. Una capa de hierbas, ramas y tierra formaba un jardín fértil donde los campesinos se dedicaban a una horticultura meticulosa y de altos rendimientos. El agua estaba siempre al alcance de la mano y los canales que separaban los campos facilitaban el desplazamiento de los hombres y la circulación de las cosechas. Maíz, calabaza, frijol, jitomate y chile producidos en abundancia constituían la alimentación cotidiana de los mexicas. Los recursos de lagos y jardines fueron la inspiración para una cocina creativa: *omelettes* de huevos de mosca, ranas en salsa picante, ajolote con chile amarillo —el ajolote "tiene pies y manos como lagartillas y tiene la cola como anguila"[2]—, acociles asados —especie de camarón de agua dulce—, *amilote,* pescado blanco de delicada carne... México-Tenochtitlan era entonces, por lo menos en este aspecto, un milagro del agua. Esta simbiosis con el ambiente acuático debió de marcar de manera duradera a la ciudad prehispánica y acentuar su singularidad original puesto que, por definición, el *altepetl* era un tejido de casas y sembradíos, sin frontera que separara la ciudad del campo.

Pero esta civilización lacustre no habría tenido más que un pobre bagaje sin la lección de los años vividos en las grandes ciudades del valle. Antes de establecerse en los islotes, mientras el grupo de migrantes y mercenarios vagaba por las orillas del lago, tuvo tiempo de asomarse a la civilización urbana. Durante los siglos XIII y XIV las restricciones de la vida sedentaria, el abecé de la urbanización y la administración de un pueblo, la disciplina de la vida urbana dejaron huella en las primeras generaciones de mexicas. Los hombres trabajaban como mercenarios o jornaleros en los diques destinados a contener el agua de los lagos para los señoríos del valle. En el peor de los casos, cuando los hacían prisioneros, terminaban sus días como esclavos o como víctimas en la piedra de sacrificios. Las mujeres mexicas trabajaban como domésticas o se volvían concubinas de los poderosos vecinos que las alimentaban y acogían a su prole. Sufridas o deseadas, estas alianzas hicieron que los mexicas descubrieran los pros y los contras del mestizaje. No era la primera vez que vivían dichas experiencias. Lejos estaban de ser las últimas.

[2] Sahagún (1977), III, p. 262.

Estos retos e incertidumbres acapararon a varias generaciones. Al irse consolidando la posición de México-Tenochtitlan, la independencia y la seguridad de sus habitantes aumentaron progresivamente. Para compensar las desventajas del lugar había que buscar recursos en el exterior y procurarse botines de guerra. Para poner un alto a las vejaciones perpetradas por sus vecinos, el grupo reforzó su estructura política y se procuró dos jefes supremos, los *tlaloque*.

Con el siglo xv llegaron la independencia y la escalada. Gracias a su alianza con Azcapotzalco, la metrópoli tepaneca, luego estimulada por la creación de la Triple Alianza (1428), México-Tenochtitlan subió de rango: de población satélite a auxiliar y luego líder de la región. En ese momento tiene lugar una primera metamorfosis: el flujo de tributos, las campañas de construcción y el incremento de provisiones favorecieron el crecimiento de la ciudad, todo acompañado de profundas transformaciones sociales. La posición de la nobleza y del linaje gobernante se consolidaron; una compleja estratificación remplazó la situación de los primeros tiempos; contingentes cada vez más grandes de artesanos se establecieron en la ciudad con el fin de responder mejor a las necesidades del comercio a gran escala y a las exigencias suntuarias de la nobleza. Inmigración y mezcla se multiplicaron. El paisaje urbano se asentaba.

Bajo el reino de Ahuízotl (1486-1502), México-Tenochtitlan adquirió su apariencia definitiva. La ciudad se parecía a un inmenso parque con sus calzadas plantadas de árboles y de flores, sus camellones dedicados al cultivo de maíz, calabaza y frijol: nostálgico, un escritor mexica de la época española se acordaba: "Del laberinto, huerto florido, deleitoso y alegre que daba contento al verle".[3] En pleno verano, cuando terminaban las lluvias, el perfume de la tierra mojada invadía la ciudad, y la luna hacía brillar el follaje húmedo al borde de los canales prestos a desbordarse.

UNA VIDA INCIERTA

Al mismo tiempo que ofrecía sus recursos alimenticios y su muralla acuática, el medio lacustre se reveló como una fuente de peligros y catástrofes sufridas por las clases bajas. Peligro, por ejemplo, de las emisiones saladas despedidas por la descomposición de los feldespatos sódicos y potásicos al contacto con el agua de los lagos. En la época de secas, los fondos más bajos del valle recibían el agua dulce de los lagos de Chalco y Xochimilco. Pero en la época de lluvias, en un movimiento inverso, el agua salobre invadía los estanques de agua dulce. Entonces, el noreste de Tenochtitlan corría el riesgo de quedar sumergido y las chinampas destruidas por esas inundaciones. Una política para impulsar grandes obras movilizó cuantiosas cantidades de energía, con resultados dispares. Cuando los diques y las calzadas entrecortadas de puentes no lograban controlar las variaciones de nivel, el agua salada corrompía a la dulce.

Más grave aún. Repetidas veces, las inundaciones ahogaron a las chinampas y devastaron la ciudad: ca-

[3] Fernando Alvarado Tezozómoc, *Crónica mexicana*, Porrúa, 1980 (1598), p. 559.

sos notables de ello sucedieron en 1328, 1449 y 1500, cuando el soberano Ahuízotl hizo construir un acueducto cuyo funcionamiento tuvo repercusiones catastróficas. El agua, aquella ocasión, estuvo a punto de borrar a la ciudad de la superficie del lago, arrasando las construcciones y llevándose a muchos habitantes.

Para luchar contra la amenaza de las inundaciones, las autoridades levantaron unas represas. Los "ingenieros" perfeccionaron su conocimiento de las técnicas hidráulicas y explotaron a las cohortes de jornaleros que los pueblos satélites proporcionaban. La construcción del Albarradón —una muralla de veinte metros de ancho y de una docena de kilómetros de largo— fue una de las obras más audaces en este ámbito. Igual que el acueducto de Chapultepec, que proveía a México-Tenochtitlan de agua potable. Sin embargo, el peligro del agua nunca fue eliminado. El universo acuático que rodea a la ciudad podía ser el espejo impasible donde centellea la luz solar y también el teatro del repentino furor de las mareas.

Otros males agobiaron a los habitantes. A mediados del siglo XVI, malas cosechas seguidas de heladas y, excepcionalmente, de nevadas, llevaron a la ciudad al borde del abismo. Los árboles se deterioraron y las casas se cayeron. El hambre diezmó a la población y obligó a los sobrevivientes a venderse en los mercados de esclavos. Los pueblos del golfo de México, a salvo de la crisis, compraban niños y niñas por apenas algunas centenas de mazorcas.[4] En esa época, a pesar de su crecimiento, la joven capital no disponía aún ni de las

---

[4] Davies (1973), pp. 91, 195-196, 93; Musset (1992), p. 140.

reservas ni de la infraestructura que le permitiera vencer tales crisis.

HERMANOS ENEMIGOS

A las agitadas relaciones entre las grandes ciudades del valle se agregaron los conflictos surgidos de la convivencia que se imponía a los diferentes grupos establecidos en los islotes. El *altepetl* mexica estaba dividido en secciones —o *calpulli*— bajo la dirección de un jefe y la protección de una divinidad particular, el *calpulteotl*. Cada sección administraba sus asuntos internos y explotaba la tierra que cubría la subsistencia de sus familias, así como las necesidades de la administración comunitaria.

Cerca de sesenta años después de la fundación oficial, hacia 1392, un clan se separó y se instaló en el islote del norte, el de Tlatelolco. Los dos grupos se dividieron de manera amistosa los derechos de pesca en el lago de Texcoco. A Tlatelolco le tocaba la parte occidental, ahí donde siglos más tarde reclamaría sus derechos inmemoriales. A pesar del acuerdo, fricciones y rivalidades no cesaron hasta dividir los dos establecimientos insulares. En 1473, una guerra civil terminó oponiendo a tlatelolcas y tenochcas, poniendo en peligro la suerte del conjunto insular. Al son de tambores, clarines y conchas marinas, estos combates figuran entre los raros enfrentamientos militares que conoció la ciudad de México a lo largo de su historia: la toma de la ciudad por Cortés en 1521, la invasión norteamericana en 1847 y, más cerca de nosotros, la Revolución fueron los únicos sucesos comparables con la guerra de 1473. La anexión de Tlatelolco puso término a la autonomía de esa segunda ciudad que, como Tenochtitlan, había construido sus templos, su plaza y su mercado.

Durante un episodio que se volvió famoso, las mujeres de Tlatelolco se abalanzaron completamente desnudas al encuentro de los agresores tenochas, seguidas de un batallón de niños ataviados de igual manera: el cuerpo untado de pez y la cabeza cubierta de plumas. En un gesto desesperado, las mujeres salpicaron a los mexica-tenochas con la leche que exprimían de sus pechos. Sin éxito. Los jefes de Tlatelolco se refugiaron en lo alto del santuario de Huitzilopochtli, donde Axayácatl los capturó y los mató. Los sobrevivientes tuvieron que soportar los caprichos de Tenochtitlan, pagar un pesado tributo y permitirles saquear Tlatelolco, asistiendo al asalto desde los canales donde estaban refugiados. Para humillarlos más, los vencedores los forzaron a cantar, desde donde se encontraban, "como tordos y [que] raznasen como urracas, y que arremedasen a los patos y ánsares".[5] Los tlatelolcas dejaron de ser, para siempre, los iguales de sus parientes tenochcas. Un siglo más tarde, bajo la dominación española, el recuerdo de la humillación aún estaba candente: los indios de Tenochtitlan seguían llamando a sus vecinos "graznadores y remedadores de aves marinas y tordos".

No obstante, la victoria de Tenochtitlan no abatió completamente a su contrincante. Durante siglos, el barrio de Tlatelolco conservó una personalidad propia que las autoridades españolas confirmaron cuando

[5] Durán (1967), ii, pp. 262-265.

crearon la parcialidad de Santiago Tlatelolco. Ese barrio ha conservado durante mucho tiempo una vocación comercial mantenida por el espíritu empresarial de sus vendedores y la vitalidad de un mercado que fue el más frecuentado de toda la región.

La mayoría de la población de México-Tenochtitlan se componía de artesanos, de guerreros y de comerciantes. La actividad agrícola se reducía al cuidado de las chinampas, las cuales, con la pesca y la recolección de hierbas e insectos, completaban la alimentación de los habitantes. Lo esencial del abastecimiento provenía de los tributos que confluían de toda la región central de México y aseguraban a los ciudadanos, cualquiera que fuera su origen, un nivel de vida relativamente privilegiado. A cambio de ello, los nobles y los sacerdotes que dominaban la ciudad imponían a la población una estricta disciplina. No debía de ser fácil la convivencia con varias centenas de miles de personas. El control de una población tan grande en un sitio tan frágil explica tal vez este rigor totalitario.

La gente del pueblo frecuentaba desde la infancia establecimientos escolares en que se impartían a los niños rudimentos de educación y de formación profesional. Estos colegios les inculcaban, por encima de todo, la obediencia. Los testimonios —todos son posteriores a la conquista española y, en su mayoría, susceptibles de idealizar el pasado— insisten en la disciplina y el encuartelamiento de las masas. Indígenas, autores de memorias y cronistas españoles no agotan los elogios sobre esta sociedad casi perfecta —casi, porque les faltaba la fe cristiana— en la cual los niños obedecían a sus padres, las mujeres a sus maridos, los súbditos a sus príncipes y la ciudad a sus dioses. En vísperas de la conquista española, esta joven sociedad urbana —con apenas dos siglos de edad— parecía vivir absorta por los rituales y modelada por reglas intangibles.

Esta armonía dependía igualmente de mil gestos cotidianos que había que hacer o evitar. La vida en México-Tenochtitlan no sólo estaba acompasada por ceremonias grandiosas; también se encontraba atrapada en una madeja de prohibiciones, creencias y obligaciones que la mayoría de la gente parecía observar escrupulosamente. La fractura del metate —piedra para moler— anuncia infaliblemente el deceso de uno de los habitantes de la casa. Una joven que come de pie se casará fuera de la comunidad. Cuando tiembla, se recomienda a los padres que tomen a sus hijos por el cuello para que crezcan más rápido: "Si no toman al niño por el cuello, se lo llevará el tiemblor". En esa misma ocasión, se rocía de agua la casa, los pilares y los graneros para proteger del temblor a la morada.[6] Una miríada de curanderos, magos y parteras ponen a disposición de quien quiera partes de los conocimientos esotéricos que detentan los sacerdotes de la ciudad. Estos eternos proveedores de esperanza conocen los remedios tranquilizadores, los buenos efectos del tabaco, los secretos de plantas y brebajes que curan. Como si bastara con seguir estos caminos inmemoriales y eclipsarse ante la

---

[6] Alfredo López Austin (comp.), *Textos de los informantes de Sahagún. Augurios y abusiones*, México, UNAM, 1969, pp. 93, 75.

colectividad. Los fantasmas de la armonía perdida que despiertan en nosotros el mundo indígena y la literatura etnográfica quisieran que así hubiera sido.

Evidentemente no era así. Los bellos discursos edificantes a veces provocaban la risa y la irreverencia de los asistentes. Algunos indicios revelan la presencia de individuos o grupos que rechazaban el orden establecido y cuyo comportamiento contradecía las enseñanzas antiguas: espíritus rebeldes, mujeres de mala vida, adúlteros, sodomitas y lesbianas, esclavos insumisos destinados a morir sacrificados, borrachos empedernidos e incluso consumidores de alucinógenos. Algunas menciones esbozan la silueta de esas prostitutas que ennegrecen sus dientes y mascan chicle sin cesar: recorren las calles y los mercados llevando la flor *poyomatli* de efectos afrodisiacos. El temor al travesti "provocador, repugnante, asqueroso" acomete a las almas buenas, espantadas de ver a jóvenes presas de la embriaguez, arrastrados por el *tlapatl (Ricinus communis)*, la hierba *mixitl* o los hongos.[7] Incluso si la sociedad mexica tolera la prostitución sagrada y estimula el consumo de alucinógenos en los banquetes de la nobleza, reprueba las conductas que eluden las reglas, sin por ello lograr extirparlas de la vida cotidiana.

La represión cotidiana está rodeada de una brutalidad extrema. La muerte castiga a los sodomitas así como a los adúlteros, a los borrachos y a los ladrones. Pero las formas de crueldad que la ciudad acostumbra no se restringen a la violencia sufrida por delincuentes

---

[7] Alfredo López Austin, *Cuerpo humano e ideología. Las concepciones de los antiguos nahuas*, t. II, México, UNAM, 1980, pp. 274, 275, 276.

y disidentes. La agresividad estalla regularmente alrededor de los templos, en las calles de la ciudad y sobre sus canales. Los grandes rituales no se limitan al despliegue de la violencia sacrificial durante las celebraciones, cuya frecuencia y amplitud ya hemos recordado. Los sacerdotes envían regularmente a bandas de guerreros y de jóvenes que recorren los barrios tranquilos. Sin alcanzar a poner en peligro su vida, las víctimas de estas bandas son humilladas, despojadas de sus vestidos, golpeadas. Estas vejaciones tienen un significado religioso, pero no es raro que se transformen en verdaderas extorsiones padecidas por los más desamparados: en particular cuando los arrogantes guerreros o las prostitutas sagradas, dominados por una rabia desenfrenada, arrancan a sus víctimas costosas ofrendas de maíz y de chocolate.

La violencia ocurre también en los mercados, donde frecuentemente las mujeres se pelean por mercancía estropeada o por "pleitos de vecindad". El abuso de pulque —jugo fermentado de agave— provoca riñas a pesar de las numerosas advertencias de los educadores y los ancianos. Algunas tolerancias, moduladas según la edad y el sexo, que se combinan con castigos espectaculares, resultan impotentes para contener el fenómeno. El alcoholismo parece ser, incluso, uno de los escollos con que tropieza la sociedad, sin lograr superarlo nunca. Para los mexicas, el consumo excesivo y desordenado de pulque no alimentaba únicamente la obsesión de la descomposición social: también abría la puerta al desencadenamiento incontrolable de las fuerzas oscuras del más allá.

En vísperas de la conquista española, ¿era monstruoso el tamaño de la ciudad al grado de volverla menos gobernable, o incluso ingobernable? En los primeros años del siglo XVI, los trescientos mil habitantes que se amontonaban ahí, ¿vivían una crisis que se traduciría en el endurecimiento de las jerarquías, en una parálisis de la movilidad social que iría en detrimento de los más desamparados?

Se pretende que Moctezuma II tomó medidas favorables a la nobleza y que al mismo tiempo se opuso al ascenso del grupo de los grandes comerciantes pochtecas, cuya creciente prosperidad amenazaba la posición de los guerreros. Es grande la tentación de hacer de Tenochtitlan una ciudad en crisis, víctima de una fractura social, a punto de caer como un fruto maduro en las garras de los conquistadores. Pero es difícil tomarle el pulso a una sociedad que no dejó ningún testimonio escrito y que no conocemos más que a través del cataclismo suscitado por la invasión española.

A lo mucho, es posible dar cuenta de los insistentes rumores que agitaron a la ciudad a principios del siglo XVI. Una angustia sorda se apoderó de una ciudad presta a recoger y comentar todo tipo de prodigios que espantaban a la gente. También en esta ocasión, la memoria de los informantes pudo exagerar o dramatizar una situación proyectada mucho después bajo la perspectiva de la conquista española. Es indudable, sin embargo, que los comerciantes pochtecas traían de Guatemala y del golfo de México un rumor que se refería a extraños navíos y a criaturas más sorprendentes todavía. Recordemos que en 1510, nueve años antes de la invasión de México, los españoles ya estaban sólidamente establecidos en el Caribe, en La Española (Haití), en Cuba y en la región de Panamá. La circulación de europeos sobre esas aguas tropicales se remontaba al primer viaje de Colón (1492). Ello no podía pasar inadvertido eternamente a la atención de enviados y espías de México-Tenochtitlan. Podemos imaginar los conciliábulos sostenidos en los barrios de Cuepopan, Atzacoalco y Zoquiapan alrededor de los comerciantes recién llegados del este.

La sorpresa que causaron esos movimientos misteriosos sobre el mar del este coincidió con una larga serie de prodigios que se quedaron grabados en la memoria: se trataba de animales misteriosos, de una piedra que hablaba en las obras de construcción, de una flama parecida a "una espiga de fuego"[8] que produjo un tumulto general y comentarios sin fin. El incendio del templo de Huitzilopochtli sólo dejó un montón de cenizas. Un rayo fulminó el templo del dios del fuego, Xiuhtecutli. Un cometa propagó el terror. El agua de la laguna se convirtió de pronto en una fuerza destructora. Los gritos insoportables de una mujer en las noches quejándose de la suerte de sus hijos confirmaban esas inquietantes señales. Finalmente, se reportó la captura de una grulla con un espejo "en su mollera". En ese espejo, Moctezuma habría visto tropas de guerreros sobre animales semejantes a los ciervos. Imagen extraña que se volvió premonitoria de la irrupción de los conquistadores montados en sus aterradores caballos.

[8] Sahagún (1977), IV, p. 81.

TERCERA PARTE

MÉXICO,
UNA CIUDAD MESTIZA

IX. EL IMPOSIBLE "APARTHEID"

En noviembre de 1519 los españoles entran por primera vez a México-Tenochtitlan; en agosto de 1521, ya son los amos de la ciudad. Los vencidos sufren en carne propia el episodio de la conquista. La devastación, las pérdidas humanas, la instalación de los vencedores, la destrucción de México-Tenochtitlan, centro del universo, trastornan a los sobrevivientes. La humillación de la derrota aplasta a la población. Esta vez, sin embargo, los vencedores no son otros indios. Esta vez es el sentido de las cosas que vacila, a medida que el yugo prehispánico se deshace con su austera pesadez y sus tranquilizantes rutinas.

Sin embargo, nada es más falso que imaginar un mundo precipitado instantáneamente en el otro. Cataclismos más recientes —en Europa oriental por ejemplo— nos enseñan a distinguir mejor entre el ruido de los sucesos y los derrumbes complejos, y a veces multifacéticos, que estas rupturas desencadenan o acompañan. En la ciudad de México, la victoria militar es fundadora —la ciudad hispánica nace de la guerra—, pero ello no borra de un solo trazo sangriento todo el pasado indígena. Durante decenas de años, los indios y las indias educados antes de la conquista conservan en ellos y a su alrededor trozos enteros del mundo desaparecido, mientras que los invasores siguen siendo europeos durante mucho tiempo aún, alejados de sus raíces ibéricas, dudando en quedarse e inciertos sobre su destino.

El enfrentamiento de dos mundos —indios contra españoles— no se limita tampoco a una convivencia distante. Eso sería un atajo simplificador, peligrosamente maniqueo. En la ciudad de México, campo de observación excepcional, los dos universos se desgarran, entrechocan, se transforman mutuamente y, a la fuerza, coexisten.

De todo ello se desprende una dinámica irresistible, incontrolable e ininterrumpida que va aniquilando vidas, referencias y pasados para engendrar una ciudad nunca vista, la primera ciudad americana.

El caos

La ciudad del Renacimiento nace del caos. Las últimas semanas del sitio y los meses que siguen a la toma de la ciudad mexica tienen tintes apocalípticos. El cronista franciscano Motolinía nos lega una descripción impactante, al comparar las calamidades que se abatieron sobre México-Tenochtitlan con las plagas de Egipto descritas en el Antiguo Testamento. Sus habitantes mueren asesinados sobre los campos de batalla y los lagos, masacrados entre los escombros, exterminados por el hambre. El fraile evoca con imágenes de una negrura lancinante, "el agua cenagosa de la laguna de México [...] en la cual andaban los muertos hinchados, sobreaguados, a manera de ranas tienen los ojos salidos del casco, sin cejas, ni cobertura, tirando a una parte y otra [...]. Y andaban sus cuerpos en el agua como en tierra, hediendo como pescado hediondo, de lo cual muchos enfermaban".[1]

Con más fuerza aún, los vencidos expresan su desasosiego. Un testimonio irremplazable nos entrega la visión de los indios de Tlatelolco:

Con esta lamentosa y triste suerte nos vimos angustiados,
En los caminos yacen dardos rotos.
Los cabellos están esparcidos,
Destechadas están las casas,
Enrojecidos tienen sus muros.
Gusanos pululan por calles y plazas
Y en las paredes están los sesos.[2]

Un espantoso olor de podredumbre flotaba sobre la ciudad. Cuauhtémoc, el antiguo gobernante de México-Tenochtitlan, pidió a Cortés la autorización de hacer evacuar la ciudad. Durante tres días, columnas de hombres, mujeres y niños, esqueletos amarillentos, cuerpos sucios y extraviados se arrastraron por las tres calzadas que unían México-Tenochtitlan con la tierra firme. Después de este éxodo, no quedó más que un puñado de infelices, incapaces de desplazarse: "Lo que purgaban de sus cuerpos era una suciedad como echan los puercos muy flacos que no comen sino hierba".[3] De tanto desfondarse en combates y destrucciones, el suelo de la ciudad parecía un campo arado. Sus habitantes habían arrancado todas las plantas comes-

---

[1] Motolinía (1971), pp. 24-25.
[2] "Relación de Tlatelolco", en *Anales de Tlatelolco. Unos anales históricos de la nación mexicana* y *Códice de Tlatelolco*, versión de Heinrich Berlin, México, Porrúa, 1980, pp. 70-71.
[3] Díaz del Castillo (1958), II, p. 65.

tibles hasta la raíz y desprendido la corteza de los árboles para cocerla. No había una sola gota de agua potable. Cortés ordenó inmediatamente que se limpiara la ciudad: los sobrevivientes tuvieron que despejar los cadáveres y los escombros, restablecer el abastecimiento de agua, asegurar los arreglos de calzadas y puentes.

Pero la desaparición del tesoro de Moctezuma era lo que más preocupaba a los conquistadores, obsesionados con las imágenes de oro y plata con las que habían soñado a todo lo largo de los combates. Muchos se sumergían en el lago para recuperar algunas piezas desprovistas de valor. Los tormentos infligidos a Cuauhtémoc y al señor de Tacuba no revelaron ningún secreto. Sólo descubrieron, en el palacio del soberano caído, disimulados en el fondo de una pila, un sol de oro y algunas baratijas.

La construcción de la ciudad española costó miles de vidas humanas. Las avenidas hormigueaban de indios que escoltaban suministros y materiales para la edificación de las casas. Las columnas que se cruzaban provocaban interminables embotellamientos. Demolidos precipitadamente, los edificios prehispánicos se desmoronaban sobre los indígenas, cuyos cuerpos mutilados desaparecían enterrados bajo los escombros. El esfuerzo exigido a los indios era sobrehumano. Los hombres debían transportar todo sobre sus espaldas. Los equipos se relevaban día y noche y los himnos lúgubres que cantaban resonaban de un extremo al otro de la ciudad.

El paisaje urbano es, entonces, verdaderamente impresionante. Es una amalgama de ruinas y de obras en construcción donde los palacios indios se yuxtaponen a las residencias fortificadas de los vencedores, que empiezan a parecer fortines medievales. La residencia de Cortés se compone de un entrelazado de patios tan numeroso que Díaz del Castillo lo compara al laberinto de Creta: "En las esquinas de la residencia se levantaban cuatro torres mortíferas. Todo el edificio era de adobe con terrazas y la carpintería era de cedro".[4]

Lo nuevo linda con lo antiguo. No se sabe por qué milagro los trabajadores indígenas logran ejecutar las órdenes de los conquistadores, a quienes apenas comprenden, ni construir edificios europeos, de los que nunca habían visto ningún ejemplo.

En la ciudad conquistada por los españoles, el Templo Mayor sigue elevando su inquietante masa sobre las casas indicando, como hasta hace poco, el centro de la ciudad, del valle y del universo. El franciscano Motolinía confiesa no recordar el número de escalones que conducen hasta arriba del santuario, pero una imagen reconfortante se quedó grabada en su memoria: "La capilla de San Francisco que es de bóveda, y razonable de alta, subiendo encima y mirando a México, hacíale en alto mucha ventaja al templo del demonio, y era muy de ver desde allí a México y a todos los pueblos de la redonda".

Hasta 1525, los cultos indígenas continúan celebrándose. Los españoles están demasiado ocupados en reconstruir la ciudad para preocuparse por eso: "De esta manera se estaba la idolatría en paz".[5] Cabe pensar en esas ceremonias indias despojadas del sacrifi-

[4] Bernand y Gruzinski (1991), i, p. 334, y Díaz del Castillo (1968), t. ii, pp. 181, 276, 253-254 y 190.
[5] Motolinía (1971), pp. 83, 84.

cio humano, oficiadas a la ligera por falta de medios, ofrendas y alimentos suficientes. Es posible imaginar los santuarios en ruina, los altares improvisados, las estatuas extraídas con apresuramiento de sus escondites, en los que rápidamente se les disimula de nuevo. Y tal vez a algunos españoles que iban, por curiosidad, a burlarse de las "supersticiones e idolatrías" de los vencidos. El recinto sagrado de México-Tenochtitlan estará en lo sucesivo ocupado por los españoles, quienes se apresuran a construir ahí mismo palacios y capillas.

A partir de 1525 —cuatro años después de la caída de Tenochtitlan— los frailes prohíben todas las ceremonias públicas, lo cual no impide que los cultos paganos se perpetúen en la clandestinidad, aun con las mayores dificultades. Los sacerdotes indios se refugian en el campo y en las sierras escarpadas, donde escogen lugares fuera del alcance del clero español y de sus espías indígenas.

La guerra no fue la única manifestación de la muerte para los indios de Tenochtitlan. Los españoles eran portadores de gérmenes que, desde su primera estancia, contaminaron a la población sin perdonar a nadie. El soberano Cuitláhuac murió de viruela bastante antes de que la ciudad cayera. El cuerpo de las víctimas del *hueyzahuatl* (la gran lepra) aparecía cubierto de una especie de lepra y de sarna. Propagadas como un reguero de pólvora, las enfermedades de los conquistadores minaron la energía y consiguieron la victoria española de manera más eficaz que los cañones y los arcabuces. La muerte europea se establecía en la ciudad. Castigaría nuevamente a la ciudad de México en

1531, regresaría en 1532 y en 1538 antes de la espantosa peste *cocoliztli* de los años 1545-1548.[6]

Saldo de cuentas en Tenochtitlan

Durante los años 1520 no existe aún una sociedad colonial propiamente dicha. La ciudad vencida atraviesa por una era intermedia entre la época prehispánica y el arraigo definitivo de la dominación occidental, una transición hecha de improvisaciones, titubeos, de asuntos que resolver día con día. Raros son los españoles que, como Cortés, cultivan grandes proyectos para la ciudad. Es el tiempo de las "disputas y facciones" entre los invasores. Los españoles se desgarran entre ellos. La ciudad está sumergida en una atmósfera de *western* anticipado, que hace de ella una presa fácil de devorar para los indios que la rodean. Lo cual, de hecho, pensaron varias veces.

El reparto del botín sembró inmediatamente la cizaña en las filas de conquistadores. Se acusó a Cortés de estar concertado con Cuauhtémoc para esconder el tesoro de Moctezuma y saquear todos los objetos de valor para su gente. Mientras se terminaba la construcción de su palacio en la ciudad de México, el conquistador se estableció al sur de la ciudad, en el pueblo de Coyoacán, donde ocupaba una residencia cuyos muros había mandado blanquear con cal. Todas las mañanas, sobre los muros resplandecientes de blancura, aparecían *graffiti* en prosa y en verso llenos de alusiones

---

[6] Gibson (1964), p. 468.

al oro de Cortés y a su voraz ambición: "No somos los conquistadores de Nueva España sino los conquistados de Hernán Cortés, ¡Oh, qué triste está el ánima mea hasta que todo el oro que tiene tomado Cortés y escondido lo vea!" Es probable que éstos fueran los primeros *graffiti* políticos en la historia de la ciudad.

Las facciones dividían el bando español. En varias ocasiones estuvieron a punto de precipitar a la ciudad en una guerra civil. El "clan de Medellín", integrado por españoles originarios, como Hernán Cortés, de esa ciudad de Extremadura, abusó de la generosidad del conquistador. Resentidos, los rivales de Cortés buscaron eliminar por todos los medios posibles al molesto vencedor. Asesinatos, envenenamientos con arsénico, muertes dudosas atribuidas a la sífilis, desapariciones misteriosas, denuncias, chismes de todos tipos mantenían una tensión insoportable. El emperador Carlos V estaba demasiado lejos para hacer sentir su autoridad e intervenir con eficacia.[7] En la nueva ciudad, los representantes de la corona brillaban por su corrupción y su descaro: "No residían en sus oficios ni se sentaban en los estrados todos los días que eran obligados y se andaban en banquetes y tratando en amores y en mandar echar suertes".[8]

El desorden administrativo se sumaba a las vacilaciones y debilidades del poder local. ¿Cómo montar de principio a fin una administración en esa ciudad que, a pesar de las pérdidas experimentadas por los indios,

[7] En esa época, los asuntos de la ciudad de México se trataban en Bruselas, en el mejor de los casos en Sevilla o en Barcelona, con retrasos considerables.

[8] Díaz del Castillo (1968), II, pp. 275, 273, 292.

seguía teniendo una aglomeración considerable? ¿Qué poder debía ejercer la municipalidad española de la ciudad de México sobre el resto del territorio? ¿Había que hacerse independientes ofreciendo la corona a Cortés o llamar a la ciudad de México a algún príncipe de la familia real e imperial, como lo sugerían ciertos frailes? Haciendo de la ciudad de México la "cabeza de la Nueva España", Cortés tomaba una decisión crucial. Pero vista a corto plazo, ésta era sólo una iniciativa más cuyo desenlace dependía de la posición y del destino del conquistador.

Los españoles de la ciudad México disponían de una autonomía de facto. Los conquistadores y los nobles acostumbraban reunirse en un edificio donde hicieron su modesta catedral y la primera sala de reunión política de la ciudad. La asamblea votaba sobre cuestiones de importancia, pero la mayor parte del tiempo las reuniones degeneraban, indiferentes a la sacralidad del lugar. Al desorden de las intervenciones se agregaban el escándalo y las vociferaciones de los intrusos. Esta efervescencia recordaba a los contemporáneos las revueltas urbanas que habían quebrantado el trono de Castilla a principios de los años 1520.

A todo lo largo de esta década y durante al menos una parte de los años 1530, el miedo a una rebelión india atormentó a los conquistadores al punto que muchos prefirieron buscar fortuna bajo otros cielos. Los rumores corrían a buen paso. La devoción que los caciques de la ciudad de México tenían por Cortés era alarmante: ¿estarían los indios dispuestos a tomar las armas bajo las órdenes del conquistador y a exterminar a sus adversarios? ¿Volverían a practicar el sacrificio humano y el canibalismo? Inquieta por su futuro, la ciudad española seguía pareciendo un campo atrincherado, siempre en alerta. Los monjes franciscanos utilizaron su autoridad para calmar el juego, pero sus lazos privilegiados con el partido de Cortés desencadenaron la animosidad de sus rivales. Por su parte, conquistadores y altos funcionarios esparcían el rumor de que los frailes tramaban una rebelión con apoyo de los indios. El colmo de la confusión fue cuando el obispo franciscano Juan de Zumárraga puso en entredicho a la ciudad, privándola de servicios religiosos (1529).

EL REINO DEL DINERO

Los indios no se rebelaron nunca. Cortés regresó a España. Carlos V impuso su ley y su administración. Los frailes triunfaron. Pero la ciudad de México no era una ciudad cultivada ni estudiosa. La importación del Renacimiento, los libros y los estudios no concernían más que a una franja ínfima de la población de la ciudad, el círculo de frailes, clérigos y sus discípulos indígenas. El establecimiento de la imprenta y la universidad no influyó en absoluto en la vida de la mayoría de los primeros europeos instalados en México. Como todos los intelectuales, harto de no tener ni un quinto, Francisco Cervantes de Salazar denunció el poder del dinero: "En tierra donde la codicia impera, ¿queda acaso algún lugar para la sabiduría?"[9] Cincuenta años más tarde, el alemán Heinrich Martin se quejaría en los mismos términos.

[9] Cervantes de Salazar (1982), p. 19.

En la ciudad de México, a principios de los años 1540, el consumo es rey: "Más se gasta en la ciudad de México que en dos ni tres cibdades de España de su tamaño: cáusalo que todas las casas están muy llenas de gente, y también que gastan largo".[10] Estos europeos no piensan más que en hacer fortuna y en llevar un ritmo de vida europeo. Pocos —y ya es mucho decir— lo logran, pero todos sueñan con ello, listos para retomar el camino hacia horizontes fabulosos. En las primeras décadas, los rumores, los proyectos y los preparativos de las expediciones ponen a la ciudad en ebullición: las islas del Pacífico, la ruta hacia China o Japón, la frontera norte de México —de entonces datan los primeros espejismos suscitados por California y el sur de lo que después sería Estados Unidos— excitan suficientemente la imaginación para seducir a los grandes inversionistas: Cortés, el virrey, la familia Alvarado. Desde el siglo XVI, ricos o desprovistos de dinero, los españoles de la ciudad de México aprenden a poner los ojos en el norte.

¿Quiénes son estos españoles? Soldados retirados, burócratas sedientos de ganancias, comerciantes ávidos de provecho. De ahí el lujo escandaloso de las residencias, donde se amontonan tapices preciosos, brocados, cofres de marquetería, vajillas de oro y plata. La decoración de los aposentos de Cortés es aún más sorprendente puesto que es totalmente importada de Europa:

otro paño tapiz de figuras, demediado e sin seda e con tres figuras de elephantes [...] otro paño tapiz de figuras e

[10] Motolinía (1971), p. 200.

arboleda, demediado e sin seda [...] otro paño tapiz de figuras y unos órganos figurados en él [...] otro [...] con un
grifo e un león e ciertas aves [...] otro [...] con una figura
de hombre desnudo e una capa azul echada por el hombro derecho, e al pie dél, tres figuras de los tres vientos
[...] otro [...] con un rey figurado en lo alto del paño [...]
y el Dios Cupido a sus pies [...] una alhombra mas que
demediada, con diez ruedas en ella, de colorado e verde,
con el acenefa de azul e verde e naranjado, que tuvo de
largo cuatro varas, e de ancho dos varas [...] otra alhombra azul, nueva, con el acenefa de amarillo como encarna-
do [...] otra alhombra verde con diez ruedas en ella, nueva, con el acenefa de lo mismo".[11]

Elefantes, grifos y cupidos debían sorprender a los
domésticos indios, quienes manipulaban esos inmensos tapices preguntándose cómo sería una tierra que
podía alojar criaturas tan extraordinarias.

Fuera de esos objetos de lujo importados a precio
de oro, las grandes residencias alojan a poblaciones
mixtas. Es posible encontrar harenes mal disimulados:
sirvientas indias, esclavas negras, camareras, concubinas de un día, amantes mimadas o desatendidas. Estas
mujeres rodean a la que, bajo la presión de la Iglesia,
había que resignarse a traer de Europa o a desposar: la
dama española, dueña del lugar con tal de que quiera
adaptarse a esa sorprendente babel doméstica. Porque, ¿cómo resistirse a ese despliegue de riqueza? Los
vestidos de fiesta están a la altura del lujo de los interiores: las damas portan "carmesí, y sedas y damascos
y oro y plata y pedrería".[12]

[11] Cortés (1963), pp. 231-234.
[12] Díaz del Castillo (1968), ii, p. 313.

Como el oro y la plata faltan menos que las distracciones, el juego recluta cantidad de adeptos. La ciudad del Renacimiento es también un enorme garito. Cortés jugó tales sumas que fue sancionado por las autoridades, que lo condenaron a pagar una multa considerable. El primer virrey, Antonio de Mendoza, se inquietaba por tales excesos: "Una de las principales cosas que en esta tierra destruye a las gentes, especialmente a mercaderes, es el juego por ser muy desordenado". El virrey incluso trató de prohibir todos los juegos de cartas.[13]

Nada cambió. Públicas o clandestinas, las casas y las salas de juego prosperaban. Se les llaman garitos o tablajerías. Pero también se jugaba a puerta cerrada, en las casas comerciales y las tiendas. Ahí se encontraban comerciantes, aventureros y jugadores empedernidos como ese Gaspar de Tapia apodado, y con razón, *el Jugador*. Los clientes brindaban ruidosamente para festejar sus triunfos y derrotas comentando las últimas noticias de la ciudad, del país, de Perú y de España. Las autoridades trataron de poner un alto prohibiendo los dados, el *sacanete* —que se jugaba con ocho mazos de cartas—, el *tornillo, la dobladilla* —se doblaba la apuesta en cada turno— y limitando las apuestas a un máximo de seis pesos de oro común. Estaban autorizados o tolerados el *tres dos y as,* el *triunfo,* las *malillas* y el *ganapierde.*[14] La pasión del juego era tan común que, para ridiculizar a uno de los jueces más conocidos del virreinato, algún bromista ocultó un juego de cartas en

_____

[13] Paso y Troncoso (1939), III, p. 258.
[14] Luis Weckman, *La herencia medieval de México,* t. I, México, El Colegio de México, 1984, p. 173.

_____

317

una de las mangas de su vestido de jurista. Cuando el juez atravesaba la plaza mayor, las cartas cayeron al suelo una tras otra, dibujando una estela infamante de la que dicho personaje no logró nunca reponerse. Algunos días después una fiebre se lo llevó.[15]

La "república de indios"

Al día siguiente de la derrota, los nobles de Tenochtitlan solicitaron a Cortés que los soldados españoles les regresaran a sus esposas capturadas durante los combates o después de la rendición. El conquistador les permitió buscar a sus mujeres en los campamentos de los vencedores, pero la mayoría de esas indias se negaron a regresar con sus familias o con sus maridos. Algunas llegaron incluso a esconderse, otras no querían adorar más a los ídolos. Muchas ya estaban embarazadas. Los nobles mexicas no recuperaron más que a tres. Voluntariamente o no, con el choque de las armas y de la derrota, españoles e indias se mezclaron.

En la ciudad de México, como en el resto del Nuevo Mundo, la Iglesia y la corona española resolvieron separar a las dos poblaciones, distinguiendo la "república de indios" de la "república de españoles". Esta decisión respondió a razones militares y religiosas. Los conquistadores querían protegerse de una rebelión indígena y los misioneros querían proteger a los indios de los conquistadores. Concretamente, la separación se tradujo en una división de la ciudad: el centro, reservado para los europeos, y los barrios periféricos, asignados a la

[15] Díaz del Castillo (1968), II, p. 301.

población indígena. La zona india tenía dos sectores o parcialidades: San Juan Tenochtitlan, al sur de la ciudad española, y Santiago Tlatelolco, al norte. La administración española respetaba la bipolaridad prehispánica al conceder cierta autonomía administrativa a los notables indígenas. Esta política favoreció algunas continuidades institucionales de la época prehispánica. Así, San Juan conservó sus cuatro barrios: San Juan, San Pablo, San Sebastián y Santa María la Redonda. Es por eso también que en pleno siglo XVI se percibe el eco de viejas rivalidades entre Tlatelolco y Tenochtitlan. Éstas afloran hasta en prácticas tan banales como la reventa de ropa usada en los mercados de la ciudad: cada comunidad acusa a la otra de engañar a sus clientes.[16]

También debido a esa autonomía, la ciudad india continúa siendo, para nosotros y para los españoles, un universo opaco. Cincuenta años después de la conquista, un barrio indio como el de San Pablo conservaba sus subdivisiones tradicionales, es decir, su disposición en doce *tlaxilacales* (o barrios): tantos referentes culturales y tantos lugares de sociabilidad mantenidos cueste lo que cueste.

No sólo los autóctonos resuelven sus asuntos cotidianos entre ellos y a su modo, con su policía y sus jueces, bajo la dirección de caciques y notables que conservaron sus posiciones, sino que también los frailes franciscanos que están a cargo de sus almas hacen todo para aislarlos del resto de los europeos, cuando no del resto de la Iglesia. Son estos frailes quienes los educan,

[16] Silvio Zavala, *Asientos de la gobernación de la Nueva España*, México, AGN, 1982, p. 208.

quienes se ocupan del abastecimiento de las comunidades en tiempos de hambre; son ellos también quienes los curan en tiempos de epidemia. A la pantalla de las instituciones indígenas se agrega, entonces, el muro de sayal y de oraciones tendido por los franciscanos. La ciudad india no es ingrata, sabe movilizarse por sus frailes. En varias ocasiones estallaron pleitos entre los fieles indígenas y los curas enviados por el obispo para apropiarse de las parroquias franciscanas. El asunto se arreglaba a golpes, con piedras y palos.[17] Los indios no estaban dispuestos a cambiar el patrocinio de los poderosos monasterios por la tutela de un sacerdote secular, percibido como un ser ambicioso e ignorante de las costumbres indígenas. Los frailes apreciaban este apoyo y lograron conservar su grey hasta mediados del siglo XVII.

¿Cómo traspasar el velo que recubre a la ciudad india? Algunos testamentos redactados a petición de los indios más o menos adinerados ofrecen un puñado de información con la que hay que contentarse. Así, alguna información sobre la vivienda: las casas indias conservaban su forma tradicional: casas de una sola planta, algunas veces aderezadas con un piso más que daba a un patio cerrado, alojaban a una familia; a veces varias familias compartían una serie de edificios, discontinuos, dispuestos alrededor de un patio colectivo. Eventualmente, las chinampas ocupaban el resto del terreno, como un huerto. Una habitación colectiva —el *santocalli*— donde se acumulaban las imágenes de los nuevos dioses cristianos proveía las necesidades del

[17] *Descripción del arzobispado de México hecha en 1570,* Guadalajara, E. Aviña Levy, 1976, pp. 278, 272.

culto. Finalmente, otra sala, tal vez común al conjunto de casas, estaba reservada a las mujeres: en el *cihuacalli,* las indias se atareaban moliendo el maíz, preparando la comida y lavando la ropa.

Así, la casa india no resultaba desconcertante para el español recién llegado, acostumbrado a vivir en casas cuyas piezas daban a un patio interior, aunque, en general, éstas se comunicaban y se integraban en un espacio arquitectónico continuo.[18] Es comprensible que los barrios indígenas atrajeran a europeos en busca de hospedaje barato.

Si la vivienda india evoluciona poco, manifiesta algunas innovaciones: las puertas con cerradura, las ventanas hacen su aparición al mismo tiempo que algunos objetos europeos, como los cofres de madera adornados de herrajes y cerrados con llave. En cambio, el metate —piedra para moler el maíz— se dispone a enfrentar los siglos.

Esta mezcla de tradiciones e innovaciones es perceptible en el seno mismo de la comunidad indígena, cuya homogeneidad se cuartea a veces de manera espectacular. Desde los años 1550 estallan conflictos entre las autoridades tradicionales, mantenidas en sus puestos por la corona española, y los "nuevos artesanos" indígenas, iniciados en las técnicas europeas: carpinteros, sastres, zapateros, fabricantes de candelas. Las autoridades indias pensaban continuar, como en el pasado, imponiendo su gusto sobre la población que administraban. Treinta años después de la conquista española, el gobernador don Diego continuaba aprove-

[18] Lockhart (1992), pp. 64, 65.

chando los servicios que le ofrecían, en hombres y en especie, una decena de barrios de la ciudad. Pero los artesanos se rebelaron: juzgaron que esas tradiciones les impedían ejercer sus oficios a su gusto y resolvieron protestar contra las exacciones del gobernador indio y de quienes lo rodeaban: "Ha habido y hay gran desorden". Incluso se atrevieron a llevar sus diferencias fuera de la comunidad, delante de los tribunales españoles, al exigir el pago de sus salarios y la definición estricta de sus obligaciones. Esto fue una afrenta para don Diego. Los artesanos ganaron el pleito así como la libertad de ejercer su oficio al abrigo de los enredos de los notables de la ciudad india.

El repliegue de las autoridades indias sólo estaba empezando. El gobernador fue despojado del control, altamente lucrativo, de las obras públicas en los barrios de Santa María, San Juan, San Pablo y San Sebastián; se le prohibió deducir impuestos de los mercados de San Hipólito y de México, y se le impidió el uso de medidas españolas. La costumbre se sacrificaba en el altar de la libertad de mercado y de oficios. Las antiguas autoridades se resistieron todo lo que pudieron: en 1576 los artesanos de Tlatelolco volvieron a denunciar las exacciones de su gobernador[19] y de nuevo ganaron el pleito. Es por demás señalar que tal queja hubiera sido inconcebible antes de la conquista española. Los barrios indios de la ciudad de México eran presas de profundas mutaciones sociales.

La protección española no era desinteresada: los eu-

---

[19] Zavala (1982), pp. 233, 393 ; Silvio Zavala *et al., Fuentes para la historia del trabajo en la Nueva España*, t. I, México, CEHSMO, 1980, página 94.

ropeos pretendían apropiarse de los servicios y las ventajas de las que despojaban a los notables indígenas. Los jueces del tribunal de la Audiencia, así como los monasterios, estaban ávidos de mano de obra barata y de servicios de todo tipo, aun cuando la población indígena no dejaba de consumirse bajo el impacto de las epidemias.

La imbricación de las comunidades

En realidad, la separación de las comunidades fue, en parte, letra muerta. Desde los primeros años, la división en dos "repúblicas" se reveló impracticable. La mayoría de los españoles vivían rodeados de criados, esclavos, cocineros de origen indígena que vivían bajo su techo y cuyos patrones no tenían ningún interés en perder.

En sí mismo, el paisaje urbano recordaba la omnipresencia indígena. Situado en la calle de la Moneda, el obispado ocupaba un sitio sagrado prehispánico: lo que servía de entrada era parte de los vestigios del patio del templo de Tezcatlipoca. Un tramo de escaleras conducía a los aposentos del prelado. Las escaleras descansaban sobre la base de la pirámide, que era la planta baja del nuevo edificio. Este nivel se encontraba a la altura del primer piso de las casas que la rodeaban. En 1539, una torre de tres pisos coronaba la residencia, ofreciendo una amplia vista sobre la ciudad y sus alrededores. El interior de la morada tenía un salón de recepciones, algunos cuartos, una capilla adornada con pinturas de factura indígena. Como en cualquier otra casa, la residencia del prelado empleaba a indios e indias. Estos sirvientes trabajaban activamente en el patio, alrededor del cual estaban agrupadas la cocina, la lavandería para las sirvientas y esclavas —las mujeres tenían prohibido el piso superior—[20] y una pequeña caballeriza. También algunos negros y españoles y un cocinero asiático vivían permanentemente en la casa del obispo.

Tanto los frailes como los conquistadores no hubieran podido subsistir sin la ayuda cotidiana de la gran masa de indios. El monasterio de San Agustín empleaba cada semana los servicios de un zapatero indígena que se encargaba de reparar y coser los zapatos de los frailes. Músicos indios acompañaban las corridas con sus trompetas, sus sacabuches y chirimías. Otros indios fabricaban los juegos de cartas que enloquecían a los españoles.[21] Los artesanos europeos no podían arreglárselas sin aprendices ni ayudantes indios. El transporte, la limpieza de las calles, la venta ambulante movilizaban a cantidad de indígenas, presentes en cada esquina.

Como esta población india en realidad vive en el centro español, los límites oficiales entre la ciudad española —el centro delimitado por la traza— y los barrios indios no representan más que una frontera teórica, constantemente ignorada en los hechos. Además, desde la segunda mitad del siglo xvi empezaron a aparecer diferencias entre los barrios europeos. Alrededor de las calles del centro, que exhalan bienestar e inspiran los elogios de un Cervantes de Salazar, se

[20] Porras Muñoz (1988), pp. 63, 71.
[21] Zavala (1980), ii, p. 182; Zavala (1982), p. 378; Zavala (1980) iii, pp. 468-469.

desarrollan periferias más empobrecidas y más mezcladas étnicamente: es el caso de la parroquia de la Vera Cruz, donde hay algunos negociantes que viven del comercio de cacao y muchos "pobres". Un colegio destinado a los niños sin recursos y un hospital reservado a los indios indigentes dan el tono social.

La ciudad india no es tampoco hermética. A finales del siglo XVI, cantidad de españoles se han establecido en los barrios indígenas de México y de Tlatelolco. Sus razones son múltiples. A los encantos de los bajos precios —todo es más barato en los barrios indios, particularmente la vivienda— se agregan las ventajas del espacio: desde 1551, Diego de Vargas obtiene la autorización de instalarse en el barrio indio de Santa Catarina para ejercer el oficio de alfarero —produce cerámica barnizada de Talavera— bajo el pretexto de que necesita vastos terrenos para construir sus hornos. En los años 1580, las autoridades indias de Santiago Tlatelolco luchan para impedir la apertura, en su territorio, de tabernas atendidas por españoles, mestizos o mulatos. Frente a esta intrusión, los indígenas tienen que mudarse, por las buenas o por las malas, "despoblando" las zonas que se les habían asignado.[22]

El antagonismo entre indios y europeos desencadenó una competencia desenfrenada en el mercado de trabajo. Desde los primeros años, muchos indios se ponían a espiar a los artesanos españoles —con la ayuda de los frailes si era necesario— para copiar las técnicas y los trucos de los nuevos oficios, ya se tratara del trabajo del cuero, de la lana o del hierro. Algunos sastres,

---

[22] Zavala (1982), p. 234; Zavala (1980), III, p. 410; AGI, *México*, 23.

como el indio Pedro de Santiago de Tlatelolco, eran perfectamente capaces de cortar trajes, sayales o jubones de mantas de la tierra. Los indígenas producían más rápido, mejor y a menor precio.

La respuesta de los españoles no se hizo esperar. Los zapateros indios que confeccionaban "xaquimas, cabrestos, sueltas" tuvieron muchos problemas con los españoles, quienes se apropiaban de sus bridas o se las arrancaban a un precio ridículo antes de revenderlas tres veces más caras en sus tiendas. Un grupo de sastres y de calceteros indígenas había abierto varios puestos cerca de la cárcel de la ciudad de México. "Allí le llevan sayo y calzas y otras ropas que cosen" enfrentándose, como los otros, a las artimañas de los españoles. Pero ellos también terminaron por ganar el pleito ante el virrey, quien se preocupaba por imponer la libertad de trabajo.

MESTIZOS Y MESTIZAJE

La interpenetración de las dos sociedades no se limitó a cuestiones de invasión de territorio o de competencia profesional. Las violaciones, el concubinato, las relaciones efímeras o duraderas entre españoles e indias engendraron seres que no eran ni indios ni europeos: los mestizos. Hacia 1560 se habrían contado dos mil, a los que habría que agregar un millar de mulatos.[23]

¿A qué bando debían o podían adherirse estos mestizos? ¿Cuál sería el precio de su integración? ¿Qué lugar asignarles en una sociedad fundada en la yuxta-

[23] Gibson (1964), p. 380.

posición de dos "repúblicas", de dos comunidades, cuyo principio parecía excluir a quienes, debido a su nacimiento, se hallaban entre dos mundos?

Desde los años de 1540, cuando los primeros hijos nacidos de uniones mixtas alcanzaron la edad adulta, estas preguntas se plantearon con particular agudeza. En pequeñas cantidades, los mestizos podían integrarse al grupo español o al indígena. Su crecimiento ininterrumpido volvió esta inserción tan problemática que las autoridades debieron imaginar algunas soluciones. En 1547, la proliferación de huérfanos abandonados —"andaban perdidos por los campos comiendo carne cruda"—[24] motivó la creación de un establecimiento destinado a su educación: el colegio de San Juan de Letrán. Éste fue iniciativa de la corona y de la municipalidad española. La estructura del establecimiento era la imagen misma de la mezcolanza: administradores españoles, un profesor indígena de latín, alumnos mestizos y "blancos pobres". Sin embargo, no todos los habitantes apreciaban esta creación. Es un hecho revelador que la parcialidad de San Juan se haya opuesto ferozmente al traslado del establecimiento a su territorio, argumentando que tendrían que sufrir la "mala vecindad de los muchachos".[25]

Pero el paisaje humano se complicó aún más con la introducción de otro grupo, esta vez de origen africano. Negros y mulatos estaban, desde hacía mucho tiempo, presentes en las ciudades de la Península. Des-

---

[24] Lino Gómez Canedo, *La educación de los marginados durante la época colonial. Escuelas y colegios para indios y mestizos en la Nueva España*, México, Porrúa, 1982, p. 231.
[25] *Ibid.*, p. 237.

de la Edad Media, los españoles se habían acostumbrado a rodearse de esclavos negros y a confiarles todo tipo de trabajos. Esta práctica pasó al Caribe antes de tocar el continente. A mediados del siglo XVI, setecientos esclavos eran conducidos cada año a la Nueva España para ser vendidos al mejor postor. Uno de ellos habría afirmado que "esta tierra [México] es la mejor del mundo para negros".[26] Era seguramente uno de los que escapaban del trabajo de las minas y el infierno de los ingenios de azúcar para reunirse con sus congéneres en la ciudad de México.

La prohibición de la esclavitud indígena, el crecimiento de las minas de plata y la caída de la población india contribuyeron a intensificar la afluencia de mano de obra esclava hasta el siglo XVII. En las calles de la ciudad de México se cruzaban sin cesar cada vez más negros originarios de España, las Antillas o África. No todos eran esclavos puesto que los registros castellanos dan cuenta de una emigración de negros libres, instalados en Sevilla y tentados por América. A su vez, los negros se mezclaron. Las mujeres esclavas que se unían a individuos libres —indios, mestizos, españoles— esperaban sustraer a su progenitura de la esclavitud. Una gran cantidad de mulatos y después de *zambaigos* —mezcla de negro e indio— se sumaron a los jóvenes mestizos para formar una población urbana híbrida y heterogénea, tan inédita en México-Tenochtitlan como los conquistadores españoles y sus esposas.

¿Cuál era la correlación de fuerzas entre los diferen-

---

[26] Motolinía (1971), pp. 370-371.

tes componentes de la población urbana? Las estadísticas cometen crueles faltas, sobre todo con los mestizos que se confundían, según el caso y la condición del individuo, con los indios o con los españoles. En los años 1560, los españoles de la ciudad de México eran aproximadamente unos diez mil y los indios tal vez cien mil. En la misma época, la ciudad ya alojaba a medio millar de negros y mulatos emancipados, sin contar a un número bastante mayor de esclavos.[27]

A fines de siglo, la corona quiso prohibir que los negros emancipados vivieran a su manera, en su propia casa, separados de los españoles. Sin resultados. Al mismo tiempo, se preocuparon por construir un hospital "para negros, mulatos y mestizos libres".[28] Cada vez era más necesario oponer muestras institucionales a la doble metamorfosis de la población urbana: la multiplicación de los grupos étnicos y la progresión del mestizaje.

Sin dejar de ser india, la ciudad se volvía española, negra, mestiza, mulata... Era tan fácil perderse que las autoridades españolas conminaron a negras y mulatas a que no se vistieran como indias... salvo si estaban casadas con indígenas. Pero, ¿cómo reconocerse dentro de este caos? La ley enturbiaba aquello que se esforzaba por distinguir.

[27] Juan López de Velasco, *Geografía y descripción universal de las Indias* [1574], Madrid, Ediciones Atlas, Biblioteca de Autores Españoles, t. CCXL- XVIII, p. 98; Gonzalo Aguirre Beltrán, *La población negra de México,* México, El Colegio de México, pp. 210, 498.

[28] Zavala (1980), III, p. 437.

Cualesquiera que hayan sido el impacto y el aspecto innovador, las experiencias urbanísticas y educativas del siglo XVI no podrían hacernos perder de vista transformaciones igualmente profundas aunque menos espectaculares. La ciudad renacentista constituyó un laboratorio urbano donde nuevos modos de vida se precisaron, impuestos por la coexistencia de poblaciones diversas y antagónicas. La cocina y el mercado permiten convencerse de ello.

Todas las cocinas españolas emplean sirvientas indias, quienes se instalan ahí con sus ingredientes, sus recetas, sus formas de preparar la comida y su sazón. Mientras los europeos se acostumbran a comer maíz y salsas con chile, las indígenas aprenden a utilizar las diversas grasas animales —en vez del aceite de chía—,[29] a cortar la carne de res, de puerco y de borrego —desconocida hasta entonces en América— y a servirla como a los españoles les gusta. La fabricación de quesos a partir de los productos lácteos es un descubrimiento para aquellas indias que nunca han visto vacas, borregos o cabras. Las primeras naranjas, peras, manzanas y verduras de origen europeo son tan desconcertantes para los indígenas como los tomates para los europeos. Bajo la dirección de panaderos españoles, los mozos indios amasan la harina y cuecen el pan de los españoles. En todos sentidos, la introducción del pan —base de las civilizaciones mediterráneas— fue tan crucial como la difusión del libro impreso.[30]

[29] Cervantes de Salazar (1985), p. 313.
[30] Véase Alberro (1992).

Las cocinas indias tienen que satisfacer los gustos europeos. En casa del virrey o de Cortés, entre dos banquetes pantagruélicos, cada día se sirven comidas de treinta a cuarenta cubiertos, compuestos de una docena de platos. Pero también se sabe preparar colaciones más ligeras o postres exquisitos como aquellos "mazapanes, alcorzas de acitrón, almendras y confites, y otras (colaciones) de mazapanes con las armas del marqués, y otras con las armas del virrey, y todas doradas y plateadas y entre algunas iban con mucho oro, sin otra manera de conservas". Es posible degustar una selección de frutas locales bañadas en vinos de España y en aguamiel hecha de algarrobos fermentados, si no se acompañan de cacao espumoso.[31] Durante esos primeros años de dominación española, la gastronomía mexicana, tan rica en alianzas inesperadas, nace sobre las mesas de la ciudad de México.

Desde los años de 1540 el amante de la cocina asiática —pero aquí las damas no son admitidas— tendrá que dirigirse a la mesa del arzobispo don Juan de Zumárraga, cuyo cocinero, Juan Núñez, es originario de "Calicú o de la China". Si a ello sumamos que el prelado era vasco, no es posible imaginar las sorprendentes combinaciones que salían de las cocinas del arzobispado.[32] Es suficiente, en todo caso, para marcar el origen de una tradición gastronómica estimulada por la conquista de las islas Filipinas y el establecimiento de una relación directa con Asia. Ésta se prolonga hasta hoy, en los pequeños restaurantes chinos de la calle López y

[31] Díaz del Castillo (1968), II, p. 313.
[32] Joaquín García Icazbalceta, *Juan de Zumárraga,* t. III, México, Porrúa, 1947, pp. 281-287.

los establecimientos más pretenciosos de la avenida Insurgentes Sur y de la Zona Rosa.

Como si la ciudad no estuviera suficientemente saturada de exotismo, las autoridades se metieron en la cabeza que había que introducir la cerveza europea. El vino era muy caro pues había que importarlo, con altos costos, desde la lejana Castilla. En cambio, la cerveza se podía fabricar en la misma ciudad de México desde 1540, para satisfacción —se decía— de indios y españoles. ¡El azar quiso que la cerveza y la imprenta comenzaran al mismo tiempo y en el mismo lugar su carrera americana! El virrey Antonio de Mendoza servía cerveza en su mesa para popularizar su consumo, y se pretendió que a los indios les gustó más que sus bebidas habituales. Aunque fuera más o menos cinco veces más barata que el vino de España, la cerveza siguió siendo una bebida costosa, a falta de una producción y de un consumo suficientemente importantes. En 1544, la cervecería de México sólo tenía una caldera, cuando hubiera sido necesario hacer funcionar una centena.

La cerveza perdió la partida. Adeptos y adversarios se enfrentaron. ¿Cómo iniciar a los españoles, acostumbrados al vino, en la nueva bebida, aun cuando su emperador, Carlos V, hubiera nacido en Flandes? Por más que los flamencos establecidos en la ciudad de México dieron argumentos financieros y aconsejaron a la municipalidad aprovechar esta industria naciente, de la que hasta entonces sólo el emperador era beneficiario,[33]

---

[33] Paso y Troncoso (1939), IV, pp. 76, 77. Sobre el consumo de pulque, Sonia Corcuera de Mancera, *El fraile, el indio y el pulque. Evangelización y embriaguez en la Nueva España (1523-1548)*, México, FCE, 1991.

la cerveza, demasiado nórdica, no convenció a los bebedores españoles. Habrá que esperar hasta el siglo xx para que el partidario de la cerveza pueda consumir, en tierra mexicana, excelentes bebidas oscuras, rubias o ámbar —Negra Modelo, Noche Buena, Bohemia...— que resisten la comparación con las mejores producciones de Bélgica y Alemania.

La visita a los mercados de la ciudad de México evoca, aún más, las mezclas que la gran ciudad favorece. Los tianguis —y particularmente los que ocupan la plaza de San Juan y la de Tlatelolco— ofrecen experiencias memorables, cuyo equivalente no existe más que en las orillas de la India y en los puertos del Lejano Oriente frecuentados por los portugueses. La plaza de Tlatelolco es un inmenso cuadro rodeado de pórticos, la casa del gobernador, la cárcel y el monasterio de San Francisco. Cervantes de Salazar calculaba que cada plaza podía recibir a unos cien mil visitantes. Los mercados de la ciudad de México rebosan de colores, olores desconocidos, sabrosa comida y objetos sorprendentes. Ahí se codean productos antiguos y nuevos. Como los parroquianos, quienes reflejaban, con su diversidad, el carácter heterogéneo de la población de la ciudad.

Acuden a este tiánguez de todos los pueblos de la laguna, de manera que se viene a juntar tanta gente que apenas se puede andar a caballo ni a pie en él. Finalmente son tantos los contratantes, que no oso decir el número, porque paresçerá fabuloso al que lo oyere y no lo hubiere visto, por cierto no hay hormiguero de tanto bullicio como acude de gente a este tiánguez. Vienen también a comprar a él, y otros a ver, muchos españoles y españolas. Los que venden, las más son mujeres; debaxo de tendejones tienen las mercadurías puestas en el suelo, y cada uno conoce y tiene su asiento sin que otra se lo tome.[34]

La organización de los puestos sigue fiel a la costumbre india, por lo demás compatible con las costumbres ibéricas: cada mercancía tiene su espacio y cada oficio su ubicación. Hasta mediados del siglo XVI, los comerciantes indios siguen muy activos, manteniendo redes que ligaban a los mercados de la ciudad de México con los del valle, así como con las nuevas regiones mineras del norte (Zacatecas) y del sur (Taxco).[35] Después, su importancia decayó frente a la intrusión de mercaderes españoles, mestizos y mulatos. Esta nueva presencia modificó progresivamente las prácticas ancestrales. Las mantas de algodón y las semillas de cacao siguieron sirviendo como moneda, pero la rivalidad con el real y el peso, las monedas españolas, comenzaba. Durante el siglo XVI, las palabras castellanas que designaban la nueva especie metálica se volvieron tan comunes que los indios las integraron a su lengua: el náhuatl adoptó *tomín* (un octavo de peso) y *peso* como si fueran términos indígenas. En sentido inverso, la práctica del mercado era tan universal que los españoles emplearon la palabra *tiánguiz* (de ahí *tianguis*) —del náhuatl *tianquiztli*— para nombrar a ese lugar de trueques y negocios.[36]

El mercado refleja la imagen de la nueva sociedad, con sus oficios importados de España. "Hay en el mer-

[34] Cervantes de Salazar (1985), p. 309.
[35] Zavala (1982), p. 214.
[36] Lockhart (1992), pp. 177-178, 191.

cado estuferos, barberos, cuchilleros y otros que muchos piensan que no los había en esta gente".[37] Los clientes se proveen de mercancía local, como maíz, tabaco o cestería. Pero adquieren también productos de origen europeo que, muy a menudo, ya son producidos por los indios: pan, sombreros, cinturones de cuero, jabón, guitarras, velas, camisas.[38] Es posible encontrar sastres indígenas especializados en arreglar trajes europeos: "Tienen por costumbre de remendar calças y sayos y jubones".[39] Y vendedores de ropa europea cuyo uso se extiende entre la población indígena: a mediados del siglo XVI la camisa con botones se ha vuelto un artículo cotidiano, mientras que los pantalones se difunden más lentamente. Mezcla de préstamos y tradiciones, el vestido del indio de la ciudad es el reflejo de un nuevo entorno urbano, heterogéneo, híbrido. Muchas veces está cargado de una referencia silenciosa al rigor de los tiempos. Las viñetas del lujoso manuscrito ilustrado conocido bajo el nombre de *Códice florentino,* muestran a los artesanos indios llevando camisa, pantalón y cuello a la europea, mas todos están vestidos de blanco, el color indígena del mundo de los muertos; tal vez una manifestación del duelo experimentado por una población vencida.

No obstante, en los mercados lo antiguo está lejos de haber desaparecido. Ahí, los curanderos ofrecen sus conocimientos con tanto éxito que el virrey les reconoce el ejercicio de su arte con pleno derecho.[40] Las

[37] Cervantes de Salazar (1985), p. 313.
[38] Lockhart (1992), pp. 187-188.
[39] Zavala (1982), p. 234.
[40] *Ibid.*, p. 231.

hierbas medicinales despiertan el interés de los españoles, siempre en busca de remedios milagrosos: "[Sus médicos] curan con cosas simples y dellas saben maravillosos secretos. Hacen y han hecho en algunos de los nuestros curas muy señaladas". Hay que ver, también, esos extraños animales que describe con complacencia el cronista Cervantes de Salazar:

> culebras sin cola y cabeza, perrillos que no gañen, castrados; topos, lirones, ratones, lombrices, hormigas grandes tostadas, y éstas por mucha fiesta. Con redes de malla muy menuda barren, a cierto tiempo del año, una cosa muy molida que se cría sobre el agua de las lagunas de México, y se cuaja, que no es hierba ni tierra, sino como cieno; hay dello mucho y cogen mucho, y en eras, como quien hace sal, lo vacían y allí se cuaja y seca; hácenlo tortas como ladrillos, y no sólo las venden en el mercado, mas véndenlas fuera de allí, llevándolas más de cient leguas la tierra adentro. Comen esto como nosotros el queso, y así tiene un saborcito de sal que con chilmoli es sabroso....

En los puestos se alinean también recipientes de todos tamaños repletos de "atole, mazamorra, que son como poleadas hechas de atole, de maíz y de otras cosas".

Los mercados de la ciudad de México son crisoles humanos en los que la vida urbana se modela. Ahí, el papel de las mujeres, y de las indias en particular —igualmente presentes en las cocinas españolas y muchas de ellas asiduas a los tribunales—, sigue siendo preponderante, mientras que el mundo de los intercambios letrados y de los contactos institucionales es esencialmente masculino. Una anécdota refleja la considerable iniciativa que las indias de la ciudad de México manifiestan en todas las áreas: cuando interrogan a un indio para saber cómo se llama, muchas veces es la mujer quien responde en su lugar.[41]

Fuera de los mercados, los vendedores de comida pululan en cada espacio libre, esquina, portal, terreno baldío... Cervantes de Salazar se encuentra tan encantado y asombrado con ello como los turistas de hoy: "vale más verlas que contarlas". Esos indios ofrecen una gran variedad de comida, de carne, de pescado cocido o asado, servidos "en pan, pasteles, tortillas; huevos de diferentísimas aves"; maíz "cocido y en grano y en mazamorra que se vende juntamente con habas, frijoles y otras muchas legumbres; fructas, así de la tierra como de las de Castilla, verdes y secas en gran cantidad". Los olores dulzones sorprenden al español acostumbrado al tufo de la grasa de puerco. Sin embargo, sabe apreciar tanto la miel de abeja como la que es extraída del agave, antes de dejarse tentar por todo género de aguas de frutas.[42]

Caballos y toros

Los indios de la ciudad de México descubren algunas diversiones europeas a las que muy pronto se aficionarán. El *art de vivre* de los ocupadores se expresa con predilección en los festejos colectivos que periódicamente reúnen a la ciudad española, aunque algunos franciscanos rigoristas no están muy satisfechos, como el arzobispo Zumárraga. Esas distracciones alejan los

[41] Kellog (1995); Gómez de Cervantes (1944), p. 135.
[42] Cervantes de Salazar (1985), p. 313.

malos pensamientos, calman las fricciones y sobre todo ocupan el horizonte, a veces sombrío, de la conquista.

El placer de la equitación ayuda a olvidar la lejanía de España, recreando una atmósfera cercana a la de las ciudades de la Península. Ricos o pobres, monjes o soldados, hombres o mujeres, los vencedores son unos apasionados de los caballos. La calidad del maíz y del forraje que se consume en México explicaría la belleza de las monturas que caracolean en la ciudad. Privilegio y símbolo de los invasores, el caballo es, por excelencia, la expresión del modo de vida ibérico, su signo de identidad social; en suma, una referencia viva de España y, para algunos, de la tierra andaluza. No es sorprendente entonces que la caballeriza de Luis de Velasco padre (1550-1564) sea digna de un príncipe y que el virrey se complazca organizando carreras en que participan cortesanos y élites locales. Los días de fiesta se los lleva el que exhibe la montura más bella, la más hermosa brida. El gentío obstruye las calles a tal grado que los caballeros padecen para hacerse un camino. Los más adinerados participan regularmente en los torneos llamados cañas, justas y sortijas. Las carreras de caballos parten de Tlatelolco y desembocan en la plaza mayor; también hay rutas más cortas reservadas a las damas, cuyas hazañas son recompensadas con joyas. Los nobles indios no se quedan atrás. Para imitar a quienes los vencieron e hispanizarse más, éstos se apresuraron a obtener el derecho de montar a caballo y adquirir monturas.

Casi tanto como el caballo, el toro encarna, para los conquistadores, un lazo propiamente físico con la Península Ibérica. Introducida poco después de la conquista, en cuanto hubo animales en edad de combatir, la corrida se impuso en la mayoría de los festejos. Con ella se festejaba tanto el nacimiento de un infante en la corte de Castilla, como la conclusión de un acuerdo con Francia o la llegada de un virrey. La primera corrida oficial tuvo lugar el 13 de agosto de 1529, para la conmemoración anual de la toma de Tenochtitlan en 1521. A manera de prólogo, la procesión del pendón reunió a las autoridades de la ciudad en un desfile solemne de tradición castellana, y más lejanamente borgoñona de las fiestas del Renacimiento. Poco después, la municipalidad puso siete toros para la corrida y luego ofreció los restos a los monasterios y hospitales.

Apreciada por toda la población, incluidos los indios, la corrida sigue siendo hoy uno de los entretenimientos más populares de la ciudad de México. En el siglo xvi, los aficionados traían animales de la provincia septentrional de los chichimecas: eran animales "escogidos y bravísimos" que nunca habían visto hombre alguno. La corrida tenía lugar en una arena temporal montada cerca de la catedral. Algunos indígenas participaban en el espectáculo. Una orquesta de músicos indios —trompetas, sacabuches, chirimías y timbales— acompañaba el desarrollo de la corrida, con lo cual contribuía a darle un toque mexicano, y había toreros indígenas que se presentaban en la arena, muchas veces jugándose la vida.[43] La corrida tomó tal importancia que el más mínimo incidente se volvía un asunto de Estado. En 1554, como el lugar ocupado por los toriles y la tarima invadía el terreno de la catedral, la

[43] Zavala (1982), p. 378.

Iglesia se molestó. El arzobispo Montúfar protestó ante el Consejo de Indias y denunció lo que a sus ojos era una profanación.[44]

Al margen de las corridas urbanas, reuniones más íntimas estaban reservadas a los conquistadores, los notables y la gente que rodeaba al virrey. Los sábados, el virrey Luis de Velasco acostumbraba ir al bosque de Chapultepec, donde mandó construir una plaza para él. Una centena de caballeros lo escoltaban y comían con él.[45]

VIOLENCIA URBANA

La nueva sociedad urbana fabricaba cantidad de excluidos que respondían con la violencia a la represión española y a todas las formas de dominación colonial. Si ésta creó modos de vida compartidos, la dinámica del mestizaje no abolió ni las diferencias ni los abismos sociales. En realidad, esa dinámica era perfectamente compatible con una sociedad estrictamente jerarquizada donde las dos comunidades oficialmente reconocidas —españoles e indios— coexistían con esclavos africanos y la gente de sangre mixta.

Al caos de los primeros tiempos le sucedió un equilibrio que los contemporáneos percibían como precario. Muchos españoles tenían la convicción de que en cualquier momento los indios podían ahogar la ciudad al manipular las compuertas que contenían el agua del lago de Texcoco. Después el miedo a una rebelión negra se agregó a la obsesión de la revuelta india. Mie-

[44] Paso y Troncoso (1940), VII, p. 307.
[45] Suárez de Peralta (1949), pp. 99-101.

do que quisieron conjurar durante algún tiempo castrando a los esclavos. Desde mediados del siglo XVI, el aumento de negros, mestizos e indios ladinos —es decir, hispanizados— inquietó tanto al arzobispo de la ciudad de México que éste propuso que se construyeran cuatro grandes torres fortificadas alrededor de la futura catedral. Primero alimentada por la amenaza india, la fiebre del asedio tenía otras razones de ser.[46]

Los pudientes de la ciudad temían, por encima de todo, una conspiración de los excluidos que se cumpliría por la unión sagrada de indígenas, negros y mestizos. Ello no era más que un fantasma. Desde los años de 1550 los negros y los mestizos "infestaban" las alturas de Cuajimalpa, los alrededores de Coyoacán y de Tacuba, asolando los caminos que llevaban a la ciudad de México.[47] Los errantes en crisis comunitaria —indios desarraigados, mestizos sin hogar, mulatos, esclavos huidos— trasladaban su agresividad sobre los más débiles. Las fuentes rebosan de quejas presentadas por indígenas despojados. Mestizos, mulatos y negros trataban de imponer su ley sobre los mercados indios. Cuando venían a la ciudad de México a vender su mercancía o a exigir sus derechos, los autóctonos caían en las garras de intermediarios mestizos que les robaban o les arrebataban su dinero. Mulatos y negros los secuestraban y los obligaban a trabajar en vez de ellos en las casas españolas, donde tenían que barrer los patios y limpiar las caballerizas. Otros los encerraban en panaderías y en talleres de donde no volvían a salir más que muertos o minusválidos.

[46] Paso y Troncoso (1949), VII, pp. 305-306.
[47] Zavala (1982), p. 274.

En esa época, la explotación de la mano de obra —india, mestiza y negra— no necesita ser clandestina para ser salvaje. El obraje es un taller-prisión donde se amontonan, en la oscuridad, la mugre y la humedad, obreros famélicos que viven en la más completa promiscuidad, separados de sus cónyuges, sustraídos al control de la Iglesia y privados de toda libertad de movimiento. Ahí gobierna la ley del látigo, ejercida por los capataces. El obraje del siglo XVI produce pan o textiles a unos costos que desafían cualquier competencia. En 1604, la ciudad cuenta con veinticinco obrajes de mantas y de sayales y diez de sombreros que emplean hasta ciento veinte indios, quienes reciben, en principio, tres comidas al día y de tres a cuatro pesos al mes. Los alrededores de la ciudad no escapan a esta protoindustrialización: se cuentan entonces veinte obrajes de mantas que funcionan en Tacuba y Azcapotzalco.[48] El paraíso exaltado por el poeta Bernardo de Balbuena disimula infiernos poco apetecibles.

Sin quererlo, estos obrajes sirven también como centros de aprendizaje de las técnicas europeas. Ahí, los indios se familiarizan con el arte del hilado y del tejido de la lana; también manejan nuevas herramientas empleando, por ejemplo, el gran telar para el trabajo del algodón, en vez del pequeño telar de cintura, desde entonces confinado al hogar indígena. Pero estos indios también experimentan, al lado de mestizos, negros y mulatos, una organización del trabajo en completa ruptura con las costumbres antiguas: desprovista de sentido a sus ojos, la tarea que se les impone no tie-

[48] AGI, *México* 26.

ne ninguna relación con las necesidades de la comunidad; obedece más bien a los imperativos de la rentabilidad, que priman sobre cualquier otra consideración, así sea religiosa. Sordos a las incesantes advertencias del legislador, los patrones agitan el cebo de un salario muchas veces ilusorio —en el mejor de los casos pagado en especie, a pesar de que la ley estipula un pago en efectivo—, aunque no dudan en mezclar a trabajadores libres, o supuestamente libres, con reincidentes, deudores y esclavos.

Los eclesiásticos protestan alto y fuerte contra esos abusos y los virreyes tratan de proteger a la mano de obra. Denunciados ante la corona, estos excesos causan una impresión aún mayor en la "conciencia cristiana" del monarca de la Indias, sobre todo porque los comerciantes de la metrópoli comienzan a alarmarse por el desarrollo de una industria americana contraria a sus intereses: sus exportaciones sufren con esa competencia local. Pero los escrúpulos de Madrid y las presiones del negocio castellano pesaron menos que los cabildeos mexicanos y la fuerza de la corrupción.

LA CIUDAD DE LOS MUERTOS

La ciudad del Renacimiento vive todo el tiempo bajo la amenaza de las epidemias. Ello es verdad en Sevilla, en Nápoles y en la ciudad de México. Desde los primeros años, la sífilis hace estragos entre los españoles, hundiendo en la locura o la degradación a esos cuerpos rendidos por combates y expediciones. Pero en América y en la ciudad de México las epidemias adquieren una dimensión apocalíptica que no tienen en el Viejo Continente. Éstas atacan encarnizadamente a los indios, llevándose regularmente su cuota de víctimas. Esta diezma continua de la población autóctona modificó la fisonomía urbana: con el paso de las décadas, los indios dejaron de aparecer como una masa inquietante para volverse un grupo cada vez más insignificante, como si estuvieran destinados a una extinción temprana. Las cifras enumeran el avance inexorable de la ciudad de los muertos. Las grandes epidemias de 1545-1548 y de 1576-1581 sólo fueron las fases más espectaculares de un descenso continuo, que la inmigración atenuó sin compensar. La ciudad contaba con veinte mil tributarios en 1560; no eran más que diez mil en 1569 y alrededor de siete mil cuatrocientos doce años más tarde. Si se multiplican estas cifras por 4.5 —un tributario representa, en promedio, a una familia de más de cuatro personas— la población indígena experimentó un descenso de noventa mil a treinta y tres mil trescientos habitantes, es decir, una reducción a la tercera parte en menos de veinte años. En 1592, Santiago Tlatelolco había perdido la mitad de sus habitantes.[49]

El derrumbe tuvo consecuencias incalculables sobre la vitalidad de la ciudad india: menos numerosa, incapaz de transmitir sus tradiciones y costumbres, ésta tuvo que abandonar, aun contra su voluntad, sus espacios deshabitados a la codicia de españoles y mestizos. Las "pestes" de 1545-1548 exterminaron a la primera generación de indios nacidos después de la conquista. En

---

[49] Una caída de seis mil a tres mil tributarios.

algunos meses, las epidemias borraron la experiencia acumulada por quienes fueran los primeros —desde su infancia hasta el alba de su madurez— que aprendieron a adaptarse a la sociedad colonial. Con ellos desaparecieron también muchos representantes del antiguo régimen, portadores de conocimientos, técnicas y creencias que nadie sabría restaurar. La ciudad india perdía su memoria viva. El franciscano Sahagún recuerda haber enterrado en ese entonces más de diez mil cuerpos y haber escapado por poco a la muerte: "Al cabo de la pestilencia dióme a mí la enfermedad y estuve muy al cabo".

La epidemia de 1576 diezmó a los estudiantes del colegio de Santa Cruz de Tlatelolco, minando la experiencia pedagógica que los franciscanos dirigían en ese lugar. Los códices indígenas registraron la catástrofe: "En agosto estalló la peste, la sangre salía por las narices, los frailes nos confesaban y nos dieron permiso para comer carne, los doctores no curaban". El drama no dejó indiferentes a los españoles; tampoco a los administradores ni a los médicos y los poetas. La enfermedad inspiró un coloquio al poeta González de Eslava en el cual dialogan, uno tras otro, el Placer y la Pestilencia, el Remedio y la Salud. Para la celebración del Corpus Christi de 1577, un carro alegórico desfiló representando la enfermedad que los indios llamaban *cocoliztli:* había que recordar que la espantosa enfermedad venía del cielo y que sólo él podía remediarlo.[50] El carro fue tan notable que le valió un premio de vein-

---

[50] Enrique Florescano y Elsa Malvido (comps.), *Ensayo sobre la historia de las epidemias en México,* I, México, IMSS, 1982, pp. 212, 225-230.

ticinco pesos de oro a su autor, Juan de Valladolid. El arte y la epidemia trababan relaciones que la ciudad golpeada por el sida redescubrirá cuatro siglos más tarde.

Los hospitales no podían hacer frente a males que la medicina de ese tiempo no curaba, que apenas calmaba, y a los cuales favorecían las malas condiciones de vida de los habitantes indígenas para extenderse. Éstos iban a curarse a una institución que les estaba destinada: el Hospital Real de los Naturales. Sus ingresos provenían del tributo que los indígenas daban; más tarde aumentaron con las ganancias que dejaban las representaciones teatrales que se daban en su recinto.

A principios del siglo XVII, el proyecto de las "dos repúblicas" había fracasado. La república de españoles prosperaba mientras que la de indios parecía fundirse como la nieve del Popocatépetl bajo el sol de mayo. El desequilibrio no provenía solamente del decaimiento de uno de los miembros de esta ciudad bicéfala, sino del surgimiento de gente que rompía irreversiblemente la homogeneidad de la ciudad española. Esta fragmentación del tejido social parece hacer eco al pluralismo de la ciudad manierista, sin que sea posible discernir un lazo entre los dos fenómenos. El manierismo mexicano es producto del Renacimiento europeo trasplantado en tierra americana; la explosión de la ciudad es la resultante de mezclas humanas mucho más complejas debido a una catástrofe humana propia del Nuevo Mundo.

X. INDIA, ESPAÑOLA, NEGRA Y MESTIZA

De Balbuena a Sigüenza y Góngora, de Mateo Alemán a sor Juana Inés de la Cruz, las élites del siglo XVII se entregaron a las seducciones de la ciencia, la poesía, el teatro y con menos frecuencia a la sátira. Manierista, después barroca, singular y brillante, la ciudad de México aprendió a vivir al ritmo de la urbe y de la corte, como sucedía en otras ciudades de Europa y del Siglo de Oro.

Sin embargo, bajo la ciudad de los artistas y los letrados, a unos cuantos codos de profundidad, se hallaba la capa de agua que descomponía los féretros, pudría los cadáveres y devoraba los cimientos de las iglesias. Esta imagen nos remite tanto a un peligro siempre inminente, como a las imprevisibles consecuencias de la mezcla humana. Ni la pompa del catolicismo romano y del Santo Oficio ni los fastos del palacio podrían borrar el hecho de que la ciudad de México no era una ciudad europea. La muchedumbre que se extasiaba frente al oro de los retablos y el esplendor de los fuegos artificiales se asemejaba más a un mosaico étnico que a la plebe de las ciudades de Europa; era gente que evolucionaba al margen de la ciudad y de la corte. Todo ello preocupaba a los poderosos, para quienes varias veces la amenaza del agua y el peligro de las calles se volvieron una pesadilla. Dos rebeliones —1624, 1692— y una inundación destacaron en el siglo XVII mexicano

y marcaron perdurablemente la memoria de los ciudadanos.

LA GRAN INUNDACIÓN

En 1629, las lluvias hicieron que el nivel del agua de los lagos del valle de México subiera. La obstrucción del canal de evacuación —una desafortunada decisión de los ingenieros de la época— y el crecimiento de los ríos cercanos precipitaron el desastre. En julio, los barrios más bajos de la ciudad estaban inundados. En Santiago Tlatelolco, a principios del mes de septiembre, no se podía circular más que en barco y los frailes tuvieron que evacuar sus claustros y sus iglesias.

Lo peor, sin embargo, estaba todavía por venir. En la noche del 20 de septiembre —tristemente famosa bajo el nombre de *Noche de san Mateo*—, una tromba se abatió sobre la ciudad de México. Duró treinta y seis horas. El 22, toda la ciudad se despertó bajo el agua, a excepción de los alrededores de la plaza mayor y de la catedral. Esta explanada fue llamada "la isla de los perros" pues la mayor parte de los perros de la ciudad fueron a refugiarse ahí. Por todos lados, los tugurios y las chozas de tierra seca se derrumbaban sobre sus ocupantes. Más altas y más sólidas, las residencias de los españoles resistieron un poco más ofreciendo en el primer piso un repliegue temporal a quienes preferían quedarse.

En un impulso de solidaridad tan notable como efímero, la asistencia se organizó. La municipalidad, el virrey y el arzobispo distribuyeron provisiones, instalaron hospitales provisionales y facilitaron hospedaje a

348

miles de personas. Por supuesto, no era posible suspender el servicio divino; la misa se celebró en las terrazas, balcones y andamios improvisados que se levantaron en las esquinas. Instalados sobre los techos de las casas, los fieles escuchaban los sermones en medio de lágrimas y lamentos. Ningún recurso fue olvidado. Una procesión de doscientas barcas dirigida por el arzobispo escoltó la imagen milagrosa de la Virgen de Guadalupe desde su santuario del Tepeyac hasta la catedral.

Las semanas y luego los años pasaron. El agua no se retiró completamente hasta 1634. La ciudad de México yacía cual "cadáver de piedra sumergido en un sepulcro de cristal". Estaba paralizada. Imposible enterrar a los muertos, a tal punto el suelo estaba saturado de agua. Las bombas no funcionaban o funcionaban mal. En aquella ciudad, abandonada por la mayoría de sus habitantes y funcionarios, el abastecimiento de maíz y de carne se volvió problemático. El pésimo estado de las calzadas de acceso y el deterioro de los embarcaderos impedían la circulación. La diezma del ganado, ahogado por la inundación, acarreó la multiplicación de mataderos clandestinos para deshacerse de la carne en mal estado. Algunos mercados desaparecieron, tragados por el agua.

El desastre era inconmensurable. La noticia llegó hasta el último rincón de Alemania, pese a estar asolada por la guerra de Treinta Años. Los indios de la ciudad de México fueron los más afectados: de los treinta mil muertos que se contaron, la mayoría eran indígenas. Aquellos que escaparon a la inundación sucumbieron a la epidemia de *cocoliztli* y de "tos chichimeca"

349

que hizo estragos entre 1629 y 1631. Las pérdidas humanas se agravaron con los importantes daños materiales: barrios enteros se hundían bajo el lodo, otros menos afectados estaban abandonados, ya que los privilegiados buscaron refugio en los pueblos de los alrededores: en Coyoacán, en Tacuba o en Tacubaya. Veinticinco años después de la catástrofe, la población de origen europeo no representaba más que un cuarto (en el mejor de los casos un tercio) de lo que era antes de 1629.

La vida universitaria e intelectual se vio considerablemente perturbada. El teatro sufrió una crisis duradera. Durante unos diez años el público mexicano se vio privado de representaciones, pues la sala no era más que una alberca inaccesible. Huyendo de la capital, las compañías de comediantes se replegaron en Puebla y no aceptaban, más que a precio de oro, presentarse en la ciudad accidentada. Otros placeres más triviales faltaron también: el número de tabernas cayó de 340 a 27. Por todas esas razones se pensó seriamente en evacuar un sitio tan expuesto y reconstruir la ciudad en las orillas del lago.

Catástrofe anunciada desde hacía mucho tiempo por los expertos, castigo presentado hasta por los observadores mejor intencionados, la inundación de 1629 fue producto de una serie de circunstancias desastrosas: a la lenta destrucción del entorno ecológico, iniciada por los mexicas y acelerada por los españoles, se agregaron el fracaso de medidas preventivas y el infortunio de lluvias torrenciales. Construida sobre un lago, penetrada por canales, unida a tierra firme por calzadas apenas elevadas, la ciudad de México es aún en el siglo xvii una ciudad anfibia. Los canales que recorren la ciudad se llenan rápidamente de inmundicias y de restos de todo tipo que hay que retirar del agua pantanosa.[1] Cuando la época de lluvias se instala, el nivel del agua sube peligrosamente, y cuando los aguaceros son continuos y torrenciales, la ciudad está a merced de la marea. La amenaza existía desde la época prehispánica, pero se hizo aún más apremiante bajo la dominación española. Las inundaciones de 1555, 1580, 1604 y 1607 alarmaron a las autoridades. Pero la de 1629 es la más desastrosa de toda la historia de la ciudad. La ciudad de México se tardará mucho en renacer del lodo y del agua.

Cuestionada desde el día siguiente de la conquista, la ciudad anfibia vio confirmada su sentencia de muerte. Pero ella no sería la única víctima de las medidas de saneamiento. La desecación progresiva de los lagos del valle a través del desagüe sacrificaba el futuro de los campos indios, privados unos tras otros de agua, en nombre de los intereses superiores de la ciudad hispánica. Una vez más, la lucha entre la ciudad occidental y el *altepetl* indio se decidía a favor de la primera. Los diques y las represas interrumpieron el funcionamiento de los viejos sistemas de irrigación indígena para dedicarse exclusivamente a evacuar el agua que amenazaba a la ciudad colonial.

La catástrofe de 1629 apaciguó las divergencias que oponían a la oligarquía local y al virrey. Los dos grupos unieron fuerzas para auxiliar a las víctimas y sacar a la ciudad de las ruinas. Pero la armonía fue pasajera; las

[1] Gemelli Careri (1976), p. 144.

tensiones entre criollos y españoles de la Península se recrudecieron. La inundación exacerbó las rivalidades entre frailes —en su mayoría peninsulares— y curas seculares nacidos en Nueva España. Movimientos de población y reinstalaciones salvajes suscitaron inextricables conflictos de jurisdicción entre las parroquias de la ciudad. La oligarquía criolla acusó rápidamente al virrey de haber descuidado los trabajos de contención de agua y malgastar los fondos públicos apoyando proyectos absurdos. La inundación no benefició a ninguno de los bandos. Ésta exhibió la crisis y la aceleró, pues sacó a la luz la corrupción y la ineficacia de la burocracia, mostró los efectos de un desbarajuste generalizado y expuso los beneficios ilícitos que amasaban el virrey y su adversario el arzobispo. La parálisis del sistema de gobierno era evidente, así como la impotencia de un poder criollo demasiado débil y demasiado dividido para oponer sus exigencias a las de la corona. La municipalidad de la ciudad de México era incapaz de agrupar alrededor de ella cabilderos y grupos locales de poder.[2]

La crisis de la ciudad india

La inundación modificó el equilibrio de la ciudad bicéfala al intensificar la mezcla de la población. Durante los años de inundación, los indios de Santiago Tlatelolco y de los alrededores vinieron a instalarse al centro, tradicionalmente español, pero vacío en ese entonces.

[2] Sobre la impotencia de la municipalidad frente a la corona, Alvarado Morales (1983).

Otros indígenas emigraron en masa desde la ciudad de Texcoco, en la orilla oriental del lago, para establecerse en la ciudad. La inundación confundió aún más los límites entre la república de españoles y la de indios.

Peor aún, el agua y el hambre asestaron un golpe devastador a la ciudad india.[3] Reducidos a la tercera parte después de la inundación, los indios dejaron de ser una población numéricamente amenazadora, aunque su antigua omnipresencia había recordado a los españoles durante mucho tiempo que no eran más que invasores y que su subsistencia dependía casi exclusivamente de la buena voluntad indígena.

Durante la segunda mitad del siglo, los indios se vieron favorecidos por la inmigración y por un tímido despunte demográfico, lo cual evitó la aniquilación de las comunidades indígenas. Su lengua y sus instituciones subsistieron. La vitalidad preservada se expresaba de manera espectacular en una forma de teatro que competía con las obras de sor Juana Inés de la Cruz y las óperas de Manuel de Zumaya. Así, a finales del siglo XVII Santiago Tlatelolco tenía la costumbre de celebrar la Pasión de Jesús montando un *nezquititle* o *nexcuitil,* es decir, un drama sagrado durante el cual los indígenas interpretaban episodios del Evangelio. Eran Cristo, la Virgen, los santos, los apóstoles o los soldados romanos. Se trataba, de hecho, de la apropiación de una práctica edificante de origen medieval introducida por los misioneros del siglo XVI. El género gustó tanto a los indios que poco a poco se habían adueñado de

[3] Otras calamidades como los temblores provocaban el derrumbe de las casas: por ejemplo Gemelli Careri (1976), p. 144, y Robles (1946), II, p. 16.

esta manifestación para demostrar su fe y su presencia en la ciudad.

Muy numeroso, nunca pasivo, el público se dejaba cautivar por el desarrollo del *nexcuitil,* como lo había hecho con los ritos paganos de Tenochtitlan y Tlatelolco antes de la conquista. Los curas se limitaban a encauzar los excesos más visibles, sin entender nunca el sentido que los indios daban a las escenas y a los ademanes que las acompañaban. La sensibilidad barroca aceptaba sin conflicto esa mezcla de sagrado y de profano, aun cuando fuera de origen indígena. Los actores no dudaban en provocar las risas de la asistencia y en divertir a los niños. La aparición de Judas desencadenaba invariablemente las rechiflas. La escena de la negación de san Pedro o la intervención de la Virgen y de las mujeres santas extasiaban a la asistencia. Para el público, intérpretes y personajes se confundían: las figuras de la historia santa encarnaban y actuaban bajo sus ojos. La gente se atropellaba para besar a Cristo. No era raro que lapidaran a algún apóstol un poco pasado de copas. El drama litúrgico podía degenerar en pleitos que dejaban heridos y a veces muertos. La asistencia se peleaba por apropiarse del pan de la "falsa" Última Cena o de la sangre artificial que chorreaba de la herida de Cristo como si fueran reliquias preciosas. La histeria colectiva, al ritmo de los paroxismos de la fe barroca, se apoderaba de los indios y se prolongaba hasta los banquetes y borracheras ofrecidas por los notables y las cofradías.

Otros *nexcuitiles* señalaban el día de Reyes y el domingo de Cuaresma. Más que la misa de los franciscanos, éstas representaciones marcaban la culminación de dichas fiestas católicas. Un signo del brillo de la comunidad indígena: el domingo de Ramos y el domingo de Pascua, los habitantes de la ciudad de México, indios, mestizos, mulatos y españoles, confluían en Santiago Tlatelolco desde el mediodía. En la plaza se organizaba un enorme mercado que duraba hasta medianoche para gran satisfacción de comerciantes y de juerguistas de todo tipo. Cada celebración imponía largos y dispendiosos preparativos, pero los indios de la localidad se entregaban a ellas con pasión. Rentaban trajes y caballos, compraban flores, se procuraban adornos de todo tipo. Las mujeres preparaban montones de comida. El chocolate y el pulque corrían a mares, el vino de Castilla aplacaba la sed de los más adinerados. Tortillas y tamales, vendidos por todos lados, colmaban los vientres vacíos. Y Santiago Tlatelolco sacaba a flote sus cuentas.

La ciudad del siglo XVII recibe igualmente a indígenas originarios del resto del país. Esos indios *advenedizos* (extranjeros) o *extravagantes* (errantes) muchas veces hablan otras lenguas, distintas de las del valle de México: son mixtecos, zapotecas, indios de Meztitlán, chichimecas del norte. Su instalación no es cosa fácil. Desde principios del siglo XVII la capilla de Nuestra Señora del Rosario, una cofradía fundada en el convento de Santo Domingo, les sirve de punto de reunión y de adoctrinamiento. En 1677, esta inmigración adquiere tales proporciones que la corona crea una parroquia especial para ellos. Una parroquia sin territorio, a la cual los recién llegados pueden afiliarse y al mismo tiempo seguir viviendo en cualquier parte de la ciudad. Pero los habitantes de las provincias lejanas no son los únicos que se establecen en la ciudad de México. En los últimos años del siglo XVII, expulsados por las malas cosechas, los indios del valle concurren a la ciudad a pesar de la hostilidad de las autoridades, quienes tratan de frenar ese éxodo expulsando a esos "indios vagabundos" o autorizando su presencia únicamente durante el día.

Inundación y mestizaje favorecen e intensifican la migración interna de la ciudad india hacia la española. Cada vez más numerosos, los habitantes de los barrios indígenas preferían ir a trabajar con los españoles, los negros y los mestizos. La condición de criado o de artesano les abría muchas veces el camino hacia el matrimonio o simplemente hacia un concubinato fuera de su mundo. Alojados en la ciudad española, los migrantes evitaban las obligaciones comunitarias y lograban sustraerse más fácilmente al pago del tributo. Así, de 1660 a 1666, más de mil familias dejaron Tlatelolco para dispersarse en el resto de la ciudad. La parroquia de indios *extravagantes* también era una ventaja para esos indios: bastaba con anotarse en sus listas e indicar un domicilio falso para no tener que rendir cuentas a nadie.[4]

Por último, una palabra sobre aquellos indios que no lo son: los indios chinos. Ese término designaba a los asiáticos provenientes de Filipinas que el galeón de Manila desembarcaba en las playas de Acapulco y que, voluntariamente o no, se establecían en la gran ciudad. Además de filipinos, había también chinos, japoneses, malayos, bengalíes, nativos de las Molucas y de Macassar. Los "indios chinos" eran tan numerosos para

[4] AGI *México* 45. Un decreto de 1753 terminó con esa institución y puso fin a los abusos que supuestamente suscitaba.

1675 que se pensó en instalarlos en un barrio aparte.
Como los autóctonos, pagaban tributo y pertenecían al
mismo tribunal eclesiástico.

MÉXICO LA AFRICANA

La ciudad barroca es también una ciudad africana, aunque hoy ha dejado de serlo por completo, a diferencia
de muchas ciudades de Estados Unidos, el Caribe o Brasil. Thomas Gage se sorprendía de ello en 1625: "Hay
una infinidad de negros y de mulatos que se han vuelto altivos e insolentes haciéndoles temer más de una
vez la posibilidad de una intentona de levantamiento
por su parte".[5] En 1697, no sin exagerar levemente, Giovanni Gemelli Careri insiste: "Tendrá México alrededor de cien mil habitantes, pero la mayor parte negros
y mulatos, por causa de tantos esclavos que han sido
llevados allá".[6] En una ciudad dominada por españoles, esta numerosa presencia africana no es en sí nada
novedosa. Desde la Edad Media, en Sevilla, Lisboa y
otras ciudades ibéricas los negros tenían sus calles, sus
fiestas y sus cofradías. Pero su peso era incomparable-
mente más fuerte en la ciudad de México.

Como siempre, negros y mulatos de la ciudad de
México tienen que tolerar desprecio y humillaciones.
Los insultos son moneda corriente —caballo, perro,

---

[5] Gage (1676), I, p. 204; Gonzalo Aguirre Beltrán, *La población
negra de México,* México, FCE, 1972; Colin Palmer, *Slaves of the White
God: Blacks in México, 1570-1650,* Cambridge, Cambridge University
Press, 1976.
[6] Gemelli Careri (1976), p. 22.

bozal...— que sistemáticamente los rebajan a una condición animal. Sólo una parte restringida de la opinión —eclesiásticos como la poetisa sor Juana Inés de la Cruz y letrados— son la excepción. Los negros no escriben y se expresan ocasionalmente. Algunos testimonios de origen literario descorren una parte del velo que los oculta. Así, los villancicos de sor Juana Inés de la Cruz dejan ver el oprobio que sufren los negros y el resentimiento que los carcome.

> Aunque Neglo, blanco
> somo, lela, lela,
> que il alma rivota
> blanca sá, no prieta.

Un trabajador africano se queja amargamente del abandono en que lo tienen los frailes:

> Cosa palace encantala
> por qué yo la oblaje vico
> y las Parre no ni saca.....[7]

Otras estrofas traducen los esfuerzos de una población que busca apegarse a una religión dominada por los blancos, "africanizando" el pasado del cristianismo: "Que pulo ser Neglo Señol San José", afirma un negro que explica que una africana, la reina de Saba, fue la antepasada lejana del esposo de la Virgen.[8] ¿Cómo ser negro en un mundo que exalta lo blanco?

[7] Cruz (1952), II, p. 27; Benassy-Berling (1983), p. 291.
[8] Cruz (1952), II, p. 143.

> Es la fiesta de Gloria
> y el ornamento
> ha de ser todo blanco
> y nada negro.

En todo momento, la condición de los negros puede volverse insoportable. Es por esta razón que su reacción es afirmar su presencia por todos los medios posibles: llevando vestidos de lujo, exhibiendo joyas, detentando armas ilícitamente, vengándose con los indios de las afrentas que les hacen sufrir los europeos. Libres o esclavos, los negros no dudan en transgredir las prohibiciones de la religión. Lo hacen a propósito o por desesperación. Blasfemias, negaciones, prácticas mágicas nutren los archivos de los inquisidores que persiguen oraciones a la luna, tatuajes corporales, pactos con el diablo, ventriloquía o aun el uso de varas para buscar tesoros.[9]

La presencia africana se expresa regularmente en los días de fiesta que perturban al vecindario español y mestizo. La víspera de la Navidad de 1608, un grupo de negros y de mulatos se reunió en casa de una negra emancipada para asistir a una doble coronación: la de su anfitriona y la de Martín, esclavo de un español inmensamente rico, Baltasar Reyes. Un mulato —el pastelero del virrey Luis de Velasco— procedió a la ceremonia bajo las aclamaciones de la asamblea. Luego se nombraron duques, condes, marqueses, príncipes y se distribuyeron los puestos en la corte. La velada concluyó apoteósicamente con un baile y una cena de gala. Antes de separarse, los comensales se dieron cita

[9] Aguirre Beltrán (1973), pp. 382-383, 393.

para la noche de Reyes. El mundo negro parodiaba a la corte de Madrid, su etiqueta y su fasto, en una atmósfera de carnaval. Pero este grupo también tenía cuidado de reafirmar las diferencias de condición en su interior: los títulos tocaban a los esclavos de lujo y a los servidores de los españoles más distinguidos, como si fuera necesario pertenecer a la casa del virrey para organizar, con esa pericia y esa libertad de acción, celebraciones tan dispendiosas. El "Tout-México africano" soñaba con imitar a la nobleza española.

La vida colectiva de los negros de la ciudad encuentra en las cofradías religiosas un marco apropiado. Éstas proliferan en la ciudad barroca, lejos de la mirada de la Iglesia y de los españoles. En 1673, la cofradía de Nuestra Señora de los Siete Dolores reúne a cuatrocientos miembros. Ahí, negros y mulatos arreglan sus asuntos entre ellos, en el seno de una institución lícita, puesto que es religiosa, y bajo la protección nunca superflua de la Virgen. El dinero amasado por los cofrades —la linda cantidad de cien pesos al mes— paga las libaciones, los banquetes y las danzas con que se honra al santo patrón. Misma época, otras costumbres. En Nueva York, a finales del siglo XVII, los negros no disponían de ninguna institución para reunirse. Al contrario de sus congéneres de la ciudad de México, constituían una minoría frágil mantenida deliberadamente a distancia del cristianismo por los pastores holandeses.[10]

No obstante, la ciudad de México católica y barroca no tiene nada de paraíso. La amargura y la insolen-

[10] Goodfriend (1994).

cia de negros y mulatos se han vuelto un lugar común y una preocupación cotidiana. Las turbulencias que sacuden a la ciudad del siglo XVII se alimentan de estas inquietudes. Los mulatos suscitan una desconfianza mucho mayor que los indios, supuestamente más introvertidos —son muy tímidos los indios—, más dados a la mentira y al disimulo que a las explosiones de violencia. Negros y mulatos son capaces de amotinar a la ciudad e impedir la ejecución de una sentencia de muerte sobre uno o una de los suyos.[11] A todo lo largo del siglo XVII, la ciudad europea vive bajo el temor de una sublevación negra y los rumores más locos la invaden periódicamente. Con paroxismos como el del año 1665: "Los mulatos desta ciudad y reyno discurrían en materias tocantes a la mudança del estado y del govierno [...] avían de quedar desposeidos de el los españoles [...] Andad que el año de seisciento y sesenta y seis os hemos de governar [...] El año que viene (= 1666) ...avían de thener rey los mulatos [...]" "El año de los seises (= 666) me lo pagarás (un esclavo a su patrón que lo azotaba)".[12] Todavía en 1665, en el mes de agosto, los mulatos cantaban los versos de una canción que decía: "Ay, ay, que nuestro día se nos llegará...."

Ese año la Inquisición censuró los comentarios provocados por el paso de un cometa, pues presagiaban problemas y motines. Si los astros agregaban su molesto pronóstico a la tensión reinante, la ciudad rayaría en la catástrofe. A finales del siglo XVII, Gemelli Careri evocó, a su vez, el temor obsesivo de una rebelión de

[11] Guijo (1953), II, p. 231.
[12] AGI, *México* 40.

esclavos: "Se duda de que un día no se revuelvan para hacerse dueños del país".[13] ¡Con el fin de evitar ese peligro las autoridades imaginaron, en algún momento, prohibir la importación de esclavos!

La realidad es más ambigua que los prejuicios y el pánico de los españoles. El racismo moderno, tal y como se establecerá en los siglos XVIII y XIX, aún no ha visto la luz. El *apartheid* físico no existe en la ciudad. Negros y europeos, esclavos y "blancos pobres" están juntos cotidianamente. Los intercambios entre individuos toman múltiples vías: criollos y eclesiásticos tienen por nodrizas a mulatas: "de las cuales han mamado, junto con la leche, las malas costumbres".[14] Otros las han llevado a su cama y algunas de ellas no tienen de qué quejarse. Las fiestas más elegantes reciben a hermosas mulatas que bailan durante toda la velada o los saraos. Más discretamente, la brujería de amor apela a los secretos de África.

En la América española, los negros, hombres o mujeres, logran alcanzar posiciones envidiables que a menudo los colocan sobre los "blancos pobres". Pero el medio urbano es el que aligera principalmente la condición de los esclavos. La ciudad ofrece empleos menos esclavizantes que la mina o el ingenio de azúcar en las tierras tropicales, escapatorias más frecuentes y mayor vigilancia de los abusos y malos tratos de los patrones.

Incluso vale preguntarse, el ejemplo de México nos incita a ello, si el miedo a los negros no está ligado a su capacidad de integración a la ciudad. Constituirían en-

13 Gemelli Careri (1976), p. 63.
14 *Ibid.*, p. 22.

tonces una "clase" aún más peligrosa puesto que no se cerrarían en su propio mundo, en su gueto separado y por lo tanto destinado a la marginalidad. Los negros tienen los ojos clavados en el mundo de los europeos, a diferencia de los indios, que poseen su ciudad, su pasado y sus tradiciones. Los negros, ¿no estaban demasiado cerca? Esta proximidad y esta hispanización se explican fácilmente. El agotamiento progresivo de la importación de esclavos obstaculizó también la renovación de la comunidad.[15] El México negro no conoció más que una existencia efímera.

LA CIUDAD DE LOS SOLTEROS

No sería posible reducir la ciudad de México a la suma de tres ciudades: una ciudad española floreciente de talentos, una turbulenta comunidad negra y una "república" india en decadencia. Los mestizajes y el dinero destrozan constantemente las fronteras que hubieran podido convertir a cada una de estas comunidades en guetos. Hay ciudades "transversales" que reúnen seres de todos los orígenes, sin que ello cuestione la jerarquía del nacimiento y de la fortuna.

La ciudad barroca es primero que nada un nido de solteros. La mayoría de los españoles que vienen a instalarse a la ciudad de México dejaron compañeras y esposas del otro lado del océano. Así, no sólo tienen que encontrar sus propios medios de subsistencia, sino

[15] Este debilitamiento hacía problemática cualquier tentativa de "reafricanización" y al mismo tiempo favorecía la integración.

además resolver día a día los mil problemas de la vida material, entre ellos todos los que requieren la intervención de la mano femenina: preparación de alimentos, limpieza de las habitaciones, el lavado y remiendo de la ropa... Los representantes de los comerciantes sevillanos, los burócratas, los marinos y los soldados de paso, los aventureros constituyen esta población que se hospeda en los desvanes del palacio, en los albergues o en las residencias de los nobles; a veces se instalan como parásitos en casa de los indios de las parcialidades.

Pero la mayor parte de los solteros se confunde con las élites letradas de la ciudad de México, pues la inmensa mayoría pertenece a la Iglesia. Es el aspecto humano de la ciudad sagrada, de sus santos y de sus vírgenes. Prelados, inquisidores, canónigos, sacerdotes, jesuitas, frailes y religiosas, clérigos viven rodeados de sobrinas, criadas y esclavas a quienes muchas veces también se les prohíbe el matrimonio. El arzobispado, el cabildo de la catedral, la Inquisición y muchas otras comunidades monopolizan una porción considerable del territorio de la ciudad. Ello da a la ciudad de México el aspecto de un gigantesco monasterio. Para los hombres, los conventos de San Francisco, San Agustín, Santo Domingo, los colegios de la Compañía de Jesús. Para las mujeres, los conventos de Regina Coeli (fundado en 1573), la Concepción, Santa Clara, San Jerónimo, Jesús María, por sólo mencionar a los más importantes.

Estos solteros tienen una posición envidiable. El prestigio y la riqueza de la Iglesia, el poder espiritual, la vigilancia de las conciencias, las llaves del más allá están en sus manos. La sociabilidad urbana extrae de ese medio un estilo que impresiona a los visitantes y los sorprende con sus paradojas. La libertad de movimiento de los clérigos es considerable: "Es costumbre el que los religiosos visiten a las monjas de su orden, y que pasen parte del día oyendo su música y comiendo sus dulces". Frailes y monjas, separados por canceles de madera, cenan cómodamente escuchando el canto de las religiosas. Esta colmena clerical pasa la mayor parte del tiempo frecuentándose, peleándose o divirtiéndose. O peor todavía, según comenta el inglés Thomas Gage: "No diré gran cosa de los religiosos y religiosas de México, sino que gozan de mucha más libertad que la que tendrían en Europa y que los escándalos que dan todos los días merecen que los castigue el cielo".[16]

Los conventos de mujeres no son sepulcrales. Todo lo contrario. Las religiosas forman parte de una sociedad rica y acomodada, pocas veces confinada al silencio de los claustros o a las mortificaciones de las celdas. A mediados del siglo XVII alcanzan el millar. Las celdas son acogedoras, a veces lujosas. Joyas, anillos, flores y brazaletes ofrecen placeres anodinos que halagan a las almas simples y realzan la gloria del Señor. La trayectoria de Juana Inés de la Cruz prueba que los monasterios ofrecían remansos de libertad a mujeres suficientemente independientes para sustraerse a la ley del matrimonio. En el claustro, la poetisa encontró no solamente el placer de componer a su gusto. Además, cuando llegó su turno, administró los negocios de la

[16] Gage (1676), I, p. 209.

comunidad, se ocupó de las inversiones e hizo construir una iglesia.

Por último, al abrigo de sus muros, en espaciosas cocinas recubiertas de azulejos polícromos, las monjas elaboran las grandes recetas de la cocina mexicana. En la ciudad barroca, cada convento tiene su especialidad: las empanadas de la Concepción, los dulces de San Bernardo, los panes rosa o marquesotes de Santa Teresa, la chicha —agua de maíz azucarada y fermentada— y la "miel rosada" de la Encarnación, sin olvidar el suculento chocolate de las Capuchinas de Nuestra Señora de Guadalupe...[17] El convento de San Jerónimo poseía un famoso recetario de cocina de donde Juana Inés de la Cruz copió algunas recetas.

Cantidad de gente frecuentaba los conventos: parientes, donadores, protectores, protegidos y parásitos, pero también personajes más inesperados. En mayo de 1600, una súplica llegó a manos del provisorato. Antonio de la Cadena solicitaba la autorización para que un curandero indio accediera al monasterio de la Concepción para curar a su hermana, la madre Úrsula de San Miguel. Aparentemente, los fieles juzgaban totalmente natural que una monja pudiera recurrir a los cuidados de un curandero. El indio fue autorizado a penetrar al interior del convento a pesar de su sexo, su estado laico y sus prácticas, normalmente asociadas al perturbador mundo de la magia.

Al millar de monjas se agregaban tres mil sirvientas,

---

[17] Josefina Muriel, *Cultura femenina novohispana*, México, UNAM, 1982, pp. 476-477; Marie-Cécile Benassy, "Les couvents de femmes à México au XVIIᵉ siècle", *Cahiers de l'UER d'Études Ibériques,* París-III, 1979, pp. 1-13.

pues las hermanas sólo eran una parte de esas comunidades femeninas que mezclaban orígenes étnicos y sociales muy diversos. A finales del siglo XVII, el convento de la Encarnación alojaba a una centena de monjas y a más de trescientas sirvientas; el de la Concepción contaba con ochenta y cinco religiosas atendidas por una centena de criadas. Según el italiano Gemelli Careri, cada religiosa recibía del convento una renta semanal que le permitía mantener hasta seis sirvientas. [18]

Se sabe muy poco de esas criadas semienclaustradas. Excepcionalmente, un testamento nos descubre un nombre, una corta historia de vida marcada por una fidelidad sin mancha hacia las damas del convento. Es el caso de Juana María, una india hispanizada que tras la muerte de su marido, un *moreno* (mulato) libre, se retiró del mundo para servir en el convento de Santa Isabel de las Carmelitas Descalzas y murió en 1645. Las caritativas hermanas le ofrecieron una sepultura en el interior del convento. También es cierto que aquélla había dejado una parte de sus bienes a las carmelitas, pidiendo que se celebrara una centena de misas para el descanso de su alma.

No todas las sirvientas estaban tan satisfechas de su suerte. Para muchas, los conventos de la ciudad de México eran tan herméticos como las cárceles. En ellos, estas sirvientas realizaban verdaderos trabajos forzados sin poder atravesar jamás la reja. La india María de San Gerónimo atendía a la madre María de San Francisco. Después de dos años de servicio, huyó del convento de Regina Coeli. Con ella, otras sirvientas

[18] Gemelli Careri (1976), p. 68.

sometidas a la misma condición —la mestiza María Gerónima de San Juan y la mulata Andrea de San Nicolás— emprendieron la huida. El destino de María de San Gerónimo es común. Esta huérfana originaria de Puebla fue a parar a la ciudad de México, en el barrio de San Gregorio, a casa de un tío que confeccionaba enaguas. Éste rápidamente la confió a su madrina, quien se deshizo de ella vendiéndola a las religiosas de Regina Coeli. El negocio se hizo a espaldas de la joven. La madrugada siguiente, la bondadosa madrina fue a llevarla al convento de donde no volvería a salir. Después de su huida, la joven india trató de encontrar refugio en casa de otra tía "en el estanque de los Cordobese", pero la volvieron a atrapar y la condenaron a servir seis meses en el monasterio.

Los edificios de las religiosas no alojaban solamente a humanos, gallinas y guajolotes. También había una enorme población de perros, que acabaron provocando la furia del arzobispo de la ciudad de México: en junio de 1687, el prelado conminó a todos los conventos a expulsar a los animales, bajo pena de sanción eclesiástica.[19]

A pesar de las libertades que se daban las religiosas, la ciudad barroca siguió siendo un feudo de hombres, casados o célibes. En los últimos años de su existencia, Juana Inés de la Cruz vivió esa amarga experiencia. La poetisa se enfrentó a la oposición de la jerarquía católica al mismo tiempo que perdió el favor de la corte. La defensa que redacta en esa ocasión —su *Respuesta a sor Filotea de la Cruz*— es la reivindicación de una mujer de

[19] Robles (1946), II, p. 140.

letras expuesta a las mediocridades de una sociedad de hombres y de eclesiásticos. Es también un testimonio único sobre la precariedad de la condición femenina en la ciudad barroca.

Otros abismos más lamentables acechan a las religiosas. Como en el resto de la Europa católica, como en Loudun o en Sevilla, dementes o poseídas, encerradas en el fondo de los claustros, algunas mujeres se conducen de manera extraña, escandalosa o grotesca, entre brujería y locura enardecida. Algunas terminan negando a Cristo. Sor Margarita de San José del convento de Jesús María sólo pensaba en "quitarse el rosario, arrojar las reliquias, azotar a un santo Cristo, comulgar sin confesarse, sacar la sagrada forma, darle de puñaladas y freírla en aceite..." La hostia "frita" es probablemente una parodia de las recetas monásticas. Es monótona la lista de esas desviaciones en las que estalla el odio a la religión y al claustro, mezclado con las pulsiones del sexo, provocando más de una vez el extravío de los confesores que vacilan ante tanta locura, deseo y lucha interior. Las enfermedades desgarran el cuerpo de esas infelices entregadas a los rigurosos verdugos de su inocencia. A veces, algunas logran atraer la atención de la élite criolla, como aquella Antonia de Ochoa, quien multiplicó éxtasis y profecías hasta que la Inquisición logró callar a la beata. Sin embargo, Antonia había logrado convencer de sus poderes a un alto magistrado de la Audiencia y al procurador del arzobispo.

Como en Nápoles en la misma época, la Iglesia mexicana tiene muy poca indulgencia con esas mujeres extraviadas, pero al mismo tiempo, la institución sabe alimentar su producción hagiográfica. Así el calvario de sor María de San José, quien confía a su entorno familiar:

> puedo asegurar que para cada virtud de las que debo y quiero ejercitar, tengo un demonio que me la contradice, y en esto no tengo duda; porque tengo claridad de que es así, y me fuerzan a decir tantas y terribles blasfemias contra Nuestro Señor, que sólo en la iniquidad horrorosa de quien me fuerza en decirlas pueden caber; y esto con tan gran violencia, que aprieto los dientes con mucha fuerza; porque parece según lo que siento que las pronuncia la lengua [y] con las muchas luchas que con ellos tengo estoy de manera que a cada fuerza que hago se me salen las tripas.[20]

Los conventos de la ciudad de México también son, entonces, teatros secretos de la santificación. Al ritmo del Occidente católico, pero sin ningún éxito en el dominio de las canonizaciones: con excepción de san Felipe de Jesús, crucificado en Nagasaki, la ciudad de México no produce ni un santo ni una santa durante la época barroca; como si para alcanzar lo sagrado la ciudad sólo hubiera privilegiado el camino de la imagen milagrosa, prefiriendo la devoción colectiva a la búsqueda individual. En materia de beatificación y de canonización, Lima aventaja por mucho a su rival septentrional.

---

[20] Gemelli Careri (1976), pp. 128-131, 132; Alberro (1988), pp. 248-250; Clara García Ayluardo *et al.*, *Manifestaciones religiosas en el mundo colonial americano*, t. I, *Espiritualidad barroca colonial. Santos y demonios en América*, UIA, INAH, Condumex, 1993, pp. 128-129.

Sin caer en esos paroxismos, una mezcla de sentimiento, de ternura contenida, de suavidad extrema y de complicidad impregnaban la atmósfera de la ciudad monástica. Los versos que Juana Inés de la Cruz consagra a la virreina María Luisa Manrique de Lara y Gonzaga nos ofrecen una manifestación literaria de ello. Dichos versos detallan la belleza física de la amiga y virreina con una libertad de tono, un calor y una sensibilidad difícilmente igualables:[21]

> Ser mujer, ni estar ausente
> no es de amante impedimento
> pues sabes tú que las almas
> distancia ignoran y sexo.

Otras religiosas pasan a los actos. Pero los amores prosperan, sobre todo, fuera de la reja monástica. "Los habitantes de México se entregan a toda clase de placeres, pensando que sus pecados están suficientemente encubiertos y escondidos por las limosnas que dan todos los días a los eclesiásticos." No todas las mexicanas están recluidas en conventos; los viajeros dan fe de ello y basta muy poco para que el deseo se inflame. El calabrés Gemelli Careri se dejó seducir por la belleza de las damas españolas, quienes muestran un marcado gusto por los europeos.[22] Antes de él, el dominico Thomas Gage constata con estupefacción la libertad de las mujeres españolas y el lujo exhibido por

[21] Citado en Blanco (1989), II, p. 68.
[22] Gemelli Careri (1976), p. 22.

las esclavas negras y mulatas: "A lo que se dice de la lindeza de las mujeres, puedo yo añadir que gozan de tanta libertad y gustan del juego con tanta pasión, que hay entre ellas quien no tiene bastante con todo un día y su noche para acabar una manecilla de primera cuando la han comenzado. Y llega su afición hasta el punto de convidar a los hombres públicamente a que entren en sus casas para jugar". Nuestro eclesiástico fue, incluso, convidado por una señorita de buena casa a reunirse a una partida de cartas; ella, al verlo pasar delante de su residencia, lo llamó desde su ventana y le hizo plática. Gage se cuida de indicar si dio curso a la invitación. Pero la anécdota confirma la desenvoltura de las mujeres en esta ciudad mestiza, donde la promiscuidad de seres y de tradiciones suaviza las reglas del Viejo Mundo.

El lujo realza la belleza de las mujeres, ricas o pobres. Las esclavas negras y las mulatas llevan joyas en el cuello, brazos y orejas. Las blusas lucen listones de oro y de plata, las faldas son de seda o de "indiana finísima recamada de randas de oro y plata, con un moño de cinta de color subido con sus flecos de oro". Gage consagró dos largas páginas a los atavíos de esas mujeres de África, a quienes describe con un cuidado que deja ver la agradable turbación que éstas producen en el joven monje inglés: "Cúbrense el pecho con una pañoleta muy fina [...] sus zapatos son muy altos y con muchas suelas guarnecidas por fuera de un borde de plata, clavado con tachuelitas del mismo metal que tienen la cabeza muy ancha".

Pareciera que el lujo de las iglesias es proporcional a los excesos de la "vida lasciva y escandalosa" de los europeos. En cualquier caso, la devoción más generosa podía acompañarse de costumbres muy relajadas. Alonso de Cuéllar no conservó su fortuna para el servicio de la Iglesia. Las salidas nocturnas del rico comerciante son, sin embargo, del dominio público: "Casi todas las noches se iba con dos de sus criados a visitar las mujeres de que hemos hablado, tirando una cuenta de su rosario en cada puerta por donde entraba, y haciendo en su lugar un nudo, a fin de saber al otro día cuántas de esas criminales estaciones había corrido".[23]

El concubinato es una práctica muy extendida en la ciudad. Al alba del siglo XVII, mestizas e indias que hablan español cohabitan con indígenas, viven con mestizos, frecuentan españoles, mulatos o negros. Todos los oficios se sacrifican a los placeres del concubinato: zapateros, sastres, carpinteros, barberos, tejedores de listones, pasteleros, fundidores, vendedores de frutas, sirvientes, músicos —es el caso de Agustín Araux, músico de la compañía teatral de Rancho—, frailes, confesores tentados por penitentes demasiado bellas que se instalan en sus casas... Sin tregua, la Iglesia persigue a los amantes, coloca a las mujeres indecentes en instituciones o con familias respetables y encarcela a los hombres más recalcitrantes. Sin resultados.

Porque concubinato y corrupción van de la mano. Hacia 1630, el notario del tribunal del arzobispado, Álvaro de Zúñiga, se jactaba de haber reprimido más de seis mil situaciones irregulares. El resultado refleja el aumento del concubinato y, al mismo tiempo, disimula las prácticas que explican la ineficacia del control eclesiástico. En realidad, la corrupción de los esbirros del

[23] Gage (1676), I, pp. 201-202, 204, 207.

arzobispado alcanzaba un grado tal que mediante unos cuantos pesos el multado salía inmediatamente del apuro y podía pasar el resto de sus días tranquilo en los brazos de su amada. Ya ni se contaban los desvíos de la ley ni los acuerdos con la justicia. Algunas encuestas rebelaron que una española, Antonia Isabela, había comprado por tres pesos la libertad de su amante indígena. Arrestado en la calle en compañía de una señora casada con la que estaba hablando, el indio Luis de Vargas se salvó pagando dos pesos... Poco escrupulosos y ávidos de ganancias, los agentes del tribunal eclesiástico no dudaban en montar acusaciones de concubinato para multar a los indios e indias sin que éstos osaran enfrentárseles. El indígena Juan Francisco, albañil de su estado, cuenta que vinieron a arrestarlo a las cinco de la mañana para conducirlo a casa de una india mucho mayor que estaba dormida. Acusados inmediatamente de sostener una relación ilícita, debieron pagar en ese momento la suma de dos pesos y medio para evitar la cárcel.[24] Presente desde el siglo xvi, la corrupción policiaca se arraigó definitivamente en la época barroca y estableció relaciones parasitarias entre la población y los jueces, la policía y la Iglesia.

La corrupción se nutre de la prostitución y al mismo tiempo la genera. En una ciudad donde el cuerpo de las negras y de las indias tiene poco valor, la prostitución la ejercen principalmente españolas. Es cierto también que las europeas sin recursos no tenían otro medio de subsistencia. Imposible trabajar de sirvienta en una ciudad donde las criadas de origen indio o afri-

[24] AGN, *Bienes Nacionales* 1285, exp. 13.

cano pululaban. Ello hace de las prostitutas trabajadoras de condición relativamente privilegiada, pues no sólo ofrecen a sus clientes un cuerpo menos común, sino también los placeres de una seducción a la europea, un momento similar a lo que podrían encontrar en su lejana Castilla. Tal vez por esta razón no hay traza de burdel municipal en la ciudad de México, aun cuando en el siglo xvi las autoridades habían acariciado la idea.

No hay burdel sino "casas". En los años 1620, un albergue situado a dos pasos del edificio que alojaba a las mujeres arrepentidas recibía a los clientes que buscaban hermosas criaturas. Ana Bautista administró el Mesón de la Negra con tal éxito que pudo abrir otra casa de citas cerca de la Carnicería Mayor, reservada a una clientela más distinguida. Beneficiándose de una amplia red de protecciones, la proxeneta logró atravesar el cerco de la justicia. Con menos suerte, la hubieran cubierto de miel y de plumas después de haberla azotado sin medida.

Medio siglo después, las cortesanas de la ciudad de México son tan famosas en la ciudad que un decreto de la Audiencia las enumera una por una, e incluso proporciona sus apodos: doña Josefa de Mendizábal, *la Chinche;* doña Juana y doña Josefa, *las Priscas* (las ingenuas); doña Josefa Basques, *la Sedacito* (la pedacito de seda); doña María, *la Díxome, Díxome* (la dime, dime); doña Leonor, *la Manteca,* y algunas otras como *la Vende Barato* o *la Nuevo Mundo.* Estas señoras circulaban en carrozas, con criados de librea, y en las iglesias se instalaban con soberbia sobre lujosos tapices desplegados para su comodidad. ¡Pareciera que los castigos celestes y los sermones del clero no tenían ningún efecto sobre la ciudad de las "mujeres perdidas"! El siglo transcurrió sin que la Iglesia, la corona o la municipalidad tomaran medidas consecuentes para encerrar a estas damas o encauzar su arrepentimiento.[25]

Para sortear los compromisos del matrimonio, la magia proporcionaba trucos tan eficaces como el concubinato o la prostitución. En la ciudad de México, cuando las imágenes milagrosas de capillas e iglesias no escuchan las plegarias, ¿quién puede resistirse a los múltiples ofrecimientos de la magia local e importada? Indias —provenientes de los nahuas o de los otomíes de la sierra—, africanas —vienen directamente del continente negro o se enriquecen con una estancia en el Caribe— o ibéricas —con sus variantes portuguesas o mediterráneas—. Sin contar todas las amalgamas posibles entre prácticas que se mezclan tan fácilmente como los ingredientes de las cocinas mexicanas.

El consumo de alucinógenos —el *ololiuhqui,* el peyote, los hongos— entreteje otras complicidades que se combinan con viajes hacia lugares que se parecen, al punto de confundirse, con el purgatorio o el infierno cristianos. En un principio, las técnicas son indígenas; las sustancias permiten que quien quiera pueda acceder instantáneamente a esos mundos maravillosos que los retablos de las iglesias y el teatro sacro ofrecen a la vista o que se describen en los sermones. En ese más allá, algunos seres más o menos bien intencionados imparten los conocimientos que en vano se piden a los curas

[25] Ana María Atondo, *El amor venal y la condición femenina en el México colonial,* México, INAH, 1992; Josefina Muriel, *Los recogimientos de mujeres,* México, UNAM, 1974.

o a los médicos. Basta con una habitación oscura en los barrios indígenas, un lugar silencioso, un especialista pagado por adelantado y algunas plantas para darse el lujo de dominar el porvenir. También hay que contar con el humor de los vecinos, eventualmente tentados a denunciar la consulta ante el tribunal del Santo Oficio.

Día tras día, la magia como alternativa dibuja los contornos de una ciudad subterránea, clandestina pero al alcance de la mano y del bolsillo. Los conjuros, los filtros vertidos en el chocolate y las hierbas alucinógenas crean pasarelas entre medios sociales *a priori* desvinculados. La patrona española solicita a su sirvienta mulata o a su esclavo negro que se procure los servicios de una curandera india. La ley del silencio —la Inquisición, por supuesto— envuelve a estas mujeres en una confabulación muchas veces dirigida contra hombres infieles o demasiado abrumadores. La intimidad de las habitaciones, los rincones de la cocina, la discreción de los patios cerrados, el anonimato de los mercados o de la calle se alternan para cumplir deseos no confesados y la eficacia de la magia. Curanderos del campo se deslizan por la gran ciudad y se desvanecen sin dejar huella, para desesperación de los curas cazadores de idolatría.[26] Otra ciudad se perfila cada vez que se hojean las páginas ennegrecidas de los procesos inquisitoriales. Una ciudad de México en la que, aunque sólo sea en el transcurso de una cura o de una consulta, la todopoderosa bruja indígena tiene bajo su control a la rica española desesperada.

[26] Jacinto de la Serna, "Manual de ministros de indios", en *Tratado de las idolatrías, supersticiones, dioses, ritos, hechicerías y otras costumbres gentílicas...*, México, Fuente Cultural [1656], 1953, p. 101.

LAS CENIZAS DEL PECADO

Otras redes se pueden identificar en el azaroso camino de los archivos. Como todas las grandes ciudades de Occidente, la de México alberga circuitos clandestinos, exclusivamente frecuentados por hombres que se entregan a la sodomía, el "pecado abominable" que la ley real castiga con la hoguera. Cuando tres siglos más tarde William Burroughs describe el bar Chimu —"desde afuera parece una cantina, pero en cuanto entras sabes que estás en un bar de maricas"—,[27] el escritor ni se imagina que el universo que descubre tiene al menos tres siglos de edad.

Los sodomitas saben encontrarse sin despertar el interés del vecindario. Se arriesgan por la tarde o a la caída de la noche a las afueras de la ciudad, en medio del campo, en los alrededores de San Lázaro; se quedan de ver en algunas casas del lado de San Juan de la Penitencia, al sur de la Alameda; o si no en las casas de los indios, como aquel Juan Zurzador del barrio de San Pablo. Todos estos lugares están lejos del centro español, en las márgenes de la traza.

Los alrededores de San Lázaro están ocupados por campos y fosas limitados por el gran Albarradón de origen prehispánico que protege el este de la ciudad de las inundaciones. Desde el Albarradón, la vista es insuperable: el espejo del lago, desgarrado por el promontorio del Peñón de los Baños, la orilla oriental sembrada de grandes pueblos indios y a lo lejos, hacia el sudeste, la masa nevada de los volcanes. Normalmente, esos para-

[27] William Burroughs, *Junkie,* Nueva York, AceBooks, 1973, p. 124.

jes son tranquilos. Algunos niños se entregan a los juegos propios de su edad; algunas indias y mestizas van a lavar la ropa. Apacibles pero no muy agradables: la presencia del hospital de San Lázaro —y de la hoguera donde se quemaba a los sodomitas— aleja a los tranquilos paseantes que temen pisotear las cenizas malditas de los condenados o encontrarse a los leprosos.[28] Las inmediaciones de San Juan de la Penitencia, en el barrio de San Juan, o el barrio de San Pablo se sitúan al sur de la ciudad española. Son urbanizaciones habitadas mayoritariamente por indígenas, donde la vigilancia de los curas y de los jueces del virreinato se ejerce con mucha dificultad. La ciudad indígena tiene algo de impenetrable y de enigmático gracias a su trazado tortuoso, a sus costumbres ancestrales, a su lengua e incluso a la pantalla formada por la administración india. El tejido de jardines y moradas protege aún más el anonimato: el agua tranquila de los canales y los árboles de las chinampas rodean las casas aislándolas de la curiosidad de paseantes o vecinos. En el peor de los casos, un "accidente" en los canales eliminaría a un testigo molesto.

Disimulados en los terrenos baldíos de las afueras o reunidos en residencias discretas, algunos hombres se divierten y buscan el placer. Redes de prostitución, burdeles de travestis y residencias acogedoras marcan itinerarios únicamente conocidos por los iniciados. Es una cuestión de vida o muerte para todos los involucrados. Hay mensajeros que hacen las citas en las casas donde todos se entregan a su propio placer "con toda livian-

[28] Marroquí (1969), III, p. 102.

dad". Como sucede con el resto de la población, sus celebraciones están marcadas por las fiestas religiosas. Se celebra a los santos, a los apóstoles, a Nuestra Señora bajo la mirada de estatuas polícromas que se exhiben en los oratorios domésticos. Ahí se reúnen discretamente los amigos y se organizan bailes donde más de un invitado se disfraza de mujer. Todos aprovechan la ocasión para intercambiar direcciones. Amantes celosos llegan a veces a los puños. En plena mitad del siglo XVII, la sociedad de los putos, como ya se les dice con desprecio, está tan mezclada como la población de la ciudad de México: hay indios que reciben en su casa a toda la ciudad; negros, mulatos, mestizos, españoles mezclan sus cuerpos; curas, jesuitas, "gente bien", artesanos, estudiantes "se divierten" entre ellos, indiferentes al origen de su pareja. Si estos encuentros suceden en los barrios indios, las casas que los alojan pertenecen muchas veces a españoles, a tal punto la imbricación de los mundos es fuerte hasta en sus límites más inaccesibles.

Los prostitutos atraen fácilmente la atención de clientes y alguaciles. Se les llama por su apodo: *el Rey de Francia, el Alazán, Camarones, Cabeza de Huevo...* Su universo calca el de las cortesanas de la ciudad, de quienes retoman a veces los apodos: *la Martina de los Cielos, la Luna, las Rosas.* Las fuentes policiacas revelan la existencia de figuras tan resplandecientes como el siglo que los recibe: un mulato vestido de indio, Juan Galindo de la Vega, llamado *Cotita de la Encarnación:*

era el más aseado y limpio, y gran labrandero y curioso. [....] El dicho mulato se quebrava de cintura y traía atada en la frente de hordinario un pañito que llaman "melindre" que usan las mugeres y que en las aberturas de las mangas de un jubón blanco que traía puesto, traya muchas cintas pendientes y que se sentava en el suelo en un estrado como muger y que hacía tortillas y lababa y guisaba y le visitaban unos mozuelos a quienes el susodicho llamaba de "mi alma, mi vida, mi corazón" y los susodichos se sentavan con el y dormían juntos en un aposento, y el dicho Juan de la Vega se ofendía si no le llamaban Cotita.

El mestizo Juan de Correa es otra figura de ese *underground* adelantado. En 1658 confiesa tener setenta años. Le llaman *la Estampa,* en recuerdo de una hermosa muger de la ciudad de México.

Se alabava de que el siglo presente estava acabado porque no se olgavan en este como en el pasado que el llamaba que era antes que esta ciudad se ynundase porque entonces el dicho Juan de Correa dijo que era linda niña y que andava vestido de muger con otros hombres y que se olgaban cometiendo el pecado nefando, y a las personas referidas y a otros mozuelos, los enseñó con las pláticas referidas y gastava su hazienda con ellos y los tenía en su casa, diciéndoles que aunque hera viejo, era mui linda niña y que se havía de comer como la rana de cintura para abajo.

Desde el siglo XVII, el medio sodomita de la ciudad de México constituye lo que hoy se llamaría un fenómeno social, al punto que sus detractores, conmocionados por su crecimiento, lo ven como una "complicidad" y una "contaminación". Desde entonces, la socialización "homosexual" se impregna de esa mezcla de exuberancia festiva, de redada nocturna y de represión violenta, muchas veces mortal, que será su destino hasta fines del siglo xx. Si los arcos de triunfo del Siglo de Oro exhiben complacientemente ante todos la pasión que Júpiter tuvo por el bello Ganimedes,[29] la cotidianidad está cargada de emboscadas y peligros para los sodomitas. La Iglesia abomina el pecado y con su bendición las autoridades civiles queman a quienes de cuando en cuando tienen la mala suerte de ser atrapados.

La ciudad "bien" habría evitado tranquilamente el escándalo y el oprobio traídos por las hogueras de 1658. El asunto es juzgado "sin precedentes en la historia de la humanidad": más de ciento veinte hombres fueron detenidos o buscados por la justicia. Nunca se había inculpado ni ejecutado a tantos sodomitas al mismo tiempo.

> Martes 6 de noviembre, a las once horas del día sacaron de la real cárcel de esta corte a quince hombres, los catorce para que muriesen quemados, y el uno por ser muchacho le dieron doscientos azotes y vendido a un mortero por seis años [...] duró el fuego toda la noche; asistió la justicia y comisarios de los barrios, y se despobló la ciudad, arrabales y pueblos de fuera de ella para ver esta justicia.[30]

El vocabulario de Juan Manuel de Sotomayor, organizador de las hogueras de 1658, prefigura el discurso moralizante de los esbirros y policías del México contemporáneo: había que salvar a la ciudad de "este

[29] Tovar de Teresa (1988), i, p. 179.
[30] Serge Gruzinski, "Las cenizas del deseo. Homosexuales novo-

achaque tan mortal y nefando" extirpando "este cán-
zer tan cundido y estendido". Como siempre, un pú-
dico silencio encubrió a la "gente bien" y particularmente a los eclesiásticos descubiertos. En cambio,
algunos travestis imprudentes y gente humilde y sin
protección se esfumaron en el quemadero de San
Lázaro.

Corrupción, tabernas y baños de vapor

Ciudad de conventos, ciudad de mujeres, ciudad de
brujas y curanderos, ciudad sodomita, ciudad africana,
todas se superponen y muchas veces se traslapan.
Muchas de ellas se cruzan todos los días en las tabernas
y los baños.

Pese a los esfuerzos de Carlos V y del virrey Antonio de Mendoza, la cerveza no alcanzó el éxito deseado en la ciudad de México. Importado de España, el
vino siguió siendo una bebida muy cara. En cambio,
el consumo de una bebida de origen indio, el pulque,
se populariza en la ciudad del siglo xvii. El pulque es el
jugo fermentado del agave. Las comunidades indias y
algunos particulares cultivan la planta del agave en el
valle de México y venden su producción en la ciudad.
Para hacer más fuerte el brebaje, algunos vendedores
le agregan hierbas embriagantes: *neupactli, quaupactli*,
incluso cal.[31] Otras bebidas, prohibidas periódicamente, también son del gusto del consumidor: tepache, *vin-*

hispanos a mediados del siglo xvii", en *De la santidad a la perversión*,
México, Grijalbo, 1985, pp. 255-281; Guijo (1953), ii, pp. 105-107.

[31] AGI, *México* 2331.

gui, guarapo, pulque amarillo. El tepache es en ese entonces una mezcla fermentada de pulque, miel y agua; se le refuerza diluyendo tabaco, chile, fruta pasada o podrida; el guarapo —la palabra es de origen andino— es un alcohol de caña; el chinguirito se obtiene con agua y un tipo de melaza. El mezcal es el aguardiente de un maguey silvestre. También se consume sidra, charape —un tipo de tepache—, vino de tunas, granada o capulines; aguardiente de pulque...

La taberna donde se despacha el pulque se llama pulquería. En 1663 no debían ser más de veinticuatro en la ciudad de México, es decir, seis en cada una de las cuatro plazas principales. La ley exigía que estuvieran suficientemente expuestas a la vista para que se respetara la moralidad y se contuviera la embriaguez. Todas las pulquerías tenían que ser atendidas por indias debidamente registradas. Pero un abismo separaba la teoría de la práctica y existía cantidad de tabernas ilegales en la vía pública y en las casas particulares. Más de trescientas cincuenta pulquerías conseguían abrir mediante una pequeña donación de dos pesos al día. Tal era el precio para que el corregidor cerrara los ojos. Cuando los taberneros se resistían a esa extorsión la reacción no se hacía esperar: los esbirros del corregidor destruían inmediatamente los toneles de pulque y presionaban a las encargadas. Había, pues, que pagar para poder despachar bebidas prohibidas; pagar también si quien quería un permiso para el establecimiento —en principio reservado a los indios— era española o aprovechar una licencia acordada anteriormente a otra persona. Había incluso que pagar cuando todo estaba en regla, con el pretexto de que no era así. Puesto que el monto del consumo se elevaba a más de cien mil pesos por año, el pulque se había convertido para muchos en una mina de oro.

La policía lo había entendido tan bien que extorsionaba en los negocios de bebidas, de la misma manera que lo hacía en talleres clandestinos y casas de juego. Cada vez que una nueva legislación entraba en vigor, la corrupción, nunca escasa de medios, permitía sortearla.[32] Los propietarios o las encargadas eran, en principio, indias. Es el caso de Úrsula Nájera, una cacica propietaria de La Camotera, cerca del barrio de Moncarrete. Aun cuando muchas veces estas mujeres no eran más que prestanombres, el dominio femenino e indígena sobre uno de los lugares más frecuentados de la ciudad está lejos de ser despreciable. Forzosamente bilingües, estas encargadas tenían rudimentos de contabilidad y dos, tres, hasta cinco vendedores, indispensables en las horas pico. Su clientela era mezclada y muy numerosa: la mayoría eran indios, pero también españoles, mestizos, negros y mulatos: ciertos establecimientos recibían a más de sesenta consumidores y el domingo en la tarde tenían que negar la entrada a muchos más.

Los nombres de las tabernas son conocidos en toda la ciudad: Los Camarones, El Risco, El Chabacano. Ahí la gente puede comer y beber. Todo el día hay indias que ofrecen tamales y tortillas. A mediodía, el patrón o la patrona dan como botana los *envueltos,* es decir "una tortilla enchilada con que se envuelve un peda-

---

[32] Éstas son las condiciones que permiten el funcionamiento de los ciento cincuenta negocios clandestinos registrados a mediados del siglo XVIII (AGI, *México* 77, *México* 766, *México* 1698).

zo de vaca". Podemos reconocer el famoso taco mexicano. Algunas tabernas sirven la comida a las once de la mañana y a la una de la tarde. El escándalo de conversaciones y gritos cubre el sonido de las guitarras y el acento del arpa. El humo del cigarro hace aún más pesado el aire de las tabernas, impregnado de olores de orina, pulque echado a perder o vómito. Muchas veces la gente baila antes de rendirse ante el alcohol.

Para las autoridades, las pulquerías de la ciudad de México son lugares fraudulentos, guaridas de rateros, incluso antros de depravación si esconden cuartos oscuros a los que se accede por medio de puertas falsas. Ahí, la prostitución tiene todas las comodidades, así como las apuestas y los delincuentes. En el Mesón de la Negra, aparte del encanto de sus "niñas", la proxeneta Ana Bautista vendía pulque, infringiendo las órdenes reales. Los depósitos o los cobertizos de las tabernas rebosan de mercancía de origen dudoso: "Capates, tilmas, naguas de hilo, tepeque, sabanas, calçones, libreas de paños..."[33]

Como en Europa, los negocios de bebidas son el refugio de una sociabilidad que escapa al control de la Iglesia, alimentada de tráficos que desarman al fisco y a la justicia. A estos lugares acuden hombres y mujeres atraídos por la ciudad y que han perdido sus lazos comunitarios o familiares. Algunos vienen del valle de México y de las provincias de la Nueva España; otros llegan de la Península, cuando no son originarios de Filipinas o Asia.

La taberna ofrece un remanso temporal para esta

[33] AGI, *México* 766.

clientela tan heterogénea y muchas veces miserable. Junto con la cofradía, es uno de los pocos espacios de reunión de la ciudad y casi el único donde orígenes, piel y lenguajes se frecuentan y se mezclan con toda libertad. Los vapores del alcohol y la promiscuidad desdibujan las barreras; crean insólitas fraternidades entre "blancos pobres", mestizos, mulatos e indios. Suficiente para alarmar a las autoridades, cuya dominación reposa en la división de la plebe y los resentimientos étnicos. La pulquería es un instrumento de integración a la ciudad y al mismo tiempo el crisol amenazante de donde brota una masa urbana más unida y muchas veces agresiva. De ahí su ambivalencia.

El placer de un vaso de pulque no se compara más que con las horas transcurridas en un *temascal,* el baño de vapor de tradición indígena. También en este caso, restos del universo indio aún presentes en el corazón de la ciudad, cautivan al africano y al europeo. El temascal es un cuarto pequeño de entrada estrecha, con techo bajo donde se suda la gota gorda. Un fogón alimentado sin cesar, aspersiones de agua sobre las paredes hirvientes y flagelaciones procuran sensaciones fuertes y agradables, amplificadas por la promiscuidad de los cuerpos desnudos. Hombres y mujeres, indios, mestizas, indias, españoles, mulatos, todos se precipitan al temascal hasta llegar a ser veinte o más; de cuando en cuando salen para enjuagarse con agua fría o caliente, en cueros, canturreando temas pícaros o groseros.

Los temascales abren todos los días de dos de la tarde a medianoche. En algunos hay habitaciones discre-

387

tas que hacen posible todo tipo de placeres, incluso los que destilan sodomía. A finales del siglo XVII la policía estima que el número de temazcales públicos llega a más de cien, a los que se suman los particulares. En la época en que las élites festejan a sor Juan Inés de la Cruz y a don Carlos de Sigüenza y Góngora, los ciudadanos no rechazan placeres más sensuales y más inmediatos. Algunas buenas direcciones de temascales apuntadas en 1687: el establecimiento de Juana de la Cruz —que no hay que confundir con la poetisa—, situado cerca de la acequia real; el de Domingo de la Cruz, sobre la plaza de San Pablo; el de María Antonia, en el puente del Clérigo, en el barrio del Carmen; el de Inés Sebastiana, en la calle de la Falsa Puerta del Convento de Santo Domingo; el temascal de la calle San Pedro y San Pablo. A pesar de escandalosos rumores, algunos conventos de religiosas, eclesiásticos y gente de buena posición poseían o rentaban establecimientos de baños. El negocio produce mucho, pues el temascal es muy popular, en todos los sentidos de la palabra.

A pesar de su popularidad, ¿había que tolerar algo tan abominable, propio de bárbaros? La metrópoli vio en ello una ocasión más para menospreciar a la gente del Nuevo Mundo, debilitada por esos placeres dudosos. Pero fue impotente para cambiar el curso de las cosas. En 1689, la corona se resignó y tuvo que autorizar seis temascales para hombres y otros tantos para mujeres, pero prohibió los baños colectivos. Sin embargo, esta decisión real se quedó en papel y el puritanismo madrileño fracasó. Los temascales siguieron proliferando en la ciudad de México, difundiendo su tranquilizante calor sobre la confusión de cuerpos sudorosos. Sensual, la ciudad estaba tan orgullosa de sus temascales como de sus poetas. Tan lejos del rigorismo de una dinastía en decadencia como de la severidad de Nueva Inglaterra, la ciudad barroca se aferraba a la voluptuosidad de un territorio semitropical.

Los sobresaltos del volcán

A juzgar por la multiplicación de las comunidades y la proliferación de sectores marginales, el dominio de las élites parece muy precario. Aún más cuando la prodigalidad de la caridad barroca mantiene a un populacho de ociosos y vagabundos: a finales del siglo XVII, tan sólo el arzobispo de la ciudad de México distribuía más de cien mil pesos al año, es decir, mucho más que las rentas de su diócesis. A las amenazas del cielo, presto a castigar los pecados de la nueva Babilonia, se sumaba el miedo a los esclavos, a los mulatos y a las masas de pordioseros; más inquietante aún era la obsesión de un complot que agruparía a todas las clases miserables, sin importar su origen.

Temores justificados. En 1624 el pueblo de la ciudad de México entró estrepitosamente en escena bajo la forma de un populacho compuesto de españoles, indios, negros y mulatos: "Se juntaron más de dos mil personas de todas condiciones en la plaza del Mercado; el número de sublevados fue creciendo por momentos y en breve agolparon de seis a siete mil personas". La especulación con los granos y el arresto del arzobispo habían exacerbado el descontento contra el virrey y su entorno. Los amotinados atacaron el palacio real, que no disponía ni de un solo cañón para hacer entrar en razón a la masa, así de sólida se veía la seguridad entonces: "Como todos los indios de los países circunvecinos están sometidos, y aun por la mayor parte aniquilados [...] no temen los españoles que se levanten contra ellos..."

Error imperdonable: los amotinados "empezaron a derribar las paredes y las puertas del edificio, habiéndose armado la mayor parte de picas, chuzos y alabardas, y otros de pistolas y escopetas que disparaban sin discreción y sin inquietarse por las personas a quienes podían matar". Los sublevados abrieron las puertas de la prisión y liberaron a los detenidos, quienes se unieron a ellos para atacar el palacio. Un conato de incendio estalló en el edificio. Algunos ladrones aprovecharon la oportunidad mientras el virrey y su corte huían disfrazados de monjes. Aunque manipulado por criollos ricos y dirigido por algunos curas, el populacho de la ciudad de México era, de todas formas, un actor en la ciudad. La noticia del motín se diseminó en toda Europa gracias a los escritos del inglés Thomas Gage, ampliamente traducidos y publicados en el Viejo Continente.[34]

Salvo que la ciudad de México era más tranquila que París o Londres en el siglo XVII. El motín, la agitación de las calles, los movimientos de la masa fueron disturbios sin trascendencia. Tal vez porque el espacio urbano, de largas y despejadas calles, ofrece menos rincones protegidos y laberintos impenetrables que las

[34] Gage (1676), I, pp. 238, 243.

grandes ciudades barrocas de Europa en la misma época.

Hubo que esperar cuarenta largos años para que el escenario de 1624 se repitiera. En esa fecha, a finales del siglo XVII, la masa agredió al virrey apedreándolo antes de festejar a su sucesor designado, el arzobispo de la ciudad de México. La corte del virrey tuvo que abandonar precipitadamente los balcones del palacio, donde se encerró con llave para evitar un molesto accidente. Una vez más, el pueblo tomaba partido por el arzobispo y en contra del virrey. Una vez más, el orden fue rápidamente restablecido.

El incremento de rumores casi nunca desembocaba en acciones. Los brotes de inquietud caen tan rápido como aparecen. Una aventura que se volvió famosa resume ese clima hecho de tensiones fallidas, de presiones abortadas. En los años 1640, un extraño personaje hizo soñar a las clases medias que trataban de hacerse un camino entre las masas indias, negras, mestizas y las élites europeas. El misterio de don Guillén de Lampart encantó a la ciudad de México. Este hombre era de origen irlandés. En Madrid había frecuentado la casa de un matemático llena de globos terráqueos, esferas y astrolabios. Suficiente para adquirir los conocimientos sobrenaturales de los que se jactaría más tarde. Lampart desembarcó en México con la corte del virrey marqués de Villena. Después de haber servido en las cocinas de palacio, enseñó latín a los hijos de un notario de la ciudad. Y el sueño empezó. Lampart pretendía ceñir la corona de México argumentando su ilustre origen. Don Guillén habría sido el hijo de una dama irlandesa y del rey de España, Felipe III, es decir, el medio hermano de Felipe IV. Una noche, armado de pies a cabeza igual que don Quijote, alegando sus deberes de "caballero de su rango", luchó contra los muros de la pieza donde se encontraba, rajándolos con su cuchillo. Los testigos aseguraron que estaba loco. Este personaje también era un agitador preocupante que pegaba carteles subversivos en los que denunciaba la corrupción de la Inquisición y anunciaba la liberación de negros, mestizos e indios. Fue ejecutado en 1659 y todo volvió al orden. Lampart se había atrevido a encarnar las reivindicaciones más radicales y más inconfesables de los medios criollos. En todo caso, no será la última vez que la opinión mexicana siga, fascinada, el destino de un justiciero de misteriosa identidad y ambición sin límite.[35]

Pero el levantamiento más grave estalló a finales del Siglo de Oro y abarcó toda la plaza mayor. Ésta, además de ser la vitrina de élites y autoridades, era el punto de encuentro de todos los medios sociales y también un inmenso mercado al que se sumaba una especie de caravanserrallo. La municipalidad rentaba una parte del suelo de la plaza para mejorar sus ingresos. Había

más de doscientos cajones de madera, fijos y estables los más de ellos, con mercaderías de la Europa y de la tierra y en mucha suma y no con tanta los que restaban, por ser vidrios, loza, especies miniestras y cosas comestibles lo que había en ellos. Lo que quedaba de la plaza sin los cajones, se ocupaba con puestos de indios, formados de carrizo y petates, que son esteras, donde vendían de día y se recogían de noche, resultando de todo ello el que una

[35] González Obregón (1952), pp. 242-327.

de las más dilatadas y mejores plazas que tiene el mundo, algunas les pareciese una mal fundada aldea, y zahúrda a todos.

Entre los indios, algunas mujeres fabricaban y vendían tortillas, que toda la ciudad consumía, incluidos los españoles. Las tortilleras iban todos los días a la alhóndiga a buscar el maíz para prepararlas. A la menor chispa, cuando la demanda rebasaba la oferta, el ambiente se caldeaba. Como sucedió en junio de 1692. La atmósfera era explosiva y retumbaba con "la algazara y ruido de las indias..., las palabras desvergonzadas, descompuestas y deshonestísimas que proferían, los pleitecillos que entre sí trataban..." Los empujones en el mercado central empeoraron. Un pleito generalizado estalló entre indias y revendedores: "Viendo [...] no bastar voces y empujones para apartarlas y que durante la confusión y apretura, por entre las piernas de las unas les tomaban otras el maíz a muy grande fuerza, echando mano a un azote no sé quién de ellos, comenzó a darles". Los latigazos alcanzaron a una muchacha y una masa de más de doscientas indias corrió hacia la plaza mayor, "la ingrata, traidora chusma de las insolentes indias". El escenario se reprodujo al día siguiente, 10 de junio.

Era el domingo siguiente de la fiesta de Corpus Christi. "A las cuatro de la tarde pasó cantidad de indios e indias con una difunta —que decían haber muerto a palos en la alhóndiga un mulato y un mestizo repartidores del maíz, de que había mucha falta como también de trigo— a las casas arzobispales a quejarse como otras veces de semejantes vejaciones…" Los consejeros del prelado les sugirieron que fueran al palacio real. En vano. La tropa se dirigió entonces al barrio de San Francisco Tepito donde residían las autoridades indias de Tlatelolco.

Sin embargo, un grupo de indios se obstinó en querer penetrar al palacio. Algunos soldados lograron empujarlos hasta el cementerio de la catedral pero rápidamente llegaron doscientas personas más y los amotinados pusieron fuego a la puerta del palacio utilizando materiales improvisados, extraídos de las tiendas de la plaza mayor. Los edificios de la fachada principal y del ala sur fueron devorados por las llamas: el fuego alcanzó la puerta del patio de la Audiencia, la de la prisión y luego la del patio principal sobre la que se encontraban los aposentos del virrey, la tesorería y la cancillería. Los incendiarios se sintieron aún más libres de sus movimientos pues luego de recibir la orden de disparar con salva, la guarnición se limitó a llevarse los bienes más preciados del virrey. Muy pronto la pólvora empezó a escasear.

Después, los sublevados atacaron la alcaldía y la incendiaron acopiando "grandes montones de petate, carrizo y tablas". El nuevo palacio del marqués del Valle —la residencia de los descendientes de Cortés— fue, a su vez, el blanco de los incendiarios. Como si los indios se dispusieran a convertir en cenizas toda la memoria y los monumentos de cerca de dos siglos de dominación española.

El azar, o la piedad, salvó de milagro la vida del virrey, que se encontraba en el interior del convento de San Francisco. La gente bien se encerró en sus casas. Los jueces se parapetaron en los conventos. "Con la entrada de la noche fue creciendo la confusión y horror en los españoles y la libertad en los indios".

Para paliar la dimisión de las autoridades, un abad se encomendó al cielo y decidió sacar a pasear al santísimo sacramento a la plaza mayor. Gracias a esa arma divina, el eclesiástico logró desmovilizar a una parte de la masa y de los incendiarios. Pero todavía pasaron algunas horas antes de que los emisarios del virrey aparecieran en la plaza. A las nueve de la noche regresó la calma. La plaza mayor desierta estaba tapizada de cadáveres. Los daños causados por el incendio y los robos se calculaban en tres millones de pesos.

Mientras que en la plaza mayor el abad convencía a una parte de los asaltantes, los conventos retumbaban con las súplicas de los monjes, y las religiosas se latigueaban delante del santísimo sacramento. Frente al desorden del populacho, la única réplica eficaz fue litúrgica. Frente al desconcierto de las autoridades, el único abrigo seguro fue el de los conventos, con sus muros inviolables. El carácter sacro de la ciudad se manifestó en todo su esplendor esa tarde de motín: el virrey y su esposa le debieron la vida.[36]

El restablecimiento del orden exigió medidas brutales y expeditas. El miércoles 11, cuatro indios murieron ejecutados. El virrey creó seis compañías a caballo así como dos compañías de negros y mulatos. El 2 de julio, doce compañías vigilaban la ciudad de México. Se prohibieron las reuniones de más de cinco indios, aun cuando los cementerios de las parroquias rebosaban de indígenas. El ambiente estaba tan tenso que el

[36] Sigüenza y Góngora (1972), pp. 170, 155, 141, 171, 170, 160; Robles (1946), II, p. 252.

menor murmullo sembraba el pánico. En los días siguientes, el rumor de un ataque indígena alarmó a la ciudad: hecha la verificación, no era más que una "quimera". El jueves 12, octava de la fiesta de Corpus Christi, la procesión sucedió según lo previsto, aunque sin los fastos acostumbrados. Todo regresaba al orden. Otros indios fueron arrestados y colgados. El 21 de junio, la justicia ejecutó a un indio cojo que supuestamente había sido el "capitán de los tumultuantes". Se prohibieron los pequeños puestos —"el baratillo, los puestos de petates"— de la plaza mayor.

La revuelta de 1692 provocó daños considerables; cerca de trescientas tiendas de la plaza mayor se quemaron, así como los edificios de la alcaldía, las oficinas de gobierno, el palacio real, las salas de la Audiencia, la cárcel. De paso, la masa saqueó los archivos de la secretaría de la ciudad. Las repercusiones políticas no fueron menos importantes. La corte cayó en descrédito: "Amaneció en el palacio destruido un pasquín que decía: este corral se alquila para gallos de la tierra y gallinas de Castilla". La avalancha de medidas tomadas después de los sucesos, tan contradictorias como ineficaces, originó la publicación de algunos folletos; uno de ellos decía: "Represéntase la comedia famosa de *Peor está que estaba*".

¿A quién acusar? ¿A la falta de granos, trigo y maíz? ¿A los intermediarios? ¿A la embriaguez y el abuso de pulque? ¿A la incapacidad de la guardia del virrey? ¿O quizás a los indios, "unos miserables indios, desnudos, desprevenidos y desarmados"?[37]

---

[37] Robles (1946), II, pp. 257, 258.

Para las élites criollas, los indios de la ciudad de México habían sido los promotores del disturbio. Don Carlos de Sigüenza y Góngora no duda en expresar la profunda desconfianza que le inspiran los indios de la ciudad, en particular los de Santiago Tlatelolco. Este grupo se distinguía porque entre ellos se llamaban *santiagueño*. Los "¡viva la gente de Santiago!" que estallaban entre la gente confirmaban esas sospechas. Algunos indicios más preocupantes permitían atribuir inconfesables proyectos a los indios. En el fondo de los canales se habían encontrado unas estatuillas traspasadas por lanzas o cuchillos que representaban españoles. Algunos hechizos habrían, pues, precedido la revuelta. La ciudad india recurría a su magia antigua para deshacerse de la ciudad española como si en un arranque tardío la ciudad indígena buscara en la profundidad de su suelo y de sus aguas tranquilas la fuerza para aniquilar a los descendientes de los conquistadores.[38]

Por más que la nobleza y los notables indígenas alegaron su inocencia con el virrey, la población india fue el principal blanco de las medidas tomadas por las autoridades. Algunos edictos pretendieron expulsar a los indígenas de los barrios españoles, obligarlos a vestirse "a la india", al mismo tiempo que se prohibía la fabricación y la venta de pulque, su bebida favorita. La más estricta segregación espacial pareció ser nuevamente el más seguro de los remedios. Había que regresar a la división en dos repúblicas, la de indios y la de españo-

---

[38] Sigüenza y Góngora (1972), pp. 158, 140.

les, aunque la experiencia cotidiana hacía fracasar dicho modelo. Había que borrar para siempre cualquier traza de la "antigua libertad de los indios"; para ello el virrey mandó incluso destruir pinturas antiguas que se conservaban en Santiago Tlatelolco. Resulta entonces indudable que ese grupo indígena, étnicamente más homogéneo y mejor estructurado que los otros, jugó un papel capital dentro de la masa sublevada, aunque los observadores tendieron a sobrevaluar su papel.

Don Carlos de Sigüenza y Góngora —testigo ocular de los hechos— admite, sin embargo, que hubo otros participantes en el tumulto: "Reconocí con sobrado espacio (pues andaba entre ellos) no ser solos indios los que allí estaban, sino de todos colores, sin excepción alguna". Si la mayoría de los amotinados eran indígenas, otros grupos los acompañaron y los respaldaron: mestizos, mulatos, lobos, asiáticos, "blancos pobres", peninsulares y criollos, clientes de las pulquerías, creando un populacho móvil y listo para inflamarse. Sin contar con los saqueadores de todo tipo, prontos a aprovechar la ocasión que se les ofrecía.[39] Los "zaramullos" del *baratillo,* el mercado popular, se unieron inmediatamente a los indios para robar las tiendas destruidas, mientras que los indígenas las incendiaban. Muchos de ellos tenían la costumbre de entregarse a operaciones sospechosas comprando y revendiendo objetos que criados y esclavos robaban a sus patrones. La represión también alcanzó, pues, a los que tenían mezcla de sangre, quienes fueron sistemáticamente desarmados.

[39] Robles (1946), ii, p. 264; Sigüenza y Góngora (1972), p. 159.

La investigación evidenció algunos aspectos reconfortantes. Se trataba, a pesar de todo, de una masa cristianizada. Los gritos de los amotinados no dejaron duda alguna sobre su fervor —"¡Viva el santísimo sacramento! ¡Viva la Virgen del Rosario!"— ni sobre su fidelidad a la corona —"¡Viva el rey!"—. Pero esta gente también era profundamente antiespañola: sus lemas claman el odio hacia los españoles y el virrey —"¡Muera el virrey! ¡Muera la virreina! ¡Muera el corregidor! ¡Mueran los españoles!"—. Porque en el levantamiento de 1692, durante unas cuantas horas, el pueblo de la ciudad de México se volvió una vez más un protagonista de primer plano. Una desastrosa coyuntura movilizó a una población muy heterogénea aún, en la cual los orígenes se confundían. Fue esa situación la que incitó a la multitud a expresar su rabia de manera espectacular. Al manifestar el divorcio entre la ciudad de las élites y un "pueblo" en formación, la rebelión exhibe los límites del "pacto barroco". Las autoridades se habían mostrado incapaces de garantizar la subsistencia de la población, y la Iglesia —en este caso el arzobispado— no había sabido frenar a tiempo el movimiento de descontento. Roto el pacto, el pueblo invadió la calle.

Pero no hay que olvidar el provecho que la ciudad criolla sacó del sometimiento de la corte. El precedente de 1624 nos invita a pensar en ello. No es imposible que el tumulto de junio de 1692 le haya hecho, en un primer momento, el juego a los criollos de la ciudad, aunque la rabia incomprensible de los amotinados terminó por aterrorizar al conjunto de propietarios en su totalidad. En este sentido, el incendio del palacio real fue, al mismo tiempo, un accidente imprevisto, una

operación de saqueo y un acto simbólico sin precedente. La sede local del poder de la Península desaparecía entre las flamas. La corte se desvanecía como el
humo. A la impotencia del representante del rey y del
arzobispo se opuso la eficacia del clero local, único capaz, en última instancia, de restablecer el orden al menor precio.[40]

De todas formas, el juego había sido peligroso, puesto que había rayado en la catástrofe. Junio de 1692
enseñó a los diferentes partidarios a medir mejor sus
fuerzas y su margen de maniobras. Las inevitables tensiones entre la corte, la ciudad y un "pueblo" en formación debían respetar los límites, desde entonces más
claros, del orden barroco que se estableció en la segunda mitad del siglo. Funcionarios, curas, predicadores,
artistas y letrados tendrán desde entonces frente a ellos
una colectividad en mejores condiciones para superar
sus diferencias de lengua y de origen. Esta transformación les concernía en parte, puesto que todos se habían
esforzado en fusionar a una población hasta entonces
fraccionada en diversas comunidades. Finalmente, las
veleidades de la integración conllevaban también cierto riesgo: tornarse contra sus promotores.

[40] La intervención de un noble criollo, el conde de Santiago, a la
cabeza de una tropa de hombres armados contribuyó igualmente al
restablecimiento del orden.

XI. INTEGRACIÓN E HISPANIZACIÓN

Hacia 1800, más de un siglo después del motín de junio de 1692, la ciudad de México contaba con 135 000 habitantes, de entre los cuales una buena mitad eran europeos. La ciudad alojaba a 26 500 mestizos y una decena de millares de mulatos. A ellos se agregaban, además, 33 000 indios. La ciudad que describe Alejandro de Humboldt tenía, pues, un cuarto de mestizos, un cuarto de indios y la otra mitad de blancos. Es decir, la gente de sangre mixta seguía siendo tan sólo una fuerte minoría, los indios estaban lejos de haber desaparecido y los habitantes de origen europeo eran la mayoría indiscutible. La constatación es clara. La ciudad de fines del siglo xviii no se había convertido en una ciudad de mestizos, puesto que blancos e indios representaban aún tres cuartos de sus habitantes.

IMÁGENES Y NOMENCLATURAS

Algunas imágenes refuerzan la idea de una aglomeración fragmentada en grupos e incluso en subgrupos, a mil leguas de una masa física y culturalmente uniformizada. La pintura mexicana del siglo xviii sale al rescate de los archivos poco prolijos si se trata de medir los progresos de las mezclas en la gran ciudad. Esta manifestación expone ante nuestros ojos las múltiples

401

piezas que conforman un extraño sistema, llamado "de castas"; éste contabiliza de manera sistemática todas las formas concebibles de mezcla étnica. El sistema de castas privilegiaba al español y confinaba al último escalón al negro y al indio. También determinaba las situaciones intermedias con base en el color de la piel. En la parte superior de la escala, el *castizo,* producto de una pareja de español y mestiza, se encontraba en las cercanías del grupo europeo, sin por ello ser admitido en él. Hacia abajo, el *mulato* sufría el oprobio ligado a su origen africano, sin ser tan despreciado como el negro sin mezcla.

Cuadros de refinado estilo o de inspiración "popular" describen esas situaciones caso por caso. Ponen en escena a parejas cuyos compañeros provienen de medios étnicos y sociales a veces muy diferentes. Estas mezclas también inspiraron una literatura obsesionada por inventariar todas las combinaciones posibles. La nomenclatura de las castas hizo su aparición a mediados del siglo XVII: la terminología distinguía, en primer lugar, entre español, indio, mestizo, mulato y negro. Después se agregaron las categorías de *castizo, morisco* (mulato y español), *pardo* (negro y mulato) y así sucesivamente hasta multiplicar las subdivisiones. La complejidad de la nomenclatura escrita debía corresponder a los diversos grados de mestizaje. Pero la imagen pintada permitía una etnografía de las apariencias que difícilmente lograría la pluma con tanta minucia.[1]

Estos cuadros siguen siendo enigmáticos. Quizás reflejan una sociedad urbana compartimentada, encerra-

---

[1] María Concepción García Sainz, *Las castas americanas. Un género pictórico americano,* Milán, Olivetti, 1990.

da en incontables guetos. ¿O tal vez sólo traducen un esfuerzo malogrado pero obsesivo de dar cuenta de una realidad rebelde a las referencias étnicas, a las clasificaciones y a las fronteras que se desprenden de ella? También podemos preguntarnos si estos lienzos no anuncian una verdadera familiaridad con las uniones mixtas, una tolerancia tan pronunciada que incluso las mejores familias no dudaban en colgar esas imágenes en sus salones, ante la mirada de sus invitados. Casi siempre, este sector adinerado muestra más bien simpatía que desprecio por estos grupos supuestamente inferiores. La ciudad de México cultivaría la diferencia en todas sus formas y consideraría la mezcla como una fuente inagotable de distinciones nuevas, cuyos signos serán obstinadamente inventariados por los pintores.

Sea lo que fuere, las nomenclaturas de los observadores o los cuadros de los pintores nos entregan una visión de la ciudad que no corresponde a las categorías de Humboldt. Mientras que el sistema de castas tiende a subdividirse al infinito, el barón no distingue más que cuatro grandes grupos, los mismos que han vivido en la ciudad desde el siglo XVI: indios, blancos, mestizos y mulatos. ¿Estaba la ciudad de México dividida en tres o cuatro poblaciones o reventaba en una miríada de minorías? Nunca es fácil conciliar la imagen que una sociedad se da de sí misma con el análisis que hacen de ella los especialistas y los movimientos de fondo que la impulsan.[2]

---

[2] Patricia Seed, "Social Dimensions of Race: Mexico City, 1753", *Hispanic American Historical Review* 62, 1983, pp. 703-710.

El sistema de castas no era sólo un asunto de pigmentación. En principio, los españoles ocupaban la cima
de la pirámide económica y social; los indios y los negros eran su base y los de sangre mixta se dividían las
posiciones intermedias.

En realidad, en cuanto podían, negros, mulatos,
mestizos o indios gastaban tesoros de imaginación y de
energía para escapar a su color y a su condición. Indios
y negros se volvían mestizos; éstos, a su vez, trataban de
fundirse con el grupo español. A cada etapa de la ascensión étnica le correspondían mejores situaciones
materiales, las cuales eran más envidiables mientras
mayor fuera el acercamiento a las clases medias y superiores. La ciudad era el teatro de un doble proceso de
mestizaje y de movilidad social.

Ese movimiento tenía lugar porque el sistema de
castas no era más que una representación estereoti-
pada de la realidad. Por un lado, el grado de la fortuna
no correspondía forzosamente al nivel étnico, puesto
que era posible encontrar indios adinerados, europeos miserables y mulatos acomodados. Algunos ejemplos de éxito material indicaban el camino a seguir,
aunque, como en todas las sociedades preindustriales,
dicha travesía estuviera plagada de riesgos y trampas.
Por otro lado, la definición del estatus étnico incumbía
al individuo y a su entorno, lo cual ofrecía un margen
de interpretación precioso para quien deseara trepar
la escalera étnica: un mestizo adinerado podía preten-
derse castizo, incluso español; de la misma manera,
un mulato enriquecido se transformaba en mestizo o

lograba que sus hijos fueran considerados como tales. El ascenso de la pirámide étnica ratificaba el éxito individual. Por último, la proximidad física de los diferentes grupos favorecía mezclas de todo tipo, en particular el concubinato y sus consecuencias: a finales del siglo XVII, en algunas parroquias de la ciudad de México uno de cada dos niños nacía fuera de matrimonio.

Podemos entonces explicarnos por qué la ciudad negra, tan prolífica y animada en el siglo XVII, se haya disuelto casi totalmente durante el siglo siguiente. Hacia 1790, sólo 7% de los habitantes de la ciudad dicen ser de origen africano. La ciudad de México cuenta con 7 000 mulatos y 269 negros. La cantidad de esclavos es insignificante. A tal punto la emancipación se ha convertido en una práctica común y la mano de obra esclava se ha vuelto superflua. Los mulatos son, en su mayoría, criados o cocheros. Estos últimos poseen incluso su propia cofradía. Otros padecen en las panaderías y en los talleres textiles, donde las condiciones de trabajo son extremadamente duras. Los más afortunados se vuelven artesanos especializados: herreros, sastres, zapateros. Por último, la corporación de los orfebres, aunque es muy cerrada, recibe a los más emprendedores. En la época de la Ilustración la "ciudad africana" no es más que un recuerdo, a falta de nuevos arribos de esclavos.

En los barrios indígenas, el éxito material también atrae a los individuos hacia el mestizaje y la hispanización. Un indio o una india acomodados logran colarse al mundo de mestizos y mulatos; con perseverancia su progenitura tal vez alcanzará definitivamente la ciudad española.[3] A condición, para los hombres, de adquirir una capacitación profesional. Desde finales del siglo XVII, por lo menos varias centenas de artesanos indígenas vivían dentro de la ciudad española. Algunas de estas familias vivían en los edificios semidestruidos cerca de la Alameda; la mayoría de ellos eran albañiles y herreros. En esa época, aproximadamente un tercio de los indios e indias del centro de la ciudad se casaban con gente de sangre mixta.[4] Estos indios adoptan las calzas y los zapatos, traen el pelo más corto y terminan por ir a la catedral junto a los otros mestizos, con quienes finalmente se confunden.

Con el tiempo, el número de indios de la ciudad española no hace más que crecer. A mediados del siglo XVIII se cuentan en promedio una decena de millares —*vagos* o *extravagantes*— establecidos al lado de los españoles. Todos ellos son candidatos a la integración y a la hispanización. Esta categoría de *extravagantes* —que vimos desarrollarse en el siglo XVII— amalgama grupos de diferentes perfiles: indios originarios de los barrios indígenas pero inscritos en parroquias españolas —ahí residen desde hace años, ahí se casan, bautizan a sus hijos y entierran a sus muertos—; emigrantes del valle de México y de provincia que abandonan pueblos, mujeres y niños atraídos por las oportunidades de empleo que ofrece la ciudad; finalmente, indígenas originarios de la ciudad de México o de otros lugares

[3] Sobre la población de la ciudad de México entre 1770 y 1820, la síntesis de John E. Kicza, "Life Patterns and Social Differentiation among Common People in late Colonial Mexico City", ponencia presentada en el 1986 Annual Meeting of the Pacific Coast Branch-American Historical Association.

[4] Cope (1994), pp. 90-91.

que viven mezclados con los españoles sin querer afiliarse a ninguna parroquia, dispuestos a todo para escapar al fisco y a la Iglesia. Desde esa época la inmigración india es un fenómeno de vasta envergadura que en algunas parroquias concierne hasta a 40% de la población urbana.[5]

Los indios de la ciudad española representan la franja más hispanizada de la población indígena[6] y engrosan las filas de la enorme servidumbre —un tercio de la población activa— que mantienen los propietarios. La coexistencia cotidiana con los mestizos y los españoles facilita la hispanización en los medios más modestos así como en las casas de los ricos. La "Ciudad de los Palacios" es particularmente propicia a los mestizajes. La familia del propietario, las damas de compañía, los criados, los esclavos, las camareras, los cocheros, los lacayos ocupan esas inmensas residencias cuyas plantas bajas están rentadas a vendedores y taberneros.[7] Por lo menos, unos veinte servidores se consagran a las necesidades de los patrones. Algunos nacen en la ciudad, otros vienen de las haciendas que la familia posee en provincia. En cualquier momento del día, el patio principal hierve de criados, vendedores ambulantes y visitantes. Las nodrizas indias —las *chichiguas*— se encargan de la progenitura del patrón. Las monturas de los huéspedes y la carroza del pro-

---

[5] Pescador (1992), p. 128.

[6] AGN, *Bienes Nacionales* 223, exp. 86.

[7] En casa del marqués del Apartado una zapatería ocupa la planta baja. El conde de Álamo renta algunos cuartos a un sombrerero y a una costurera. El conde de Regla es la excepción pues vive en un palacio con la planta baja cerrada herméticamente, donde almacena su fortuna en lingotes de oro y de plata.

pietario obstruyen el espacio que queda libre entre la mercancía y las provisiones expedidas por las haciendas de la familia. Los cargadores indios toman fuerzas antes de regresar a los pueblos del valle o a destinos más lejanos: las ricas planicies del Bajío, las verdes colinas de Michoacán o el desierto de Zacatecas.

Los palacios o las residencias son hogares de inmigración y microcosmos de la sociedad colonial, donde las clases sociales y los diferentes grupos étnicos cohabitan: españoles de España, criollos, "blancos pobres", mestizos, mulatos, negros, indios... Entre los dueños españoles de un rango más modesto y los de sangre mixta o los indios es frecuente que se traben lazos de clientelismo y de protección. Un paternalismo interesado permite a los españoles obtener y saber conservar los servicios de una población en movimiento que resulta difícil de controlar para las autoridades, a diferencia de los barrios indios, que siguen estando bajo la férula de sus autoridades tradicionales. Los indios instalados en la ciudad española escapan al pago del tributo gracias a la protección que les otorgan sus patrones, en completa ilegalidad. Las dos partes forjan complicidades que resisten las presiones de las autoridades. Incluso los esclavos pueden beneficiarse de un tratamiento más flexible cuando su dueño los autoriza a reunir un peculio o a tener un negocio personal. A principios del siglo XVIII, la ciudad aún sigue llena de esos vendedores ambulantes obligados a entregar a su propietario una cuota diaria, mediante lo cual pueden dedicarse a sus propios negocios.

Las relaciones personales, a veces formalizadas en la práctica religiosa del compadrazgo, es suficientemente fuerte para que los mundos se conozcan e incluso se aprecien. Cuando un patrón muere, sus criados —mulatos, indios o mestizos— reciben pequeños legados que mejoran su cotidianidad y pueden incluso propulsarlos económicamente hacia medios más favorecidos. Hay patrones que emancipan a sus esclavos y los ayudan a concertar buenos matrimonios. Algunos servidores, a lo largo de los años, terminan debiendo sumas considerables a sus patrones, lo cual demuestra que lazos de naturaleza peculiar los atan a una familia o a un hogar español. Resulta entonces que estos criados se convierten tanto en clientes como en empleados, en protegidos y en dependientes. Sin este tejido humano hecho de negociaciones, devociones y presiones de todo tipo, roto por un momento en la rebelión de 1692, la vida de la ciudad sería incomprensible.

HISPANIZACIÓN Y CLASE MEDIA

Desde que la fortuna les sonríe, indios, mestizos y mulatos salen a engrosar una clase media compuesta de artesanos calificados, tenderos, pequeños funcionarios, clérigos, médicos, profesores e incluso artistas. El acceso a la clase media consuma la hispanización. En el mundo de la tienda y del taller se codean diariamente españoles, mulatos, mestizos e indios. Patrones, empleados, maestros artesanos y obreros realizan muy seguido las mismas tareas, lo cual explica que el éxito profesional y el ascenso en la escala étnica puedan ir de la mano. El aprendizaje es, en principio, el mejor camino para ascender socialmente: cualquiera que sea su origen, el joven aprendiz puede acariciar la esperanza de volverse maestro. Algunos mestizos hacen fortuna: Benito Romero es un mercader mulato cuya riqueza a su muerte en 1698 se eleva a varios miles de pesos; su mujer, Catalina de Guevara, es española, igual que muchos de sus compadres, así como su amigo el padre Nicolás de Torquemada.[8]

Esta movilidad concierne tanto a las mujeres como a los hombres. Algunas vendedoras de pulque mestizas, mulatas e incluso antiguas esclavas consiguen acumular sumas bastante buenas. Muchas veces, las segundas nupcias les abren tentadoras perspectivas. En el siglo XVIII, una de tres viudas mestizas se casa por segunda vez con un español. Misma proporción para las negras, las indias o las mulatas atraídas por las segundas nupcias. Muchas veces hay mujeres a la cabeza de las tiendas de abarrotes de barrio: generalmente son españolas o mestizas que se hacen pasar por tales. Algunas mujeres se entregan igualmente a los oficios textiles y de costura: poseen su propia corporación de hilanderas de seda.[9]

El medio de los artistas que gravitan alrededor del Coliseo Real no era el más desfavorecido: un comediante o un bailarín de renombre podía ganar la mitad del salario normal de un juez. Los profesores y los cirujanos se contentaban con un tren de vida más modesto. La carrera de Rafael Jimeno ilustra el grado de movilidad que alcanzaban los artistas más emprendedores. El

[8] Cope (1994), p. 106.
[9] Por regla general, muchas mujeres trabajan fuera de su casa y más de una viuda está obligada a lavar ajeno o hacer remiendos para sobrevivir.

maestro Rafael Jimeno nació en 1749 de padre actor
—probablemente indio— y de madre supuestamente
mulata. El interesado, no hace falta decirlo, negaba sus
orígenes mezclados. Él mismo inició su carrera sobre
el tablado antes de obtener varios empleos de secretario y de burócrata menor en la ciudad de México y
en Acapulco. En 1781 consiguió un puesto de profesor y abrió un curso en uno de los mejores barrios de la
ciudad. Siete años más tarde continuaba su ascenso a
la cabeza de esa corporación. Pese a algunas acusaciones de corrupción y de malas costumbres, se mantuvo ahí hasta su muerte, poco antes de la Independencia. Había participado, a su manera, en el desarrollo de
la instrucción pública en la capital de la Nueva España
al demostrar, con su ejemplo, que el nacimiento y el
teatro no condenaban a nadie a la oscuridad.

A finales del siglo XVIII, entre 30 y 40% de los hogares de la ciudad forman esta clase media donde abunda la mezcla de sangre. La mayoría pretende ser española o se asimila a los españoles, siempre que su
ritmo de vida y su indumentaria se los permite. La
franja superior del grupo se distingue, en general, por
el uso del "don" honorífico que precede al nombre.
Esta tendencia a ascender a través de la inserción en la
clase media explicaría el predominio del grupo de origen europeo y el estancamiento de la gente de sangre
mixta. Aunque aproximativas, las cifras son definitivas:
mientras que hacia 1690 negros, mulatos y mestizos
representaban la mitad de la población,[10] un siglo des-

[10] Gibson (1964), p. 576; según Gemelli Careri (1976), negros y
mestizos constituyen la mitad de la población. Estimación excesiva a
menos que se agreguen a estos dos grupos los mestizos de la ciudad.

pués no eran más que 25%. El grupo de los de sangre mixta se vio, pues, mermado a lo largo del siglo XVIII. Esta evolución paradójica significa que el aumento del número de mestizos biológicos no dio lugar a la constitución de una mayoría mestiza que se hubiera afirmado como tal. La hispanización ganó y ahogó el nacimiento de un modo de vida realmente híbrido. Igualmente, este fenómeno frenó la constitución de una sociedad multiétnica, apoyada en múltiples comunidades como erróneamente se podía pensar en el siglo XVII. La historia, una vez más, se bifurca. Mestizos y mestizaje pueden muy bien disociarse.

LOS OBSTÁCULOS A LA INTEGRACIÓN

¿Cuántos logran pasar a través de la red de prejuicios étnicos y sociales? Aun cuando es imposible negarla, la movilidad disimula cierta parálisis que nos remite a la constatación hecha por Humboldt a fines de la época colonial: la presencia de varias nebulosas étnicas en la ciudad. El ascenso social se limita a un grupo de *winners,* pero no hay que exagerar su importancia. Como en todas las ciudades del Antiguo régimen la movilidad social se enfrenta a los candados de una sociedad que, por definición, no es igualitaria. Es difícil reunir suficiente dinero para lanzarse al asunto y pocos son los mestizos que logran amasar un caudal de varias centenas de pesos. El aprendiz que pretende ser maestro sabe que, a principios del siglo XVIII, sólo unos cuarenta candidatos de todos los oficios y orígenes consiguen cada año el título deseado. Iletrado, sin relaciones, sin

412

capital personal, el individuo de sangre mixta se contenta generalmente con pasar de un maestro al otro, sin tener la seguridad de un ingreso estable y definitivo. La mayoría de los esclavos o los deudores atrapados en los obrajes también sufren desventajas prácticamente imposibles de vencer.

Un acceso generalizado hacia el grupo hispánico habría implicado que los negros se casaran con mestizas o españolas, que los mestizos se casaran con españolas, etc. Ciertamente, hasta el último tercio del siglo XVIII[11] no existía ningún obstáculo legal para esas uniones y la Iglesia, en principio, se esforzaba en hacer respetar los lazos sagrados del matrimonio antes de cualquier discriminación étnica o social. A pesar de estas disposiciones favorables, las alianzas siguieron siendo, por lo general, internas a cada grupo. Los mestizos se casan entre ellos, igual que los indios, los mulatos o los españoles. Sólo un mestizo de cuatro y un mulato de cinco se casa con una española. Sólo un español de diez contrae nupcias con una mestiza y uno de quince con una mulata.[12] Esta actitud selectiva confirma que el medio español protegía sus fronteras, pero muestra también que los indios y los mestizos no buscaron trepar sistemáticamente a la escala étnica para proyectarse hacia el medio hispánico.

Todos los que no eran europeos poseían, en efecto, su propia percepción de la sociedad urbana y de las perspectivas que ofrecía. La mayoría de los habitantes

[11] Y hasta la Pragmática real contra los casamientos desiguales (1776).
[12] En las parroquias estudiadas por Pescador (1992), pp. 160-161, 159.

de la ciudad de México no otorgaba a las diferencias y a los tonos de pigmentación la importancia que les prestaban las élites hispánicas y el "sistema de castas". En la vida cotidiana, los vecinos e incluso los parientes utilizaban de manera aproximativa las clasificaciones más comunes: tal persona podía ser a veces mestizo, a veces castizo o español, según las circunstancias. Así, la sofisticada nomenclatura del sistema de castas no funcionaba al interior de una población que distinguía grupos grandes sin saber sobre qué bases incorporar a los individuos que frecuentaba. Bastaba con que una familia pasara por mestiza para que un individuo de apariencia mulata o negra recibiera esa etiqueta. El tipo de vida, la indumentaria pesaban tanto como el aspecto físico y el color de la piel.

Estas costumbres explican que no todos vieran el pasaje de lo más oscuro a lo más claro como un imperativo absoluto. Otras urgencias cimentaban a los grupos y a las relaciones personales. La frecuentación diaria obligaba a negros, mulatos, indios y mestizos a conocerse, a apoyarse o a ayudarse. La dependencia con respecto del vecindario incitaba a hacer abstracción de las diferencias de piel. En cuanto a los distintos modos de vida, hacía mucho tiempo que el crisol urbano los había atenuado: la lengua, la comida, las diversiones, los cultos y las supersticiones eran comunes a todos. La vecindad, el barrio y la parroquia conformaban el ámbito donde la gente se conocía, trababa amistad o se casaba. La vital importancia del apoyo que ofrecía el entorno incitaba a evaluar mejor los riesgos de un ascenso social que llevaría hacia nuevos entornos, desconocidos y muchas veces hostiles.

414

Los habitantes de la ciudad de México distinguían entre las relaciones informales, la amistad, el concubinato o el compadrazgo y ese lazo sagrado e indestructible que era el matrimonio.[13] Éste servía para reafirmar solemnemente la inserción en el medio de origen: mestizo o africano, indio o español. La solidaridad se ejercía, primero, al interior de la familia inmediata, luego con la parentela y por último con los grupos considerados cercanos: indios y castizos para los mestizos, negros para los mulatos. De ahí las dos caras que muestra la ciudad popular en el siglo XVIII: por una parte, una dinámica de mestizaje y de movilidad social que convergía hacia la hispanización de un sector considerable de la población; por otra parte, un estancamiento originado por el fracaso y la exclusión, muchas ocasiones reconfortado por reflejos de pertenencia a los grandes grupos étnicos. La ciudad de México es una ciudad de varias velocidades y su población —exceptuando a las élites de origen europeo— evoluciona entre la rutina sufrida o aceptada del origen étnico y las tentaciones, casi siempre ilusorias, del ascenso social.

LA CIUDAD INDIA

Reunida en dos grandes sectores o parcialidades, la población india a finales del siglo XVIII no representa

[13] Pescador (1992), pp. 152-157. Más de cuatro españolas de cada cinco se casan con un español; una mestiza de dos se casa en su propio grupo; casi una negra o una mulata de dos contrae nupcias con un compañero del mismo origen.

más que un cuarto de los habitantes de la ciudad de México. Los dos islotes perduran gracias a los marcos administrativos heredados del Renacimiento, que los ayudan a conservar una personalidad jurídica y política. En cada sector, un pequeño personal policiaco asegura el orden y vigila la cárcel; un profesor y una profesora se encargan de la educación de niños y niñas; equipos de mantenimiento cuidan que las calles y el *tecpan* (palacio) donde reside el gobernador se encuentren en buen estado.

¿Qué queda de las costumbres prehispánicas y de la memoria india? Algunos observadores constatan que ciertas tradiciones orales continúan transmitiéndose en los cantos de hombres y mujeres. Antiguas costumbres hacen fracasar la vigilancia de los curas: algunos viejos, los *huehuechiuhque* o casamenteros, intervienen en la concertación de alianzas matrimoniales al mezclar en ellas usos que la Iglesia juzga supersticiosos.[14] Aún subsisten ceremonias paganas asociadas a las superficies lacustres. Algunos indios van a dejar ofrendas de pulque a estatuas de piedra enterradas hasta la mitad en el islote de Pantitlán. Dos siglos de dominación española no han conseguido extirpar ese vestigio prehispánico de la ciudad anfibia. Otras manifestaciones aprovechan su carácter público y el éxito popular para perpetuarse en la ciudad. Es el caso de innumerables bailes o del *palo del volador*. Tolerado desde mucho tiempo atrás por los españoles, ese juego tiene toda la apariencia de una diversión acrobática que atrae a un público mezclado y atento: los indígenas plantan

[14] Manuel Pérez, *Farol indiano y guía de curas de Indios,* México, Francisco de Rivera Calderón, 1713, p. 160.

Calle Madero. *Enfrente de la Casa de los Azulejos se encontraba el Palacio Escandón —construido por Ramón Rodríguez Arangoyti—, que exaltaba el poder de la burguesía porfiriana. En la década de 1930, el palacio es demolido y en su lugar se erige el edificio del Banco de México. (Foto inferior: José Ignacio González Manterola.)*

Avenida 20 de Noviembre. *En 1935 y una vez transformada, lo que dió paso directo al Zócalo y la Catedral.*

Avenida San Juan de Letrán. *En la foto superior, de 1855, se aprecian en primer plano, a la derecha, la residencia del marqués de Santa Fe de Guardiola, tres casas coloniales y el Hospital de Terceros, y, al fondo, se ve la torre del Convento de Santa Isabel. En la foto inferior, en el hoy Eje Central Lázaro Cárdenas, se aprecian los edificios de Guardiola, el Banco de México y la Oficina Central de Correos. (Foto inferior: José Ignacio González Manterola.)*

Calle Arcos de Belén. *Los muros coloniales prácticamente han desaparecido, pero aún se encuentran allí la pequeña iglesia barroca de la Purísima Concepción y la fuente conocida como Salto del Agua. (Foto inferior: José Ignacio González Manterola.)*

Salto del Agua. *La fuente es una réplica de la original. Como en otras avenidas del centro de la ciudad, los ruidos, los colores y los olores evocan imágenes de la antigua ciudad. (Foto: José Ignacio González Manterola.)*

Paseo de Bucareli. *La obra maestra de Manuel Tolsá, la estatua ecuestre de Carlos IV, mejor conocida como El Caballito, se destacaba dentro del cuadro arquitectónico; hoy en día la estatua y los edificios de inspiración arquitectónica francesa han sido sustituidos por las modernas vialidades y las grandes construcciones. (Foto inferior: José Ignacio González Manterola.)*

San Diego. *Esta acuarela del convento de San Diego de 1853 parece pre-*
ludiar el destino del otrora convento: ser sede de la Pinacoteca Virreinal.
(Foto inferior: José Ignacio González Manterola.)

La Santísima. *Aproximadamente en 1863, el santuario de la Santísima se hallaba entre las milpas; en la actualidad se encuentra escondida entre el tránsito y los anuncios publicitarios del anillo periférico, Boulevard Adolfo López Mateos. (Foto inferior: José Ignacio González Manterola.)*

un gran tronco y luego se lanzan desde la punta giran-
do a su alrededor como pájaros multicolores. En el
peor de los casos, los más intrépidos se estrellan contra
el suelo. Pero es también un rito pagano que algunos
iniciados preparan en el sur de la ciudad bajo el secreto de las grutas del Ajusco, con muchas danzas, incen-
sarios y acompañamientos musicales. La elección del
árbol, su tala y su transportación hasta la ciudad obe-
decen a reglas demasiado minuciosas para no ser sospechosas de idolatría. Como las sombras chinas, estas redes de oficiantes y de practicantes se perfilan
detrás de la ciudad española, aprovechando la discreción de la población india y la reserva de los curas,
poco inclinados a exponer su impotencia.[15]

La longevidad de los dos sectores indígenas se desprende también de su arraigo al entorno lacustre y
agrícola. La ciudad india sigue siendo más cercana al
altepetl prehispánico que a la ciudad europea: sigue
siendo una aglomeración medio urbana y medio campestre, compuesta de barrios, suburbios y pueblos.

La ciudad india del siglo xviii no tenía, pues, nada
de supervivencia, aunque el ruinoso estado de muchos
edificios recordaba la grandeza de un pasado desaparecido.[16] Es más, en esa época la ciudad india era un
organismo dinámico si se piensa en el papel de Santiago
Tlatelolco. A principios de siglo, la parcialidad tenía
aún bajo su jurisdicción al pueblo de Guadalupe, sede
del prestigioso santuario. Tlatelolco logró también que

[15] Margarita Moreno Bonett, *Nacionalismo novohispano, Mariano
Veytia. Historia antigua. Fundación de Puebla. Guadalupanismo*, México,
UNAM, 1983, p. 113; Cabrera y Quintero (1981), pp. 75-78.
[16] Villaseñor y Sánchez (1980), p. 118.

se reconocieran sus derechos sobre vastas superficies de tierra situadas al norte de la ciudad, praderas, campos de maíz, de agave y de trigo, terrenos baldíos y parcelas para chinampas. Esa inmensa propiedad, que recibió el nombre de hacienda de Santa Ana Aragón, empleaba a los indios de la parcialidad: esos trabajadores agrícolas recibían salarios más elevados que aquellos que normalmente se pagaban en el valle de México y, además, tenían la suerte de trabajar bajo las órdenes de capataces indígenas en vez de mestizos, mulatos o españoles. Los ingresos de la hacienda permitieron a la parcialidad de Santiago funcionar cómodamente; ésta podía celebrar sus fiestas y comportarse como una institución bancaria que prestaba capital a particulares e incluso al cabildo español de la ciudad. Gesto más que simbólico, en 1810 Santiago reclutó y armó a doscientos lanceros encargados de defender la ciudad contra los rebeldes que la amenazaban.[17] El ejemplo de Santiago Tlatelolco incluso fue contagioso. El dominio de la parcialidad sobre las tierras de Santa Ana Aragón incitó a los pueblos de los alrededores a invadir terrenos de la ciudad española y a quedarse ahí costara lo que costara.

En los dos sectores, durante todo el siglo XVIII la antigua nobleza india compuesta de caciques y notables se esfuerza por defender su rango. Este grupo cultiva la memoria de los viejos tiempos y no se molesta en pregonar que "no es más antigua la ciudad que su barrio de Santiago".[18] Los caciques buscan guardar sus distancias con respecto a la masa de *macehuales* o ple-

[17] López Sarrelangue (1982), pp. 1-38.
[18] *Ibid.*, p. 8.

beyos, obligados a pagar tributo. También monopolizan los puestos en los consejos de las parcialidades y se casan en su medio con mestizas acomodadas o españolas. Estas alianzas aseguran la hispanización de las élites autóctonas, sin por ello hacerlas desaparecer, ya que éstas se aferran a su estatuto nobiliario, a sus archivos familiares y a sus prerrogativas, como aquella que les permite pretender el puesto de gobernador. De ahí la ambivalencia de un grupo que crece en la frontera del mundo español, pero que debe a su origen indígena las ventajas de su posición.

El grueso de los indios de las parcialidades constituye una mano de obra no calificada de pocos recursos. Aun cuando frecuentemente sus condiciones de vida parecen precarias, la imagen de la fatalidad económica que aplasta al pueblo indígena requiere muchos matices. Los indios poseen su propio techo, por más modesto que sea, a diferencia de los "blancos pobres", condicionados, por lo general, a una gran promiscuidad y sin vivienda. Los indios más afortunados cultivan chinampas a lo largo de los canales que rodean la ciudad, otros manejan baños y lavaderos. Los indios de la parcialidad de San Juan "se ocupan en hacer vasijas de barro como caços, tinajas, ollas y demás de esta materia". Muchos son "cedaceros y doradores", otros incluso se emplean como "matanceros de las carnicerías", donde muestran un sorprendente oficio: "Es cosa digna de saber la prolijidad con que manejan estos indios los interiores o intestinos de las reses porque los desmenuzan en todas sus partes sin desperdiciar miembro alguno [...] y también curten pergaminos gruesos y vitelas". Cada barrio de la parcialidad posee así su especialidad, como si la tradición prehispánica y la tradición medieval se hubieran fusionado perfectamente. En Santiago, al noreste de la ciudad española, viven escultores, doradores y pintores, herederos del oficio adquirido en el siglo XVI, bajo el báculo de los franciscanos. "Y otra gran parte se entretiene en beneficiar con huevo y almidón torta de bizcotela, que llaman mamones o marquesotes".[19]

En la ciudad de las Luces los indios urbanos siguen hablando náhuatl y muchas veces se niegan a utilizar las palabras españolas que conocen: la barrera lingüística les permite proteger creencias, prácticas e identidades. Por último, sus barrios no parecen atraer a muchos migrantes, por lo que preservan mejor una relación equilibrada entre los dos sexos: puesto que tanto hombres como mujeres encuentran cónyuges sin problemas, los indios se casan entre ellos en vez de buscar un compañero mestizo o español.[20]

LOS MARGINADOS

La miseria está en otra parte. En el siglo XVIII, la admiración que suscitan la riqueza de la ciudad y su urbanismo no siempre es enceguecedora. El viajero español Francisco Ajofrín se sorprende de esa miseria, sin equivalente en España:

es el vulgo tan crecido número, tan despilfarrado y andrajoso, que lo afea y mancha todo, causando espanto a los

[19] Villaseñor y Sánchez (1980), pp. 113-119.
[20] Pescador (1992), p. 122.

recién llegados de Europa; pues si de toda España se pintasen cuantos pobres e infelices hay en ella, no se hallarían tantos ni tan desnudos como en sólo México [...] De cien personas que encuentres en las calles, apenas hallarás una vestida y calzada. Ven a verlo. De suerte que en esta ciudad se ven dos extremos diametralmente opuestos: mucha riqueza y máxima pobreza; muchas galas y suma desnudez; gran limpieza y gran porquería.

Sensible a los contrastes, el visitante europeo resiente menos la diversidad de grupos étnicos. Una masa indefinible se le impone: el vulgo. Un pueblo que rima con miseria. ¿Una mirada nueva?, ¿una nueva realidad? Tal vez las dos al mismo tiempo. Lo que provoca el empobrecimiento de los medios populares no es el mestizaje, sino la uniformización de las condiciones de vida bajo un modelo europeo que desdibuja el exotismo de la ciudad. Esta homogeneización hace destacar una plaga que la ciudad de México comparte con Madrid y las otras ciudades del mundo occidental y que alarma, cada vez más, a las élites del siglo XVIII: la pobreza. En la ciudad de México, transformada en una "ciudad de contrastes", la riqueza de algunos ya no puede ocultar la miseria de otros.

Pero ¿dónde se manifiesta esta pobreza de manera más explícita?

La famosa plaza del Baratillo es el concurso célebre de todos los léperos y zagarates de México; es la Universidad de los zánganos y zaramullos, donde siendo catedrático de Prima el bien conocido Pancho Moco, aprenden cuantos ardides y sutilezas hay para hurtar, sin poder ser acusados ni conocidos; dejándose atrás cien leguas, o por mejor decir, más de dos mil, a cuantos maestros ha habido y hay en el Lavapiés y Barquillo de Madrid. Es materia larga escribir los enredos y sofisterías del Baratillo. Vea el que pueda sus constituciones, que andan manuscritas, y se divertirá con su bello método y salado estilo...[21]

Si damos crédito a las palabras de Francisco Sedano, el autor de las *Noticias de México*, el palacio del virrey no se ve mucho mejor:

era una honrada casa de vecindad; había dentro de él cuartos de habitación de puesteros de la plaza, bodegas de guardar frutas y otros comestibles, fonda y vinatería que llamaban la Botillería, truco, panadería con amasijos, almuercerías donde se vendía pulque públicamente y de secreto, chinguirito, juego de naipes público en el cuerpo de guardia, y en otro donde llamaban el Parque, juego de boliche, montones de basura y muladares. En los corredores de arriba, donde están los bancos de los procuradores y oficios de cámara, se ensuciaban de noche y escribían con carbón apodos y pintaban objetos de cosas torpes; se quedaban impunemente gentes de noche a pasar allí en los escondrijos que había [...] Las puertas de la plaza del Volador y la que salía al Parque eran francas todo el día y la mayor parte de la noche. La puerta principal unas veces se cerraba de noche y las más no, quedándose abierta. Los ociosos y ociosas que andaban de noche en fandangos y diversiones iban a rematar a la Botillería de Palacio a comer, beber y embriagarse...[22]

[21] Ajofrín (1986), p. 65.
[22] Sedano (1974), iii, pp. 32-33; véase también Marcela Dávalos, *De basuras, inmundicias y movimiento o de cómo se limpiaba la ciudad de México a finales del siglo xviii*, México, Cienfuegos, 1989.

En ese mismo palacio la corte del virrey se entregaba a placeres más refinados, importados de España y de Europa. Como Versalles y Madrid donde, en esa misma época, las mismas sorpresas aguardaban al visitante.

Esta visión que se regodea en la miseria humana de la ciudad de México no sólo refleja la arrogancia de las élites, desesperadamente preocupadas por distinguirse de la masa. Desde entonces también se perfila cierto voyeurismo que se aguza con los prejuicios metropolitanos y que complacerá a los viajeros del siglo y los turistas de hoy. Por el momento, las miradas criollas y peninsulares comulgan en un desprecio único.

El orden barroco cuestionado

A principios del siglo XVIII la popularidad de la Virgen de Guadalupe adquirió tal importancia en la ciudad de México que en 1737 la nombraron su patrona. Trece años después, Benedicto XIX erigía la iglesia del Tepeyac en basílica. Estas decisiones consolidaron el orden barroco y ratificaron el consenso religioso sobre el cual reposaba el equilibrio urbano. La devoción a Nuestra Señora de Guadalupe era unánime: desde las élites cultivadas y los pintores encargados de evaluar la imagen milagrosa hasta los "blancos pobres", los mestizos y las masas indias que acudían desde más de sesenta leguas a la redonda. Una vez que llegaban a las inmediaciones del santuario, indios y no indios se mezclaban en un barullo indescriptible alrededor de las chozas y las fondas de comida. Casi todos los sábados, los bailes tradicionales bloqueaban el atrio. Cubiertos de plumas, de espejos y de papel dorado, los danzantes dibujaban interminables figuras. Estos danzantes maniobraban al ritmo de tambores y cantos que recordaban a todos los asistentes los episodios fundadores de la "patria" mexicana: la aparición de la Virgen, la conquista de México o el encuentro de Cortés y Moctezuma.[23]

La proliferación de cofradías, fundaciones pías, imágenes en un decorado barroco llevado hasta la cima de la exuberancia se aliaba a una religiosidad que mezclaba sin complejo alguno liturgias oficiales, devociones populares y magias paracristianas. El relato de las apariciones de la Virgen de Guadalupe revela la audacia que podía permitirse la fe más oficial. El pacto barroco toleraba extravíos y desviaciones ligeramente sospechosos que, de cualquier manera, las élites hubieran sido incapaces de eliminar. La participación popular tenía su precio.

Pero resulta que las autoridades cambiaron de dirección. En 1731, el virrey Juan de Acuña prohibió que los habitantes de la ciudad de México se disfrazaran para el carnaval. Ello significaba la muerte de esta festividad y de los bailes de máscaras barrocos. En 1756, la población se enteró, consternada, de que no se podrían organizar más "comedias de muñecos, maromas y volantines" fuera del recinto del teatro del Coliseo, es decir, en las calles de la ciudad.[24] Escandalosas o más anodinas, estas medidas y otras más traían un cambio de actitud de parte de las autoridades. Insensiblemente, el clima se endurecía y poco a poco se convirtió en una guerra fría entre las élites y el pueblo de la ciudad. De-

23 Moreno Bonett (1983), p. 135.
24 AGI, *México* 570.

clarada oficialmente en los mandamientos del arzobispado y en los edictos del virrey, esta guerra estuvo marcada por algunas medidas represivas ante las cuales la
respuesta fue una curiosa mezcla de resistencia pasiva,
repliegue táctico y réplicas espontáneas.

La Iglesia y la corte se unieron en su reprobación a
lo popular. En cuanto a las élites criollas, mientras más
exhumaban y exaltaban el pasado prehispánico, más rechazaban el presente indio, mestizo y popular que los
circundaba, los molestaba o los asqueaba. Por su parte,
los monumentos del urbanismo ilustrado eran mucho
más que simples manifiestos de un nuevo gusto. Conforme a sus intenciones civilizadoras, el despotismo de
los Borbones pretendía controlar estrechamente el
espacio público y la población urbana: así, las nuevas
placas que indicaban el nombre de las calles y la nu-
meración servían menos a la ubicación de los visitantes
que a la división en zonas administrativas. La nueva
división de las parroquias que se llevó a cabo en 1772
actuó en el mismo sentido.[25]

La imposición de nuevas referencias espaciales preocupó menos a las masas urbanas que el destino de las
parroquias que aún administraban los frailes. Éstas pasaron a manos del clero secular; en otros términos, fueron "secularizadas". En 1773, los franciscanos perdie-
ron de esta manera el curato de Santiago Tlatelolco.
Con el tiempo, este cambio parece insignificante. Sin
embargo, para los frailes y para los indios este cambio
provocó una ruptura irreversible con la tradición. Era
una verdadera revolución para comunidades indíge-

[25] Viqueira Albán (1987), p. 235.

nas que hasta entonces tenían la costumbre de tratar con comunidades monásticas, artífices de su conversión y protectoras de sus costumbres y de sus cultos. La secularización permitió al arzobispado hacer el inventario de los bienes de la Iglesia, suprimir capillas y eliminar algunas imágenes que se estimaban "ridículas e indecentes". Pero la opinión se conmocionó: algunos panfletos acusaron al arzobispado de querer apropiarse de la riqueza de los franciscanos. En la misma época, la primera serie de reformas y la expulsión de los jesuitas (1767) provocaron el resentimiento de las élites criollas y de una parte de la población frente a esas decisiones inapelables de Madrid. El consenso urbano se cuarteaba en el ámbito religioso.

Los miembros de las cofradías más modestas también sufrieron la reprobación de la Iglesia y de la administración. Las críticas de algunos espíritus ilustrados denunciaron el "desorden" de dichas instituciones: crecimiento excesivo, administración desastrosa, dilapidación... Las cofradías de indios, pero también las de gente de sangre mixta —negros, mulatos, morenos y pardos—, pagaron los costos de estas molestias. La Iglesia quería suprimir, reformar o fusionar a esta gente sometiendo a su control aquellos enclaves más o menos autónomos, conquistados desde el siglo XVI. La idea era que sólo hubiera una cofradía por parroquia, la del santísimo sacramento; pero los curas dudaban frente a la brutalidad de las supresiones y sus inevitables repercusiones. Al replantear el funcionamiento financiero de las cofradías, el sistema de creencias y de prácticas que la población india había adoptado tras su conversión se tambaleaba y acababa con un espacio de

426

libertad, lo cual engendró un legítimo sentimiento de injusticia y de usurpación. Consciente de jugar con fuego, el arzobispo predicó la discreción a sus curas: "para no desterrar de ellos aquellos escasos sentimientos de piedad y religión reducidos al culto exterior de los santos y ocupación en su servicio".[26]

Los indígenas no admitieron el dominio de los españoles sobre la administración de los bienes de sus cofradías. En 1775, los indios de San Bartolomé Naucalpan, en el noroeste de la ciudad, protestaron contra dicha injerencia y exigieron la dimisión del mayordomo español. El asunto marcó el inicio de una nueva ofensiva del arzobispado contra las cofradías. En 1790, los indios de Azcapotzalco se vieron impedidos de organizar los banquetes tradicionales que rociaban con diez o doce cubetas de pulque y algunos cántaros de aguardiente.

Las irregularidades que la Iglesia y los representantes de la corona criticaban correspondían a prácticas que se habían vuelto habituales o a necesidades creadas por la miseria y mantenidas por un enjambre de intermediarios que sacaban grandes beneficios. Los fieles que no tenían ni un quinto trataban de evitar los gastos de un funeral solicitando a la cofradía que los cubriera en su lugar. Por su parte, los administradores poco escrupulosos explotaban sin vergüenza la dificultad de la gente humilde. Los primeros se comportaban como lo hacen hoy los agentes de seguros, ofreciendo las mejores prestaciones —misa, mortaja, ataúd...— al mejor precio. Los individuos con mayores riesgos esta-

[26] AGN, *Bienes Nacionales* 230, exp. 5.

ban excluidos por principio: enfermos, mujeres embarazadas, niños que se habían salvado de la viruela y
adultos de más de cuarenta años eran apartados de las
"mejores" cofradías. Por falta de dinero o de esperanza de vida, a esta gente también se le negaba la seguridad de una muerte cristiana más o menos decente.

Estos que llaman repartidores de las patentes son unos
sujetos de tal claze de tan poca vergüenza que andan en
las calles subiendo y bajando escaleras, entrando en casas
de vezindad y asesorias, gritando las patentes a el modelo
que los fructeros pregonan su vendimia. Lo primero que
hazen es ir a las pulquerías, públicamente dar a los borrachos las patentes y tal vez dexarlas empeñadas, también
en las vinaterías y casitas de almuerzo con notable pre-
juizio de las confraternidades y del público, desonor de
los colectores.

Estas costumbres provocaban situaciones divertidas,
acentuadas de diálogos edificantes. El administrador:

Llegué a la casa de Vmd, rogándole se asiente en la que yo
llevo.
    Me responde Vmd: "No, Señor, porque lla estoy asenta-
do en la de Nuestra Señora de Loreto, y es verdad que le
devo a mi mandatario dos o tres pesos y esto es preciso
pagarlos por no cargarme mas".
    Entonce, contradigo yo a Vmd, diciéndole que se bo-
rre de essa, que esta es mejor, da mas que essa y aunque
se muera Vmd en el día de hoi, le dará la cofradía quanto
promete, porque essa otra no tiene fondos y no paga a
tiempo. Insisto a Vmd a que dexe esa cofradía y me lo llevo a la de mi cargo... cuando ba el otro pobre colector, se
manda Vmd borrar. Le dice a Vmd: ¿Qué motivos hai para

eso? Lo menos prudentemente, dice Vmd, el que lla no quiere seguir.[27]

Alentadas o toleradas en otros tiempos, las tradiciones indígenas dejan de admitirse. En 1769, la Iglesia prohíbe los dramas *nexcuitiles,* las representaciones de la Pasión, la de los Pastores y los Reyes Magos; prohíbe también el *palo del volador* y las danzas de Santiaguitos, el fandango del olvido y el de los maridos difuntos, la danza de la camisa. Imposible, a partir de entonces, que los indios ofrecieran incienso al caballo de Santiago ante el cual se sumergían en una danza desenfrenada. Para la Iglesia, todos los argumentos son válidos: la indecencia de los participantes, la profanación de los adornos y vestimentas litúrgicas, los accidentes, los excesivos gastos, el aspecto grotesco de las celebraciones... Las autoridades ya no soportaban ver a los indios desvestidos en público: "La limpieza y aseo es uno de los tres principales objetos de la policía y este no sólo comprehende las calles y plazas de los pueblos, sino también las personas que las habitan cuyo traje honesto y decente influye mucho en las buenas costumbres..."

La ciudad tal y como la concibe el despotismo ilustrado no es sólo un asunto urbano; esta nueva ciudad es también el escenario de una reforma de las costumbres. El traje indígena no está prohibido pero no se toleran las mezclas que "desvirtúan" el vestido tradicional "con andrajos u otros semejantes trapos, como suelen hacerlo a imitación de los individuos de otras

[27] AGN, *Indiferente general,* "Informe sobre [...] las cofradías" [1788].

castas". Por lo tanto están prohibidas las "mantas, sábanas, frezadas, jergas o lo que llaman chispas, sarapes u otro qualquiera girón o trapo semejante". La Ilustración quiere normar las apariencias "con la inteligencia de que siendo como es en los hombres la desnudez un indicio vehementísimo de ociosidad o de malas costumbres".

Esta regla ofensiva se aplicó también a escritos y volantes, aunque pueda parecer sorprendente asociar al pueblo indio y mestizo con la escritura y la lectura. Con constancia, las escuelas religiosas, monásticas y parroquiales divulgaron la alfabetización en la ciudad. Desde el siglo XVI los indios escriben, copian, venden, leen los textos redactados en su lengua. Al lado del idioma náhuatl cultivado por los nobles indios, amantes de crónicas y coleccionadores de títulos y de archivos, circula una literatura análoga a la que se esparce, en ese entonces, en los medios populares de Europa. La Iglesia de la Ilustración pretende que todo eso desaparezca: libros de hechicería indios, volantes de vendedores ambulantes, calendarios, textos que mezclaban plegarias, astrología y magia de amor, pero también manuscritos de teatro edificante y de las danzas ofrecidas en las fiestas religiosas. Ahora sólo se conocen los títulos: *Testamento de Nuestro Señor, Revelaciones de la Pasión, Oraciones de Santiago, San Bartholome, San Cosme y San Damian, Modo de conseguir las mugeres...* Los curas tienen especial celo en confiscar los "supersticiosos kalendarios donde están asentados por sus propios nombres todos los naguales de astros, elementos, aves, pezes y otros animales y tablas con pinturas extraordinarias de la muerte que abusan los curanderos".

430

A finales del siglo todas las manifestaciones de religiosidad popular se vuelven el blanco de las élites. En 1780, una orden real prohíbe las celebraciones que se habían conservado en los pueblos de los alrededores de la ciudad de México, después de proscribir el carnaval en el centro de la ciudad: no más ceremonia del "ahorcado", ni danza de los *huehuenches* o viejitos. En 1794, los curas del valle de México acaban con los personajes disfrazados de soldados y de centuriones —los "armados"— que desfilan en las procesiones de Semana Santa. El motivo citado: la mayoría de ellos son indios o mulatos que se endeudan para pagar los trajes y que encuentran en estos festejos una excusa más para emborracharse. Sin resultados. Tres años más tarde los indios habían desertado de las parroquias en las que los "soldados" estaban prohibidos, para afluir a aquellas donde la tradición aún se toleraba: ausentes de San Ángel, se les hallaba en Coyoacán o Mixcoac. Ávida de festividades, la gente humilde de la ciudad también engrosaba las filas de esas migraciones de un día.

Más que una ofensiva dirigida únicamente contra las costumbres indias, se trataba de una campaña completamente armada contra los "excesos" y el "desenfreno" populares de las fiestas barrocas. En 1789, una vez más la ciudad reglamenta muy severamente las festividades del carnaval: prohíbe "arrojar cascarones, aguas, frutas", y desautoriza los "juegos de cascarones, anises, aguas teñidas, tizar..." El mismo año se restablece una mayor austeridad en las procesiones de la Semana Santa: se proscriben los asientos, las gradas y los estacionamientos de carros, al igual que la venta de comestibles, bebidas y juguetes. El año siguiente la procesión de la fiesta de Corpus es sometida al mismo régimen. Bajo la presión del virrey, el arzobispo de la ciudad de México denuncia la descuidada vestimenta de los indios de los gremios de "cargadores, albañiles, remeros, carnizeros y aguadores". El prelado ordena a los gobernadores indígenas que pongan remedio a dicha situación. El vicario general hace saber a los interesados que deben presentarse "con medias, zapatos, armador, calzones, chupa y capote decente, aliñados y con la cabeza descubierta, sin llevar paño, montera o birrete en ella".

En los albores del siglo xix los ataques contra las procesiones de la Semana Santa se renuevan con reiterada determinación: "Verdaderamente no son más que unos alborotos populares que no sirven de otra cosa que distraer a los sacerdotes y a los fieles". Las procesiones de Semana Santa en Santiago Tlatelolco fueron abolidas. Para la comunidad de Santiago el impacto fue brutal. Si por él fuera, el gobierno del virrey hubiera prohibido desde hacía mucho tiempo todas las procesiones y hubiera obligado a los frailes a desfilar en los claustros sin poner nunca un pie fuera. La España de los Borbones —católica sin embargo— hacía la guerra al "público mexicano [que] asiste a ellas más como un curioso y vano espectador". Como fiel sujeto de la corona, el arzobispo de la ciudad de México le siguió el paso, privando a los ciudadanos de devociones y de piadosas ceremonias nocturnas: no más representaciones del nacimiento del Señor antes del amanecer, menos vigilias durante la noche. El mismo espíritu de depuración y de reforma había guiado al virrey, conde de Revillagigedo, a limpiar el palacio del piso al techo, expulsando a todo aquel que hacía de ese lugar una corte de los milagros.[28]

El centro de la ciudad estaba atestado de talleres improvisados, de vagabundos, de reses, puercos y guajolotes. Un populacho que comía a todas horas del día, vendedores de todos tipos, indios que pasaban la noche a cielo raso antes de regresar a sus pueblos invadían las calles, ofreciendo un espectáculo de desorden y suciedad.[29] La ciudad de la Ilustración tenía que ponerle fin a esta situación. En 1774 la ciudad mandó hacer un hospicio para pobres destinado a extirpar la mendicidad encerrando a seiscientos cincuenta necesitados. El año siguiente, la creación de un monte de piedad completaba ese dispositivo, pues abría una institución que será frecuentada por cantidad de mexicanos hasta el siglo xx.

La restricción de las manifestaciones religiosas sobre la vía pública, la prohibición de abrir pulquerías, la reglamentación de los negocios y la expulsión de vendedores callejeros, así como de los peatones andrajientos, tenían el mismo objetivo: hacer de la traza la ciudad de los privilegiados. Los signos de esta política se multiplicaban. Rondas efectuadas en los paseos de la Alameda y en Bucareli alejaban a los indigentes y a los

[28] AGN, *Bando* 20, exp. 25. Gruzinski (1988), pp. 349-365. La *Cour des miracles* era un antiguo barrio de París, cerca del actual barrio de Beaubourg, donde vivían ladrones y mendigos.

[29] Una descripción interesante en un documento de 1788, AAA, vol. 3627, exp. 43; citado por Sonia Lombardo de Ruiz, "Ideas y proyectos urbanísticos de la ciudad de México (1788-1850)", en Alejandra Moreno Toscano (1978), pp. 169-170. Véase igualmente Luis Castillo Ledón, "La ciudad de México a finales del siglo XVIII", en Valle Arizpe (1946), pp. 484-485.

descalzos; en el barrio de la alcaicería, al oeste de la
gran plaza, una vivienda privilegiada y grandes tiendas
remplazaban a un entrelazado de pequeños talleres
donde se despachaban productos artesanales. La plaza mayor y sus alrededores estaban destinados a convertirse en un espacio reservado a los grandes comerciantes; en esta área habría más vigilancia y el valor del
terreno aumentaría considerablemente.[30]

La ciudad de la Ilustración tiende a separar los am-
bientes sociales de la misma manera en que disocia la
vida profana de la práctica religiosa. Esta última es
inducida a quedarse en las iglesias, claustros y capillas.
La mezcla tan diversa en todos sentidos que había ca-
racterizado a la ciudad barroca y manierista retrocede
frente a una compartimentación de la vida urbana cuyos costos recaen sobre las clases populares.

LAS REACCIONES DE LA CALLE

No es posible deshacerse en pocos años de costumbres y reflejos comunes. Grandes casas, pequeñas fortunas y medios modestos coinciden en una misma
pasión por los objetos de plata y el oropel. Las clases
medias cenan con cubiertos de plata; con gran frecuencia, las obreras también los usan, y las mujeres más
pobres llevan siempre algunos adornos o relicarios de

[30] López Monjardín (1982), *passim;* Alejandra Moreno Toscano
y Jorge González Angulo, "Cambios en la estructura interna de la
ciudad de México (1753-1882)", en *Asentamientos urbanos y organización socioproductiva en la historia de América Latina,* México, SIAP,
1977, p. 184.

ese metal precioso. En cuanto a las marchantas indias de la plaza mayor, no salen sin cubrir su cuello con seis filas de perlas o de coral. Elegancia y gusto por la apariencia están tan difundidos que "muchas veces no se puede conocer cuál es la muger de un conde de la de un sastre".[31] El juego de pelota, en boga a finales de siglo, tiene adeptos adinerados —como los comerciantes vascos— y jugadores populares que se entrenan en las calles y en los barrios bajos. Las peleas de gallos siguen reuniendo a un público mezclado y la arena donde estas aves se enfrentan recibe a los maestros de esgrima y a sus discípulos en cuanto las peleas se interrumpen.

Esta convivialidad tiende, sin embargo, a mermarse.[32] Mestizos, mulatos, "blancos pobres" e indios son objeto de las mismas medidas coercitivas y del mismo desprecio. El resultado: la gente pobre de la ciudad se homogeneiza mucho más, puesto que al mestizaje de cuerpos y de costumbres se agrega desde entonces la experiencia común y cotidiana del rechazo. El universo indígena se transforma en un conservatorio de tradiciones al cual los ciudadanos acuden en busca de sus raíces. Cantidad de habitantes pobres o menos pobres llegan a los pueblos indios de los alrededores para unirse a las festividades, prohibidas en la ciudad española. De la misma manera en que ya desde finales del siglo XVII esta gente se había acostumbrado a asistir a las representaciones religiosas de Tlatelolco.

Frente a la ofensiva de la Iglesia y de la corona, las masas se resistieron de varias maneras. Jornaleros y ar-

[31] Vetancourt (1990), pp. 256-257.
[32] *Ibid.*, p. 259.

tesanos siguieron festejando y bebiendo, como si nada, en las fiestas de la Virgen del Carmen (16 de julio), de la Virgen de la Merced (24 de septiembre), de san Juan de Dios (8 de marzo). Los indios de la parroquia de Santa María la Redonda seguían siendo inquebrantablemente fieles a la fiesta del 15 de agosto. El 25 de julio, los indios de la parroquia de Santa Ana celebraban el día de Santiago con el mismo entusiasmo. Algún tiempo después de la Independencia, en 1826, los indios —que ahora se llamaban *vecinos*— de Azcapotzalco luchaban para que su antiguas capillas pudieran recuperar las imágenes que habían albergado tradicionalmente.

Otras franjas de la población se unieron al descontento. Los conventos alimentaban a una sarta de sirvientes, sacristanes, dependientes y proveedores cada vez más preocupados: ¿los irían a privar de "rosarios, maitines" y otras ceremonias que se celebraban desde tiempo inmemorial y de las que sacaban cantidad de pequeñas ventajas? Los artesanos que vivían de las fiestas o la decoración de las calles, los vendedores de bebidas, de comestibles, de recuerdos de todo tipo veían con un ojo inquieto esta avalancha de restricciones, rápidamente transformada en completas prohibiciones. Cantidad de fiestas exigían un número incalculable de accesorios: trajes de moros y cristianos para la celebración de san Juan y de san Pedro, caballos de papel maché, lanzas recubiertas de papel de estaño, tarascas y gigantes para la fiesta de Corpus Christi, catafalcos y ángeles para Semana Santa.[33] Para

[33] Vetancourt (1990), p. 283.

el día de muertos, los confiteros fabricaban figuras de azúcar en forma de pescados, sirenas, ataúdes, o copias de las fuentes de la ciudad con pasta de almendras. Algunos orfebres fabricaban pequeños conjuntos de plata que representaban a un difunto en su lecho de muerte. Las "industrias del consumo barroco" protegían su porvenir defendiendo a sus clientes. En un impulso corporativista estimulado por el interés, la gente que rentaba trajes para la Semana Santa retomó la defensa de los indígenas con el pretexto de que en España se seguía la misma costumbre y que el abandono de esta práctica podía enfriar el celo de los indígenas.

La inquietud se extendió entre la mayoría de los fieles: "La gente de México es mui festiva y concurre a estas fiestas no por adorar con acciones modestas y culto religioso, sino por otros fines de alegrarse, comer fruta, de que en cerca de las iglesias hay muchos puestos, saciar la gula con almuerzos, de que se hallan toda provisión, como de caldos asta embriagues".[34] ¿Por qué había que abandonar la costumbre del velorio en las casas, con el pretexto de que se bailaba y se bebía hasta perder la cabeza? La piedad barroca no había dicho su última palabra...

A esta resistencia de la tradición y de la religiosidad se mezclan algunos acentos más nuevos. En la segunda mitad del siglo XVIII se generalizan algunas diversiones, como las *jamaicas,* que alarman a la Inquisición. Danzas obscenas, canciones lascivas y anticlericales invaden barrios y calles. Actores, soldados, maestros de escuela,

---

[34] AGN, *Bienes Nacionales* 330, exp. 2.

aventureros de paso, plumas graciosas, y las más de las veces anónimas, ofrecen su inspiración a composiciones que son del gusto de un público "que se va sumergiendo cada día más en la disolución". Las canciones están repletas de alusiones anticlericales y groseras donde monjes y eclesiásticos siempre salen mal parados. Algunas, raras aún, se arriesgan en el terreno de la sátira política.

Un término se impone para designar las producciones populares de esa época: el *son*. Esta denominación se aplica tanto a la danza como a la música y a las palabras expuestas a la represión. Se baila el *Pan de manteca* o la *Tirana* en la calle de San Francisco, frente a la Botica del Pino. Pero se baila igualmente en las academias y las tertulias de danza, donde los dos sexos se mezclan sin complejo, "hasta hora extraordinaria de la noche". En 1775 se baila la bamba sobre las tarimas del Coliseo. Se baila el *chuchumbé* —una forma de cumbia—, de temas obscenos. Los pasos de baile, nuevos y viejos, multiplican a los adeptos. Cumbés, zarambeques, jacarras, fandangos, tangos, bambas y habaneras, rumbas y sambas conquistan a la ciudad. Los alrededores de la ciudad de México reciben también a los bailadores empedernidos que no dudan en tomar una lancha para llegar a los verdes y floreados pueblos del valle: Santa Anita, San Juanico y sobre todo Iztacalco: "Ármanse en este pueblo muchos fandangos de toda clase de personas".[35]

Estos ritmos que enloquecen a las parejas entrelazadas y que escandalizan a los curas son, en su mayoría,

[35] Saldívar (1987), pp. 302, 310, 349; Viera (1990), p. 264.

de origen africano. Se recordará que en la ciudad del siglo XVII la comunidad negra tenía sus fiestas, sus bailes y sus festividades. Sus tradiciones sobrevivieron al declive demográfico y se enriquecieron con las aportaciones venidas de Veracruz y el Caribe. Mezclada con el legado del villancico barroco en su versión satírica y picaresca, la influencia tropical se afirma en el siglo XVII y no dejará, hasta nuestros días, de colorear los placeres de la vida. Sería excesivo hacer de la danza la expresión de una "cultura popular" o de una "contracultura" puesto que surge de medios sociales muy diversos. Pero es innegable que durante mucho tiempo el baile ofreció a la mayoría de la población una válvula de escape en una ciudad privada, hasta hoy, de medios de expresión política. Entre la rumba y los motines, la ciudad del siglo XIX y del XX elegirá el baile.

En ruptura con el buen gusto y la decencia que pretende imponer la Ilustración, dominados por la secularización de las costumbres que el teatro, la música y el ballet estimulan, los placeres de la calle anticipan algunas manifestaciones más abiertamente contestatarias. Mientras que Occidente entra a la era de las revoluciones, la alfabetización de la ciudad facilita la lectura de los folletos. A finales del siglo XVIII las escuelas de los conventos, las de la municipalidad y los maestros particulares aseguran una creciente difusión de la enseñanza de nivel básico.[36] Los sucesos interna-

---

[36] Dorothy Tanck de Estrada, "Tensión en la Torre de marfil. La educación en la segunda mitad del siglo XVIII mexicano", en *Ensayos sobre historia de la educación en México*, México, El Colegio de México, 1981, pp. 73, 78-79.

cionales agitan a los espíritus críticos. En el norte, Estados Unidos se ha independizado; del otro lado del Atlántico, la Revolución francesa quebranta Europa antes de que Napoleón se establezca en España y corra a la dinastía de los Borbones. Las calles de la ciudad de México, que parodian la liturgia, se burlan de los curas y bailan chuchumbés desenfrenados, también se preocupan por los cambios en el mundo. En 1794, la gente canta *La marsellesa* en una fonda, un pequeño restaurante frente a La Profesa. A partir de 1800, los volantes empiezan a proliferar. En 1805, la ciudad de México devora su primer diario, el *Diario de México*, con un tiraje de siete mil ejemplares.[37] Los cafés y librerías se vuelven albergues de las nuevas ideas. Pero también las plazas donde se presentan los cantantes callejeros, las iglesias y las fondas populares.

[37] François Xavier Guerra, *Modernidad e independencias. Ensayos sobre las revoluciones hispánicas,* Madrid, Mapfre, 1992, pp. 278, 288-295.

XII. LA INDEPENDENCIA
O EL CASCARÓN ROTO

En 1811, la ciudad colonial tiene casi tres siglos de vida. Con más de ciento cincuenta mil habitantes, la ciudad de México sigue siendo la más grande de América, arriba de Lima (sesenta y cuatro mil) y de Río (cien mil). Los españoles de origen peninsular se agrupan en el corazón de la ciudad. Tienen los comercios, los conventos, los colegios y oficinas de gobierno. Casi nunca forman familias; por lo general son grupos de individuos ligados por un mismo origen social, un mismo origen geográfico o una actividad profesional. Alrededor de ese núcleo, los españoles nacidos en México constituyen la primera circunferencia: maestros y artesanos de los gremios abundan en este rango.

A medida que nos alejamos del centro, los sectores están más mezclados, los hogares son más heterogéneos. Una segunda circunferencia reúne a otros criollos, algunos indios, mestizos, mulatos, casi todos artesanos libres. Éstos viven amontonados junto con otras familias en casas que comparten con individuos sin parentesco y viudas encargadas de niños.

Un poco más lejos se dibuja un tercer anillo: individuos de sangre mixta de inmigración reciente, mestizos insertos en el medio indígena, caciques con cómodos ingresos, indios provenientes de una misma región del valle de México. Los inmigrantes indígenas se concentran en el oeste de la ciudad, instalados en patios y plazoletas repletos de chozas. Los hombres son carboneros, las mujeres muelen maíz y se agrupan en una misma vivienda según el origen geográfico.

En la periferia, la cuarta y última circunferencia agrupa los barrios de la ciudad indígena.

Las transiciones de un círculo a otro son más complejas que lo evocado en esta somera enumeración. Los domésticos indios, negros y mestizos instalados en casa de los peninsulares se entrecruzan en pleno centro. Los criollos de las corporaciones viven con sus asistentes, las familias de éstos y un puñado de servidores indígenas. El medio de los artesanos libres recibe durante el día a algunos sirvientes que no viven ahí, y las parcialidades indígenas albergan núcleos de españoles y mulatos. A finales de la época colonial la bipartición del siglo XVI se ha desmoronado considerablemente, sin por ello dejar de pesar sobre la repartición global del espacio urbano.

Los cinco últimos años de San Juan Tenochtitlan

En los albores del siglo XIX, aún bajo la dominación colonial, transcurren los últimos años de los barrios indios de la ciudad de México. No se sabe mucho sobre la vida dentro de estas viejas parcialidades. Pocas veces las fuentes permiten dar cuerpo a las intangibles sombras de la periferia. A veces la policía sustituye la indiferencia de los cronistas.[1]

---

[1] AGN, *Indiferente general*, "Libro de los reos y reas. Parcialidad de San Juan, 1815-1820"; véase también Teresa Lozano Armen-

Semana tras semana y casi día tras día los archivos de la policía dan cuenta de la pequeña delincuencia y de algunos incidentes acaecidos en el barrio indígena de San Juan y en los pueblos que dependían de él. Enumerados al azar, entre 1815 y 1820 se cuentan riñas y pleitos de borrachos, golpes y heridas en hogares destrozados, promesas de noviazgo y de matrimonio no cumplidas, virginidades perdidas, raptos de adolescentes, esposos que huyen, concubinas sorprendidas en la cama, violaciones, hurtos de verduras y robos de mulas, historias de ropa que se pierde, complicidades delictuosas, deudas no pagadas, soldados desertores e incluso oscuros tráficos de recién nacidos extraídos inmediatamente después del parto.

Si la mayoría de los inculpados son indios, sus desastres implican a mestizos, españoles, mulatos. Sus oficios revelan la modestia de origen y de condición: carnicero, pajarero, aguador, albañil, carpintero, vendedor de sal, obrero, panadero, dorador, zapatero, "obrero de fábrica", tejedor. A lo largo de estos procesos también aparecen los notables y los patrones que explotan a esta gente: comerciantes, tenderos, burócratas, caciques indígenas como aquella Juana de Dios Moctezuma, quien trescientos años después de la conquista sigue llevando en alto el nombre de Moctezuma. El mundo del trabajo se vislumbra un instante: la chocolatería del Puente, donde se atarean las indias que muelen el cacao, en medio de los bultos de caña de azúcar; la panadería de San Pedro y San Pablo, su horno ardiente que desprende su olor a pan caliente, pero

dáriz, *La criminalidad en la ciudad de México, 1800-1821,* México, unam, 1987.

443

también sus aprendices y obreros endeudados, resueltos a todo para huir de su condición. Desde el siglo xvi las panaderías de la ciudad de México poseen una siniestra reputación: los mozos de panadero que hacen mucho desorden frecuentemente son apaleados y encadenados. En cambio, los baños de vapor o temascales, mucho más acogedores, siguen atrayendo a una clientela tan numerosa como en el siglo xvii.

De los inculpados muchas veces no queda más que un nombre, una edad, una silueta, que apenas alcanza para algún título de la nota roja. Un indio de veintiún años viola a una mestiza de catorce, originaria de Coyoacán. Una india de cuarenta años hurta una camisa de Bretaña en el temascal del barrio de las Ánimas, donde ofrecía sus servicios. Un albañil indígena de veinte años vive en concubinato con una vendedora de tortillas, india también y preñada por él, quien se niega a casarse con el pretexto de que un rival desvirgó a aquélla. María Francisca Chimal se niega a hacer vida de pareja con su esposo José pues éste la engaña y la golpea sin descanso. Un huérfano indio de doce años, obrero en una panadería, es encerrado por una deuda de diez pesos y cuatro reales. Mortalidad infantil, infanticidio, aborto, ensombrecen estas crónicas de la vida común. Un indio de treinta años patea a su esposa Feliciana, quien pierde a su bebé de siete meses y se enferma gravemente. Porque encuentra a su hijo muerto al regresar a casa, Pedro Zamora ataca a su esposa y la apalea "porque havía sido por descuido de su mujer que no lo havía avertido".

Indio y soltero, José Chávez es un joven albañil de veintidós años del barrio de Santa Catarina. Desde

444

hace un año frecuenta a María Guadalupe. Los dos se ven a escondidas de sus familias, y pronto, María Guadalupe se embaraza. Al descubrir el embarazo de su hija, los padres tratan de encontrar a José pero éste ha desaparecido, abandonando al bebé y a la novia para no tener que casarse. El niño muere. Esta pequeña desgracia parece convenir a todo mundo: al padre prófugo como a la madre deshonrada. La historia podría terminar ahí.

En absoluto. María Guadalupe toma un empleo y José obtiene trabajo "con los vascos", es decir, en la iglesia de la comunidad vasca. Ahí, María Guadalupe lo vuelve a ver, se reconcilia con él y como lo quiere mucho le regala su rebozo. Para arrepentirse muy pronto. Cuando sus patrones le preguntan que ha hecho con su rebozo, ella jura que lo ha empeñado. Desde el día siguiente, cuando se va a lavar la ropa, María Guadalupe trata de recuperar la prenda que le dio a José. Se encuentran en el Salto del Agua, donde termina el acueducto de Chapultepec. Es una de las raras fuentes de la ciudad donde el agua potable brota en abundancia. Pero José no está solo. Se encuentra en compañía de otra mujer y golpea brutalmente a María Guadalupe, quien le hace una escena.

A lo largo de las deposiciones se dibujan itinerarios urbanos, se desgranan los horarios de la gente y en ellos sorprendemos los pequeños placeres que daban sentido a esas vidas. Veamos cómo dos amigos indios ocupaban su domingo en un bello día de agosto de 1816. Manuel Mendoza y Cosme Damián viven en el mismo barrio. Casados, de veintiséis años el primero y treinta el segundo, estos indios viven de fabricar velas.

Hacia la una de la tarde los dos hombres se encuentran y se dirigen al juego de pelota, un espectáculo que los comerciantes vascos han popularizado; beben pulque en la pulquería de Buenos Aires hasta las cuatro y luego se dirigen a la calle "de trás de la Lozería", a los jacalitos de don Juan; a las ocho, cuando la lluvia veraniega se ha terminado, Manuel y Cosme llegan al depósito de vinos de don Agustín, la vinatería El Sol; a las diez de la noche ahí van de regreso a su casa en un avanzado estado etílico. Los dos compadres se pelean, se insultan y se golpean, por lo que terminan en la cárcel.[2]

En esta época el destino cotidiano de los indios no es muy distinto al del resto de la gente pobre. Solamente en los confines de la ciudad india podemos encontrar las últimas huellas de los tiempos prehispánicos, la imbricación de los campos, el agua y la vivienda, una decoración más campestre que urbana que mantiene una ilusión de perennidad frente a las transformaciones del centro hispánico.

La muerte legal de la ciudad india

A partir de 1810 una serie de medidas desorganizaron a la "república de indios" que había sobrevivido adaptándose a tres siglos de dominación española.[3] Incluso

[2] En estos procesos e investigaciones también se habla de "rebeldes" y de realistas, de soldados y desertores.
[3] Estas decisiones fueron muchas veces contradictorias y seguidas de cláusulas que las anulaban. En 1814 se decidió restablecer por algunos años las "repúblicas" de indios y el Juzgado de Indios.

antes de la proclamación de la Independencia se desencadenó un proceso que resultó en la muerte por asfixia de la ciudad india: según se creía, éste era el precio que había que pagar para convertir a los indios en verdaderos ciudadanos.

En 1810 el tributo que pesaba sobre los indios se suprime. Esta decisión alivia a los individuos pero priva a los gobernadores y alcaldes indígenas, es decir, a los cuadros de la administración tradicional, de los recursos regulares que una fracción de esta contribución les aportaba. Dos años más tarde, en 1812, la Constitución de Cádiz, promulgada por una España ilustrada y liberal, pone fin a tres siglos de régimen colonial. Los decretos que acompañan a la Constitución abrogan el conjunto de los cargos que pesan sobre los indios y propone hacerlos acceder a la propiedad individual de la tierra. La disolución del Juzgado de Indios suprime el órgano que confería a los indígenas una personalidad jurídica que los sustraía de la justicia ordinaria. Las comunidades indias se remplazan por municipalidades "constitucionales". Concretamente, la medida significa la desaparición de las parcialidades de San Juan y de Santiago, absorbidas, en lo esencial, por la municipalidad de la ciudad de México; en cambio, si los pueblos sujetos tienen más de mil almas se vuelven municipalidades de pleno derecho.

Esta revolución institucional, anterior a la proclamación de la Independencia, afectó el destino de la ciudad de México de manera irreversible. Estos cambios cuartearon el armazón de la ciudad indígena al desestabilizar esta entidad, a un tiempo urbana y rural, que vinculaba a dos centros urbanos principales —San

Juan y Tlatelolco— con un archipiélago de pueblos diseminados en el valle. Trescientos años después de la conquista, con la abolición de las parcialidades la hora del antiguo *altepetl* había llegado. Pero la reorganización ponía también en duda los cimientos materiales de la población india establecida en esos barrios y en esos pueblos. ¿Cómo celebrar, ahora sin recursos, las fiestas locales y el culto a los santos que preservaban la memoria y la identidad comunitarias? ¿Cómo resistir a las usurpaciones y a la codicia que suscitaban los restos de la ciudad india?

En realidad, los indios de las parcialidades y los grupos de interés que los apoyaban aprovecharon la incertidumbre del momento para proteger la antigua situación. Temiendo una "guerra de castas", los tribunales dieron sistemáticamente la razón a los reclamos indios. No será sino hasta mediados del siglo XIX, en 1856, al aplicar la ley de "desamortización", cuando los bienes comunales pasarán a manos de los particulares. Ganaderos y agricultores, hasta entonces simples arrendatarios de la tierra indígena, pudieron ya adquirirlas legalmente.[4] Para los especuladores el camino estaba allanado.

LA APARICIÓN DEL PUEBLO EN POLÍTICA

La ruptura con los siglos de dominación española no concernía únicamente a la población indígena. Sin embargo, el pueblo y la ciudad de México parecen ha-

[4] Lira (1983), pp. 250-251.

ber jugado un papel menor en el movimiento de Independencia. Los primeros fuegos de la insurrección estallaron lejos de la capital, en el centro de México, en la región de Dolores, el Bajío, San Miguel el Grande y Guanajuato. Nada sucedió en la ciudad de México que recuerde, ni lejanamente, el papel de París en la tormenta revolucionaria. Por lo visto, las élites criollas de la ciudad no trataron de involucrar a las masas en una lucha armada contra los españoles; y lo lograron.

Ello no significa que el "pueblo" —que ya hemos visto en acción durante el motín de 1692— se haya aislado de la escena política. La ciudad de México es "un mundo muy socializado, con múltiples canales de difusión de las noticias y en lugares muy diversos de sociabilidad cuya articulación conocemos todavía muy mal".[5] Los trastornos que sufre la madre patria tuvieron un eco inmenso en la Nueva España. Desde 1808, algunos movimientos entusiastas saludaron la caída del ministro Godoy, el advenimiento de Fernando VII y el levantamiento del pueblo español contra las tropas de Napoleón. Estos sucesos provocaron grandes concentraciones de toda la población, incluyendo a los indios de las parcialidades. En varias ocasiones, las autoridades españolas organizaron distribuciones de dinero para ganarse a la gente. A pesar de estas presiones, las masas manifestaron su apoyo a la municipalidad criolla en contra del tribunal de la Audiencia, proespañol.

La entrada en política se efectuó de manera pacífica, dentro de las líneas trazadas por la Constitución de Cádiz. En noviembre de 1812, como en el resto de la

[5] Guerra (1992), p. 294.

América española y por primera vez en su historia, el pueblo de la ciudad de México fue llamado a participar en las elecciones para designar a los "municipios constitucionales". A excepción de mujeres, sirvientes, mulatos y castas, la población pudo dar su voto a los candidatos que lo pretendían. Paradójicamente, muchos excluidos y mestizos participaron en el escrutinio, pues resultaba imposible determinar el origen de todos los individuos que se presentaban en la oficina. El "sistema de castas" se revelaba perfectamente obsoleto: "Los vecinos de los suburbios o barrios de esta ciudad los más son artesanos, desnudos, de color pajizo, que confunden con los indios, y aun están enlazados con ellos".[6] Su abolición oficial era inminente.

Los criollos y los partidarios de la autonomía del país lograron un triunfo indiscutible. Algunos eclesiásticos y algunos notables indígenas fueron elegidos. El 29 y 30 de noviembre la victoria de las urnas desencadenó manifestaciones de entusiasmo en la ciudad. Celebrada con campanadas y tedeum, la victoria confirmaba una campaña electoral que había aunado a los sectores más diversos, incluidos los indios, y al rechazo del sistema colonial. Eslogans nunca antes escuchados resonaban en las calles de la ciudad: no sólo gritaban mueras al mal gobierno y a los gachupines, sino también "¡Viva América!" y "¡Somos ciudadanos!"[7] La naciente opinión pública aplaudía las gacetas y a los pe-

---

[6] Regina Hernández Franyuti, "Ideología, proyectos y urbanización en la ciudad de México, 1760-1850", en *La ciudad de México...* (1994), p. 147.

[7] Virginia Guedea, "El pueblo de México y las elecciones de 1812", *La ciudad de México...* (1994), pp. 162-163.

riodistas favorables a la causa. Una parte notable de los habitantes accedía a una modernidad política fundada en el sufragio. En abril de 1813, ocho años antes de la proclamación de la Independencia, la ciudad de México poseía una municipalidad constitucional completamente integrada por "americanos". La ciudad de todos los poderes estaba tal vez en vías de convertirse en una ciudad democrática. En ese momento ello podía esperarse aún.

A este corto periodo de euforia le siguió una reacción colonial de sorprendente virulencia. Las autoridades españolas se esforzaron en recobrar el control de una ciudad que abiertamente había tomado partido por la autonomía del país y que en cualquier momento podía aliarse con los insurgentes de la provincia. Las medidas adoptadas para evitar esta unión fueron eficaces. Pero también perturbaron la vida de los habitantes y las relaciones entre la ciudad india y la española. Incluso las comunidades indígenas se dividieron. Algunos incidentes estallaron entre los indios, acostumbrados a circular libremente por todos lados, y los guardias municipales, entre las autoridades tradicionales y los soldados encargados de mantener el orden. Algunas personalidades indígenas como don Dionisio Cano y Moctezuma y don Francisco Galicia se inclinaron a favor de los insurgentes. Los dos habían ganado las elecciones de 1812. Probablemente, don Francisco Galicia estaba ligado a un grupo clandestino de partidarios de la Independencia, los Guadalupes, activo en la ciudad de México.[8]

[8] Lira (1983), pp. 55-56.

La reacción absolutista fue efímera. Con la Independencia, proclamada en 1821, los habitantes de la ciudad de México se convirtieron en ciudadanos de una capital libre. Desde ese momento, la vieja ciudad colonial, mestiza y pluriétnica tenía tres retos que debía superar: extirpar el Antiguo régimen, emanciparse definitivamente de la tutela española y enterrar el sistema de castas. La tarea era considerable, pues había que conciliar los cambios que estaban viviendo las ciudades europeas, en ruptura con el Antiguo régimen, y los riesgos de una "descolonización" temprana, que se complicaba por las divisiones étnicas imposibles de abolir en un día.

A partir de la proclamación de la Independencia, la población manifestó su odio antiespañol tratando de borrar cualquier traza del Antiguo régimen. Un líder conservador, Lucas Alamán, tuvo muchísimas dificultades para salvar los restos de Cortés de esa furia iconoclasta. La llamarada de xenofobia que rodeó el nacimiento del sentimiento nacional culminó a finales de los años 1820.

Una revuelta estalló en diciembre de 1828. Hubiera podido ser una réplica de la toma de la Bastilla o una prefiguración de la revolución de Julio. No fue más que una llamarada. Los amotinados atacaron el Parián, que se levantaba en la plaza mayor. En la época colonial este edificio era la sede de los comerciantes más poderosos de la ciudad. El virrey Revillagigedo los había protegido cuando prohibió que los vendedores pusieran sus puestos en la plaza mayor. Siete años después de la proclamación de la Independencia, el Parián seguía siendo el bastión de la presencia comercial española en la capital. Para los habitantes de la ciudad, era el símbolo mismo del enemigo de la Independencia y de todos aquellos que se enriquecían a expensas del país. El saqueo, que empezó hacia las diez de la mañana, se prolongó hasta muy entrada la noche.[9] Cinco mil personas aproximadamente participaron en el asalto.

El motín aterrorizó a los propietarios, quienes hasta entonces habían logrado mantener las calles al margen de las peripecias políticas. Con esta revuelta aquella venerable institución vio que su hora llegaba. Los ocupantes del Parián se replegaron en las calles de Plateros, la Monterilla y Flamencos, donde abrieron espaciosas tiendas, menos expuestas a la furia de la multitud. En 1843, el presidente López de Santa Anna mandó demoler los restos del edificio. Por fin liberada de las construcciones que le estorbaban, la plaza mayor podía ofrecer su vasto espacio a las celebraciones nacionales.

EL TIEMPO DETENIDO

Hasta mediados del siglo XIX la ciudad de México vivió un periodo de letargo. Demográficamente, la ciudad raya en el estancamiento: antes de la Independencia había ciento sesenta mil habitantes; hacia 1860 la ciudad tiene apenas doscientos mil. Política y económicamente, la capital está rezagada, desposeída del esplendor que tenía bajo el dominio español. Sus fábricas son mediocres en tamaño y no muy numerosas.

[9] Manuel Rivera Cambas, *México, pintoresco, artístico y monumental*, México, Imprenta de la Reforma, 1880, pp. 117-118.

Administrativamente, la ciudad vivía de la herencia de la Ilustración: la división en ocho grandes barrios, los cuarteles mayores, efectuada por los Borbones en 1782 seguía vigente setenta años después. Por último, como si no tuviera que olvidar nunca las penas de la época prehispánica y colonial, en 1850 ¡la ciudad sufría su decimacuarta inundación!

Durante toda la primera mitad del siglo xix la dualidad secular que oponía la ciudad española de trazo regular a los barrios indios periféricos construidos improvisadamente seguía modelando la fisonomía de la ciudad. La ciudad barroca sobrevivió en su plaza mayor, sus edificios, sus fiestas y sus baños, como los que se encuentran en la calle de San Agustín, Vergara, del Coliseo o en el callejón de los Betlemitas. Cambiar de decorado tarda más que cambiar de régimen político. La ciudad de México sigue siendo una ciudad colonial con sus corporaciones religiosas, su municipalidad y sus santos patronos, y tarda en volverse la capital de una nación. Su color es el negro. Mañana y tarde, oleadas de damas vestidas de negro —el color de la burguesía— se dirigen a misa y se precipitan en las iglesias. Es más, el México independiente se había apresurado a declarar el catolicismo religión de Estado y a hacer de la fiesta de Corpus Christi una celebración nacional. Cantidad de símbolos cristianos acompañan y sacralizan todavía las manifestaciones nacionales.

Un detalle inequívoco: el aire cristalino de la ciudad sigue saturado de campanadas. "Desde muy temprano por la mañana hasta el mediodía las campanas repican sin cesar. Las numerosas iglesias y conventos consideran un puntillo de honor mantener el aire en perpetua vibración, con sus voces metálicas." El sonido de las campanas no es aquel que se oye en Europa: "Las campanas pequeñas giran completamente sobre su eje mientras que las grandes no se mueven, la cuerda se ata al badajo y éste se golpea acompasadamente contra el metal".[10]

La ostentosa piedad de las autoridades, conjugada con la xenofobia de un nacionalismo naciente, estimulan actos de fanatismo: el 29 de agosto de 1824 un zapatero originario de "Estados Unidos de América del Norte" es asesinado. Con el pretexto de que no se había inclinado ante el paso del santo viático, un mexicano sacó su espada y lo atravesó. Los cónsules de Gran Bretaña y de Estados Unidos ofrecieron una recompensa de dos mil pesos. En vano. Era imposible encontrar al asesino. La opinión ilustrada se conmocionó: el escritor y periodista Fernández de Lizardi, conocido por el seudónimo de *Pensador Mexicano,* habla del asunto en sus *Conversaciones del payo y del sacristán:* "¿Qué juicio se formarán de nuestra civilización y religión, cuando lean en la Europa este horroroso caso? ¿No dirán que somos unos idiotas, unos brutos, unos feroces caribes, sin sociedad, sin ley, sin religión? Sí, todo esto y más dirán los que lean este hecho vergonzoso".[11]

En 1850 siete conventos de religiosos, veintiún monasterios de mujeres, catorce parroquias velan por la salvación de la ciudad.[12] Más de la mitad del suelo ur-

[10] Sartorius (1988), p. 106.
[11] Novo (1987), p. 36.
[12] Jesús Hermosa, *Manual de geografía y estadística de la república mexicana,* París, Librería de Risa, Bouret, 1857, p. 187 (edición facsimilar, México, Instituto Mora, 1991).

bano es propiedad de la iglesia. El terremoto de 1845, que arruinó la cúpula de Santa Teresa y que estropeó otras iglesias, no hizo más que disminuir ese imponente patrimonio. Capillas e iglesias alojan todavía tesoros de orfebrería, aunque las amenazas que el dictador Santa Anna lanza contra los bienes de la Iglesia provocan la primera hemorragia de objetos artísticos hacia el extranjero. No obstante, hasta mediados de siglo, cuando se imponen las Leyes de Reforma, la joven república mexicana sigue católica y barroca y todavía confunde las cosas de la Iglesia y las del Estado.[13] En 1856 la municipalidad continúa ocupándose de las imágenes milagrosas que protegen a la ciudad y se niega obstinadamente a devolver la Virgen de los Remedios al pueblo de Naucalpan, donde se eleva su santuario.

MISERIA SOBRE LA CIUDAD

¿Qué se revela al azar de un paseo por la ciudad de la primera mitad del siglo XIX? Una ciudad cuyo esplendor ha decaído, "calumniada en sus atractivos y en sus defectos".[14] Y, sin duda, la misma miseria que empaña el brillo de París o de Londres. El tifus, la viruela, el cólera, las inundaciones devastan a la joven capital, como en el detestado tiempo de la dominación española.

[13] La expresión es de Annick Lempérière en "¿Nación moderna o república barroca?", en François Xavier Guerra, Mónica Quijada *et al., Imaginar la nación*, Münster-Hambourg, LIT Verlag, 1994, pp. 135-177.
[14] Altamirano (1986), V, p. 81.

Si la Independencia libera a los mexicanos del yugo español, la abolición oficial de las distinciones étnicas no borra ni la desigualdad ni los prejuicios. Esta abrogación no cambia demasiado la situación de la gente humilde, sólo uniformiza las condiciones, las apariencias y muchas veces la miseria. Consecuencia de la revolución industrial, el rebozo gris acero —tejido con hilo inglés— se generalizó entre las mujeres de extracción popular. El espectáculo de los *léperos* impacta a todos los observadores, quienes se afligen o se escandalizan. Hardy, Tylor, Sartorius describen, denuncian y tratan de explicar el fenómeno aunque ello implica exponer un racismo que va en contra de indios y mestizos. El racismo razonado del siglo xix ha remplazado los prejuicios de la época colonial: "[Los indios] son incapaces de alcanzar el mismo grado de desarrollo intelectual de la raza caucásica [...] Viven encerrados en el mismo círculo de ideas de hace trescientos años". Este alemán hace afirmaciones que no tenía su predecesor, el barón Alejandro de Humboldt.[15]

Hasta mediados del siglo xix, los observadores distinguen aún claramente a los indios de los proletarios. Los primeros, por más modesta que sea su existencia, no andan vagando. La comunidad y la familia les ofrecen un cimiento y una protección que faltan a los segundos, por lo general mestizos o "blancos pobres". Los "proletarios" provocan una creciente inquietud.

En la parte más baja de la escala reina el *lépero* o *pelado*. Heredero lejano del aventurero picaresco que fascinaba a los escritores del Siglo de Oro, el pelado (el

[15] Sartorius (1988), pp. 65, 68.

que va descalzo) vaga por la ciudad sin un quinto, hambriento y pobremente vestido. Este personaje encarna, a ojos de los burgueses, el rechazo a la familia y al trabajo regenerador, el límite incontrolable, el "viejo lobo" de las calles siempre al acecho de algún asunto turbio o un hurto fácil. No por ello le falta personalidad, cubierto con su capa rayada que lo protege del sol de mediodía, del fresco de la noche y de las cuchilladas. Por la noche utiliza su capa como cobija cuando duerme a la intemperie, a la sombra de un portal, muchas veces estrechado junto a otros compañeros. Sin zapatos pero con un gran sombrero de paja, un rosario y un escapulario —la vieja piedad popular y barroca no ha cambiado—, una camisa y un cuchillo enfundado constituyen todo el traje y el patrimonio del pelado.[16]

La miseria en el centro de la ciudad es cosa de todos los días. Ésta se vuelve un espectáculo en cada corrida. En las arenas del Paseo Nuevo, en las de San Pablo,[17] los pobres se vuelven los héroes de un circo improvisado. A la señal dada por el alcalde, las trompetas resuenan avisando a los toreros improvisados que su hora ha llegado por fin. De un golpe, éstos saltan la barrera para enfrentar a la bestia con sus capas. "Al final masas enteras de pelados cuelgan de la cola y de los cuernos del toro."[18] La imagen es tanto de pesadilla como de diversión, a tal punto los pelados derrochan buen humor y tenacidad.

Una de las atracciones consiste en poner una mesa

[16] Sartorius (1988), p. 156.
[17] Hermosa (1857), p. 194.
[18] Sartorius (1988), p. 158.

llena de platos abundantes y apetitosos en medio del ruedo. Los pelados hambrientos se lanzan a ella al mismo tiempo que sueltan al toro. Las embestidas y cornadas derriban mesas, comida y comensales. Ante el panorama de estos desgraciados que se esfuerzan por salvar algunos platos, los burgueses y el populacho se divierten de lo lindo. En otras ocasiones, continuando la tradición de las cucañas *(palo ensebado)*, objetos de todo tipo remplazan a la comida: pañuelos, relojes, zapatos, que los pelados se disputan mientras que el toro se los permite. Las corridas de puercos, un juego muy apreciado también, desencadenan una parodia de corrida en la cual los ganadores reciben como premio el animal que logran capturar.

Estas celebraciones se inscriben directamente en la línea de festividades barrocas que reunían a todos los estratos sociales en el mismo lugar y con los mismos motivos. Aun cuando la mirada de los ricos está cambiando: los pobres de la ciudad de México se han vuelto animales curiosos salidos de otro mundo.

ARRABALES INQUIETANTES

Si el centro de la ciudad sigue impresionando por su monumentalidad, "los alrededores de México son infinitamente más impuros: son horribles. Si cuando Humboldt visitó la ciudad de México la hubiera examinado con los ojos de un humano filósofo, y la hubiera presentado sin adornos, cuántas molestias habría ahorrado a los viajeros de Europa".[19]

[19] Novo (1987), p. 21.

A mediados del siglo XIX la ciudad de México no escapa al destino de las ciudades europeas. Los llamados arrabales son temidos por toda la ciudad.[20] "Sucios y sórdidos", los *arrabales* la rodean por todos lados pues ningún barrio residencial o elegante rompe ese cerco de miseria. "Desechos e inmundicias, esqueletos de animales y escombros se amontonan a las entradas de las calles junto a miserables cobertizos, cubiles de vagabundos miserables o de indios semidesnudos."[21] Las chozas de adobe sirven de refugio a los que no duermen en las puertas de las iglesias o de las pulquerías.

El tema del arrabal —ese *no man's land* que la "civilización" ha abandonado y que hierve de peligros— se insinúa en el imaginario urbano conforme se borra el indio campesino de los pueblos y del valle, desposeídos de sus parcelas y tragados por la capital. Otro universo, casi tan extraño pero aún más inquietante, está sustituyendo a la ciudad india de las periferias. Este nuevo espacio inspira a algunos escritores, como Manuel Payno en su extensa novela *Los bandidos de Río Frío*.

Desde luego, hacia 1850 una parte de estos arrabales continúa ocupada por algunos indios que siguen agrupados en comunidades. Su presencia dio pábulo a la idea, falsa aunque tranquilizadora, de que algunos de ellos viven todavía como en los primeros tiempos de la ciudad. Por una de esas incongruencias que América acostumbra, aquí Balzac se codea con Flaherty. Las embarcaciones de los indios surcan el espejo de canales y pantanos, se deslizan por los estanques con sus

[20] John M. Merriman, *Aux marges de la ville. Faubourgs et banlieues en France (1815-1870)*, París, Seuil, 1994.
[21] Sartorius (1988), p. 103.

riberas cubiertas de juncos. Los indígenas repiten incansablemente sus gestos inmemoriales: "Al igual que las garzas se les ve vadear las zanjas que atraviesan dichos pantanos pescando con sus pequeñas redes pececillos blancos, ranas y ajolotes". Como sus lejanos ancestros, cazan aves acuáticas y la recolección sigue ofreciéndoles día con día productos que venden en los mercados de la ciudad: huevos de rana y de mosca, poro, iris, flores olorosas y sabrosas verduras, juncos con los que confeccionan petates, sal, tequesquite... "Digna", enraizada en el pasado, visualmente tan pintoresca en un siglo ávido de folclor, esta pobreza constituye una transición familiar entre la ciudad y el campo.[22]

Los otros habitantes de los arrabales, mestizos y "blancos pobres", estas nuevas poblaciones marginales en vías de proletarización, son más preocupantes. Los burgueses creen reconocer en ellos a los truhanes y vagabundos que vienen a recorrer la ciudad de los ricos. En la madrugada, protegidos por la capa de frío que desciende de la montaña, al abrigo de miradas indiscretas, pequeños grupos se forman en todos los arrabales y se dirigen rápidamente hacia el centro. Los más desarreglados se entregan a la mendicidad. Otros ofrecen sus servicios como mandaderos y mozos cuando no andan rondando en los cafés y tiendas en busca de colillas que recuperan para sacarles el tabaco y hacer cigarros que venden de manera ilegal. En las banquetas, convertidos en vendedores ambulantes, muchos ofrecen corbatas, sombreros, botas, zapatos y espuelas

[22] Sartorius (1988), p. 116.

o cualquier otra baratija de dudosa proveniencia. Los más favorecidos pescan un trabajo como albañil o carpintero en alguna obra.

A su manera, los aguadores —son casi un millar en 1850— constituyen una aristocracia proletaria. Admitidos en las cocinas de los burgueses, familiares de la servidumbre, llevan el agua potable y divulgan los chismes que se murmuran en la ciudad: "El portero conversa con él, la cocinera le reserva una rebanada de carne, la ayudante de cocina y la recamarera tienen una magnífica opinión de su persona".[23]

Cuando cae la noche, todos estos "proletarios" vuelven a los arrabales, su único refugio. A diferencia de Europa, resulta imposible encontrar en el campo y en los pueblos el apoyo de alguna familia que siga siendo rural o los medios que permitan alcanzar una mejor suerte. Para mestizos y "pobres blancos" los arrabales son un callejón sin salida que los remite inevitablemente hacia los espejismos del centro de la ciudad.

Porque el campo sigue siendo territorio de las comunidades indígenas. Los alrededores de la ciudad de México están llenos de pueblos indios que siembran maíz y agave, como en Mixcoac, o que cultivan frutas y verduras en las chinampas o "jardines flotantes" en Santa Anita o en Iztacalco. Los ciudadanos todavía no son muy numerosos, pero las familias adineradas de la capital, los Farías, los Molinos del Campo, los Jáuregui, los Escandón, los De la Cortina, empiezan a construirse casas de campo en Tacubaya y Mixcoac.

---

[23] Sartorius (1988), p. 146.

La presencia obsesiva de los léperos o la aparición de los arrabales conmueven a los observadores románticos. Esta población alimenta una visión que se regodea en la miseria de la ciudad, su decadencia o su estancamiento. Pero esta mirada no da cuenta de otras tendencias que siguen orientando la evolución de la ciudad de México. De manera intermitente, casi sin medios, el México independiente sigue la obra del despotismo ilustrado en materia de urbanismo y de secularización.

Así, la secularización del decorado de la vida cotidiana progresa. Algunos años después de la Independencia, las autoridades deciden quitar las imágenes veneradas en la vía pública. Como los Borbones, la supresión de esas antiguas devociones —hasta entonces toleradas, cuando no fomentadas— es justificada invocando los imperativos de decencia y orden público. La opinión —al menos la que puede expresarse a través de la prensa— sigue siendo muy respetuosa del pasado y tiene que protestar. En el *Águila Mexicana* del 3 de febrero de 1824, un periodista clama muy en alto los derechos adquiridos por el público, "su larga y legal posesión, que ha fomentado con los gastos del culto y preciosos ornatos". En la misma época, la demolición de la capilla de los Talabarteros escandaliza a la población que se imaginaba, sin razón, que ahí se había celebrado la primera misa de la ciudad de México.[24] Los fieles estaban muy apegados a las pintu-

---

[24] Novo (1987), pp. 55, 79-81.

ras murales que la adornaban: el tema era esa famosa primera misa, el primer bautizo y la aparición de la
Virgen de Guadalupe al obispo Zumárraga. Anécdota reveladora: en 1852, la importación de petróleo estadunidense hizo caer las ventas del aceite que se ex-
traía de la colina del Tepeyac, cerca de la basílica de
Guadalupe y que servía para alumbrar las imágenes
de la Virgen.

Paralelamente, nuevos puntos de referencia urbanos se perfilan. La edificación del cementerio de Santa Paula o la inauguración del teatro de Santa Anna
(1843) concretan el interés que tiene la joven capital
por las producciones urbanísticas, a pesar de las incertidumbres de la situación política. Pero pronto el tejido mismo de la ciudad sufrirá una serie de alteraciones
prefiguradoras de una redistribución del espacio urbano y de la segregación espacial que tendrá lugar en la
ciudad moderna. El centro de la ciudad comienza a
modificarse desde los años 1840. La transformación de
los alrededores de la plaza mayor, la renovación de los
mercados y la lucha contra los vendedores ambulantes
son el origen de varios proyectos.

En esta época se empieza la construcción del mercado del Volador y la de un nuevo mercado en la plaza
de San Juan de la Penitencia. La operación es reveladora de la suerte reservada a las "supervivencias"
de la ciudad colonial. Situada al sur y al suroeste de la
Alameda, la parcialidad de San Juan, sector tradicionalmente indígena, era un laberinto de tugurios y vecindades miserables. Debido a su proximidad con el
centro, era también una presa tentadora para los especuladores. La municipalidad empezó por rentar la

plaza de San Juan, que pertenecía a la parcialidad. En realidad, pronto la expropió a la comunidad indígena y entregó el terreno a los inversionistas. La edificación del nuevo mercado fue la primera etapa de una invasión del barrio, preludio de la organización comercial de toda la zona. La operación tenía también por objetivo las plazoletas del Tecpan y de Las Vizcaínas, así como las calles vecinas. Cantidad de mestizos e indios que vendían comida en sus puestos improvisados fueron eliminados. El precio del terreno se disparó y los inquilinos indeseables fueron rápidamente remplazados por habitantes adinerados. En 1850, el mercado de San Juan, rebautizado mercado de Iturbide, estaba listo.

Apoderándose del centro

Los especuladores aprovecharon esta implantación para apropiarse de los terrenos y casas que pertenecían a los indios o que le habían quitado a la Iglesia en virtud de las leyes de desamortización. La operación inmobiliaria abarcó primero una red de callejones sórdidos al sur de la Alameda, donde se amontonaban algunos carboneros indígenas originarios del Estado de México. Esta intervención tuvo tal éxito que unos diez años después surgía una zona rehabilitada, aireada, dotada de largas y cómodas arterias, la "colonia francesa", adonde llegaron a instalarse artesanos y comerciantes extranjeros. Para los promotores, las ganancias eran sustanciales: una casa de la calle Dolores que valía 250 pesos en 1865 se negociaba en 15 000 pesos cinco años más tarde. La parcialidad de San Juan había sido demolida. Los indios perdían por segunda vez su ciudad, expulsados por una burguesía mexicana tan feroz como los conquistadores españoles.[25]

La debilidad de la municipalidad favoreció el surgimiento de los capitales privados. Desde este punto de vista, la situación de la ciudad independiente no tiene nada que ver con la ciudad de las Luces. Los impulsos reformadores de finales del siglo XVIII emanaban de la administración metropolitana. Los Borbones se propusieron transformar la capital de la Nueva España en nombre del bien público, aunque hubo particulares que sacaron provecho de ello. En la ciudad independiente, frente a un Estado joven y tambaleante y a una municipalidad disminuida y endeudada, el capital privado se apoderó de la bandera del interés público para echar mano de la ciudad. Sus nombres: Enrique Griffont, Manuel Oropeza, Lorenzo de la Hidalga, Francisco Somera. Eran arquitectos, funcionarios, financieros. Muchos de ellos no se resistieron al provecho que traía la adquisición de antiguos bienes eclesiásticos y la absorción de las parcialidades indígenas. Los resultados no se hicieron esperar. A mediados del siglo XIX, "la intensificación del uso comercial del suelo, el incremento de las rentas y el desalojo de los trabajadores de las viviendas de sus patrones, se reflejaban en la disminución de la densidad de la población del centro".[26]

[25] López Monjardín (1982), pp. 127, 148; María Dolores Morales, "Francisco Somera y el primer fraccionamiento de la ciudad de México, 1840-1889", en Margarita Urías *et al.*, *Formación y desarrollo de la burguesía en México*, México, Siglo XXI, 1978, pp. 188-230.
[26] López Monjardín (1982), p. 138. La "limpieza" del centro dio lugar a muchas otras medidas; así, un decreto del 27 de abril de 1856 prohibía la venta de pulque en el centro de la ciudad.

Expulsados del centro, los sectores más desfavorecidos se refugiaron en el norte de la ciudad, en los alrededores de la plaza de Santa Catarina. Vivienda barata y deteriorada, pequeños comercios y talleres de artesanos alojaron a una población modesta. Se construyeron vecindades de rentas baratas, sin que los poderes públicos o la burguesía demostraran el más mínimo interés por este sector. Una frontera cada vez más marcada separaba a este barrio pobre de las calles acomodadas que partían el centro de la ciudad. Los arrabales habían nacido. Una nueva división espacial de la ciudad empezaba a instaurarse. Ya no era la separación en dos repúblicas —de indios y de españoles— lo que regía la distribución del suelo de la ciudad, sino las diferencias económicas.

Otro factor contribuyó a esta redistribución y minó las formas antiguas de sociabilidad. La organización tradicional del trabajo y de la vida cotidiana fundada en la superposición del hogar, la vecindad y el taller dejó de ser uno de los pilares de la vida urbana. Cada vez más artesanos pobres vivían en cuartos dispersos en las periferias de la ciudad y muchas veces se veían en la necesidad de trabajar en sus casas, en las *rinconeras,* puesto que no podían rentar un local. A este sector le resultaba difícil vender sus productos en un centro que controlaban los grandes comerciantes. Además, la decadencia y después el hundimiento de la organización corporativa hicieron sentir sus efectos antes, incluso, de que las transformaciones económicas o el desarrollo de la producción impusieran nuevas obligaciones a la ciudad.[27]

[27] Sobre los artesanos en la ciudad de México, Frederic J. Shaw, "The artisan in Mexico City (1824-1853)", comunicación presentada

La espectacular destrucción de la ciudad barroca descrita al principio de este trabajo no es, entonces, un episodio aislado o superficial. Más bien es una nueva situación que precipita la reorganización del espacio urbano, embistiendo contra su armazón religiosa y contra el decorado urbano. Desde luego, los especuladores no habrían esperado hasta mediados de siglo para entrar en acción. Algunas medidas que se remontaban a la época del despotismo ilustrado habían empezado a mermar el patrimonio de la Iglesia y ya entonces la política de desamortización hacía posibles algunos buenos negocios. Pero a mediados del siglo xix, con la victoria de Juárez y de los liberales, el proceso se aceleró y se radicalizó. La ciudad barroca recibió una estocada mortal y en consecuencia se acentuó la nueva segregación espacial y se estimuló el avance de los especuladores. Las Leyes de Reforma (1855-1867) fueron responsables de ello. Estas nuevas disposiciones acarrearon la demolición de numerosos santuarios y conventos, rematando una operación iniciada en la Ilustración y en los años 1810. Al suprimir las cofradías religiosas, las Leyes de Reforma abolían uno de los apoyos esenciales de las festividades locales y tachaban del mapa urbano una red de ayuda mutua que, como hemos visto, era de vital importancia para los sectores populares.

Así, el desmantelamiento de la ciudad barroca no fue solamente fruto de un anticlericalismo militante y de un desprecio por las formas antiguas. Este proceso se convirtió también en un fructuoso negocio inmobi-

en la Quinta Reunión de Historiadores Mexicanos y Norteamericanos, Pátzcuaro, Michoacán, 1977, p. 7.

liario, llevado a cabo como parte de la apropiación sistemática del suelo urbano. La modernidad en todas sus formas minaba la ciudad barroca.

La herencia humana de la ciudad antigua

Sin embargo, no veremos la irreversible imposición de esta modernidad hasta la segunda mitad del siglo. Hasta entonces la ciudad antigua se benefició de una tregua considerable, al punto de que el término "república barroca" concuerda admirablemente con ese periodo. La apropiación del centro de la ciudad se enfrentaba a una infinidad de obstáculos. Las finanzas de la municipalidad sufrían un déficit crónico. Sus atribuciones se habían reducido y las sacudidas de la vida política obstruían cualquier programa a largo plazo. Por su parte, los grupos en peligro no cedieron tan fácil. Según las circunstancias, los vendedores callejeros retrocedían, resistían o negociaban. Frecuentemente los decretos que buscaban alejarlos de las vías del centro resultaron inaplicables y la corrupción de agentes de la municipalidad impidió cualquier solución definitiva. Había que mediar entre las necesidades financieras de la municipalidad, la presión de los grandes comerciantes y la proliferación incontrolable de pequeños vendedores ambulantes, cuyos gritos seguían resonando en la ciudad:

"Carbosín" (Carbón, señor)
"Gorditas de horno calientes"
"Petates de la Puebla"
"Requesón y queso fresco"

"No mercan *nilatzilio*" (elotes)
"Toman nues", etcétera

La segregación tardó en introducirse entre las personas. Los sectores modestos y aun las clases miserables seguían manteniendo relaciones cotidianas con los círculos privilegiados de la población. No solamente en las celebraciones y corridas sino también en el centro, en plazas, patios y cocinas. Por todos lados, los emisarios de los arrabales cruzaban al paso de los ricos y se mezclaban con su innumerable servidumbre. Sentados en las fondas y en las tascas,[28] adormecidos en el menor rincón de sombra a la hora de la siesta, pobres y menos pobres pasaban la mayor parte del día a dos pasos de aristócratas y burgueses. La sociabilidad barroca había fracasado. Con ella, la división en castas permanecía en las costumbres. En los años 1840 se seguían distinguiendo negros de indios, españoles de España y criollos, mestizos y mulatos de zambos, sin ocultar la repulsión que estos últimos suscitaban, "la raza más fea de México", según la versión de la escocesa Frances Calderón de la Barca.[29]

Liberales o conservadores, los jefes de entonces deseaban que la ciudad de México se volviera, lo más pronto posible, una capital occidental y moderna. Pero también era una ciudad con componentes indígenas y mestizos, con costumbres y creencias de todo tipo y distracciones que constituían un patrimonio heteróclito del cual las élites no querían volver a saber, y cuyos úni-

[28] Sartorius (1988), p. 115.
[29] *Life in Mexico*, Berkeley, University of California Press, 1982, p. 378. La autora vivió en México de 1839 a 1842.

cos depositarios seguían siendo los sectores populares: "blancos pobres", mestizos e indígenas. Así, todos los adornos de las iglesias estaban fabricados por indígenas: "Tienen un gusto exquisito para la decoración de altares, para fabricar arcos triunfales que se ofrecen a las iglesias o que piden las familias para ceremonias nupciales".[30]

El 2 de noviembre —día de muertos— seguía sumergiendo a la ciudad en el tañido fúnebre de las campanas de la catedral, de las iglesias parroquiales, de las capillas y de los conventos. A partir de 1855, por más que las Leyes de Reforma trataron de prohibir ese repique luctuoso, la costumbre se resistió al decreto y a la apertura de nuevos cementerios. Ese día, estos lugares rebosaban de visitantes y alegría. Atestadas de flores, cirios, coronas y canastas de comida, las familias iban al cementerio de La Piedad y al Cementerio Francés. Una muchedumbre indescriptible se empujaba en la entrada, pisoteando desechos de comida y flores que se habían caído de los carros. Por todos lados el pulque calmaba la sed y consolaba el corazón. La gente ponía un mantel junto a las tumbas para compartir la comida tradicional. Los ágapes ancestrales habían terminado en los sombríos terrenos de los cementerios modernos, inyectando un exceso de vida a lugares dedicados, en principio, al silencio ordenado de la muerte. Aun cuando el progreso las empujó a los lejanos arrabales, tanto la devoción popular como la piedad de las clases medias se apropiaron de los nuevos cementerios para no abandonarlos más.

[30] Sartorius (1988), p. 88.

El Paseo de las Flores el viernes santo también es parte de esas costumbres inmemoriales. Hasta los años 1870, el paseo mezcla a ricos y a pobres, burgueses, mendigos y mujeres del pueblo en una misma devoción y un mismo negocio. Ese día, en la madrugada, los habitantes de la ciudad van a comprar flores al pie del canal que une los lagos de Chalco y de Texcoco. Se dirigen a un barrio de callejones tortuosos, húmedos y miserables, en la parte oriental de la ciudad, no lejos del palacio de gobierno. El lugar no es ni sombra de lo que era en la época colonial: tiene "el sello de decrepitud" que conservará hasta nuestros días: "A uno y otro lado las antiguas casas construidas en el siglo XVI, cuyos cimientos lamen y destruyen continuamente las aguas del canal; casas de dos pisos, ruinosas, pardas, llenas de grietas, cubiertas de verrugas, con sus balcones desvencijados, adornados de macetas, con sus arcos rotos en que brota la vegetación paludiana, anunciando por dondequiera la decrepitud, y sin embargo, dejando asomar por ventanas y postigos cabezas juveniles, risueñas y divertidas".[31]

Por el canal se acercan barcas cargadas de flores recogidas en las chinampas de Santa Anita, Iztacalco y Los Reyes: "Amapolas rojas y blancas, azules acianos, moradas flores de chícharo, de alhelíes, de espuelines, de campánulas, de trébol y de mastranzoí". A las diez de la mañana, clientes y marchantes de flores se separan, dejando las orillas del canal cubiertas de hojas verdes y de flores pisoteadas.

Ni Corpus Christi, ni la Semana Santa, ni los cultos

---

[31] Altamirano (1986), V, p. 315.

marianos han perdido el fervor de la gente, ni su carácter pintoresco y excesivo. El jueves santo, un silencio asfixiante aplasta a la ciudad. El sábado santo, al contrario, la ciudad de México retumba con innumerables explosiones. En recuerdo de la traición del discípulo de Cristo, la gente quema los Judas, grandes figuras de papel maché rellenas de pólvora y cohetes. La fiesta de la Virgen de los Dolores transcurre en la plaza de Los Ángeles, desde ese entonces plaza Juárez. "Su fiesta es una especie de orgía que dura ocho días y en que se emborracha el populacho con pulque rojo de tuna cardona."[32] Esta celebración atrae a la gente humilde, a los artesanos y a los peregrinos que vienen de Guadalupe y de Nonoalco.

Al norte de la ciudad, en diciembre, la villa de Guadalupe siempre está repleta. La fiesta de la Virgen de Guadalupe alcanza probablemente su apogeo en el siglo XIX. Esta celebración contribuye a hacer de la ciudad de México una de las capitales religiosas del continente americano. El 12 de diciembre, a pie, a caballo, en carroza y luego en tranvía, la ciudad entera se apresura al pie de la colina del Tepeyac. A los habitantes de la ciudad se unen los campesinos del valle y gente del resto del territorio mexicano que acuden apurados para visitar la villa y adquirir medallas, grabados, "panecitos" de tierra ferrosa, agua del Pocito y las suculentas tortillas dulces de maíz, preparadas en comales. La ciudad de México y el país entero comulgan en este culto naciente de la mexicanidad.

La manifestación se beneficia de una impresionante

[32] Altamirano (1986), v, p. 69.

unanimidad conquistada a lo largo del siglo XVIII: "Allí están todas las razas de la antigua colonia, todas las clases de la nueva república, todas las castas que viven en nuestra democracia, todos los trajes de nuestra civilización". El culto barroco se perpetuó modificándose. Es, desde entonces, la expresión de la identidad nacional: "Es la igualdad ante la Virgen; es la idolatría nacional". Con su cúspide en 1864. La visita del emperador Maximiliano y la emperatriz Carlota al santuario se rodeó de un fasto imperial. Nada faltó: ni el repique de las campanas ni las salvas de artillería. Tropas francesas y mexicanas hacían la guardia de honor. Las autoridades de la villa, toda la municipalidad de la ciudad de México, el prefecto del estado, el de la ciudad, los arzobispos y los obispos rodeados de una muchedumbre en éxtasis ovacionaron a sus efímeros soberanos.[33] A partir de 1867, los presidentes en ejercicio de sus funciones dejaron de ir a inclinarse delante de la Virgen pues desde entonces la Constitución lo prohibió. Pero la desaparición de los fastos oficiales fue enormemente compensada por la vehemente intervención de la Iglesia, que hizo coronar a la Virgen a finales del siglo, durante impresionantes festividades en presencia de unos cuarenta prelados y unas diez mil personas.

Cada año, los mismos ritos y los mismo ágapes se representaban. Una nube de peregrinos, visitantes y curiosos invadían la villa de Guadalupe. En el interior de la basílica, abad y canónigos celebraban una misa solemne. En el atrio desfilaban las danzas de indios coro-

[33] Altamirano (1986), V, pp. 237-239.

nados de inmensos penachos de plumas y vestidos de centelleantes colores. En las colinas de los alrededores se esparcía una muchedumbre de ciudadanos que iban a comer y a brindar por el suceso. En el menú de ese día excepcional, "carne de chivo, chito como la llama la gente, salsa de chile rojo con pulque, llamada borracha, remojada todavía con abundantes libaciones de pulque".[34]

La sensibilidad y la sociabilidad barroca ofuscaban a las élites liberales, como habían molestado a las élites ilustradas. Pero aun privadas del soporte material de las antiguas cofradías, estos comportamientos y creencias seguían suficientemente enraizadas entre las clases medias y el clero de tal forma que alcanzaban a rozar al pueblo bajo. En esta época, la modernidad política y económica, así como la interiorización de una identidad republicana y laica eran, más que una realidad integrada a las costumbres de la ciudad, un programa que había que implementar.

Así, en los años 1870 la población urbana que se mantenía a salvo de la industrialización reproducía rutinas ancestrales, legadas por la ciudad barroca y convertidas, desde hacía mucho tiempo, en signos de identidad y en formas de vida. Sin embargo, mucho antes de que las transformaciones económicas y urbanísticas vinieran a modificar la capital, varios divorcios se perfilaron: la fractura entre barrios ricos y barrios pobres, la separación entre el espacio cívico de las élites y el espacio religioso de las masas, entre las antiguas fiestas pagano-cristianas y el austero calendario republicano.

[34] Altamirano (1986), v, p. 117.

XIII. EL REVERSO
DE LA MODERNIDAD

Hacia 1880, los barrios populares se extienden uno tras otro como los círculos del infierno de Dante:

> Más allá del Zócalo y de Plateros... la anemia, la melancolía, los murmullos prosaicos, el hormiguero de los pobres, la pestilencia de las calles desaseadas, el aspecto sucio y triste del México del siglo XVII, las atarjeas azolvadas, los charcos, los montones de basura, los gritos chillones de las vendedoras, los guiñapos, los coches de sitio con sus mulas éticas, y sobre todo esto, pasando a veces un carro de las tranvías como una sonrisa de la civilización, iluminando ese gesto de la miseria y de la suciedad. Y más allá todavía, por las regiones desconocidas de La Soledad, de Tomatlán, de San Pablo y de Candelaria de los Patos, al este y al sudeste; de San Antonio y de Necatitlán al sur, y de Santa María y Peralvillo al norte, la salvajería, la desnudez, las casas infectas en que se aglomera una población escuálida y muerta de hambre, familias enteras de enfermos y de pordioseros, el proletarismo en su más repugnante expresión. El municipio apenas cuelga por allí un farol de aceite por la noche y la policía envía a sus gendarmes más bien para acechar que para cuidar. Sólo la parte occidental de México, como por una ley fatal, se ensancha y se embellece cada día, haciendo que la ciudad marche, como en busca de agua y de salubridad, hacia las colinas de Tacubaya y los plantíos de Tacuba.[1]

[1] Altamirano (1986), V, p. 82.

476

LA GENTE DE ARRIBA Y LA GENTE DE ABAJO

Los ricos se mezclan cada vez menos con los pobres. Esto vale tanto para los barrios como para las distracciones en las que, hasta hace poco, los distintos grupos aún se codeaban.

El mercado de las flores del paseo de La Viga se traslada a la calzada de La Viga y pierde su antiguo encanto. En medio del fresco y los olores de la mañana, las familias modestas son las primeras en llegar para comprar flores, consumir algunas frutas, pasteles y atole de leche. Esas familias comen frugalmente en el pasto y a veces pasean en barca por el canal antes de regresar a la ciudad y asistir a la misa en la iglesia de La Soledad de Santa Cruz. Sólo entonces llegan los automóviles de lujo, los catrines, las damas con enormes sombreros de plumas. Algunas barcas y algunas floristas indias dan un tono de folclor a los paseantes de los barrios elegantes que se asoman por ahí, bajo un sol de fuego. Ahora una clientela sucede a la otra, ya no se mezclan.[2]

Cuando el fervor resiste al tiempo, éste se instala entre los sectores más populares. Mientras que la buena sociedad regresa al oeste de la ciudad, el barrio de La Soledad celebra a su Virgen con tanto entusiasmo y exuberancia como en la época barroca:

El espantoso callejón de la Santa Escuela —que es una cloaca torcida y cenagosa por donde pasa el ferrocarril—

[2] La fiesta de la Virgen de Guadalupe sugiere la misma observación: la buena sociedad llega al santuario una semana después de las multitudes indias y mestizas.

477

está llena de gente y las calles de la Soledad, de la Alegría, de la Machincuepa, así como los callejones de Pajaritos, de la Pulquería de Palacio, de Manzanares y de Roldán muestran en los zaguanes, accesorias y ventanas, cortinas, flores de trapo, bandas y gallardetes. Allá en una esquina se alza un templete para la música; en las calles se queman petardos y cámaras.[3]

Mientras tanto, las élites se aíslan tras los muros de sus clubles y sus restaurantes. Como si los lugares de veraneo como San Ángel y Tacubaya no fueran suficientes, este sector privilegiado prefiere los largos viajes a Europa.

La ruptura física que hemos visto entre los diferentes sectores de la ciudad se complica con otra fractura entre la ciudad de México y algunas de sus periferias. El centro "modernizado" ya no vive al mismo ritmo de su gran cinturón campestre y barroco. Mientras que a partir de entonces las procesiones están totalmente prohibidas en la ciudad de México, los pueblos de los alrededores infringen la ley y perseveran en la tradición.

Estos pueblos atraen a la multitud urbana, pues perpetúan una costumbre que se remonta a la época de las Luces. Por una paradoja del progreso, el desarrollo del tren da a estas fiestas locales una boga sin precedente. Apurado por llegar a las procesiones de la Semana Santa —la Santísima el jueves santo, la Soledad el viernes santo, el Santo Entierro el sábado santo—, el pueblo bajo asalta los vagones que parten del Zócalo en dirección a Tacuba. El mismo entusiasmo lo lleva al

---

[3] Altamirano (1986), v, p. 318.

norte, hacia la villa de Guadalupe, a los pies de la Virgen del Tepeyac, a Chalma delante del Cristo milagroso, o en marzo a la feria de Santa Anita. La fiesta de este pueblo llega oportunamente a distraer a la gente de la capital durante la cuaresma, cuando los espectáculos se suspenden. Porque, a pesar de las Leyes de Reforma, el conjunto de la ciudad sigue encontrando, en fechas precisas, su fachada católica. Como en la época barroca, las iglesias desbordan de fieles. Pero ¿qué se disimula en ese fin de siglo, tras la continuidad de las apariencias?

EL SOPLO DE LAICIDAD

La laicización del espacio público es un hecho consumado en los años 1880, aunque los santuarios destruidos se borran muy lentamente de las memorias. Sin duda los habitantes de la ciudad no se acostumbran a que las calles cambien sus antiguos nombres por los de Escobedo, Riva Palacio y otras figuras de la Reforma cuyas proezas contribuyeron a crear la joven nación mexicana. Muchísimos signos confirman la secularización de las costumbres. Como la progresiva desaparición de los altares que se levantaban en los patios colectivos de las vecindades. Hechos con una cruz en medio de algunas ramas de pino sobre repisas cubiertas de claveles y de cuencos de agua de chía, estos modestos monumentos empezaron a hacerse más y más raros.

No es posible, entonces, oponer sin ningún matiz la élite moderna a un pueblo de barroquismo retrasado. La realidad es menos tajante. A pesar de las nuevas segregaciones, la vida cotidiana de los medios populares sufre una irresistible secularización. Cada vez más diversiones desprovistas de resonancias religiosas atraen al público proletario. Este sector social frecuenta el circo Orrín, donde se presentan payasos y acróbatas, o el pequeño Teatro de América, ubicado en el primer piso del Antiguo Seminario, al fondo de una vieja sala a la que se accede por tres escaleras muy incómodas. El Teatro de América ofrece un espectáculo de marionetas montado por un artista originario de Huamantla, estado de Tlaxcala. Con un realismo minucioso, el autor escenifica peleas de gallos o procesiones de pueblo con Virgen e indios mientras que la orquesta, o una guitarra rústica, interpreta *El torito,* un tema de la Sierra de Puebla.[4]

Los aeróstatos tienen un éxito inmenso en el cielo de la ciudad de México. Tan sólo en 1899 se cuentan diez ascensiones, entre ellas la de un yanqui y, por primera vez, la de una cubana. El domingo y los días de fiesta nacional los globos maniobran encima de miles de espectadores agrupados en las calles o en las terrazas. Estos aeróstatos se elevan desde plazas o circos sin lona y desencadenan los vítores del público: "¡Viva el águila mexicana! ¡Viva la autonomía de la patria! ¡Viva la libertad de Anáhuac independiente!" Los observadores no olvidan señalar la cercanía que hay entre el entusiasmo popular que desencadenan estas ascensiones y la alegría de las antiguas fiestas religiosas, "una reminiscencia del domingo de Ramos con acompañamiento de globos".[5] El box y la lucha conquistan también a muchos espectadores.

[4] Altamirano (1986), v, pp. 89-91.
[5] Aurelio de los Reyes, *Los orígenes del cine en México (1896-1900),* México, FCE, 1983, pp. 66-67.

Las clases medias y los obreros más acomodados también corren hacia espectáculos que ofrecen una mezcla de zarzuela española, cancán y *cake walk*. De estas variedades nace el teatro de revista del siglo xx; son las que hacen ilustres a las actrices Virgina Fábregas y Esperanza Iris. En las carpas —una estructura de madera recubierta de un gran toldo— el modesto público aplaude a todo lo que da las escenas cómicas y satíricas que interpretan Leopoldo Beristáin, Anastasio Otero y, más tarde, Joaquín Pardavé. El espíritu rebelde y el folclor contrastan con el cosmopolitismo que exhibe la burguesía, aun cuando ésta no desdeñe entre dos óperas o dos conciertos esas diversiones menos refinadas.

Los grabados de José Guadalupe Posada conservan el sabor de esta ciudad proletaria y pequeñoburguesa, donde se perpetúan muchos placeres y pasatiempos de la ciudad colonial. Pareciera que las últimas décadas del siglo xviii y las del siglo xix fueran muy cercanas. Imposible pasearse en la ciudad de México sin traspasar el umbral de una de las incontables pulquerías, sin encontrar aquellos carteles de corridas. Toreros famosos como Ponciano Díaz fascinan a la muchedumbre que se empuja en las arenas de San Pablo, del Paseo Nuevo, de San Rafael y de México. La nota roja sigue alimentando una literatura por entregas, ilustrada con grabados hechos para impactar. Los corridos —que se cantan en la calle y se imprimen por millares en papel de colores— difunden las hazañas de héroes populares o de grandes criminales como *el Tigre de Santa Julia*. Los folletos se multiplican: *Gaceta Callejera, Gil Blas, El Diablito Rojo, La Risa Popular*. La gente se arrebata los opúsculos de la imprenta Vanegas Arroyo, donde recetas de cocina y cuentos para niños alternan con el arte de echar las cartas y los artículos sensacionalistas. Algunas historias de robachicos, infanticidas, suicidios y degolladores de mujeres hacen temblar a los barrios pobres. En noviembre de 1901, el escándalo de los "cuarenta y uno" —una fiesta homosexual dentro de la alta sociedad porfiriana— alimenta la homofobia popular complacida por la deportación de los inculpados hacia Yucatán. La gente cantaba "los cuarenta y uno" cuando iban a burlarse de quienes habían sido condenados a limpiar las calles de la ciudad.

Lo nuevo se mezcla con lo antiguo. Siempre ávido de monstruos, diablos y milagros, este mismo público se atemoriza por los efectos del cometa de 1899 —en los albores del cambio de siglo—, salvo que ahora también se preocupa por los accidentes que provocan los tranvías o el tren. La transformación de las *calaveras* es ejemplar de esta transición de una sensibilidad barroca a una sensibilidad moderna. En forma de dibujos o golosinas confeccionadas para la fiesta del día de muertos, estas calaveras eran un legado del catolicismo colonial y de la religiosidad indígena. Pero resulta que bajo el buril de Posada y multiplicadas en miles de ejemplares, las calaveras adquieren un sentido político y trazan una sátira de la sociedad porfiriana.[6] Otros grabados muestran las rebeliones estudiantiles y la agitación contra el dictador Porfirio Díaz, así como después divulgarán los retratos de los revolucionarios y de Emiliano Zapata.

[6] *Posada's Popular Mexican Prints*, 273 grabados de José Guadalupe Posada, selección de Roberto Berdecio y Stanley Appelbaum, Dover, Nueva York, 1972.

Si la ciudad está lejos de haberse descristianizado, la religión ha dejado de ser una preocupación de todos los instantes e incluso llega a tomarse a broma.[7] Finalmente, la politización de la población anota algunos puntos. En 1900, la fundación del periódico *Regeneración* de los hermanos Flores Magón ofrece una plataforma a obreros y campesinos explotados por el régimen porfiriano. Seis años más tarde una importante huelga moviliza a los trabajadores de la industria textil.

EL IMPERIO DEL PROGRESO Y DE LA ESPECULACIÓN

La evolución de la sociedad urbana durante las tres últimas décadas del siglo XIX es resultado tanto del desmantelamiento de la ciudad barroca como de las metamorfosis impuestas por el régimen porfiriano. Nunca, desde la conquista española, la ciudad de México conoció transformaciones tan aceleradas. En medio siglo, la fisonomía de la ciudad se vuelve irreconocible y su población crece más del doble: pasa de 200 000 a 470 000 habitantes en 1910. En el mismo lapso de tiempo, su superficie prácticamente se quintuplica: en 1858 la ciudad de México ocupa 8.5 km^2; abarca más de 40 en 1910.[8]

¿Cómo explicar este espectacular crecimiento? El empuje comercial e industrial de la era porfiriana pone

[7] Véase el grabado de Posada "Tiernas súplicas con que invocan jóvenes de 40 años al milagroso san Antonio de Padua pidiéndole su consuelo" [1890 y 1896].

[8] María Dolores Morales, "La expansión de la ciudad de México: el caso de los fraccionamientos", en Moreno Toscano (1978), pp. 189-200.

fin a medio siglo de estancamiento económico. La desecación de las zonas pantanosas del valle aumenta considerablemente el espacio construible. La secularización de los bienes de la Iglesia y la supresión de los conventos dan lugar a un vasto mercado inmobiliario. Por su parte, el crecimiento demográfico de la ciudad y del país traen consigo una gran demanda. A su vez, la modernización de las vías y medios de comunicación favorece y acelera la extensión de la urbe. Las avenidas de Reforma, Guerrero, Chapultepec y Tlaxpana abren ejes de crecimiento y comunican los barrios nuevos y las colonias recientes, o provocan su creación. La red ferroviaria y los tranvías de mulas —a partir de 1857—, y luego los tranvías eléctricos —a partir de 1900—, estimulan los viajes de la clase media, la circulación de mercancía y la movilidad de los obreros. Cada vez más numerosas, las líneas de tranvías unen la capital con los pequeños pueblos del valle. Los lugares de veraneo, así como los primeros establecimientos industriales del valle en Tlalpan o en Tacubaya están desde entonces al alcance de la mano en el centro de la ciudad.

La ciudad de México está en plena metamorfosis. Por olas sucesivas surgen de la tierra barrios poblados de proletarios, burgueses o clases medias. Como en las grandes ciudades europeas, la modernidad urbana conjuga segregación espacial y social: los barrios ricos menosprecian a los pobres. Un rasgo más específicamente mexicano: esta modernidad privilegia la dimensión horizontal. Las construcciones son bajas y cada vez más lejanas del centro. Esta costumbre implica enormes trabajos de infraestructura de los que, evidentemente, sólo se benefician los mejores predios.

En la ciudad porfiriana, orgullosa de sus cafés, restaurantes y chalets, los medios más acomodados se ubican hacia el suroeste, a partir del eje trazado por la avenida Reforma. Este grupo habita los nuevos barrios de Juárez, Cuauhtémoc, Roma y Condesa (1902).

Durante ese tiempo otras "colonias" menos agradables, o francamente sórdidas, reciben a las clases medias y proletarias. Así, a partir de 1860 la modernización acomete contra los antiguos barrios indios del norte de la ciudad —Santa Ana Tlatelolco, Peralvillo— y sanea la zona: un desagüe remplaza los fosos. El sector es restructurado y equipado con calles cuadriculadas. Nuevas actividades se instalan en estos barrios: talleres, vías de tren, una estación, un hipódromo. Hacia el norte aparecen las colonias Santa María y Guerrero: la primera atrae a una clase media de comerciantes y abogados menores, la segunda es poblada por obreros.

Hacia el este, las inmediaciones de San Lázaro, donde dos siglos antes ardían los sodomitas, siguen manteniendo su inquietante atmósfera de *no man's land:* "Es el infierno en que se agitan el trapero, el mendigo y el perro desamparado; el dominio de la malaria de México y el antiguo refugio de los desdichados". Ahí, el aire sigue siendo lúgubre, aunque el antiguo hospital de leprosos y su iglesia, despojada de su Virgen milagrosa, Nuestra Señora de la Bala, hayan sido convertidos en fábrica; aunque "en medio de ese rincón inculto y salvaje", el tren, prodigioso emblema del progreso, haga su irrupción.[9]

[9] Altamirano (1986), v, p. 24.

Después de 1884 el crecimiento urbano se acelera. La ciudad de México progresa hacia el noreste, alrededor de la penitenciaría, del rastro y de la estación de Hidalgo: obreros y pobres se amontonan en las colonias Morelos, Rastro, Valle Gómez en las peores condiciones de precariedad. En el oeste, la clase media se establece en la San Rafael y los pobres de la Santa Julia acampan entre las vías del tren. Al sur de la ciudad, nueva infraestructura ve la luz: hospitales, un matadero y una gran fábrica textil cerca de San Antonio Abad. La urbanización de la periferia meridional se prolonga con la creación de varias colonias, como la Hidalgo y la Limantour.

Después de 1900, paralelamente al desarrollo de los barrios elegantes del oeste, la ciudad aumenta hacia el este con varias colonias obreras: la Scheibe y la Romero Rubio. Se ciegan las fosas y los canales mientras que las zonas situadas al este del canal de La Viga son remodeladas. La estación del tren Interoceánico y el "parque obrero" de Balbuena establecen nuevos puntos de referencia en esta zona, descuidada desde siempre.

Los pueblos de los alrededores no se salvan de este crecimiento. Azcapotzalco, Tacuba, Guadalupe, Mixcoac, San Ángel y Tlalpan se urbanizan y a veces terminan tocando los límites de la ciudad propiamente dicha. Antiguos pantanos, terrenos baldíos, haciendas, tierras de pastoreo, se convierten, una tras otra, en predios en venta.[10]

---

[10] Contrariamente a este fenómeno, en el este la ciudad no se mueve en absoluto: las desérticas orillas del lago de Texcoco, los suelos inundables llenos de salitre, la peste del Gran Canal y los vientos malsanos desaniman a inversionistas y especuladores.

Esta rápida expansión implicó el triunfo de los especuladores inmobiliarios. La tan codiciada autorización de crear nuevos predios es arrancada al término de infinitos regateos entre inversionistas, gobierno local y gobierno nacional. Los financieros se las ingenian para que la municipalidad se encargue de todos los gastos de infraestructura: si el proyecto es exitoso, sus ganancias están aseguradas; si fracasa, los nuevos habitantes son abandonados a su suerte.

Civilizar los arrabales

El surgimiento de un mundo industrial y obrero poblado de talleres y de fábricas precipita la desaparición de los últimos vestigios de la ciudad india en su ambiente agrícola y lacustre. Muy pronto canales, pantanos y chinampas no serán más que un recuerdo en la memoria de los ancianos. Solamente la zona de Xochimilco sabrá conservar, hasta nuestros días, trazas del antiguo sistema de irrigación y de agricultura.

Mientras que el mundo indio se difuminaba y la ciudad sagrada cedía su lugar a la ciudad comercial, la ciudad de México se hinchaba con nuevos pobladores, confrontados con la industrialización de la economía y la secularización de la vida pública. Creadas sobre los restos de la ciudad india o sobre terrenos hasta entonces desocupados, las colonias eran demasiado recientes para poseer raíces y cultivar una memoria. En cuanto a los barrios que mantenían aún algunos lazos con el pasado, la eliminación de las cofradías y de las formas tradicionales de integración quebrantaba sus fundamentos. Cada vez más habitantes eran físicamente extranjeros a los restos dispersos de la ciudad colonial.

Sin embargo, esta mutación podía ser riesgosa para la dictadura de Porfirio Díaz. No bastaba con multiplicar los monumentos de la modernidad: correos, bancos, hospitales, cárceles... Faltaba someter a las masas urbanas a un régimen laico y dictatorial. Faltaba encauzar el alcoholismo, gloria de pulquerías y cantinas, pues desde 1871 el pulque se vendía libremente en fondas, tabernas y cafés. Preocupado por convertir al "pueblo urbano inofensivo para el orden público", el gobierno porfiriano lo confió a la policía y a los organismos de beneficencia, contando con la educación para apagar "sus prejuicios y supersticiones e inculcarles la religión de la patria". En 1891 la educación primaria se declaró obligatoria en el área del Distrito Federal, es decir, en la ciudad de México y los municipios que la rodeaban.[11] El mismo año el Distrito Federal era dotado de un Consejo Superior de Salud.

La represión policiaca nunca había sido suficiente para contener a la población de la ciudad. Desde hacía siglos, la organización de celebraciones y festividades urbanas había sido el instrumento de control privilegiado por los diferentes poderes. Remplazar el orden barroco por una administración moderna y autoritaria era una ardua tarea, sobre todo porque, desde entonces, un abismo separaba a las élites positivistas de los medios populares. En los últimos años del siglo XIX, la

[11] En 1899 son trece los municipios del valle de México: México, Guadalupe Hidalgo, Azcapotzalco, Tacuba, Tacubaya, Mixcoac, Cuajimalpa, San Ángel, Coyoacán, Tlalpan, Xochimilco, Milpa Alta e Iztapalapa (Gortari Rabiela y Hernández Franyuti [1988], I, p. 155).

falta de distracciones públicas constituía una afrenta a las costumbres de la población y había periodistas que aconsejaban a la municipalidad que subvencionara algunas fiestas y compañías teatrales. En 1896, tan sólo ocho meses después de sus inicios en París, apareció el cinematógrafo de los hermanos Lumière; pero era demasiado novedoso para ofrecer a las masas porfirianas un pasatiempo y una evasión. No obstante, desde 1900 las salas —muchas veces eran grandes carpas levantadas en las plazas— se multiplicaron en el centro y en los barrios populares. Había funciones incluso durante la Semana Santa y el precio, cada vez más accesible, atraía a un público más modesto.

El nuevo calendario republicano estaba salpicado de fiestas cívicas con el fin de remplazar el calendario católico. Pero sólo había cinco fiestas nacionales; muy poco si se compara con lo que ofrecía el año litúrgico. En todos los barrios había "juntas patrióticas" que tenían la misión de patrocinar las celebraciones populares. Estas juntas organizaban el desfile del 15 de septiembre. Esta fiesta nacional era una procesión cívica que reunía a organizaciones controladas por la dictadura: "sociedades mutualistas", herederas de las cofradías, "agrupaciones de obreros y cargadores", cuerpos municipales del Distrito Federal, bomberos... En 1911, cuando Porfirio Díaz celebró fastuosamente el primer centenario de la Independencia, los pobres asistieron como simples espectadores a las festividades. Ése era el desdibujado papel que se les había asignado. Vigilado por la policía organizada en las demarcaciones de policía, el pueblo parecía inofensivo. Las autoridades porfirianas habían olvidado que la ciudad barroca siempre se preocupó por implicar al conjunto de la sociedad en sus manifestaciones públicas.[12]

La ciudad posrevolucionaria

La famosa "paz porfiriana" se derrumbó en la segunda década del siglo xx. El dictador tuvo que encaminarse a París y luego al cementerio de Montparnasse. En junio de 1911, la llegada de Madero a la ciudad desató el entusiasmo popular. Dos años más tarde, en febrero de 1913, un golpe de Estado reaccionario contra el nuevo gobierno transformó la ciudad de México en un campo de batalla. Importantes edificios sirvieron de trincheras, las barricadas bloquearon las calles, los servicios públicos se interrumpieron. En Tlatelolco hubo importantes enfrentamientos y la ciudad entera sufrió hambrunas (1915) y epidemias.

Pero la Revolución triunfó finalmente. A pesar del conflicto entre la Iglesia y el Estado —se prohibió la Semana Santa en la ciudad de México en 1927— y los atentados dirigidos contra las nuevas autoridades —en julio de 1928 el presidente Álvaro Obregón se derrumbaba asesinado, durante un banquete ofrecido en su honor—, la capital volvió a encontrar cierta calma. Faltaba domesticar a la nueva ciudad que seguía, imperturbable, su crecimiento: en 1917 ya eran 1.2 millones

[12] Annick Lempérière, "D'un centenaire de l'Indépendance à l'autre (1910-1921). L'invention de la mémoire culturelle du Mexique contemporain", en *Mémoire en devenir, Amérique latine xvi-xx siècle,* edición de François Xavier Guerra, Burdeos, Maison des Pays Ibériques, 1994, pp. 269-292.

de habitantes. La Revolución mexicana otorgó al nuevo poder los medios de asegurar su control sobre la capital. El giro ideológico, la renovación del personal político, las iniciativas pedagógicas del ministro Vasconcelos y los proyectos de propaganda apoyados en el muralismo contribuyeron a fundar un orden duradero con los rituales cívicos y multitudinarios que dieron vida a la capital del siglo xx.

Las manifestaciones suscitadas por el centenario de la Independencia (1921) —esta vez se festejaba su fin, diez años después de haber celebrado sus inicios— y más tarde la nacionalización de los recursos petroleros (1938) sumergieron nuevamente a la ciudad en esas grandes liturgias consensuales, olvidadas durante el régimen porfiriano. La eliminación de una oposición real y la consolidación del partido dominante que coqueteaba con los totalitarismos de la época aseguraron al régimen las ventajas de la larga duración. Escuela, sindicatos y partido volvieron a tejer la trama que tan peligrosamente había aflojado la dictadura. La Revolución inyectaba la dosis de indigenismo y de populismo que había faltado a la administración porfiriana y con ello reformulaba el pacto barroco para obtener más de setenta años de casi absoluta tranquilidad. Una formación política rebautizada a finales de los años cuarenta con el nombre de Partido Revolucionario Institucional, el PRI,[13] encarna este pacto. El nombre no necesita comentarios.

Un sistema sin duda único en el mundo, puesto que logró mantener su dominio hasta finales del siglo xx,

[13] Lempérière (1992), p. 379.

el régimen "revolucionario institucional" permitió aliar crecimiento galopante y estabilidad social. En el siglo XX, como en el siglo pasado, la ciudad de México será la capital del poder y no la ciudad democrática entrevista a finales de la época colonial o en los sueños de la Revolución. La ciudad de México concentró las fuerzas políticas, administrativas y económicas de la nación. Conservadoras o revolucionarias, sus élites intelectuales y artísticas nunca dejaron de estar asociadas al poder, disociadas de las clases medias y separadas de los medios populares: condescendientes pero lejanas. El apasionado interés de Frida Kahlo por los exvotos, la fascinación de Eisenstein por el México profundo o los entusiasmos proletarios de Siqueiros disimulan mal la brecha que separa a estos creadores de las masas mexicanas.

LA CIUDAD DEL CINE Y DE LA RADIO

La neutralización de las élites y del puñado de revolucionarios no son suficientes para explicar el surgimiento de la nueva ciudad. La conmoción revolucionaria creó un clima favorable para que se expresaran los medios populares. Al margen del muralismo oficial y de las élites cultivadas se afirmaba un mundo sin complejos, donde la gente pobre y las clases medias coincidían. Se redescubrieron las virtudes del taco mexicano, del mole poblano y de la pancita tras algunas décadas burguesas de gastronomía a la francesa.

Mientras que las vanguardias inauguraban las estrechas vías de la creación internacional, nuevas sensibilidades invadían libremente el paisaje urbano. Éstas se expresaban en torno del teatro de cabaret, de las revistas populares, en los salones de danza, las exhibiciones de box y de lucha libre. Estas herencias porfirianas y románticas —el melodrama, la lucha— aprovecharon la llegada de la radio y del cinematógrafo para fundirse en un imaginario urbano accesible y común a sectores cada vez más numerosos, arrastrados por las turbulencias de la modernidad. A todos les correspondió aprender a enfrentar el escándalo de las calles, los conflictos de los recién llegados, los ritmos del taller y de la fábrica.

En este contexto, no es sorprendente que la primera obra maestra del cine mexicano, *La banda del automóvil gris* (1919), haya sido realizada a partir de un suceso de la nota roja y de documentos reales relacionados con las actividades ilegales del hampa mexicana. El cine se incorpora a la vida urbana y al mismo tiempo extrae de ella imágenes y escenarios. Las noches de la ciudad de México, los bajos fondos de la capital conquistan las pantallas, compitiendo y luego rebasando largamente la evocación del México rural que se aleja cada vez más de las masas citadinas. *Mientras México duerme* de Alejandro Galindo (1939) y *Distinto amanecer* de Julio Bracho (1943) sumergen al espectador dentro de una visión melodramática de los bajos fondos. En 1944, Emilio Fernández dirige *Las abandonadas,* que trata de una prostituta de la época de la Revolución. El mismo año, Jesús R. Guerrero publica *Los olvidados*. En 1946, *Los mil y un pecados* de Eduardo Delhumeau describe el infierno de la prostitución, de la corrupción y de los cabarets. La nota roja se vuelve película o novela casi inmediatamente. El niño Bohigas, secuestrado en 1946, rápidamente se convierte en el tema de *Ya tengo a mi hijo,* de Ismael Rodríguez. El asesinato de *Chinta* Aznar sugiere a Rodolfo Usigli el argumento de *Ensayo de un crimen* (1944). En 1947 triunfa *Nosotros los pobres,* de Ismael Rodríguez. El año siguiente, Emilio Fernández realiza *Salón México,* poco antes de que Buñuel dirija *Los olvidados* (1950).

El cine mexicano en su "época de oro" no sólo es un espejo de las realidades urbanas. Tanto o más que el radio, el celuloide es el educador por excelencia. Desde finales de los años treinta hasta mediados del siglo xx, el cine prepara a las multitudes de la ciudad de México para los impactos de la industrialización. Las películas prolongan e intensifican "la depuración de las costumbres", inaugurada dos siglos antes por las élites de las Luces. "Lo tradicional es lo atrasado." Al extraer de los valores antiguos, al retrabajar un patrimonio de sentimientos románticos y de creencias barrocas pasadas por el tamiz de la Ilustración, del liberalismo y de la Revolución, las obras cinematográficas muestran la necesaria adaptación de la ciudad al siglo xx. Estas producciones dan a conocer los nuevos comportamientos, al mismo tiempo que inculcan el futuro conformismo. Melodramas y comedias modernas preparan al público urbano para su nueva condición.

Las siluetas míticas inventadas por la industria cinematográfica se vuelven los nuevos puntos de referencia al repartirse a los principales personajes de la escena social. Si Jorge Negrete y Dolores del Río renuevan los arcaísmos del mundo rural, Pedro Infante y David Silva permiten descubrir el universo aplastante e incomprensible de la gran ciudad, mientras que Cantinflas y sus compadres transforman en explosiones de risa las mil y una peripecias de la vida urbana. Muy curiosamente, la relación que traban los espectadores con estas estrellas convertidas en figuras arquetípicas evoca los lazos prácticamente físicos que unían a los fieles de la ciudad barroca con las imágenes milagrosas: "El delirio de identificación dura hasta que se vulnera el prestigio *religioso* del cine".[14]

Sobre todo porque también el cine multiplica sus santuarios. Las salas más importantes de la ciudad aparecen poco después de la Revolución. Como tantos otros lugares nuevos que atraen a las masas e imponen el ritmo de sus funciones a los placeres urbanos: Los cines Trianón Palace, Victoria, Alcázar, Fénix, Mundial, Olimpia... A finales de los años treinta el público acude al Alameda, al Palacio Chino, antes de que el Colonial o el Metropólitan (1943), con sus pomposos mármoles, engullera a las hordas de espectadores.

Si el melodrama encontró en el cine un vehículo mucho más eficaz que el teatro porfiriano, la radio (XEB en 1925, luego XEW en 1930) y la industria del disco —RCA se instala en 1930— tuvieron un impacto casi igual de importante. Estos medios ayudaron a que públicos muy diversos compartieran un universo afectivo incansablemente descrito en las canciones románticas o rancheras. "La canción romántica y —más etílicamente rencorosa— la canción ranchera de José Alfredo Jiménez se convierten en el vehículo industrial de drama-

[14] Carlos Monsiváis, "Del difícil matrimonio entre cultura y medios masivos", *Primer simposio sobre historia contemporánea de México, 1940-1984*, México, INAH, 1986, pp. 122-124.

tización de todos los sentimientos".[15] El surgimiento del nuevo imaginario urbano va aunado al desarrollo de la primera industria cultural mexicana, estimulada por los recursos artísticos nacionales y la vecindad con Estados Unidos.

El cine no es la única diversión de los ciudadanos. La ciudad de México baila: tango, fox-trot pero también bolero, bambuco y danzón. En 1920 la fundación del Salón México, en el número 16 de la calle Pensador Mexicano, marca el inicio de uno de los grandes momentos de la vida nocturna posrevolucionaria. Desde las cinco de la tarde, en sus salas Maya, Tianguis, Azteca y Renacimiento, el salón recibe a obreros y empleados que salen del trabajo. Hacia las diez de la noche, noctámbulos y mujeres de la vida alegre los remplazan, y ya cerca de las tres de la mañana el público se incrementa con los clientes expulsados de los cabarets que cierran a esa hora. Menos de dos años más tarde se abre el Salón Colonia en la calle Aquiles Serdán. Otros salones aparecen y desaparecen a lo largo de los años: el Smyrna, en la calle San Jerónimo, de estilo morisco, fundado en el sitio del convento de Juana Inés de la Cruz; el Antillano, donde se divierte la juventud de los años cincuenta; el Chamberi, de donde salen bailarines tan famosos como *el Plebeyo* o *el Toreador*. La gente que iba a esos cabarets y a los mejores burdeles de la ciudad podía escuchar a un pianista y compositor muy exitoso, Agustín Lara. En 1927, el maestro dio a conocer el danzón urbano; sus acentos sensuales e inquietantes mezclaban influencias yucatecas y cubanas.

[15] García Canclini (1993), p. 305.

También es la época de los cabarets. En 1935 muchos frecuentan el Montparnasse, cabaret de moda en las avenidas de Bucareli y Reforma; ahí, la gente aplaude a la orquesta de Armando Rosales. Su inauguración es anterior a la creación del Waikikí, "restaurante y baile" de la avenida Reforma. En 1936 los noctámbulos disponen de la primera guía de la ciudad de México *by night, Sólo para hombres,* "para los que desean divertirse". El año siguiente es la inauguración del salón Los Ángeles en la colonia Guerrero: "Quien no conoce Los Ángeles no conoce México". Las "academias de danza" están llenas de aficionados. La vida nocturna se ha vuelto tan animada que se crea el sindicato de los trabajadores de salones de baile, cabarets y similares del Distrito Federal. Lucha Reyes, la Billie Holliday mexicana, es una de las reinas de la noche mexicana. Su voz gastada, su escandalosa fama resuenan en los cabarets llenos de humo de la ciudad hasta que deja la vida en junio de 1944. Pero muchas otras saben trastornar al público sin por ello derrumbarse por completo.[16]

La ciudad clandestina

Quedan todos los que no tienen medios para ofrecerse una copa en esa ciudad de la noche, pero que aprenden a consumir desde fuera, escuchando los discos y la radio, comprando las canciones que se venden en la calle de manera ilegal. Porque existía otra ciudad, capaz de aparecer y desaparecer sin dejar rastro. Desde la

[16] Flores y Escalante (1993), *passim.* Véase Discografía y Filmografía, en particular *Danzón.*

conquista, la ciudad de México parece destinada a alojar una ciudad oficial a la europea —versión renacentista, barroca o liberal— y una ciudad anónima, cuyos contornos y contenidos nos escapan, ya sea indígena, proletaria o clandestina.

La expansión urbana se llevó a cabo más caóticamente de lo que hubieran deseado funcionarios e higienistas del siglo xx. En gran parte por una razón propia de la historia de la ciudad de México y de su valle. Muchos terrenos poseían un estatus particularmente confuso. La ausencia o la desaparición de títulos de propiedad, el origen comunal o indio y las usurpaciones creaban una situación enredada de la que muchos supieron sacar partido. En 1929 la sustitución de la administración municipal por el Departamento del Distrito Federal tuvo como resultado la instauración de un vacío administrativo del que se aprovecharon especuladores e "invasores" sin recursos. Durante los años treinta, estas colonias salvajes nacidas fuera de todo control administrativo se volvieron el centro de atención del régimen. Éste se dio cuenta de que la atribución oficial de lotes a sus ocupantes ofrecía un doble interés político: satisfacía reivindicaciones inmediatas y creaba, al mismo tiempo, embriones clientelares. Entre 1938 y 1939, las "colonias" Álvaro Obregón, 20 de Noviembre, Mártires de Río Blanco y muchas otras nacieron de esta manera.

La política de regularización permaneció, no obstante, fiel a los ejes de la ciudad porfiriana y a su política de segregación: se legalizaron las colonias del norte de la ciudad, tradicionalmente proletarias, mientras que se tuvo mucho cuidado de avalar las "invasiones" efectuadas en el oeste y en el sur, en zonas reservadas a la clase media y a la burguesía.

En los años cuarenta, unos cincuenta mil terrenos para construcción fueron "devueltos" a colonos que rápidamente se afiliaron a las organizaciones oficiales.

El negocio era redondo. Consistía en entregar el título de propiedad y luego suministrar los servicios públicos a cambio de una participación activa en las manifestaciones masivas organizadas por el régimen. En 1946 esta práctica tomó el nombre de "paracaidismo" y permitió que las autoridades reclutaran sistemáticamente el apoyo popular, incluso que orientaran las "invasiones" hacia tal o cual zona a cambio de un terreno y de un techo. En sentido inverso, los "paracaidistas" podían hacer algún favor al poder atacando a algún periódico demasiado insolente o precipitando la caída de algún personaje en desgracia. Por lo demás, la "regularización" traía efectos milagrosamente tranquilizantes, puesto que permitía absorber sin demasiadas dificultades los flujos de inmigrantes atraídos por la ciudad. Incapaces de adquirir una casa, ni siquiera de encontrar trabajo, estos recién llegados constituían una bomba de tiempo que sólo la promesa y luego la concesión de un techo podían desactivar.

Las invasiones, las negociaciones, las presiones de todo tipo ejercidas sobre las autoridades locales completaban las lecciones aprendidas en la escuela o en el cine. Estas prácticas terminaban organizando a masas de inmigrantes sin recursos o de desempleados sin relaciones integrados en el sistema del partido en el poder. Consejos y ligas aparecieron al interior de las colonias proletarias que servían de tribuna a dirigentes particularmente dotados. Tarde o temprano los líderes de los "paracaidistas" se unían a las filas del Partido Revolucionario Institucional sin dejar por ello de mandar sobre su hueste.

Los inmigrantes no siempre lograban echar raíces y obtener un techo. Otras rutas más expeditivas se dirigían hacia la delincuencia y la prostitución. El mundo del placer barato prosperó en la ciudad posrevolucionara mientras se iba deshaciendo del yugo católico y de los prejuicios porfirianos. En 1918 la ciudad contaba oficialmente con más de una centena de burdeles y de casas de citas. Así, la colonia Guerrero, La Merced, Las Vizcaínas, Santa María la Redonda y Cuauhtemotzín (Fray Servando) figuran entre los "barrios de tolerancia" más frecuentados. En 1919 el número de prostitutas de la ciudad de México se incrementó con un contingente de francesas, las *francesitas,* y con sus padrotes, los *apaches,* que huían de una Francia en ruinas tras la primera Guerra Mundial. Ocho años más tarde se decía que la ciudad alojaba a más de veinte mil prostitutas, la mayoría de las cuales estaba —según la policía— contaminada por enfermedades venéreas. El sector homosexual estaba más acotado pero se resistía a las persecuciones policiacas. La calle Madero —en ese entonces Plateros— servía como punto de encuentro a los amantes de un día y a los jóvenes que vendían su adolescencia.

A los extranjeros en busca de extravío y de mundos tan lejanos como inaccesibles, la ciudad de México de los años treinta les abre sus bajos fondos fascinándolos e inspirándolos inmediatamente. El fotógrafo Henri

Cartier-Bresson se instaló en medio de prostitutas, ladrones y teporochos. "Buscando una nueva idea de Hombre", Antonin Artaud se pierde en medio de las colonias proletarias, la Guerrero, la Buenos Aires, en contacto con el hampa que le proporciona heroína cuando no lo encuentran tirado en los fumaderos de opio de Garibaldi.

En 1943 están contabilizadas cuatro mil cantinas, igual número de cabarets y doscientos prostíbulos, así como cincuenta mil prostitutas. En 1949 la vida nocturna se concentra en la avenida San Juan de Letrán y la plaza Garibaldi. Mucha gente que frecuenta la cantina de Las Veladoras de Santa, donde se sirve aguardiente flameado y perfumado con frutas, no sabe que vive el fin de una era. Época que se convertirá, para los ciudadanos de hoy en día, en la edad de oro. Precisamente esa ciudad de México es la que atrae a los gringos que rompen con su país: William Burroughs y luego Jack Kerouac, cuyo *Mexico City Blues* explora un centro mezclado de alcohol, drogas y bellas de noche.

XIV. METRÓPOLIS

En el año de 1958, la publicación de *La región más transparente* representa mucho más que un acontecimiento literario. La novela de Carlos Fuentes es la confirmación de una nueva metamorfosis que da inicio a la ciudad de nuestros días. A esa época le corresponde un cambio de atmósfera. Durante un cuarto de siglo (1920-1955), la canción, la radio, el disco y las pantallas habían inventado y exacerbado un "sentimiento nacionalista". A principios de los años cincuenta, explotado y comercializado a ultranza, este sentimiento se agota o se vuelve grotesco. Es el ocaso de las películas de cabarets y de arrabales. Un viento moralizador sopla en la ciudad de México. La novela *El hombre* de Adela Palacios, que aborda el tema de la homosexualidad, es condenada por la censura. El cabaret Waikikí tiene que cerrar en 1955, mientras que en el Zócalo se organiza una quema de obras pornográficas. El barrio de tolerancia que funcionaba alrededor de la calle del Órgano es limpiado y finalmente liquidado. El Salón México, catedral del danzón y de los bailes populares desde 1920, corre la misma suerte en 1962, así como el Etui y otros bares *gays,* entregados a los paladines del orden moral.

Ese rigorismo ya no puede sorprendernos. Desde el siglo XVII, las campañas de depuración de las costumbres van unidas a las mutaciones de la ciudad. En el corazón de un país que se está industrializando a toda prisa, la ciudad de los años cincuenta y sesenta se vuelve a transformar. La capital tiene tres millones de habitantes en 1950 y llega a cinco millones diez años más tarde. Arrastrado por los delirios de modernización, el tejido urbano se estira y se modifica: un estadio con capacidad para más de cien mil personas, una plaza de toros para más de cuarenta y cinco mil, los primeros supermercados, parques recreativos... Es también la época del largo reinado de Ernesto P. Uruchurtu, el todopoderoso regente de la ciudad entre 1952 y 1966.

Uruchurtu se preciaba de haber transformado "la apacible y señorial ciudad de sabor todavía hace poco provinciano, en una gran metrópoli moderna y dinámica". Este barón Haussman[1] del siglo XX se atribuía la construcción de ciento sesenta mercados —entre ellos el de La Merced—, 308 kilómetros de avenidas, trece centros deportivos...[2] Fue él también quien empezó a construir conjuntos de vivienda popular; así, Tlatelolco se colmaba de torres y de unidades destinadas a burócratas y a la clase media: ciento dos edificios para noventa mil habitantes.

[1] Georges Eugène Haussmann (1809-1891) fue durante el Segundo Imperio el promotor de las reformas urbanísticas del centro de París. Derrumbó grandes zonas ocupadas por viviendas antiguas y creó los *boulevards* que se ven actualmente en la ciudad.
[2] Bataillon y Panabière (1988), p. 35.

503

No lejos de ahí brotaban de la tierra los orgullosos símbolos de ese avance: la nueva Secretaría de Relaciones Exteriores y la Plaza de las Tres Culturas, que buscaba reunir en un mismo espacio arquitectónico las tres civilizaciones que engendraron la ciudad de México: el mundo prehispánico, el mundo colonial y la modernidad triunfante de los años sesenta. El recuerdo de la parcialidad de Santiago Tlatelolco desaparecía bajo las montañas de cemento. O por lo menos es lo que se creía. Los museos se multiplicaron bajo el impulso del presidente López Mateos, quien inauguró el prestigioso Museo Nacional de Antropología e Historia, construido por Pedro Ramírez Vázquez. El talento de éste y el ambiente nacionalista consiguieron organizar todo el edificio en torno a la exaltación del pasado de México-Tenochtitlan. En 1968 la celebración de los Juegos Olímpicos debía demostrar al resto del mundo la grandeza rescatada de la ciudad de México.

Muchos reprocharon a Uruchurtu y sus sucesores que sus balances triunfalistas eran un maquillaje de los errores y malversaciones cometidos por esa administración. Es más, la demolición de un barrio proletario puso fin al dominio del todopoderoso regente. En realidad, estas construcciones son indisociables de una urbanización desenfrenada que exigía mucha infraestructura y que devoró el capital invertido. De cinco millones de habitantes en 1960, la ciudad de México alcanzó más de nueve millones diez años más tarde. Durante ese tiempo seguía concentrando cada día más el poder político, los servicios, las actividades culturales y lo esencial de la industria del país.

Entre los miles de cómics que consume la ciudad, las divertidas aventuras de *La Familia Burrón* hacen una crónica de la vida cotidiana. A partir de imágenes contundentes y con mucho humor, la familia afronta todas las trampas de la ciudad tentacular. Con *La Familia Burrón* el *kitsch* mexicano ofrece una de las variantes más exuberantes del *kitsch* internacional de los años sesenta, pues absorbe todas las influencias. Los símbolos materiales del *American way of life* se combinan con el legado nacional de los años treinta y cuarenta, con los restos del gusto burgués heredado de la prehistoria porfiriana y con los vestigios de un pasado, rural o provinciano, que sigue asediando los recuerdos y despertando nostalgias.

De la misma manera que la burguesía del siglo XIX frecuentaba los grandes almacenes a la europea del centro de la ciudad, la clase media se prendó de los supermercados de influencia estadunidense que en un primer momento crecieron en el norte de la urbe, en la nueva Ciudad Satélite. Luego se inauguraron los primeros "centros comerciales", que fueron aumentando a lo largo de los años setenta. Plaza Satélite y sus enormes tiendas-búnker empotradas unas sobre otras, perceptibles desde el Periférico. Plaza Universidad hacia el sur y Plaza Comermex se volvieron los nuevos puntos de referencia de la clase media y consolidaron la victoria del espacio comercial sobre el espacio público o religioso.

Completamente dedicados al culto de la mercancía, los centros comerciales crean universos seductores, asépticos y de fácil acceso para el automovilista. Desde principios de los años setenta estos centros se convierten en el destino favorito de salida de una parte de la población. Estos lugares marcan los gustos y costumbres de la sociedad de consumo. En su interior, bancos, restaurantes, cafés, grandes almacenes, tiendas de lujo, cines y estéticas ofrecen todo lo que cualquier ciudadano adinerado puede desear. Los centros comerciales rematan la segregación espacial iniciada en el siglo XIX: un filtro automático aísla a los clientes desprovistos de medio de transporte y de tarjetas de crédito.

Al auge de los centros comerciales correspondió la multiplicación de puntos de encuentro dentro de la ciudad. En vez de tener que ir al Centro Histórico, los consumidores encontraban cerca de sus casas todos los ingredientes de la vida contemporánea. Las clases medias del norte aprendieron a darse cita en Plaza Satélite, así como, a finales de los años setenta, los burgueses del sur de la ciudad empezaron a dirigirse a Perisur, gigantesco archipiélago mercantil atrapado en una de las curvas del Periférico. El frenesí de consumo que estos centros comerciales alimentaban entre la gente de recursos no se detuvo ante ninguna de las crisis de los años setenta y ochenta. Aquí se iniciaron esos interminables domingos por la tarde cuando la familia se reúne para recorrer cientos de metros de vitrinas en medio del aire acondicionado y de los juegos para niños.

De hecho, la burguesía y las clases medias de la ciudad de México se adaptaron perfectamente a las formas más exacerbadas de la sociedad de consumo. *Com-*

pro, luego existo, este *bestseller*[3] describe el nuevo estado de ánimo que mezcla la imitación vehemente de los modelos norteamericanos con reflejos mucho más antiguos. La ostentación y la prodigalidad contemporáneas tienen, indudablemente, antecedentes barrocos y prehispánicos. Porque ¿no es cierto que estos centros comerciales podrían ser, a su modo, lejanos herederos de los grandes tianguis de Tenochtitlan?

La multiplicación de clubes deportivos, de canchas de tenis, albercas, salones de fiestas reservados a las clases medias contribuyeron al crecimiento del espacio privado y a la crisis del espacio público; todos ellos son lugares para que esos sectores se conozcan entre sí, apartados de la otra ciudad que apenas se cruza en el metro o en los transportes públicos. La familia y los amigos se reúnen en estos puntos para celebrar a las quinceañeras o para ofrecer un primer baile a los jóvenes que bailan al son del mariachi. A ello se agregan clínicas, hospitales, tiendas para los trabajadores en las cuales el privilegio es social o profesional: los trabajadores de la compañía petrolera Pemex disponen de sus propios servicios hospitalarios y se benefician de prestaciones superiores a las destinadas a la masa de empleados y de obreros.

LA OTRA CIUDAD

Como los trabajos del antropólogo estadunidense Oscar Lewis debían recordárselo a la opinión mexicana,

[3] Guadalupe Loaeza, *Compro, luego existo,* México, Alianza Editorial, 1992.

el progreso de las clases medias no había suprimido la cuestión de la pobreza.[4] Sus textos hicieron de la colonia El Dorado, construida donde se ubicaba el lago de Texcoco, o de la vecindad de la calle de Panaderos el símbolo de la miseria urbana. Algunos años antes, el neorrealismo de *Los olvidados* había causado una gran impresión. La película de Luis Buñuel describía una ciudad de México que la modernidad galopante no había logrado borrar del mapa.

En los años cincuenta, según Oscar Lewis, la mitad de los habitantes de la ciudad, es decir, más de dos millones de personas, vivían en condiciones deplorables. Campesinos e indígenas golpeados por la crisis del campo seguían confluyendo en la ciudad. Para este indio mazahua los ciudadanos se daban la gran vida: "Allá, en México, ustedes sí tienen muchas cosas que comer y que tomar, pueden divertirse y se pueden pasear, porque allá hay de todo y se gana mejor…"[5] Como la presión del crecimiento demográfico y de la inmigración constante del campo se acentuaba, la invasión de terrenos se reanudó con más fuerza. A partir de 1955, los paracaidistas encontraban cada vez más dificultades para legalizar su situación. La ocupación ilegal del territorio urbano proseguía, pero la regularización ya no era automática. Las autoridades habían puesto un freno a la creación de nuevas colonias al interior del Distrito Federal. En cambio, en la periferia, los municipios del Estado de México se hincharon con nuevos contingentes y muy pronto fueron alcanzados por la expansión de la ciudad. Estas zonas periféricas tenían

[4] Lewis (1959).
[5] Arizpe (1978), p. 169.

poco más de trescientos mil habitantes en 1960; diez años más tarde alojaban a dos millones de habitantes y a cinco millones en 1980.

Durante ese periodo nuevas colonias echan raíz, a pesar de todo y de todos, dentro del territorio de la ciudad pero sin recibir la sanción legal. Este *impasse* avivó las tensiones y desencadenó algunos conflictos. Las colonias proletarias no dejaban de crecer: a principios de los años setenta concentraban 40% de la población total de la ciudad. Al mismo tiempo, en esa época 40% de la superficie construida del Distrito Federal escapaba al catastro y no tenía ningún servicio público. Una vez más fue preciso regularizar las instalaciones improvisadas. La administración estaba atrapada en un círculo vicioso de desidia y corrupción, pues no percibía los impuestos que le permitirían financiar y mejorar los servicios urbanos. En esa misma época, la carencia de transporte público, la creciente contaminación y la desaparición de espacios verdes provocaban mucho malestar y descontento.

A todo lo largo de esta década, diversos organismos oficiales se preocuparon por regularizar las zonas invadidas, con resultados muy discutibles, dada la proliferación de intereses en juego y el rápido ascenso de los "paracaidistas": en 1977 la administración del Distrito Federal tenía registrados dos millones. La regularización de títulos de propiedad desencadenó inmediatamente un alza del valor inmobiliario que se volvía contra los mismos beneficiarios, obligados a buscar en otro lugar un terreno que estuviera al alcance de sus magros recursos. Cada vez que un programa de vivienda se desarrollaba sobre terrenos regularizados, los criterios de construcción imponían precios que rebasaban los medios de los nuevos propietarios. Éstos no tenían más remedio que vender su parcela a candidatos menos desfavorecidos —es decir, que percibían entre uno y dos salarios mínimos—. Hubo gente que protestó y que trató de resistir, desde el Pedregal de Santo Domingo hasta San Martín Xochináhuac, en la delegación Azcapotzalco. Impotente y desposeída nuevamente, esta gente se resignaba a invadir otros terrenos que aún estaban a su alcance.

Los propietarios de terrenos comunales o ejidos expropiados también tenían razones para estar descontentos. Se quejaban de no haber recibido indemnización alguna o una muy baja. Ése fue el caso en el Ajusco, en Iztapalapa y en Tlalpan. Cuando los ejidatarios cedieron sus terrenos para la construcción del estadio de futbol, el grandioso Estadio Azteca, destinado a recibir el mundial de futbol de 1970, exigieron tierras agrícolas para remplazar las que habían perdido. En vez de eso, ¡las autoridades les regalaron boletos para los partidos a cambio de que desistieran! Los resultados de estas regularizaciones fueron mínimos debido en parte a la falta de coordinación entre los organismos públicos encargados de estos asuntos y en parte también a la corrupción generalizada. Las operaciones espectaculares y demagógicas siempre tuvieron prioridad sobre una política de conjunto y ello limitó el impacto de todos los programas oficiales.

En cuanto a los interesados, seguían dando muestras de su extraordinaria capacidad de organización, al mismo tiempo que mostraban una politización cada vez mayor y más reacia a las presiones del poder. Ése fue el caso del Campamento Dos de Octubre. Esta vez no sólo los paracaidistas se negaron a iniciar un proceso de regularización sino que además organizaron sus propios servicios públicos, crearon escuelas y cooperativas. Ese desarrollo autónomo al margen del partido oficial y de las autoridades era muy peligroso: algunos conflictos internos debilitaron a estos grupos cuya politización seguía siendo muy desigual y superficial, pero constituyeron un ejemplo para otros invasores tentados por vías más contestatarias. Las mentalidades cambiaban, aun cuando la mayoría seguía convencida de que la negociación y la manipulación del sistema eran preferibles al enfrentamiento y la revuelta.

El régimen se alarmó y no dudó en utilizar las armas de la represión contra operaciones llevadas a cabo en Tláhuac y en Iztapalapa. En 1977, el Distrito Federal anunció su voluntad de poner un término definitivo a las invasiones. Después, las autoridades regresaron a la política de la regularización cada vez que la intensidad de la crisis social en la localidad y la presión de los recién llegados impedían cualquier otra solución.

La aparición de las "Marías"

Precisamente en esta ciudad de los años sesenta y setenta se percibe la multiplicación de vendedoras callejeras vestidas como indias, con sus hijos, instaladas directamente en las banquetas del centro y de la Zona Rosa. Sus blusas de satín multicolor y sus grandes faldas sostenidas por un cinturón grueso les conferían una silueta reconocible a lo lejos. Las *Marías*, con ese as-

511

pecto pintoresco, encantaban a los turistas, mientras que su indigencia contrariaba a la clase media. Estas mujeres representaban, en multitud de esquinas, el fracaso de la ciudad para integrar a una parte de sus nuevos habitantes.

Hasta entonces la ciudad había logrado absorber a los migrantes que llegaban en busca de un salario y un techo a la gran metrópoli. El indio se urbanizaba, perdía su traje, su lengua y se diluía en la masa urbana. A partir de 1960, conforme se intensificaba la inmigración, los hombres tenían más dificultades para encontrar medios de subsistencia y las mujeres se vieron obligadas a ayudarlos enfrentándose a las calles de la gran ciudad. En ciertos casos, hombres y mujeres, cada uno a su manera, se replegaron sobre sus orígenes indígenas. El inmigrante no podía arreglárselas sin el apoyo moral y material de la gente de su grupo étnico previamente instalado en la ciudad. Las más de las veces analfabeta, la mujer indígena no tenía la calificación para obtener ningún empleo y su progenitura le impedía obtener un trabajo de sirvienta en las casas de la clase media. Pronto comprendió que su traje tradicional provocaba reacciones de simpatía y de curiosidad: en compañía de sus hijos, vestidas de otomí o mazahua, estas mujeres podían pedir limosna más fácilmente, vender algunas frutas u ofrecer sus productos artesanales. Paradójicamente, la ciudad "indianizaba" a sus migrantes en vez de proletarizarlos, como había hecho desde la segunda mitad del siglo XIX. Hecho más sorprendente aún, el cine no era ajeno a este fenómeno. Justamente una actriz cómica, la India María, famosa por sus películas, sirve de modelo a esas mujeres: su simpático personaje de india mazahua contribuyó mucho a mejorar la imagen del indio entre la gente de la ciudad.

Todo ello explica que cerca de la calzada de La Viga o a la altura de Tecamachalco, en medio de las ciudades perdidas o en las viejas vecindades del centro, surjan islotes indígenas que preservaban sus lenguas y algunas de sus costumbres. Puesto que vivían al margen de otros proletarios, impermeables a los valores y a los modos de vida de sectores que los rechazaban o los desdeñaban, estos indios estaban reconstruyendo la ciudad india que durante siglos había logrado coexistir al lado de la ciudad española.[6] Sin embargo no era su origen étnico lo que los marginalizaba, como se creía en esa época, sino la ausencia de opciones en el mercado de trabajo. El repliegue en su indianidad les proporcionaba un medio para defenderse y sobrevivir. Era la reacción a una condición urbana hecha de miseria, delincuencia y alcoholismo. El consuelo de un grupo familiar fuertemente estructurado les parecía preferible a los riesgos de una proletarización y de un empobrecimiento humano.

La sangre de los estudiantes

El fenómeno de las Marías traduce de manera singular los *impasses* de la ciudad y de la sociedad mexicana. Otros síntomas menos exóticos para un europeo revelan los límites del pacto surgido de la Revolución. Como

[6] Arizpe (1975).

los sucesos de octubre de 68, junto a los cuales el mayo del 68 en París parece una mezcla de novatada y fiesta estudiantil.

Durante esa década los progresos de la educación secundaria y superior modificaron profundamente el panorama urbano. Nacidas a mediados de siglo, estas nuevas generaciones surgidas de la explosión demográfica, ¿serían acaso presas pasivas de la norteamericanización? Gustos nuevos, inquietudes inéditas se perfilan entre la juventud de la clase media. Es la época de *la onda*. Los jóvenes se arrebatan esta literatura más libre, que escucha a las nuevas generaciones y sus dificultades, abierta al lenguaje cotidiano y al descubrimiento de la sexualidad. *La onda* apasionaba a un público estudiantil, muchas veces contestatario, a veces rebelde y anarquista.

Ubicada dentro del edificio del museo, en la calma del frondoso bosque de Chapultepec, la Escuela Nacional de Antropología se volvió uno de los hogares de la disidencia estudiantil, al igual que la enorme Ciudad Universitaria levantada una quincena de kilómetros al sur de la ciudad. Durante el año de 1968, manifestaciones más y más frecuentes denunciaron al régimen. Una de ellas, en octubre, se reunió en la Plaza de las Tres Culturas, en el corazón del nuevo conjunto de Tlatelolco. La multitud había comenzado a dispersarse cuando un helicóptero lanzó unas luces de bengala de color verde. Era la señal para la matanza. El ejército y la policía vestida de civil abrieron fuego, masacrando a centenas de estudiantes, padres y niños. La represión tuvo una resonancia internacional.

En México, las consecuencias inmediatas fueron

mínimas. La ciudad de México retomó su calma aparente y los juegos olímpicos se llevaron a cabo normalmente. Sin embargo, la masacre quedó impresa en el recuerdo de todos los ciudadanos. Unas cincuenta novelas, obras de teatro y algunas películas —como *Rojo amanecer* de Jorge Fons (1989)— se encargaron de narrarla incansablemente. A partir de ese mes de octubre, el pacto entre la población y el régimen emanado de la Revolución empezó a resquebrajarse.

Ahogada, clandestina y sin medios reales, la oposición más radical se convirtió en guerrillas campesina y urbana, demasiado minoritarias para imponerse en el país. La represión fue brutal. Brigadas especiales irrumpieron en los focos de la oposición. Los acontecimientos del 10 de junio de 1971 dejaron clara, una vez más, la incapacidad del régimen para promover la vía democrática y empañaron aún más la imagen del gobierno. Comandos de extrema derecha aplastaron una manifestación de estudiantes que reclamaba la liberación de los presos políticos. Las incursiones de los siniestros *Halcones* —una brigada especial de la policía— recuerdan que en esa época, en sus peores días, la ciudad de México podía parecerse al Santiago o al Buenos Aires de las dictaduras militares. En siete años casi quinientas personas desaparecieron sin dejar huella...

El capital de confianza estaba muy mermado. La universidad, las élites intelectuales y una fracción de las clases medias tomaron sus distancias. Pero latente o manifiesta, durante mucho tiempo aún el descontento no movió al régimen en el poder. Éste siempre había sabido neutralizar las plumas más críticas y distribuir prebendas dentro de la burocracia universitaria.

En los años setenta la opinión se limita a reír al leer los cómics de Rius —*Los Agachados*—, pues denunciaban sin tregua a políticos y a sindicalistas corruptos y policías chantajistas. Nuevas disidencias se manifestaron abiertamente. Siguiendo el ejemplo de Estados Unidos, las feministas y los homosexuales afirman cada vez con más fuerza su presencia. A finales de la década organizaciones, manifestaciones y libros reclaman nuevas libertades y reaccionan abiertamente contra la brutalidad y la corrupción inmemorial de la policía. Jorge Arturo Ojeda, Luis Zapata y José Joaquín Blanco abordan el tema de la homosexualidad. En 1978 los grupos Frente Homosexual de Acción Revolucionaria y Lambda se atreven a salir a las calles para exigir la "liberación sexual". El año siguiente, la novela *El vampiro de la colonia Roma* familiariza al público *buga* —heterosexual— con una ciudad subterránea —"limbos y submundos"— con sus recorridos establecidos, sus banquetas y sus esquinas, sus bares y sus Sanborn's, sus parques y sus baños públicos, sus gráciles *chichifos* en busca de dinero.[7] La ciudad de los riesgos y de los placeres, según Zapata, puede desconcertar al lector desprevenido. Se percibe, sin embargo, el eco de las ciudades que la precedieron, a través de las referencias a la novela picaresca del Siglo de Oro que inundan el libro, los guiños a un Mateo Alemán que cruzamos hace ya muchos siglos y capítulos. También a finales de los años setenta, la memoria *gay* de la ciudad de la primera mitad del siglo —la que atravesaron Salvador Novo y Jaime Torres Bodet— comienza a desbordarse

[7] *El vampiro de la colonia Roma* se publicó en la ciudad de México en 1979 por la editorial Grijalbo.

de los círculos de iniciados. De manifestación en publicación, un universo desde siempre discreto emerge a plena luz sin que por ello escape a las redadas y a la arbitrariedad. La ciudad de México no es París ni San Francisco.

MALESTAR EN LA CIUDAD

Otros problemas más urgentes afectaban al conjunto de ciudadanos en su existencia cotidiana. Porque la ciudad de México seguía su crecimiento enloquecido: 9 millones en 1970, 14 millones en 1980. El régimen trataba de solucionar lo más urgente y no sin éxito. Un organismo de Estado, la Conasupo,[8] creó cadenas de tiendas en las cuales los más desfavorecidos se procuraban alimentos de primera necesidad a precios regalados. A condición de hacer la cola cada día a las cinco de la mañana, las amas de casa obtenían leche y dulces para sus hijos. Hasta hoy, la Conasupo trae recuerdos que enternecen a los beneficiarios de ese entonces.

Pero en conjunto, el balance es bastante sombrío. La discontinuidad de los programas de urbanismo minaba todos los planes de urbanización y daba resultados aberrantes. Muchas obras indispensables para la circulación de automóviles fueron abandonadas o suspendidas. Cómo sorprenderse entonces de que los "circuitos interiores" no hayan llegado a su destino final o que el Periférico no dé más que media vuelta a la ciudad...

Las sucesivas crisis de los años setenta golpearon a

[8] Compañía Nacional de Subsistencias Populares.

517

los sectores populares pero esta vez las clases medias no se salvaron. El alza de las rentas varió entre 100 y 500%. Eran demasiado pesadas para una población compuesta de dos tercios de arrendatarios. Las políticas públicas de construcción no beneficiaron más que a los sectores más perjudicados. Demasiado costosas, las casas nuevas se quedaban deshabitadas, cuando no eran simple y llanamente tomadas. Las compañías de bienes raíces se convirtieron en el blanco de una población que aceptaba cada vez menos los beneficios exorbitantes que esas sociedades acumulaban. Hubo muchas denuncias contra estos "latifundistas urbanos" como Paulino Rivera Torres, quien se encontraba a la cabeza de una centena de proyectos inmobiliarios.

Durante ese periodo, caciques inamovibles regenteaban la ciudad de los pobres. Desde mediados de los años sesenta Rafael Gutiérrez reinaba sobre los pepenadores y las gigantescas montañas de basura de Santa Cruz Meyehualco, de donde sacaba unas ganancias astronómicas por hacer la selección de desperdicios. Sus relaciones privilegiadas con el PRI y sus astucias demagógicas le permitieron obtener ciertas responsabilidades políticas, hacer fortuna y controlar a su armada de cinco mil basureros. Hasta su muerte en 1987, Rafael fue el "zar de la basura".

El precio del agua era excesivo. Innumerables predios se veían privados de ella. La incomodidad de los transportes, la corrupción de los órganos de policía y el desastre de los servicios administrativos engendraron cantidad de protestas. A veces, estas reacciones fueron tan espectaculares que hasta hoy siguen en el recuerdo de muchos: en 1976 los habitantes de Naucalpan y de Ciudad Nezahualcóyotl secuestraron unos autobuses para hacer que su rabia fuera escuchada. Como la especulación inmobiliaria, el transporte público se había convertido en una jungla entregada a las argucias de un puñado de propietarios de líneas. Impotentes y cómplices, el Estado y el Distrito Federal nunca intervinieron.

A partir de 1978 el gigantesco proyecto de ejes viales trastornó la circulación urbana. El Estado quería abrir lo más rápido posible grandes vías de circulación dentro de la ciudad misma. Como era su costumbre, el procedimiento fue arbitrario y despótico. Pero la respuesta estuvo a la altura. "Por primera vez, después de muchos años, los problemas de servicios urbanos se tradujeron en una demanda de democratización de la administración de la ciudad."[9] A finales de los años setenta, el crecimiento caótico de la ciudad de México preocupaba a la mayor parte de sus habitantes, privados en su mayoría de medios de expresión. El fracaso del Estado y la arbitrariedad de la administración municipal desencadenaron una toma de conciencia y luego una lenta politización que los partidos de oposición nunca habían logrado generar hasta entonces.

La nueva imagen prodigiosa

Tantas fracturas y descontentos hubieran debido terminar en una explosión urbana. Sin duda, ése es justa-

[9] Alejandra Moreno Toscano, "La *crisis* en la ciudad", en *México, hoy,* bajo la dirección de Pablo González Casanova y Enrique Florescano, México, Siglo XXI, 1979, p. 172.

mente el secreto de la ciudad de México: saber conservar el equilibrio en las situaciones más precarias. Es también el resultado de una colonización de los imaginarios cada vez más eficaz que surge en plena mitad de siglo. En agosto de 1950 se transmite el primer programa televisivo de variedades. Cinco años más tarde la ciudad posee tres cadenas comerciales y todavía se agregarán algunas más a este primer contingente.

Antídoto para la anarquía del desarrollo y para la explosión del tejido urbano, la "cultura de masas" fabricada y transmitida por la televisión transformó irremediablemente las costumbres de los ciudadanos. A partir de los años cincuenta el resplandeciente desarrollo de la imagen electrónica multiplicó los efectos de la domesticación iniciada por el cine y la radio. En la ciudad de México, frente a una inmigración incontrolable y a una población tan inmensa que parecía escapar a cualquier forma de acotamiento tradicional, la televisión asumió una función incomparable con el papel que jugó en la misma época en los países europeos.

El leviatán hertziano se llama Telesistema Mexicano; Televisa a partir de los años setenta. Es una de las creaciones más impresionantes de la ciudad de México; en todo caso, la primera en tener una influencia continental y luego internacional vía satélite. A tal grado que en la segunda mitad del siglo xx la historia de la ciudad se confunde, en parte, con la trayectoria de Televisa y de sus propietarios, la dinastía Azcárraga. Imperio televisivo con múltiples ramificaciones, Hollywood electrónico, maestro de la información y de la diversión, "quinto poder"[10] que durante años no tuvo competencia alguna, Televisa forja la imagen de la ciudad y la imprime en las mentalidades, explotando imperturbablemente las nostalgias del pasado, las ilusiones populares, los sueños de infancia y los señuelos del consumo.

Realizadas desde finales de los años cincuenta, sus telenovelas suplieron a las radionovelas y a las películas de la edad de oro, de la misma manera como éstas habían suplido a los melodramas o a los corridos de la ciudad porfiriana. Al mismo tiempo que distribuyen las recetas del acceso a la modernidad, a la riqueza y al poder, las novelas no dejan de machacar los estereotipos de una clase media idealizada. El servicio doméstico, aún muy común en la ciudad de los años setenta, sirvió como punto de enlace. Vistas una y otra vez por miles de sirvientas, las telenovelas acompañaban el trabajo cotidiano y también eran una distracción durante los ratos libres de la vida doméstica. Cuando regresaban por la noche a sus hogares, las sirvientas reproducían lo que veían en casa de sus patrones y lo que captaban en las pantallas. Así, la transmisión de modelos tenía muchísima fuerza, la cual se acrecentaba por el hecho de que patrones, mujeres de clase media y niños confiados a las sirvientas seguían y apreciaban los mismos espectáculos.

A medida que avanza la segunda mitad del siglo xx,

[10] Después de los poderes legislativo, ejecutivo, judicial y el de los periodistas. Sobre este tema, los trabajos de Raúl Trejo Delarbre así como Fernando Mejía Barquero *et al., Televisa, el quinto poder,* México, Claves Latinoamericanas, 1985; Francisco de Jesús Aceves González *et al., Las redes de Televisa,* México, Claves Latinoamericanas, 1988.

las telenovelas modelan los imaginarios y la manera de expresarse de la mayoría de los habitantes de la ciudad. La imagen electrónica inventada, producida y difundida por Televisa tiende a uniformizar los medios urbanos, normalizando el lenguaje, estereotipando sintaxis y vocabulario, imponiendo su concepto de deporte y de moda, banalizando la política. Los programas de televisión despolitizan a la ciudad de México o, más exactamente, paralizan cualquier politización en una ciudad cuya población no escoge a sus representantes y en un país aún fuertemente controlado por el Partido Revolucionario Institucional.

La razón de ese éxito se debe a la complejidad de la influencia ejercida por Televisa. Al mismo tiempo que divierte y neutraliza, la televisión comercial moderniza las costumbres: "Los medios electrónicos a la vanguardia del cambio cultural".[11] De ahí su influencia "revolucionaria" sobre los modos de vida. Las telenovelas sirvieron tanto para mostrar las ventajas de la familia moderna —menos niños y mejor preparados— como para señalar los beneficios de la educación para adultos. Desde los años sesenta, en esta ciudad con altos índices de analfabetismo, donde las élites intelectuales no salían mucho de sus guetos y el régimen bloqueaba cualquier expresión democrática, Televisa se convirtió en un protagonista esencial de la escena urbana, capaz de combinar las herencias más contradictorias. Del despotismo ilustrado esta gran empresa heredó el proyecto civilizador y enérgico: sus programas se encargaron de barrer las tradiciones caducas, los comportamientos

[11] Monsiváis (1986), p. 130.

arcaicos o simplemente pasados de moda. De la ciudad barroca recuperó el gusto de la fiesta, la magia de las apariencias, la regla del consenso, la sacralización de los poderosos. De la Revolución retomó la retórica nacionalista, la exaltación de la mexicanidad y de sus arquetipos...

Con mucha más fuerza que el cine o los grandes centros comerciales, Televisa también norteamericanizó las mentalidades y las formas de vida privilegiando la asimilación de un individualismo "sentimental y blandamente competitivo".[12] El *American way of life* se volvió un ingrediente indispensable de la vida urbana. Estados Unidos remplazó definitivamente a Europa en el departamento de modelos urbanos. Las series norteamericanas dobladas al español fueron la vía de esta imitación, estimulada por la proximidad de Estados Unidos, la permeabilidad de la frontera y la importancia cada vez mayor de los grupos chicanos.

Por último, Televisa logró incorporar a una parte de las élites intelectuales al afiliar a Octavio Paz y a su grupo, como lo había hecho con el poeta Salvador Novo en los años sesenta. Al explotar una paleta de programas relativamente diversificada, Televisa sedujo sin problemas a la mayoría de los diversos públicos, aun las franjas hasta entonces reacias a su penetración. No es nada sorprendente que toda la ciudad, a pesar de su gigantismo, haya podido compartir los mismos gustos deportivos, vibrar a una hora determinada delante de los mismos melodramas y los mismos partidos de futbol o de beisbol, y finalmente desarrollarse dentro de un

[12] Monsiváis (1986), p. 129.

universo mucho más homogéneo de lo que uno podría imaginarse.

Frente a este fenómeno, la élite del buen gusto y de la cultura, la que frecuenta los teatros, los cineclubes y los conciertos, la que lee y escribe, cada vez tiene menos peso. No son más de veinte mil personas ahogadas en medio de diez millones de habitantes. Un desastre simboliza esta fragilidad. Poco después de la huelga de los encargados técnicos de los Estudios Churubusco (1979), el incendio de la Cineteca en 1982 pareció poner fin, en medio de cenizas y humo, a medio siglo de cine mexicano.

En el umbral de los años ochenta

Las crónicas de Carlos Monsiváis y de José Joaquín Blanco, los poemas de José Emilio Pacheco dan voz a los latidos de la megalópolis. Ya no se trata de querer explicar o interpretar una realidad cuya simple descripción podría llenar las más vastas bibliotecas del mundo.

En l980, la megalópolis mexicana ya ha rebasado, por mucho, lo que fuera la ciudad histórica. La historia de la capital definitivamente dejó de mezclarse con la de la ciudad colonial o porfiriana. El Centro Histórico se convirtió en un espacio político, comercial y turístico donde abundan restaurantes y librerías, antiguos palacios e iglesias. La Fonda de Santo Domingo para un domingo lluvioso o el café Tacuba después de la ópera complacen a los amantes del café con leche, de los chiles en nogada o de la carne a la tampiqueña. El centro envejeció mal. Aún sigue siendo una etapa obligada para los amantes de la historia, para europeos ávidos de ruinas y de folclor o para cantidad de empleados, comerciantes y consumidores a la antigua. Pero desde ahora, para los niños nacidos en Ciudad Satélite o en Coyoacán, el centro es una lejana excursión que hay que hacer necesariamente en automóvil algunos días antes de Navidad para admirar las guirnaldas iluminadas y los Santa Claus de la Alameda.

Al este del Zócalo, la rehabilitación de algunas calles viejas y el desalojo del gran mercado de La Merced empiezan a vaciar ese barrio sin por ello infundirle una nueva vida. Aunque la presencia popular parece felizmente indeleble. Muchas veces los vestigios de un palacio del siglo XVIII siguen alojando a:

> a unas quince familias pobres
> una tienda de ropa una imprentita
> un taller que restaura santos
> Bajo un olor a sopa de pasta
> Las ruinas no son ruinas
> El deterioro
> es sólo de la piedra inconsolable
> La gente llega
> Vive sufre se muere
> pero otros vienen a ocupar su sitio
> y la casa arruinada sigue viviendo.[13]

Al norte del viejo centro, los barrios de Guerrero, Tepito y La Lagunilla hierven de mercancía de contraban-

[13] José Emilio Pacheco, *Tarde o temprano,* México, FCE, 1980, pp. 161-165.

do —la fayuca—, de puestos de cosas usadas, de talleres textiles. Es posible tropezar tanto con una rara edición de Miguel de Cervantes como con gimnasios donde los jóvenes aprendices de box, chorreando sudor, sueñan con imitar a sus ídolos: *el Ratón* Macías o *el Púas* Olivares. El Atlas, en la colonia Guerrero, es uno de estos importantes lugares. Este local deportivo evoca, con una diferencia de veinte años, el gimnasio milanés que nos mostraba Visconti en *Rocco y sus hermanos*. Desde Tepito sería muy fácil trazar un mapa de los gimnasios populares y de las salas de pesas que todos los mexicanos conocen y que dibuja el contorno de una ciudad machista —y *gay*— menos fragmentada de lo que uno podría imaginarse.

En 1980 el centro geográfico de la ciudad se sitúa más o menos en el cruce del Paseo de la Reforma y un eje norte-sur, la avenida Insurgentes, interminable como esas avenidas de Los Ángeles que al final no llegan a ningún lado. Este punto abstracto está desprovisto de todas las sacralidades acumuladas por el *altepetl* prehispánico, la ciudad barroca y la ciudad de la Independencia. A no ser porque ahí se levanta el monumento erigido a la gloria de la resistencia india contra los conquistadores, cuya cima emerge de entre los vapores de gasolina, entre las filas de automóviles, autobuses y peseros.

Al norte del Paseo de la Reforma se extiende la colonia Cuauhtémoc, donde las oficinas tratan de desterrar los últimos vestigios de burguesía de principios de siglo, así como a las clases medias que llegaron en su lugar. Calles con nombres de ríos: Nilo, Tíber, Rhin, Niágara, banquetas sombreadas y muchas veces destrozadas, invadidas de automóviles. El pequeño restaurante Silvaincito, de especialidades mexicanas, no tiene muy buen aspecto. Sin embargo, conserva la memoria del lugar al servir chilaquiles o enchiladas, servidos con agua de piña o de tamarindo hasta muy tarde en la noche, cuando el barrio se vacía y vuelve a encontrar el silencio de antaño. No lejos de ahí, en la calle Río Nazas, el Instituto Francés de América Latina vive sus últimos momentos de gloria. Sus parroquianos evocan con nostalgia la época, ya lejana, en la que bajo la dirección de François Chevalier intelectuales y estudiantes corrían a este centro cultural para descubrir las películas prohibidas por la censura.

Al norte de la colonia Cuauhtémoc, más allá del Circuito Interior —vía rápida interna— y de un trébol de avenidas, se llega a un barrio que pronto estará dominado por la gigantesca torre de Pemex, Petróleos Mexicanos. El rascacielos brotó de la imaginación de los tecnócratas embriagados por el *boom* petrolero, cuando el país aún creía en los milagros del oro negro. En las mañanas gris rosa, cerca de las ocho, de corbata oscura, camisa blanca y traje apretado, licenciados e ingenieros afluyen escoltados por una bandada de mandaderos y secretarias maquilladas como diosas egipcias. La isla petrolera —oficinas, estacionamientos, supermercado para los empleados de la empresa nacional— aún está rodeada por las calles populares de la colonia Santa Julia, regularmente decoradas para las fiestas con altares multicolores. Después de algunas cuadras de casas, en una calle anodina y gris, está la Fonda del Recuerdo, donde se puede disfrutar del cangrejo relleno o del suculento pescado huachinango a la veracruzana.

Por la avenida Marina Nacional, triste y atestada, nos dirigimos hacia el noroeste de la ciudad. No lejos de los edificios de Pemex, pasamos a toda velocidad las instalaciones deportivas del YMCA con sus albercas de agua azul y tibia donde se puede nadar todo el año. Desde un puente que atraviesa la avenida, en invierno, en un día claro, aún es posible contemplar la masa nevada de los volcanes, bebiendo un jugo de naranja comprado abajo. Más al oeste se levanta el opulento barrio de Polanco con sus ostentosos hoteles, sus tiendas enormes, sus enjambres de bancos y oficinas, sus pastelerías y sus *traiteurs* francesas. Sus cómodas casas conservan cierto encanto, pero ya los departamentos de lujo que dominan el parque de Chapultepec atraen a los clientes más adinerados.

Una docena de kilómetros hacia el noroeste, en la nebulosa que nació alrededor de Ciudad Satélite y de su inmenso centro comercial, se alternan barrios burgueses y predios de clase media que tomaron por asalto las colinas que antes estaban desnudas y hoy están cubiertas de una nube de antenas parabólicas. El tejido urbano ha unido progresivamente Ciudad Satélite y la ciudad de México, predio tras predio. El barrio de Los Pastores no guardó de la antigua hacienda sobre la que se construyó más que algunos viejos eucaliptos grisáceos y algunos prados inundados. Calma de casas elegantes rodeadas de jardines donde se apretujan relumbrantes automóviles norteamericanos. Zumbido lejano de la autopista que corre hacia Querétaro y Estados Unidos.

Desde las alturas de Ciudad Satélite el espectáculo sigue siendo sensacional. Cuando la lluvia de la tarde lava la atmósfera del valle y el brillo del sol rasga las últimas nubes, tenemos ante nuestros ojos un mosaico de cafés, ocres, gris rosa, verde oscuro; esta vez el cemento ennegrecido predomina por encima del tezontle volcánico. La masa de El Toreo, la colina de Chapultepec, los techos del centro de la ciudad, un puñado de rascacielos y la Torre Latinoamericana se alinean delante de la muralla de los volcanes. Sólo faltan al llamado los lagos, los bosques y los campos de maíz que encantaban a los viajeros del siglo xix.

Aún más al norte, en Cuautitlán, en Tlalnepantla o, hacia el oeste, en Naucalpan, que guarda sobre una colina llena de árboles la basílica de la Virgen de los Remedios, zonas industriales reagrupan a obreros, bodegas y fábricas que nacieron en el *boom* de los años sesenta.

Al oeste de Chapultepec el barrio de Las Lomas, elegante aunque un poco envejecido, se encaja en la prolongación del Paseo de la Reforma en una cadena de espaciosas y sombreadas residencias con aires californianos. El peatón se pierde rápidamente en este laberinto de lujo sin banquetas ni transporte público.

Chapultepec es el Bois de Boulogne de la ciudad, enroscado a la sombra del castillo de Maximiliano que se encuentra en la punta de la colina. Bosques de árboles que luchan contra la sequía y la contaminación, estanques de agua verde llenos de lanchas, zoológicos con sus pandas inmortales, caminos plagados de niños y visitantes de provincia. Un puñado de museos famosos a la medida de la ciudad y de su historia bordean el Paseo de la Reforma: el Museo de Arte Moderno, el Museo Tamayo, en honor a la gloria del pintor, y el Museo de Antropología, manifiesto de arquitectura de los años sesenta y visita obligada de todos los alumnos de la ciudad. Las multitudes del domingo, los turistas, los *joggers* y los militares que entrenan ahí ignoran que hubo virreyes que frecuentaron el bosque y que los soberanos de Tenochtitlan mandaron esculpir su imagen sobre los flancos de la colina.

Al sur de Reforma tropezamos infaliblemente con el centro nocturno de la ciudad, la Zona Rosa: mediocre pero inamovible conglomerado de hoteles, discotecas, restaurantes y tiendas para turistas. Una o dos galerías de arte conservan la memoria de épocas menos adulteradas. En ese "continente exótico" (Luis Zapata) todavía se puede caminar y ligar sin trepar automóviles. El lento desfile de vehículos en la noche permite pensar que este barrio es el heredero degradado de los paseos de la época colonial y del siglo XIX.

Abierta sobre la traza del antiguo acueducto colonial, la avenida Chapultepec separa la Zona Rosa de la colonia Roma y de las colonias Condesa e Hipódromo, que dispensan a la clase media y a la pequeña burguesía unos cuantos jirones de prosperidad porfiriana y de arquitectura *Art déco*. Algunas construcciones de los años treinta y cuarenta alrededor del parque España y el parque México son muy bellas, como el Edificio Basurto, primer edificio de departamentos de la ciudad. Más al sur aún, pasando la aburrida colonia del Valle, Coyoacán es desde hace mucho tiempo ya un barrio rico, de apariencia colonial, plantado de árboles y de buganvilias. Los domingos en Coyoacán son inol-

vidables; como sus globos, sus helados y nieves de colores que se degustan en el atrio de la iglesia renacentista al son de grupos de música peruana.

Algunos kilómetros al oeste los antiguos rincones de
San Ángel rivalizan en encantos con los de Coyoacán.
Este barrio linda, al sur, con el lujoso Pedregal lleno de
residencias parapetadas tras muros infranqueables y
con el campus sin límites, medio salvaje y surcado de estudiantes, de la Universidad Nacional Autónoma de
México. Luego, más allá del Periférico, penetramos a
un Tlalpan aburguesado, a menos que prefiramos tor-
cer hacia el sureste para soñar con la antigua Tenochtitlan sobre los canales de Xochimilco o comprar flores y yucas en los viveros de Nativitas.

Las nuevas colonias, los barrios recientes o las periferias anexadas durante el siglo XX no resisten mejor
que el centro los desplazamientos de la población, la
especulación y las vías rápidas. ¿Qué queda de la Tacubaya de mediados de siglo?

> Allá en el fondo de la vieja infancia
> eran los árboles...
> Nada quedó
> También en la memoria
> Las ruinas dejan sitio
> a nuevas ruinas.[14]

Pero también hay barrios con nombres indígenas a
donde uno no va nunca o que atravesamos a toda velocidad en dirección de Puebla o Teotihuacan. Como
Pantitlán, al este de la ciudad, ahí donde sale el sol y

[14] José Emilio Pacheco, *Tarde o temprano...*, p. 123.

cubre de rosa y azul el toldo gris que la madrugada deja sobre la ciudad de México. Cada día, filas de trabajadores, hombres, mujeres, niños, convergen hacia Pantitlán. Viniendo de Chalco, provenientes de colonias lejanas de nombres impronunciables o de zonas polvorientas, esta gente llega en autobús a la nube gris y se precipita dentro de la estación del metro: "Por dentro una evocación tecnificada de Piranessi con abismos barrocos, rasposos, burdos. Su apariencia nítida y fácil la salva de parecer juguete de Escher".[15] Pantitlán fue en otros tiempos el "sumidero", el "lugar de las banderas" de los antiguos mexicas, aquel lugar en el lago donde el agua se enroscaba y se torcía en torbellinos color turquesa. En 1980, entre periferia y ciudad perdida, Pantitlán crece alrededor de una terminal del metro, hormiguero de taxis, camionetas de peseros y autobuses desvencijados.

Ciudad Nezahualcóyotl: periferia, ciudad, ciudad perdida sin límite donde la población se multiplicó por 233 en treinta años: 5 590 habitantes en 1950, 610 000 en 1970 y 1.4 millones diez años más tarde. Nezahualcóyotl ocupa una zona prácticamente desprovista de vegetación natural y su suelo está colmado de salitre que se pulveriza en la época de secas antes de hincharse de agua lodosa y de inundarse cuando vienen las lluvias. Cuando sopla el viento del noreste, en febrero y marzo, los remolinos lanzan sobre sus habitantes los miasmas de la laguna, la contaminación de

15 Hermann Bellinghausen en "Ciudad de México. La crónica de un día cualquiera", *Nexos*, 150, junio de 1990, pp. 13-16. Este número especial de la revista *Nexos* ofrece un panorama polifónico de la ciudad en 1990.

las aguas negras y el polvo de los enormes depósitos de basura. A pesar de estas desventajas, Ciudad Nezahual-cóyotl nunca se convirtió en un gueto como en Estados Unidos. El voyeurismo europeo impide muchas veces que encontremos, detrás del caos y del aspecto de ciudad perdida, el inicio de un orden urbano capaz de amortiguar los choques de un crecimiento ininterrumpido.

La ciudad de México aloja muchos otros cinturones de miseria más ingratos aún, amontonados a todo lo largo de las vías de tren o clavados en los flancos de las montañas en el norte o en el oeste, de donde bajan tandas de autobuses y camiones que vierten sus cargamentos humanos hacia las terminales de las líneas del metro. Estos sitios constituyen esa otra ciudad frente a la cual sólo cabe preguntarse si algún día la sociedad de consumo logrará absorberla o si más bien esos cinturones de miseria terminen tragándose a la gran ciudad.

XV. LA CIUDAD POSMODERNA

CUALQUIER TENTATIVA de describir o inventariar la ciudad de México es un desafío. En 1990 había 15 793 837 habitantes según estimaciones bajas; según otras, 20 millones. ¿Cuántos son cinco años más tarde? Cuando se ignoran las cifras de población de una ciudad por más de uno, dos o tres millones, ¿qué podemos decir de sus habitantes si una fracción no desdeñable de ellos va errando de un censo al otro? En este fin de siglo, la ciudad de México sigue siendo tan enigmática e incomprensible como el *altepetl* mexica, aquella ciudad previa a la conquista y al Occidente. ¿Dispondremos algún día de claves adecuadas para pensar esta ciudad veinte veces millonaria? Si apenas haber pasado ocho años ahí, de 1976 a 1984, me ayuda a medir la pavorosa complejidad de ese universo. Pero esta delgada franja de vida hace mucho tiempo que se desvaneció en el pasado, sepultada bajo otra ciudad, otras generaciones y otras costumbres.

El tiempo corre más rápido en la ciudad de México que en París. La mayoría de los habitantes de la ciudad de México son niños o adolescentes. Ello implica que esta mayoría no conoció las ciudades anteriores y este déficit de memoria viva precipita aún más el ritmo de los cambios. Hoy en día nuevas costumbres aparecen, más a tono con la cotidianidad de calles y bandas, más cerca de las modas planetarias que de la realidad familiar. Estos nuevos hábitos son la expresión de una ruptura con la ciudad de los adultos que no deja de recordarnos la fractura que separó a las generaciones indias nacidas antes de la conquista de aquellas que vinieron después. Un fenómeno notablemente acentuado por el terremoto de 1985.[1]

El apocalipsis día tras día

Gigantismo y contaminación son los dos rasgos esenciales de la ciudad posmoderna: "En 1984, tan sólo la ciudad es más grande que seis países de América Latina, veintiún países europeos, veinte países asiáticos y treinta y un países africanos".[2] La contaminación alcanza límites sin precedentes. Las industrias y la circulación vehicular arrojan gases tóxicos que saturan la atmósfera del valle. La barrera de las montañas bloquea la evacuación de los vapores mortales y contribuye a crear el efecto invernadero.

En realidad, desde sus orígenes México-Tenochtitlan vive de arruinar su medio ambiente. La explotación de bosques y lagos antes de la conquista española, la desecación de su medio lacustre en la época colonial, la urbanización salvaje de finales del siglo XIX y el crecimiento caótico del siglo XX nos hacen pensar que para existir esta ciudad debe sacrificar su medio natural, incluso la atmósfera que la rodea y le da vida. La contaminación se convirtió en la realidad y la obsesión de la ciudad desde principios de los años ochenta.

[1] Olga Durón, *Yo Porro,* México, Posada, 1984.
[2] Bataillon y Panabière (1988), p. 37.

La clase dirigente padece las consecuencias de su política favorecedora del uso del automóvil, su indiferencia con respecto del entorno, sus proyectos a corto plazo y de corto alcance, su incapacidad para superar la corrupción de administraciones e industriales. En cuanto a las clases medias y los proletarios, siguen teniendo otras preocupaciones. En una aglomeración urbana donde una gran franja de la sociedad vive por debajo del nivel de pobreza, la ecología parece, desde hace mucho, un lujo de países ricos.

Expresado en un tono y con acentos que no rechazarían los predicadores del siglo XVII, el miedo apocalíptico ha suplido a la indiferencia. Por fin, la opinión ha visto la proporción de un desastre que, a diferencia de la especulación inmobiliaria o de la violencia urbana, no salva ni a los burgueses de Polanco o del Pedregal ni a los desempleados de Ciudad Nezahualcóyotl. El mal es universal. Cada mañana, un domo de emanaciones tóxicas de tonos amarillos y violáceos desciende sobre la ciudad, insensible a los niños que van a la escuela, tan cruel para los ancianos como para los deportistas despreocupados. Dirigida por los periódicos, amplificada por la radio, la televisión y los partidos políticos, la toma de conciencia ha alcanzado a grandes sectores de la población. El Grupo de los Cien, dirigido por el escritor Homero Aridjis, se empeña en mantener la presión sobre funcionarios ineptos, corruptos o rebasados por la situación y la enormidad de la amenaza. Los programas de lucha contra el envenenamiento del aire se han multiplicado. Algunas instituciones vieron la luz, como la Comisión Metropolitana contra la Contaminación del Medio Ambiente. Proyectos que oscilaban entre realismo y ciencia ficción acaparaban regularmente las columnas de los diarios. Hubo uno que proponía la construcción de inmensas chimeneas que atenuarían el efecto invernadero. Más seriamente, se plantea hacer un ecotrén metropolitano entre Viveros, Santa Mónica y Bellas Artes; su funcionamiento, aseguran las autoridades, disminuiría la circulación de más o menos cincuenta mil automóviles cada día.

Pero ¿es aún posible impugnar la industrialización salvaje del valle y la circulación vehicular? ¿Aún es posible corregir eficazmente ciertos hábitos en una urbe cuya población no tiene ni voz ni voto y en la cual el poder, por más despótico que sea, no tiene suficiente autoridad para hacer cumplir sus decisiones? Después del problema de la tenencia de la tierra y el de la vivienda, los estragos de la contaminación habrán, por lo menos, contribuido a que cada vez más habitantes tengan una visión crítica de su espacio vital.

Algunas señales de alarma han acelerado esta toma de conciencia. En 1984, en la madrugada, unas enormes llamas iluminaron el cielo. El brillo enceguecedor provenía de una explosión de gas en San Juan Ixhuatepec, municipio de Tlalnepantla. El accidente provocó importantes daños materiales, dejó dos mil desaparecidos y desacreditó un poco más a la compañía Pemex, acusada de impericia e irresponsabilidad. Fue la catástrofe industrial más importante de la metrópoli. Pintadas en los muros de San Juanico, algunas inscripciones proclamaban: "San Juanico, igual que Hiroshima en el desastre".

Pero lo peor estaba por venir. El 19 de septiembre de 1985 la tierra tembló. El sismo causó por lo menos veinte mil víctimas, destruyó cantidad de edificios públicos, arrasó con muchos barrios proletarios y burgueses. Los miserables talleres de La Lagunilla así como los edificios históricos se derrumbaron. Hoteles, ministerios, hospitales se vinieron abajo. El edificio Nuevo León, que formaba parte de la Unidad Tlatelolco, construida en la euforia de los años setenta, se fue de lado como un gran navío encallado. Prevenidas por la radio y la televisión, miles de personas invadieron las calles y trataron de socorrer a los heridos. Súbitamente, la ciudad se volvió presa del caos. Por unos momentos estuvo prácticamente aislada del resto del mundo. El metro se suspendió.

En su caída, algunos hospitales aplastaron a médicos y enfermos. Centenas de talleres textiles enterraron a las costureras, que murieron en esos sórdidos antros. Al rescatar a los sobrevivientes y limpiar los escombros de las ruinas, salieron a la luz muchas prácticas que nada le pedían a las condiciones de vida de los obrajes de la época colonial: salarios miserables, precariedad de empleo, trabajadoras recluidas en sus lugares de trabajo acosadas sexualmente. La prensa denunció a cantidad de patrones que se precipitaban a las ruinas para recuperar máquinas y mercancía sin preocuparse de sus empleadas atrapadas entre los escombros.

El sismo se agregó a la lista de catástrofes naturales que han golpeado a la ciudad a lo largo de su historia.

Pero también hizo que el consenso tan superficial del régimen volara en pedazos, como en su momento lo hicieron las manifestaciones estudiantiles de 1968 y la reacción a la masacre de Tlatelolco. Expuestas ante los ojos del mundo, las carencias del gobierno escandalizaron a la población. Todos se dieron cuenta de que no existía ningún plan de emergencia para enfrentar las consecuencias de un temblor. Pareciera que la ciudad de 1985 estaba tan mal preparada como la de 1629 para enfrentar a las fuerzas de la naturaleza...

Frente al abandono y la impotencia de las autoridades, la solidaridad tuvo que improvisarse. Una cooperación eficaz consiguió dirigir la ayuda hacia los heridos y facilitó la intervención de equipos de rescate. Una imprevista unanimidad agrupó a los habitantes de la ciudad: "Gracias a esta gran vivencia comunitaria, una fuerza desconocida (por inesperada) desplegó las enormes recompensas de toda índole que aporta el trabajo colectivo".[3] Hubo asociaciones que se formaron para ayudar a todos aquellos que habían perdido familia, vivienda o trabajo: frentes de residentes, comités de vecinos, coordinaciones de cuartos de azotea, asociaciones de arrendatarios, cooperativas de trabajo.

Los estragos causados por el sismo ofrecieron una oportunidad única para aquellos que en el transcurso de los diferentes programas de modernización contaban con librar al centro de su vivienda popular y de sus molestos mercados. Pero los afectados no se dejaron. La gente que vivía en el centro reaccionó a estos proyectos que impugnaban sus formas de vida. Así,

[3] Carlos Monsiváis, *Entrada libre. Crónicas de la sociedad que se organiza*, México, Era, 1987, p. 13.

los vendedores ilegales y los ambulantes se negaron a abandonar el mercado de Jamaica o lo que quedaba del de La Merced para exiliarse lejos en el sur, en la Central de Abastos de Iztapalapa. ¿Qué sería de las veinte mil viviendas en ruinas o severamente averiadas del centro? ¿Qué suerte les esperaba a todos los miserables que se apretujaban más o menos clandestinamente en los cuartos construidos de cualquier cosa sobre los techos de las grandes unidades habitacionales? Los propietarios que recibían rentas congeladas imaginaron que por fin podrían deshacerse de sus arrendatarios aunque éstos habían sobrevivido al sismo. Los habitantes de los barrios populares tuvieron que luchar todos unidos. Muchos lograron negociar su reubicación. Los de Tlatelolco y las colonias Tepito y Morelos llevaron a cabo marchas de protesta y se dedicaron a restaurar, consolidar o reconstruir sus casas. Las medidas de expropiación que se tomaron en favor de los más perjudicados fueron muy bien recibidas en Tepito, con celebraciones y bailes callejeros que duraron varios días.

Resulta entonces que existía una ciudad de México subterránea, capaz de organizarse, de resistir con tenacidad, de quejarse e incluso de doblegar al régimen. Las organizaciones que aparecieron después del sismo dan fe de la persistencia de una vieja tradición asociativa, arraigada en los barrios y capaz de movilizar a muchísimos ciudadanos. "La experiencia del terremoto le dio al término *sociedad civil* una credibilidad inesperada."[4] Herencias que uno creería borradas para siem-

---

[4] Carlos Monsiváis, *Entrada libre. Crónicas de la sociedad...*, p. 13.

pre por la urbanización galopante vuelven a salir a la superficie cuando los grupos de la zona de Coyoacán proclaman con todas sus fuerzas: "Somos de los viejos pueblos [...] y queremos que así se nos reconozca, no como barrios, sino como pueblos".[5] Enunciada en 1994, esta demanda no tiene nada que ver con una nostalgia por el pasado campesino, de tipo europeo, que lo único que expresa es una reivindicación de campesinos hostiles a la vida urbana. Se trata, al contrario, de la expresión hispano-indígena de la comunidad local siempre más valiosa que el anonimato de la división en delegaciones. La concertación de asociaciones, que por lo demás no les impide luchar cada una por su lado para objetivos específicos, desarma a una burocracia autoritaria, no muy acostumbrada al juego democrático.

A pesar de los programas de reconstrucción, la ciudad conservó durante muchos años las cicatrices del sismo, símbolo de la fuerza de los elementos y de la impericia del "mal gobierno". Durante mucho tiempo, las ruinas de los edificios más grandes, que hasta hace poco rodeaban el sur y el oeste de la Alameda, dieron al centro el aspecto de una ciudad bombardeada.

Así, tanto por sus efectos materiales como psicológicos, el temblor de 1985 evoca la inundación de 1629 —proporcionalmente mucho más dramática— que, como se recordará, precedió al advenimiento de la ciudad barroca. Habrá que preguntarse entonces si a su vez el gran sismo no precipitó el nacimiento de la ciudad posmoderna. En cualquier caso, mucho mejor que

<hr>

[5] La asociación "Voces de Coapa", en *Excélsior*, 20 de agosto de 1994, p. 10-M.

unas ciencias sociales rebasadas por la amplitud de
la tarea, la literatura se hizo el eco minucioso de esta
realidad gigante y fragmentada al privilegiar el testimonio individual, la voz anónima, la instantánea reveladora. Basta con abrir la recopilación de Elena Poniatowska *Nada, nadie* o con recorrer las crónicas de
Carlos Monsiváis reunidas en *Entrada libre*.[6]

En los años ochenta, la lucha de los barrios populares
contra la especulación, las exacciones del hampa y de
la policía o las consecuencias del temblor se tradujeron en manifestaciones callejeras cada vez más frecuentes. El Zócalo (la plaza mayor colonial donde se
eleva el palacio de gobierno) está regularmente invadido por delegaciones de manifestantes de todo tipo,
cuando no son los grandes mítines organizados por la
izquierda y el PRD, el Partido de la Revolución Democrática. Asistimos a una conquista del espacio público por sectores urbanos excluidos desde hace mucho
tiempo de toda expresión política. El tiempo de las
grandes liturgias cívicas orquestadas por el partido en
el poder ha pasado de moda, sobre todo porque el poder establecido está sufriendo los desgastes del tiempo.
    La protesta popular encarna entonces en una figura
que se volvió emblemática: Superbarrio. Ajustado en
sus mallas rojas, es un luchador enmascarado, parecido a un Supermán de feria, que puso al servicio de los

_____

[6] *Nada, nadie, las voces del temblor,* México, Era, 1988.

compromisos populares el prestigio que confiere la arena a sus combatientes más afortunados. Superbarrio es el heredero de una tradición que se remonta al siglo XIX. Sin duda introducida en 1883 por un zuavo francés del ejército de Maximiliano, la lucha libre floreció durante los años 1930 cuando subió al ring el primer luchador enmascarado. En la década siguiente, Rodolfo Guzmán llevó a cabo una carrera gloriosa bajo el nombre de El Santo. Hasta finales de los años cincuenta, la televisión en cierne retransmitía los espectáculos de lucha libre. Después de un tiempo de eclipse televisivo, la lucha libre, que nunca desapareció de las arenas populares, volvió a verse en las pantallas. Era el principio de los años 1980. Gracias a ello la lucha quintuplicó su audiencia y su popularidad.

Los santuarios donde se apiñan los seguidores de los ídolos del momento se llaman Arena México, Arena Coliseo, Sala Revolución. Los luchadores pertenecen a varias empresas —la Empresa Mexicana de Lucha Libre, la AAA...— y sus dueños siempre están compitiendo para atraer a más público y contratar a los campeones. Las estrellas del ring se llaman Pánico, La Sombra, Ponzoña, Oso Negro. Completamente vestido de negro, con un gran sombrero de fieltro, envuelto en una capa de satín y terciopelo, Pánico tiene treinta y seis años: "Mi personaje, Pánico, está inspirado en el Fantasma de la Ópera; yo siempre soñé con pararme en el foro de un teatro, y aquí tengo oportunidad de darle vida al Fantasma de la Ópera".[7] Ponzoña tiene veintinueve años: "Yo sí me identifico con mi personaje por-

[7] *Viceversa*, 7, 1993, pp. 25-29.

que soy muy atrabancado, soy muy enojón; creo que el equipo me quedó perfecto porque me desespero rápido y así soy de lo peor [...] Mi equipo es el de una alimaña, el de un animal ponzoñoso, de un arácnido, pues. En Japón les gustó mucho mi personaje. Como ves, mi equipo tiene dientitos, el pelo es como de araña..." Fierito nació en Oaxaca: "Soy de una región de Oaxaca que se llama Mixe, soy orgullo de mi tierra [...] Mi equipo es de licra y me lo hizo un sastre de allá de Neza, la máscara lleva peluche como pelo de gato. Yo tengo gran respeto por mi equipo porque es una responsabilidad, el personaje nos da de comer..."

La extraordinaria creatividad de los trajes, máscaras, colores, gestos y símbolos, la habilidad de las actuaciones se relacionan con el pasado indio y barroco de la ciudad de México. Los bailes de máscaras de la ciudad colonial terminan en estos personajes, mediante siglos de reelaboración popular, años de lectura de cómics, películas y series de televisión, retahílas de muñecos de papel maché felizmente quemados en las fiestas.[8]

La lucha libre siempre ha sido asunto comercial. No resulta nada sorprendente que una vez más Televisa haya lanzado sus redes y sus cámaras sobre este fenómeno. La televisión comercial impone a los luchadores nombres y trajes, decide los combates, fija los horarios, designa los adversarios, regentea a sus luchadores como a cualquier compañía de teatro. Como en la época barroca, la excepcional vitalidad de las festividades populares se desprende de una perversa relación entre los gustos de las masas y el genio de los poderes do-

---

[8] La serie de películas que tienen por héroe a El Santo.

minantes para remplazarlos y canalizarlos para su provecho. Aunque la lucha libre en la ciudad de México de los años 1980 también puede ofrecer sus imágenes y emblemas a grupos que rechazan el monopolio televisivo y que combaten la explotación que ellos mismos padecen. La gente oscila fácilmente entre la industria del entretenimiento y la protesta política. Superbarrio es la muestra más espectacular y, paradójicamente, la más mediática.

¿UNA CIUDAD NEOBARROCA?

Singulares convergencias. Los miedos apocalípticos suscitados por la contaminación y el sida, las catástrofes naturales, la manipulación y recuperación de los entretenimientos populares dejan una sensación de *déjà vu*. Los ecos de un pasado olvidado se manifiestan de múltiples maneras. Con el debilitamiento de una modernidad laboriosamente conquistada, ¿estaría la ciudad posmoderna reconciliándose, sin saberlo, con la tradición barroca?

A finales de los años setenta, la tentativa de resurrección de sor Juana Inés de la Cruz tradujo espectacularmente —y puede ser que por primera vez— este interés renovado. Patrocinada por la hermana del presidente en turno, la tentativa era sin duda prematura. El fantasma de sor Juana obtuvo la restauración de su convento, el inmenso claustro de San Jerónimo, que tan bien había administrado la religiosa. Gracias, una vez más, al capricho de una casi virreina, doña Margarita López Portillo, menos cultivada que la bella Lisi pero rica por los dineros del petróleo y del Estado...

Después de dos siglos de abominación oficial de la ciudad barroca, el gesto es digno de llamar la atención.

Otras sombras barrocas, mucho menos consistentes, avanzan hoy sobre la ciudad. La rehabilitación del Centro Histórico es el principio de una labor de considerable envergadura. Con ella se marca el fin de las campañas de vandalismo y destrucción al favorecer una política de conservación. Inaugurada con la pomposa exhumación del Templo Mayor, la reconquista ha alcanzado a muchos vestigios de la época colonial, cuadra por cuadra. Sin duda es un regreso a la ciudad barroca pero en versión aséptica. Dentro de la tradición de la Ilustración y del despotismo ilustrado, la gente humilde es expulsada, así como los vendedores ambulantes que obstruyen las calles. Los empresarios vuelven a invertir en el centro, trasplantando todo aquello que la industria cultural sabe vender a la clase media: música clásica, museos, exposiciones, festivales, gastronomía tradicional... Sólo falta que la burguesía quiera vivir otra vez en las viejas residencias. La momificación salvadora del centro va por buen camino. Pero es difícil saber si predominará el regreso de lo inhibido —la resurrección de la ciudad barroca— o la disneylandización. Sin duda, tal desenlace marcaría el fin de la Historia para esta parte de la ciudad. En cuanto al proyecto Alameda —que trata de remodelar el espacio que colinda con el parque del mismo nombre y que quedó al descubierto por el sismo—, evoca demasiado la conquista de la ciudad por los especuladores del siglo xix para reconciliarse con las veleidades restauradoras. [9]

[9] Sobre el centro de la ciudad a finales de los años ochenta, "Ciudad, escenas y bambalinas", en *Trace,* junio de 1990, núm. 17.

Pero ¿es posible dar vida o revivir la vieja ciudad sin sus vendedores callejeros? En 1993 parecía un hecho que las principales vías del centro serían "liberadas" de los vendedores que buscaban sobre las banquetas el alimento para sobrevivir y alimentar a sus hijos. "Así podría modernizarse tan importante área citadina."[10] ¡Un local de mil lugares se puso a disposición de vendedores de mercancía de contrabando en la calle de Izazaga! Ello era olvidar la fuerza corporativa de los pequeños comerciantes, su capacidad de organización, sus lazos con el partido oficial, las redes de líderes —mujeres principalmente— y los ingresos regulares que los funcionarios de policía extraían de los transgresores. A finales de 1994 los "ambulantes" volvieron a aparecer en el centro de la ciudad. ¿La supresión del comercio ambulante sería tan resistente a la Ilustración como a la posmodernidad? La ciudad tendrá que imaginarse una serie de compromisos al estilo barroco que medien entre sus exigencias de orden y la existencia de los pequeños comerciantes.

NUESTRA SEÑORA DE LAS IMÁGENES

La ciudad del siglo XVII fue la ciudad de las imágenes prodigiosas que describieron el jesuita Florencia y el franciscano Vetancourt. La del siglo XVIII vivió y sufrió bajo la protección del escudo de la Guadalupe milagrosa y de cantidad de otras imágenes. A finales del siglo XX pequeños gestos y grandes acontecimientos

[10] *Reforma,* 12 de diciembre de 1994.

siguen entreteniendo la sacralidad de la ciudad. El 12 de diciembre de 1994 los habitantes de la colonia El Pocito (Coyoacán) instalaron una Virgen de Guadalupe en la esquina de la calle Batuecas y la avenida Chicago e hicieron bendecir su calle. Más que una decisión piadosa, según la representante de los vecinos, era una manera de llamar la atención sobre el torrente de aguas negras que desde 1970 contaminaba la parte baja de la calle, así como la ocasión de volver a pedir que abrieran un dispensario en el barrio. Como en el siglo XVII, el culto a las imágenes ayudaba a una pequeña comunidad a expresar sus reivindicaciones más terrenas.

Atravesando victoriosamente la Ilustración y el liberalismo, salvada por la modernidad y la secularización, la imagen milagrosa de Nuestra Señora de Guadalupe se revela más viva que nunca. El 12 de diciembre de 1994 cerca de mil doscientas peregrinaciones se dirigieron a la villa. Más de cuatro millones de personas, es decir, un habitante de cuatro o cinco, fue a la villa de Guadalupe. Un 40% eran originarios del Distrito Federal, 25% del Estado de México y los otros provenían del resto del país o incluso de fuera, como chicanos de Los Ángeles o indios blackfoot de Canadá. Aun cuando el culto es principalmente de la metrópoli, el tiempo no ha hecho más que centuplicar el brillo de la Virgen. Esta vez el viejo cuento barroco se reprodujo en tierras canadienses. Una india, Justine Crosschild, vio en sueños a la Virgen de Guadalupe. Siguiendo el consejo de un guerrero de su tribu, decidió tomar un avión en Calgary para ir a la basílica. Junto con otros indios esta mujer confeccionó un estandarte mariano, depositó una muñeca Barbie a modo de exvoto y regresó a Canadá con sus botellas de plástico llenas de agua bendita, con la imagen impresa de la Guadalupe. En ese mes de diciembre de 1994 las estadísticas revelan que uno de diez visitantes le pidió un milagro a la Virgen.[11] Como todos los años —en México no se trata, en absoluto, de un "regreso de lo religioso"—, la fiesta estuvo en su apogeo, con su cuota de niños perdidos, peregrinos heridos y hospitalizados, sus vendedores callejeros congregados en los principales accesos del atrio de la basílica y sus raterillos.

La celebración no se termina en los límites inmediatos a la villa. Ese 12 de diciembre de 1994, en plena ciudad, a la altura de la avenida Río Consulado, hay vecinos que ofrecen a los peregrinos naranjas, atolito revigorizante, pan de leche, caldo de camarón. Esta gente ayuda a los ciclistas que desfilan o a los choferes de camiones pintarrajeados. Hay señoras que preparan tamales, tacos, nopalitos, sándwiches de jamón; los comerciantes distribuyen gratuitamente pan y leche, los niños regalan fruta: "En Río Consulado una tradición se impone, una comunión del campo y la ciudad, un concilio de nuestros territorios".

Rebasando el conflicto entre modernidad y arcaísmo, Televisa se anexó la imagen santa gracias a una alianza prodigiosa. En 1988 la empresa organizó una gigantesca exposición consagrada a la imagen de la Virgen. En el recinto de su centro cultural, ante los ojos de decenas de miles de visitantes, la televisora celebró las bodas del comercio y de la fe, de la técnica y el milagro

[11] *Reforma*, 13 de diciembre de 1994.

Hay muchos otros ejemplos de esta fiebre neobarroca. Así, por ejemplo, las imágenes de las visitas del papa Juan Pablo II, vendidas en videocasetes e incansablemente transmitidas en los Sanborn's de la capital.

Sin dejar de producir industrialmente una "cultura de masas", de educar a los migrantes, de normalizar y uniformizar la ciudad, Televisa se convence de que el patrimonio clásico puede ser al mismo tiempo una justificación, una fuente de prestigio y un nuevo mercado. Sus canales televisivos se abren a la ópera, el ballet, el teatro, así como a ciclos de cine. Televisa financia el Museo de Arte Contemporáneo y mantiene la cultura humanista, burguesa e individualista que fascina a gran parte de las clases medias. En el camino, recupera a Diego Rivera y al caricaturista Abel Quezada. Mejor aún. Televisa resuelve a su manera el viejo complejo de provincialismo que envenena a las élites desde el Renacimiento. Una cadena de información continua, Eco —el equivalente al CNN norteamericano— tiene un centenar de corresponsales instalados en unos cincuenta países que derraman su flujo de noticias internacionales; ello ofrece a la urbe la ilusión de escapar, por fin, de la periferia de Occidente.

Victoria, una vez más, de la imagen electrónica. A finales de los años ochenta, 93% de los televidentes de la ciudad de México ven algún canal de Televisa en vez de leer prensa escrita. En 1990 no hay un solo diario que tenga un tiraje mayor a 100 000 ejemplares, cuando en 1910, poco antes de la Revolución, el periódico más leído de la ciudad alcanzaba los 150 000 ejemplares.[12]

[12] Blanco y Woldenberg (1983), II, p. 211.

Durante el mismo periodo, la urbe pasó de 560 000 a más o menos 20 millones de habitantes.[13]

María, Frida y Paquita

La ciudad de México acumula y digiere sin eliminar. A medida que los años cuarenta y cincuenta se borran de las memorias y se vuelven ajenos para la mayoría de la población de la ciudad, esta última se inventa sucedáneos que mantienen, modernizándolas y mistificándolas, las reminiscencias del pasado. Por ejemplo, el regreso a las pantallas de televisión de María Félix, ídolo intemporal, radiante bajo las joyas y el *kitsch* estilo Napoleón III y quien reapareció para juzgar a la ciudad de fin de siglo ante los ojos de millones de telespectadores en vilo frente a los dictados de la actriz. Fascinante y nostálgica evocación de una ciudad de México que ya no existe, de una ciudad desaparecida, de una edad de oro que tiene cada vez menos testigos.

Pero es más fácil resucitar a los muertos que a los vivos. Como lo demuestra la reaparición de Frida Kahlo en tarjetas postales, catálogos, libros de arte, biografías, películas, exposiciones. Mujer, judía, artista, comunista, enferma y mártir, feminista y lesbiana, Frida muerta ofrece hoy en día todo lo necesario para satisfacer a los públicos más diversos, tanto en la ciudad de México como en el resto del mundo. De María Félix a Frida Kahlo, ¿serían los medios mexicanos capaces de

[13] Bataillon y Panabière (1988), p. 29.

551

armar un nuevo pasado que retomara vestigios de los años cincuenta y que fuera idóneo para remplazar una Revolución en desuso? Mientras que las capitales de Europa sufren vejez, la renovación acelerada de las generaciones amenaza de amnesia a la ciudad de México. La mayoría de la población no conoció el periodo anterior a los años ochenta; así, esos repetitivos retornos a épocas próximas pero rebasadas parecen querer retardar la desaparición precipitada del pasado provocada por la irrupción masiva e incesante de nuevas generaciones en la escena urbana. Como otras ciudades del mundo, la de México practica un ejercicio que está volviéndose el motor principal de la creación posmoderna: la reanimación programada del pasado.

Esta actitud puede revestirse de apariencias científicas o inspirar investigaciones estéticas. Como la gran exposición consagrada a la ciudad de México entre 1920 y 1960 con el título de *Asamblea de ciudades,* que contribuyó a recordar algunas imágenes y algunos nombres de esta sorprendente época.[14] O la película, inundada de penumbra, *La reina de la noche,* que Arturo Ripstein dedicó a la fracturada existencia de la cantante Lucha Reyes. Luminoso o nostálgico, trivial o melodramático, la ciudad entrega su pasado a las nuevas generaciones conforme la televisión y el cine lo van delineando.

El trabajo de resurrección también produce algunos clones al anexarse figuras que la moda y los medios extraen de la oscuridad. Festejada en las revistas de van-

---

[14] *Asamblea de ciudades. Años 20s/50s. Ciudad de México,* Museo del Palacio de Bellas Artes, Consejo Nacional para la Cultura y las Artes, 1992.

guardia, la cantante Paquita la del Barrio, con su buena dosis de *kitsch,* encarna ese regreso al pasado dorado de los años cuarenta y de la ciudad de los barrios. Una vida de fotonovela. Nacida en Veracruz, madre soltera, explotada por un amante que la engaña, Paquita decide refugiarse en la capital. Con su hermana comenzó una pequeña carrera en las tabernas de Insurgentes que ofrecían "variedades" a sus clientes, con bastante éxito como para abrir un restaurante en la colonia Guerrero. Algún empresario que andaba de parranda la vio ahí y en 1985 la televisión la invitó a presentarse. Bautizada Paquita la del Barrio por su director artístico, la cantante empezó una carrera internacional que la llevó de Los Ángeles a Madrid, donde conoció a Pedro Almodóvar.

El universo que explota Paquita sigue todavía muy vivo en muchos barrios de la ciudad. Lejos de los medios, en casas o callejones, en patios de escuela o en atrios de iglesia aparecen y desaparecen los *tíbiris,* esas salas de baile improvisadas donde se apretujan durante un fin de semana los amantes de los ritmos tropicales. Se renta un "sono" bastante fuerte como para hacer vibrar a todo el vecindario y se baila cumbia, merengue, vallenato, rumba, siguiendo la tradición de las fiestas callejeras que divertían a la ciudad de las Luces. Sigamos al escritor Carlos Monsiváis por La Conchita: "la entrada es engañosa: el anuncio de una secundaria en la puerta, un patio como de colegio de huérfanos en película mexicana, un puesto de comida y refrescos, otro de venta de casetes. Se atraviesa el patio y de pronto, sin previo aviso, se ingresa al salón que es discotheque, hoyo fonqui, tíbiri, salón para familias con ausencia de los adultos".[15] Un detalle distingue, sin embargo, a estas fiestas con los bailes de antes: tolerancia o indiferencia, algunos travestis se mezclan con los vecinos en lugares donde treinta años antes hubieran puesto en peligro sus vidas. ¿Habrá que ver en ello los primeros efectos de la "liberación sexual" de finales de los años setenta? ¿O será que después de décadas de *kitsch* televisivo ya no es posible concebir un espectáculo sin la dosis de ambigüedad y rareza que trae consigo la virtualidad de estas reinas de la noche? "Su feminidad es tan delirante que ya es insólita, y sus movimientos tienen algo de farsa magnífica."[16]

Fiestas más anodinas en predios sin memoria, apenas salidos de la tierra, mantienen una vida colectiva en Navidad o en las fiestas de las quinceañeras: los quince años de las jóvenes que son ceremoniosamente presentadas en sociedad. Como si los habitantes que vienen de todos los rincones del valle y de la provincia, proletarios y clases medias, sintieran la necesidad de recrear lazos similares a los que cultivaban en sus ciudades o pueblos de origen. Incomprensiblemente, la tradición sigue ganándole a la amnesia y al desarraigo. Calle Iztaccíhuatl en San Cristóbal Ecatepec, en el extremo norte de la metrópoli. La calle está cerrada desde la aurora. Un toldo o un camión alojan a una pequeña orquesta que hace bailar a familiares y vecinos mientras que los niños devoran el pastel de tres pisos y las enormes tartas de fresa chorreantes de crema. El ponche, la cerveza, la cuba libre, los jugos y los refrescos acompañan la carne asada. Las tortillas de

---

[15] Blanco y Woldenberg (1993), i, p. 284.
[16] *Ibid.*, p. 285.

maíz y de harina calientitas. Durante las posadas que preceden a la Navidad las piñatas, figuras multicolores de papel maché repletas de caramelos y dulces, se suspenden de un mecate en los patios y en los estacionamientos de las calles. Los niños y algunos adultos llevan vendados los ojos. Rodeados de familiares que fotografían o filman sin mucho cuidado, los niños se entretienen golpeando con un palo esas efímeras obras de arte para hacer caer una lluvia de golosinas.

Rock mestizo en la ciudad de México

Hay otras vías fuera de la tradición o el *revival* para amarrarse al pasado y reaccionar a la opresión de la megalópolis. El mestizaje en todas sus formas se reveló, a lo largo de los siglos, como uno de los motores existenciales de la ciudad de México. El dominio musical no escapó a ello. Los indios del Renacimiento acompañaban los cantos polifónicos católicos con sus teponaztles. Posteriormente, los negros de la ciudad barroca plegaron los temas de España y las salmodias indias a sus ritmos africanos. Más tarde, los valses de Europa central y los mambos del Caribe hicieron bailar a ricos y pobres, burgueses europeizados y mestizos proletarios. El mestizaje no perdonó al rock que produce la ciudad desde sus márgenes y que distribuye en sus supermercados.

A principios de los años ochenta, en los alrededores de un museo de la universidad ubicado en el corazón de un viejo barrio popular, el tianguis del Chopo es uno de los lugares "alternativos" de la ciudad.

Ahí, todos los sábados centenas de jóvenes se reúnen para comprar o intercambiar discos y casetes de rock mexicano; circulan videocasetes, se truecan camisetas, llaveros, calendarios con las efigies de los grandes rockeros contemporáneos. El encuentro del mercado indígena —el tianguis— y el rock engendró un nuevo espacio urbano creador de otras formas de intercambio y de otros símbolos.[17] Este espacio se da, en el mejor de los casos, en las gigantescas salas del Auditorio Nacional, del Palacio de los Deportes o del gimnasio Juan de la Barrera, o pasa por el circuito de discotecas, cafés y demasiado pocas estaciones de radio. Rockotitlán —el lugar del rock— es una expresión de los años ochenta que abarca incluso hasta Ciudad Nezahualcóyotl, cuyas discotecas —Spartacus, Paradise— atraen ahora a los adolescentes de toda la localidad, quienes saben que la ciudad perdida de ayer está convirtiéndose en una ciudad en el sentido más amplio de la palabra.

Pero el tianguis del Chopo no existiría sin un rock mexicano, cantado en español, surgido de la semiclandestinidad de las tocadas o de los hoyos fonquis, esos locales abandonados, antiguos cines, bodegas viejas que servían de refugio a los grupos de rock en los años setenta. El rock resucita las herencias musicales recibidas por la ciudad de México y al mismo tiempo le da un lazo, fervientemente anhelado, con lo universal y lo contemporáneo. Un rock que los músicos dispersos por toda la ciudad mexicanizan, al mismo tiempo que adoptan el rap, pulverizan el mambo, recuperan las

[17] Adrián de Garay Sánchez, "El rock también es cultura", *Cuadernos de comunicación y prácticas sociales* 5, UIA, 1993, pp. 57-58.

bombas en un coctel de exuberancia y a veces de insondable nostalgia. El estilo fonqui se vuelve a veces *tequilero atascado* o *chilango,* el mariachi se alía con el reggae...

Los rockeros mexicanos reivindican abiertamente el mestizaje como esencia de una creatividad popular: "estamos mezclando" como Juana Inés de la Cruz, quien hace tres siglos exaltaba las virtudes del tocotín mestizo. El rock mexicano "se produce no por abandono, sino por mestizaje, por deformación profanatoria de lo auténtico".[18]

El grupo Maldita Vecindad canta "Pachuco", una ranchera que rápidamente se disuelve en estallidos de rock, como una mirada a la época del mambo y de los pachucos, un tiempo que ya está infinitamente lejos, anterior a los punks y al rock. Maldita Vecindad canta "Un poco de sangre", un chorro escarlata dejado por un niño que limpia parabrisas en la calle sobre un automóvil; "Solín", el que lee las cartas, el fakir a quien el futuro se le revela; "Kumbala", el salón de baile de neones rojos que se confunde con el lejano océano:

> todo el ambiente huele a mar,
> mucho calor,
> sudores en la piel,
> sudor sabor a sal....

La ciudad de México parece un circo mágico y gigantesco, un teatro sin cortina del que todos se van pero siempre regresan:

[18] J. Martín-Barbero, *De los medios a las mediaciones,* México, Gili, 1987.

había estado en Nueva York
y bailado en Japón
que en Brasil se enamoró,
y en Haití tocó el tambor,
a Mandela conoció
y en la URSS se emborrachó...

Los viajeros del mundo se encuentran con el emigrado yucateco que fue a parar a la ciudad. Lejanos pasados se reflejan en las fiestas copiosamente servidas de licores antiguos. Aún más mezclas: "mezclamos tepache con pulquito, con un poco de anís y mezcalito, y acabamos hasta atrás".

El grupo Café Tacuba grita la "Negra noche de Garibaldi" llena de charros tan negros como ella. El grupo desglosa la tristeza del último vaso de tequila en la cantina desierta y mezcla también las múltiples ciudades que cohabitan en la de México: catrines de antaño murmurando tres palabras de francés; "Rarotonga", "La prostituta del metro", "La chica banda", punk y chichimeca, ella sola encarna un condensado de ese mundo donde se funden los bosques de Chiapas (San Juan Chamula), los campos de Michoacán (Tzintzuntzan) y la Gran Ciudad:

Su padre es de San Juan Chamula
su madre vino de Tzintzuntzan
pero la líder de los sexmolcajetes punk
ha nacido en la gran Tenochtitlán
1, 2, 3, 4, 5, 6, 7, 8... Disco.

Con el grupo Fobia, la mirada se vuelve totalmente negra. Más mestizaje: "Fobia es una agrupación tecnocrática, admiradora de toda película en la que se encuentre involucrada una bestia oriental, como Godzila o el monstruo de Tai-Pei".[19] Su álbum *Leche* es un inventario de las obsesiones urbanas. Miedo a los cibernoides devoradores de cerebros que rodean la ciudad. Mientras que el plástico inunda la ciudad de México y el resto del universo, el pobre Mario se ahoga "por tonto"; él, que no conocerá nunca el mar, "se fue a vacacionar en el más allá". La noche mexicana "es un animal que no se puede domar". La muerte tampoco. ¿Será mejor irse de la ciudad de México y regresar a Júpiter?

> es que hace tiempo que no tengo a nadie
> y en este pueblo se me acaba el aire...

"TOTAL RECALL"

Fue en 1990, en una sala del complejo cinematográfico de Plaza Universidad, uno de los primeros centros comerciales de la ciudad. Se proyectaba *Total Recall*, una película del cineasta holandés Paul Verhoeven. ¿Cómo olvidar la sorpresa estupefacta de los espectadores mexicanos cuando se dieron cuenta de que la ciudad de ciencia ficción que invadía la pantalla no era otra que la propia ciudad de México apenas retocada? ¡Qué extraño sentimiento cuando al salir de la última función había que recorrer el laberinto del metro, ese mismo que en la pantalla, unos minutos antes, nos propulsaba hacia el próximo siglo! El presente se desva-

---

[19] *Viceversa*, 7, 1993, p. 71.

nece en el futuro, choque frontal de lo real y lo imaginario, sumados a la constante e insinuada obsesión inmemorial que se empeña en hacer de la ciudad de México la megalópolis pasada, presente y por venir del planeta...

La ciudad de México es tan prodigiosa como la Virgen que la protege desde hace siglos. La excavación de sus entrañas exhuma restos del siglo XVI, mientras que otros barrios y otros lugares —la rotonda del metro Insurgentes, los pasillos interminables del metro, el Colegio Militar— se prestan, tal y como son, a la evocación de una megalópolis del siglo XXI. Queda claro que Paul Verhoeven —el autor de *Basic Instinct*— haya decidido filmar *Total Recall* haciendo maniobrar a Arnold Schwarzenegger, criatura posmoderna por naturaleza. La ciudad de México suple a Los Ángeles de *Blade Runner* en nuestro imaginario del siglo XXI, como si el futuro del mundo debiera jugarse en esta región del globo, antes india, no hace mucho española.

Pero la ciudad de México tiene la costumbre de sembrar la confusión en el tiempo. Al proyectar en el siglo XXI las imágenes del presente, *Total Recall* invierte el procedimiento de los cronistas mexicas cuando se inventaron una prehistoria. A éstos les había bastado con reproducir, en el tiempo vacío de los orígenes, el presente que tenían bajo los ojos: en los códices, la blanca Aztlán se volvió el fiel reflejo de Tenochtitlan en el siglo XV. En el otro extremo de la historia, en las pantallas panorámicas, la megalópolis del siglo XXI nos entrega el reflejo de la ciudad posmoderna. La urbe nos obliga entonces a dar marcha atrás y remontar el tiempo por segunda vez, eligiendo nuevas etapas que de siglo en siglo terminarán por llevarnos al otro lado del espejo, a los albores de la ciudad prehispánica.

Además no podremos dejar de interrogarnos de nuevo sobre la irrupción del mundo occidental en esta ciudad india, desde la posmodernidad hasta el Renacimiento. Impresionante, aplastante incluso, yendo desde el humanismo hasta la *beat generation,* la herencia occidental tiene aquí todo para satisfacer los gustos más disímbolos y también para disuadir constantemente al visitante mejor informado. Al mismo tiempo, la ciudad de México barroca o psicodélica nos confronta sin tregua a una realidad no europea que debemos tratar de abordar esquivando los clichés de exotismo y las perezas del etnocentrismo.

Desde hace casi cinco siglos la ciudad de México nos da a conocer una historia que, para bien o para mal, asocia al Occidente y a la América indígena, al Extranjero y al Autóctono, al Yo y al Otro. Desde el Renacimiento, el humanista Cervantes de Salazar lo había notado: "Y con toda razón oso afirmar que los dos mundos se encuentran aquí reducidos y comprendidos y que se puede decir de México lo que los griegos decían del hombre, al llamarlo microcosmos o pequeño mundo".

Este frente a frente constituye el corazón de este libro que mezcla inextricablemente las razones científicas y las razones íntimas. Tuve que llegar al fin de estas páginas para descubrir hasta qué punto mi relación personal con la ciudad de México encauzó mis curiosidades y orientó los itinerarios sucesivamente tomados. Una serie de miradas, encuentros, separaciones que no tienen lugar aquí pero que explican las elecciones y los silencios mejor que cualquier argumentación. Una relación tan carnal como intelectual o afectiva. Como la ciudad india late dentro de la "ciudad imperial", como la ciudad europea vibra en la ciudad americana, la de México —o aquella otra que se encuentra dentro— siempre será de alguna manera una fracción de nosotros mismos. Una proximidad extrema que en cualquier momento puede volverse una distancia infranqueable.

Como muchas otras vidas hoy, la Historia es mestizaje, sólo es mestizaje —y tal vez la historia de la ciudad de México aún más—. La trama se ha vuelto tan inextricable que para desglosarla habría, sin duda, que destruirla por completo. Esta historia es lo que se necesita para cuestionar muchas obsesiones contemporáneas. Los sueños de la alteridad y la autenticidad, las búsquedas de pureza son venenos que la etnología ha contribuido a propagar y que la Historia debe combatir con todas sus fuerzas. Nada es puro. Todo está mezclado, híbrido, irremediablemente contaminado y enriquecido por el otro. En México-Tenochtitlan, en la ciudad imperial, capital del Nuevo Mundo o capital de México, el indio explotado o colaborador supo occidentalizarse de mil maneras a medida que el europeo conquistador o desarraigado aprendía a norteamericanizarse. He aquí por qué la ciudad de México mestiza —donde resuenan los teponaztles, las óperas barrocas y los grupos de rock— es el antídoto a nuestro fin de siglo. Por lo menos, mi antídoto.

París, septiembre de 1995

ANEXOS

CRONOLOGÍA

El periodo español

La ciudad del Renacimiento

1522	La traza de la ciudad.
1535	Antonio de Mendoza, virrey.
1536	Colegio de Santa Cruz de Tlatelolco.
1539	Ejecución del cacique de Texcoco.
	Primera imprenta.
1541	Motolinía: *Memoriales*.
	Códice mendocino.
1553	Inauguración de la Universidad de México.
1554	Cervantes de Salazar: *Diálogos*.
1559	Exequias solemnes de Carlos V.

La encrucijada manierista

1566	Simon Pereyns en la ciudad de México.
1571	El Tribunal del Santo Oficio de la Inquisición.
1575	Bernardino de Sahagún: *Códice florentino*.
1593	Muerte del arquitecto Claudio de Arciniega.
1604	Bernardo de Balbuena: *Grandeza mexicana*.
1608	Mateo Alemán en la ciudad de México.
	Regreso de Juan Ruiz de Alarcón.
1615	Juan de Torquemada: *Monarquía indiana*.
1623	Arias de Villalobos: *Mercurio*.
1624	Revuelta urbana.
1625	Thomas Gage en la ciudad de México.
1629/	
1634	La gran inundación.
1637	Fundación de la cátedra de matemáticas.

1640	Llegada del nuevo virrey, el marqués de Villena.
1642	Palafox y Mendoza, obispo de Puebla y virrey.
1645	Nacimiento de Carlos de Sigüenza y Góngora.
1648	Miguel Sánchez : *Imagen de la Virgen de Guadalupe.*
	Nacimiento de Juana Inés de la Cruz.
1649	Gran auto de fe.
1652	Muerte del príncipe Sebastián de Arteaga.
1658	Persecución de los sodomitas.
1683	Juana Inés de la Cruz: *Los empeños de una casa.*
1692	Motín de junio.
1711	Manuel de Zumaya: *Parténope.*
1714	Muerte de Villalpando.
1716	Muerte de Juan Correa.
1737	La Virgen de Guadalupe, patrona de la ciudad de México.
1749	El sagrario de la catedral.
1753	Inauguración del Coliseo Nuevo.

La ciudad de las Luces

1767	Expulsión de los jesuitas.
1768	Alzate: *El diario literario de México.*
1789	El conde de Revillagigedo, virrey.
1790	Exhumación de la Coatlicue y de la Piedra del Sol.
1784	Academia de San Carlos.
1793	Plan "regulador" de Ignacio de Castera.
	La Fábrica de Tabaco. Tolsá, encargado de construir el Palacio de Minería.
1803	Alejandro de Humboldt en la ciudad de México: la ciudad tiene *130 000 habitantes.*
	Estatua ecuestre de Carlos IV.

1810	Inicio del movimiento de Independencia.
1812	Elecciones de la municipalidad constitucional.
	Fernández de Lizardi funda *El Pensador Mexicano*.
1816	La ciudad de México tiene *168 000 habitantes*.

LA INDEPENDENCIA

La ciudad independiente

1821	El Ejército Trigarante entra a la ciudad de México. Consumación de la Independencia.
1826	Organización del gobierno del Distrito Federal.
1828	Renovación del paseo de Bucareli.
	Saqueo del Parián.
1832	Entrada de López de Santa Anna a la capital.
1833	Epidemia de cólera: 10 000 víctimas.
1836	La ciudad de México, capital del Estado de México. El Distrito Federal desaparece.
1838	La ciudad de México: *200 000 habitantes*.
1840	Levantamiento de Gómez Farías y toma del Palacio Nacional.
1844	Inauguración del teatro de Santa Anna.
	Terremoto.
1847	Batallas de Churubusco y de Molino del Rey. Entrada de las tropas de Estados Unidos a la ciudad de México.
1850	Epidemia de cólera.
	Decimocuarta inundación de la ciudad.
1856	La Ley Lerdo desamortiza los bienes de corporaciones civiles y religiosas.
1857	Ferrocarriles de vapor de la ciudad de México a Guadalupe y a Tacubaya.
	Guerra de Reforma.

1861	Secularización de hospitales y establecimientos de beneficencia de la ciudad.
	Conventos subastados.

La Intervención francesa

1863	El ejército francés ocupa la ciudad de México. Creación del "departamento" del valle de México.
1864	Entrada de Maximiliano a la ciudad de México.
	El río Cuautitlán inunda la parte oriental de la ciudad.
1865	Inauguración del Paseo de la Reforma bajo el nombre de Paseo del Emperador.
	La Casa de Moneda se convierte en sede del Museo Nacional.
	Melesio Morales: *Ildegonda*.

La ciudad porfiriana

1867	Porfirio Díaz libera la ciudad. Juárez regresa a la ciudad de México y restablece, por tercera vez, el Distrito Federal.
1869	Alumbrado público de hidrógeno.
1876	Entrada de Porfirio Díaz a la ciudad de México.
1879	Líneas telefónicas de la ciudad de México a Tlalpan.
1889	La ciudad de México tiene *329 535 habitantes*.
	Colonias El Rastro, La Indianilla, Hidalgo.
	Manuel Payno: *Los bandidos de Río Frío*.
1890	Construcción del Hospital General.
1897	Difusión del alumbrado público: 528 lámparas en servicio.

1900	La ciudad de México tiene *477 000 habitantes.*
	El general Porfirio Díaz es reelecto por quinta vez.
	Penitenciaría de Lecumberri.
	Ricardo Castro: *Atzimba.*
	Primera película mexicana de Salvador Toscano.
1902	Las colonias residenciales de la Condesa y Roma.
1903	Inicios de la vanguardia: Amado Nervo y Jesús E. Valenzuela dirigen la *Revista Moderna.*
1905	Justo Sierra, secretario de Educación nacional. Inauguración del rastro, del hospital para niños y del hospital para pobres.
1907	Huelgas en la industria textil. Arresto del director del periódico *El Diario del Hogar* Filomeno Mata.
1910	Creación del Ateneo de la Juventud que agrupa a los intelectuales opuestos al régimen.
	Festividades del centenario de la declaración de Independencia.
	Inauguración de la Universidad Nacional de México.
	Inicios de la Revolución.

Revolución y modernidad

1911	Díaz deja la ciudad.
	Entrada de Madero a la ciudad de México.
	Gran temblor. Agitación política y social.
1913	Golpe de Estado de Victoriano Huerta.
1914	Zapata entra a la ciudad de México.
1915	El general Obregón toma la ciudad de México. Combate entre zapatistas y carrancistas.
1917	La ciudad de México —nuevamente capital de la República— y sus arrabales tienen *1 200 000* habitantes.
	La Constitución de 1917.

Primera línea de autobuses: entra en vigor el sistema de concesiones acordadas a los propietarios de vehículos.

Alfonso Reyes publica *Visión de Anáhuac*.

1920 Asesinato de Carranza.

Epidemia de gripa: se cierran cines y teatros.

Julián Carrillo dirige el Conservatorio Nacional de Música.

Inauguración del Salón México.

1921 José Vasconcelos, secretario de Educación Pública. Diego Rivera regresa a la ciudad de México.

1922 Manifestación de arrendatarios apoyados por los sindicatos CROM y CGT.

Diego Rivera, Carlos Mérida y Jean Charlot empiezan a pintar los murales de la Escuela Nacional Preparatoria.

David Alfaro Siqueiros regresa de Europa.

1924 Murales de Chapingo (Rivera). Movimiento estridentista.

1926 Conflicto con la Iglesia: suspensión del culto católico y clausura de colegios católicos.

Carlos Chávez: *Cuatro soles*.

1927 Por primera vez desde 1522 no se celebra la Semana Santa en la ciudad de México.

Agustín Lara presenta el danzón.

1928 Asesinato de Obregón, presidente electo.

Ley de organización política del Distrito Federal.

La revista *Contemporáneos:* Caslos Pellicer, Xavier Villaurrutia, Salvador Novo, Celestino Gorostiza.

1929 Fundación del Partido Nacional Revolucionario.

Se le concede autonomía a la Universidad Nacional.

1930 La estación de radio XEW transmite sus primeros programas musicales.

1931 Serguei M. Eisenstein en la ciudad de México.

1933	Arcadi Boytler: *La mujer del puerto*.
	Fernando de Fuentes: *El compadre Mendoza*.
1934	Lázaro Cárdenas, presidente.
	Inauguración del Palacio de Bellas Artes.
1937	León Trotski en la ciudad de México.
1938	Expropiación petrolera.
	Los refugiados españoles fundan la Casa de España (futuro Colegio de México).
	André Breton en la ciudad de México.
1939	Leonora Carrington, Remedios Varo, Marc Chagall en la ciudad de México.
1940	Asesinato de León Trotski.
1941	Fidel Velázquez electo a la cabeza de la CTM, principal sindicato obrero (en 1995 aún ocupa el mismo puesto).
	El compositor José Pablo Moncayo presenta su *Huapango*.
1942	Inicio de la carrera de María Félix.
1943	Emilio Fernández: *María Candelaria*.
1945	Los Estudios Churubusco.
1946	Miguel Alemán llevado a la Presidencia.
1949	Muerte del pintor José Clemente Orozco.
	Luis Barragán y Matías Goeritz planean los Jardines del Pedregal.
1950	La ciudad de México: *Tres millones de habitantes*.
	Inicios de la televisión comercial.
	Octavio Paz: *El laberinto de la soledad*.
	Luis Buñuel: *Los olvidados*.
	El coreógrafo José Limón en la ciudad de México.
	En el teatro, *Rosalba y los llaveros* de Emilio Carballido.
	María Callas en el Palacio de Bellas Artes.
1952	Inauguración de la Ciudad Universitaria.
	Ernesto P. Uruchurtu, regente de la ciudad.

1954	Muerte de Frida Kahlo.
1955	Luis Buñuel: *Ensayo de un crimen*.
	Juan Rulfo: *Pedro Páramo*.
	Clausura del cabaret Waikikí.
1957	Gran terremoto.
	Muerte de Diego Rivera.
	Barragán y Goeritz construyen las torres de Ciudad Satélite.
1958	Adolfo López Mateos, presidente electo.
	Huelga de maestros y del sindicato de electricistas.
	Carlos Fuentes: *La región más transparente*.

La megalópolis

1960	La ciudad de México: *Cinco millones de habitantes*.
	Héctor Azar renueva el teatro universitario.
1962	Luis Buñuel: *El ángel exterminador*.
1966	José Agustín: *De perfil*.
	Juan Ibáñez: *Los caifanes*.
1968	Masacre de Tlatelolco.
	Juegos olímpicos.
1970	La ciudad de México: *Nueve millones de habitantes*.
	Copa Mundial de Futbol.
	Paul Leduc: *Reed, México insurgente*.
1971	La policía reprime la manifestación del 10 de junio.
1975	Felipe Cazals: *Canoa*.
1976	Naucalpan y Ciudad Nezahualcóyotl protestan contra el caos del transporte urbano.
1978	*Boom* petrolero.
	Ejes viales.
	Excavaciones del Templo Mayor.
1979	Luis Zapata: *El vampiro de la colonia Roma*.
1980	La ciudad de México: *14 millones de habitantes*.

	Ciudad Nezahualcóyotl: 1.4 millones de habitantes.
1984	Explosión de San Juan Ixhuatepec.
1985	El terremoto.
1986	Copa Mundial de Futbol.
1987	Octavio Paz: *Árbol adentro*.
	Carlos Monsiváis: *Entrada libre*.
1988	Carlos Salinas de Gortari, presidente.
1990	La ciudad de México: *15.8 millones de habitantes* (estimación a la baja).
1991	María Novaro: *Danzón*.
	Alfonso Arau: *Como agua para chocolate*.
1993	Arturo Ripstein: *Principio y fin*.
1994	Levantamiento zapatista en Chiapas.
	Asesinato del candidato del PRI a la Presidencia.

BIBLIOGRAFÍA

Siglas

AAA: Archivo del Antiguo Ayuntamiento (ciudad de México)
AGI: Archivo General de Indias (Sevilla)
AGN: Archivo General de la Nación (ciudad de México)
CSIC: Consejo Superior de Investigaciones Científicas
DDF: Departamento del Distrito Federal
EHESS: École des Hautes Études en Sciences Sociales (Escuela de Altos Estudios en Ciencias Sociales)
exp: expediente
FCE: Fondo de Cultura Económica
IIE: Instituto de Investigaciones Estéticas
IMSS: Instituto Mexicano del Seguro Social
INAH: Instituto Nacional de Antropología e Historia
INI: Instituto Nacional Indigenista
SEP: Secretaría de Educación Pública
UIA: Universidad Iberoamericana
UNAM: Universidad Nacional Autónoma de México

Para una vista panorámica de los siglos XVI y XVII consúltese las bibliografías de los tomos I y II de Carmen Bernand y Serge Gruzinski, *Historia del Nuevo Mundo,* México, FCE, 1996.

Actas de cabildo de la ciudad de México, 1524-1630 (1889-1916), 54 vol., México, Imprenta de Aguilar e Hijos.
Aguilar Camín, Héctor (1982), *Saldos de la revolución. Cultura y política en México, 1910-1980,* México, Nueva Imagen.
Aguirre Beltrán, Gonzalo (1973), *Medicina y magia. El proceso de aculturación en la estructura colonial,* México, INI.

Ajofrín, Francisco de [1763-1767] (1959), *Diario del viaje que [...] hizo a la América Septentrional en el siglo XVIII,* 2 vol., Madrid, Archivo documental español.

___ (1986), *Diario del viaje a la Nueva España,* México, SEP.

Alberro, Solange (1988), *Inquisición y sociedad en México, 1571-1700,* México, FCE.

___ (1992), *Les Espagnols dans le Mexique colonial. Histoire d'une acculturation,* París, Armand Colin/EHESS.

Altamirano, Manuel Ignacio (1965), *El Zarco,* México, Editorial Nacional.

___ (1986-1992), *Obras completas,* bajo la dirección de Nicole Giron, 22 vol., México, SEP.

Alvarado Morales, Manuel (1984), *La ciudad de México ante la fundación de la armada de Barlovento, historia de una encrucijada,* México, El Colegio de México.

Anna, Timothy E. (1981), *La caída del gobierno español en la ciudad de México,* México, FCE [edición inglesa: 1978].

Arizpe, Lourdes (1975), *Indígenas en la ciudad de México. El caso de las "Marías",* México, Sepsetentas 182.

___ (1978), *Migración, etnicismo y cambio económico. Un estudio sobre migrantes campesinos a la ciudad de México,* México, El Colegio de México.

Arnold, Linda (1982), *Bureaucracy and Bureaucrats in Mexico City,* 1742-1835, Ph. D., Austin, University of Texas.

Arrom, Silvia M. (1985), *The Women of Mexico City, 1790-1857,* Stanford, Stanford University Press.

Asamblea de ciudades, Años 20s/50s. Ciudad de México (1992), México, Museo del Palacio de Bellas Artes.

Atlas de la ciudad de México (1987), El Colegio de México, DDF.

Balbuena, Bernardo de [1604] (1990), *Grandeza mexicana,* edición de Luis Adolfo Domínguez, México, Porrúa.

Bataillon, Claude, y Louis Panabiére (1988), *Mexico aujour-d'hui, la plus grande ville du monde,* París, Publisud.

Bazarte, Alicia (1989), *Las cofradías de españoles en la ciudad de México (1526-1869),* México, UNAM.

Benassy-Berling, Marie-Cécile (1983), *Humanismo y religión en sor Juana Inés de la Cruz*, México, UNAM.

Benítez, Fernando (1981), *La ciudad de México (1325-1982)*, 3 vol., México, Salvat.

Berchez, Joaquín (1992), *Arquitectura mexicana de los siglos XVII y XVIII*, México, Grupo Azabache.

Bernand, Carmen, y Serge Gruzinski (1991-1993), (1996, vol. I; 1999, vol. II) *Historia del Nuevo Mundo*, México, FCE.

Blanco, José Joaquín (1989), *La literatura en la Nueva España / 2. Esplendores y miserias de los criollos*, México, Cal y Arena.

___ (1990), *Los mexicanos se pintan solos. Crónicas, paisajes, personajes de la ciudad de México*, México, Pórtico de la Ciudad de México.

___ Blanco, José Joaquín, y José Woldenberg (1993), *México a fines de siglo*, 2 vol., México, FCE.

Boyer, Richard E. (1973), *La gran inundación. Vida y sociedad en la ciudad de México (1629-1638)*, México, Sepsetentas 218.

___ (1977), "Mexico City as Metropolis: Transition of a Colonial Economy in the Seventeenth Century", *Hispanic American Historical Review, 57*, pp. 455-478.

Brading, David A. (1971), *Mineros y comerciantes en el México borbónico, 1763-1810*, México, FCE.

___ (1991), *Orbe indiano: de la monarquía católica a la república criolla, 1492-1867*, México, FCE.

Burke, Marcus (1992), *Pintura y escultura en Nueva España. El barroco*, México, Grupo Azabache.

Cabrera y Quintero, Cayetano, Javier de [1746] (1981), *Escudo de armas de México*, México, IMSS.

Calderón de la Barca, Frances Erskine [1843] (1987), *La vida en México durante una residencia de dos años en ese país*, México, Porrúa.

Calnek, Edward (1974), "Conjunto urbano y modelo residencial en Tenochtitlán", en *Ensayos sobre el desarrollo urbano de México*, México, Sepsetentas 143, pp. 11-65.

Calnek, Edward (1976), "The Internal Structure of Tenochtitlán", en *The Valley of Mexico: Studies in Prehispanic Ecology and Society*, edición de Eric Wolf, Albuquerque, University of New Mexico Press, pp. 287-302.

Centro histórico de la ciudad de México (1988), *Artes de México*, núm. 1, otoño.

Cervantes de Salazar, Francisco [1554] (1982), *México en 1554 y Túmulo imperial*, México, Porrúa.

___ [1564] (1985), *Crónica de la Nueva España*, edición de Juan Miralles Ostos, México, Porrúa.

Cooper, Donald B. (1980), *Las epidemias en la ciudad de México, 1761-1813*, México, IMSS [edición inglesa: 1965].

Cope, R. Douglas (1994), *The Limits of Racial Domination. Plebeian Society in Colonial Mexico City, 1660-1720*, Madison, The University of Wisconsin Press.

Corcuera de Mancera, Sonia (1981, UNAM; 1990, FCE), *Entre gula y templanza. Un aspecto de la historia mexicana*, México, FCE.

Cornelius, Wayne A. (1980), *Los inmigrantes pobres en la ciudad de México y la política*, México, FCE.

Cortés, Hernán [1522…] (1963), *Cartas y documentos*, edición de Mario Hernández Sánchez-Barba, México, Porrúa.

Cruz, Juana Inés de la [1689-1700] (1976), *Obras completas*, edición de Alfonso Méndez Plancarte, 4 vol., México, FCE.

Cuevas, Mariano (1921-1926), *Historia de la Iglesia en México*, 5 vol., México, Editorial Patria.

Cuevas Aguirre y Espinosa, José Francisco (1748), *Extracto de los autos, diligencias y reconocimientos de los ríos, lagunas, vertientes y desagües de la capital México y su valle*, México, Imprenta de la Viuda de Bernardo Hogal.

Debroise, Olivier (1984), *Figuras en el trópico. Plástica mexicana, 1920-1940*, Barcelona, Oceano.

Díaz del Castillo, Bernal (1968), *Historia verdadera de la conquista de la Nueva España*, edición de Joaquín Ramírez Cabañas, 2 vol., México, Porrúa

Dorantes de Carranza, Baltasar [1604] (1970), *Sumaria relación de las cosas de la Nueva España*, México, Jesús Medina.

Durán, Diego [1570] (1967), *Historia de las Indias de Nueva España e islas de la Tierra firme*, 2 vol., México, Porrúa.

Duverger, Christian (1983), *L'Origine des Azteques*, París, Seuil.

El barroco de México (1991), México, Banco Nacional de Comercio Exterior.

Ensayos sobre la ciudad de México (1994), Ciudad de México, DDF, UIA, Consejo Nacional para la Cultura y las Artes.

Estrada, Jesús (1973), *Música y músicos de la época virreinal*, México, Sepsetentas 95.

Fernández, Justino (1972), *Estética del arte mexicano. Coatlicue, El retablo de los reyes, El Hombre*, México, UNAM.

Fernández, Martha (1985), *Arquitectura y gobierno virreinal. Los maestros mayores de la ciudad de México, siglo XVII*, México, UNAM.

Fernández de Lizardi, José Joaquín (1992), *Obras*, 2 vol., México, UNAM, 1982 [1816], *El Periquillo Sarniento*, México, Porrúa.

Florencia, Francisco de [1688] (1785), *La estrella del norte de México*, Madrid.

Flores y Escalante, Jesús (1993), *Salón México. Historia documental y gráfica del danzón en México*, México, Asociación Mexicana de Estudios Fonográficos, A. C.

Fuentes, Carlos (1958), *La región más transparente*, México, FCE.

Gage, Thomas [1648, 1676] (1979), *Voyages dans la Nouvelle-Espagne*, 2 vol., París-Ginebra, Slatkine.

Garay Sánchez, Adrián (1993), "El rock también es cultura", *Cuadernos de comunicación y prácticas sociales* 5, UIA.

García Canclini, Néstor, *et al.* (1993), *El consumo cultural en México*, México, Consejo Nacional para la Cultura y las Artes.

García Icazbalceta, Joaquín (1954), *Bibliografía mexicana del siglo XVI*, México, FCE.

___ (1963), *Relaciones de varios ingleses en la ciudad de México y otros lugares de la Nueva España*, Madrid, Porrúa.

García Quintana, Josefina (1978), *México-Tenochtitlán y su problemática lacustre*, México, SEP-INAH.

Garza, Gustavo (1985), *El proceso de industrialización en la ciudad de México, 1821-1970*, México, El Colegio de México.

Gemelli Careri, Giovanni Francesco [1699-1700] (1976), *Viaje a la Nueva España*, México, UNAM.

Gibson, Charles (1964), *The Aztecs under Spanish Rule A History of the Indians of the Valley of Mexico, 1519-1810*, Stanford, Stanford University Press.

Gómez de Cervantes, Gonzalo [1599] (1944), *La vida económica y social de la Nueva España al finalizar el siglo XVI*, México, Antigua Librería Robredo.

González Aparicio, Luis (1980), *Plan reconstructivo de la región de Tenochtitlán*, México, SEP-INAH.

González Obregón, Luis (1947), *Las calles de México*, 2 vol., México, Botas.

___ (1952), *Rebeliones indígenas y precursores de la independencia mexicana*, México, Fuente Cultural.

___ (1976), *Leyendas de las calles de México*, México, Aguilar.

___ (1980), *México viejo*, México, Patria.

Gortari Rabiela, Hira de, y Regina Hernández Franyuti (1988a), *La ciudad de México y el Distrito Federal (1824-1928). Una historia compartida*, México, DDF-Instituto Mora.

___ (1988b), *Memoria y encuentros: la ciudad de México y el Distrito Federal (1824-1928)*, 3 vol., México, DDF-Instituto Mora.

Gruzinski, Serge (1991), *La colonización de lo imaginario: sociedades indígenas y occidentalización en el México español, siglos XVI-XVII*, México, FCE.

___ (1988), *Le Destin brisé de l'empire aztèque*, París, Gallimard.

___ (1994), *La guerra de las imágenes: de Cristóbal Colón a "Blade Runner" (1492-2019)*, México, FCE.

___ (1991), *La Conquête de l'Amérique peinte par les Indiens du Mexique*, París, Flammarion, UNESCO.

Guadalupe Victoria, José (1985), *Pintura y sociedad en Nueva España*, México, UNAM.

Guía de las actas de cabildo de la ciudad de México, siglo XVII (1988), 3 vol., México, DDF-UIA.

Guía de forasteros, Centro histórico, Ciudad de México (1991), México, Banamex.

Guijo, Gregorio Martín de (1953), *Diario, 1648-1664*, edición de Manuel Romero de Terreros, México, Porrúa.

Gurría Lacroix, Jorge (1978), *El desagüe del valle de México durante la época novohispana*, México, SEP-INAH.

Humboldt, Alejandro de (1811), *Essai politique sur le royaume de la Nouvelle-Espagne*, París, Schoell.

___ (1980), *Voyages dans l'Amérique équinoxale*, ed. de Charles Minguet, 2 vol., París, FM/La Découverte.

Israel, Jonathan I. (1975), *Race, Class and Politics in Colonial México, 1610-1670*, Londres, Oxford University Press.

Kandell, Jonathan (1988), *La Capital. The Biography of Mexico City*, Nueva York, Random House.

Kellogg, Susan (1995), *Law and the Transformation of Aztec Culture, 1500-1700*, Norman, University of Oklahoma Press.

Kemper, Robert V. (1976), *Campesinos en la ciudad. Gentes de Tzintzuntzan*, México, Sepsetentas 270.

Kicza, John E. (1986), *Empresarios coloniales. Familias y negocios en la ciudad de México durante los Borbones*, México, FCE [edición inglesa: 1983].

Krauze, Enrique (1994), *Siglo de caudillos*, Barcelona, Tusquets.

La ciudad de México en la primera mitad del siglo XIX. Tomo I: Economía y estructura urbana (1994) (bajo la dirección de Regina Hernández Franyuti), 2 vol., México, Instituto Mora.

Ladd, Doris M. (1976), *The Mexican Nobility at Independence, 1780-1826*, Austin, Institute of Latin American Studies, The University of Texas.

Lafragua, José María, y Manuel Orozco y Berra [1853-1856] (1987), *La ciudad de México*, México, Porrúa.

Lavrín, Asunción, *et al.* (1989), *Sexuality and Marriage in Colonial Latin America*, Lincoln, University of Nebraska Press.

581

Lemoine Villacaña, Ernesto (1978), *El desagüe del valle de México durante la época independiente*, México, UNAM.

Lempèriére, Annick (1992), *Intellectuels, État et société au Mexique, XXᵉ siécle. Les clercs de la Nation, 1910-1968*, París, L'Harmattan.

León Cázares, María del Carmen (1982), *La plaza mayor de la ciudad de México en la vida cotidiana de sus habitantes. Siglos XVI y XVII*, México, Instituto de Estudios y Documentos Históricos, A. C.

Leonard, Irving A. (1966), *Baroque Times in Old Mexico, Seventeenth-Century Persons, Places and Practices*, Ann Arbor, University of Michigan Press.

Lewis, Oscar (1961), *Antropología de la pobreza: cinco familias*, México, FCE.

___ (1961), *The Children of Sánchez*, Nueva York, Random House.

Lira, Andrés (1983), *Comunidades indígenas frente a la ciudad de México: Tenochtitlán y Tlatelolco, sus pueblos y barrios, 1812-1919*, México, El Colegio de México-El Colegio de Michoacán.

Lockhart, James (1999), *Los nahuas después de la conquista. Historia social y cultural de los indios del México central, del siglo XVI al XVII*. México, FCE.

Lombardo de Ruiz, Sonia (1973), *Desarrollo urbano de México-Tenochtitlán según las fuentes históricas*, México, INAH.

___ (1980), *La Ciudadela, ideología y estilo en la arquitectura del siglo XVIII*, México, UNAM.

López Monjardín, Adriana (1982), *Hacia la ciudad del capital: México 1790-1870*, México, INAH.

López Sarrelangue, Delfina (1957), *Una villa mexicana en el siglo XVIII*, México, UNAM.

___ (1982), "Una hacienda comunal indígena en la Nueva España: Santa Ana Aragón", *Historia Mexicana*, vol. XXXII, julio-septiembre, núm. 1, pp. 1-38.

Marroquí, José María [1900] (1969), *La ciudad de México,* 3 vol., México, Jesús Medina.

Maza, Francisco de la (1968), *La ciudad de México en el siglo XVII,* México, FCE

___ (1969), *El churrigueresco en la ciudad de México,* México, FCE.

Messmacher, Miguel (1987), *México: Megalópolis,* México, SEP.

Monnet, Jerôme (1993), *La Ville et son double. La parabole de Mexico,* París, Nathan.

Moreno Toscano, Alejandra (1978), *Ciudad de México. Ensayo de construcción de una historia,* México, INAH.

Motolinía, fray Toribio de Benavente [1541] (1971), *Memoriales o libro de las cosas de la Nueva España,* edición de Edmundo O'Gorman, México, UNAM.

Muriel, Josefina (1946), *Conventos de monjas en la Nueva España,* México, Editorial Santiago.

___(1982), *Cultura femenina novohispana,* México, UNAM.

Musset, Alain (1991), *L'Eau dans la vallée de Mexico: enjeux techniques et culturels,* París, De Boccard [edición en español: *El agua en la ciudad de México,* 1992, Pórtico de la Ciudad de México, CEMCA].

Novo, Salvador (1972), *Historia gastronómica de la ciudad de México,* México, Porrúa.

___ (1974), *Los paseos de la ciudad de México,* México, FCE.

___ (1974), *Seis siglos de la ciudad de México,* México, FCE.

___ (1984), *La vida en la ciudad de México en 1824,* México, Colección Distrito Federal.

O'Gorman, Edmundo (1986), *Destierro de sombras. Luz en el origen de la imagen y culto de Nuestra Señora de Guadalupe del Tepeyac,* México, UNAM.

Palacios de la Nueva España y sus tesoros interiores, Artes de México, núm. 12, verano de 1991.

Paso y Troncoso, Francisco (1939-1942), *Epistolario de Nueva España, 1505-1818,* México, Antigua Librería Robredo.

Payno, Manuel [1891] (1983), *Los bandidos de Río Frío*, México, Porrúa.

Paz, Octavio (1982), *Sor Juana Inés de la Cruz o las trampas de la fe*, México, FCE.

Pescador, Juan Javier (1992), *De bautizados a fieles difuntos. Familias y mentalidades en una parroquia urbana: Santa Catarina de México, 1568-1820*, México, El Colegio de México.

Porras Muñoz, Guillermo (1982), *El gobierno de la ciudad de México en el siglo XVI*, México, UNAM.

___ (1988), *Personas y lugares de la ciudad de México. Siglo XVI*, México, UNAM.

Prieto, Guillermo [1906] (1958), *Memorias de mi tiempo*, México, Patria.

Ramírez, José Fernando [1980] (1976), *Memoria acerca de las obras e inundaciones de la ciudad de México*, México, SEP-INAH.

Ramírez, Ramón (1969), *El movimiento estudiantil de México: julio-diciembre 1968*, 2 vol., México, Era.

Rangel, Nicolás (1938), *Historia del toreo en México*, México, Cosmos.

Reyes, Aurelio de los (1981), *Cine y sociedad en México, 1896-1930*, México, UNAM.

Reyes de la Maza, Luis (1958), *El teatro en México entre la Reforma y el Imperio (1858-1861)*, México, UNAM.

___ (1959), *El teatro en México durante el Segundo Imperio (1862-1867)*, México, UNAM.

___ (1964-1968), *El teatro en México durante el Porfirismo (1880-1910)*, 3 vol., México, UNAM.

___ (1969), *El teatro en México durante la Independencia (1810-1839)*, México, UNAM.

___ (1972-1979), *El teatro en México en la época de Santa Anna (1840-1857)*, 2 vol., México, UNAM.

Robles, Antonio de (1946), *Diario de sucesos notables, 1665-1703*, 3 vol., México, Porrúa.

Rubio Mañé, J. Ignacio (1983), *El virreinato*, 4 vol., México, FCE.

Rojas, José Luis de (1986), *México-Tenochtitlan. Economía y sociedad en el siglo XVI*, México, FCE, El Colegio de Michoacán.

Sahagún, Bernardino de (1977), *Historia general de las cosas de Nueva España*, edición de Ángel María Garibay K., 4 vol., México, Porrúa.

Saldívar Gabriel (1987), *Historia de la música en México*, México, SEP.

Sartor, Mario (1992), *Arquitectura y urbanismo en la Nueva España. Siglo XVI*, México, Grupo Azabache.

Sartorius, Carl Christian [1855, 1858] (1988), *México, paisajes y bosquejos populares. México y los mexicanos*, México, Centro de Estudios de Historia de México, Condumex.

Schilling, Hilburg (1958), *Teatro profano en la Nueva España. Fines del siglo XVI a mediados del XVIII*, México, Imprenta Universitaria.

Sedano, Francisco [1800] (1880), *Noticias de México desde 1756, coordenadas, escritas de nuevo en 1800*, 2 vol., México, Imprenta de J. R. Barbellido (reeditado en 1974 dentro de la Colección METROpolitana).

Seed, Patricia (1988), *To Love, Honor and Obey in Colonial Mexico. Conflicts over Marriage Choice, 1574-1821*, Stanford, Stanford University Prees.

Sierra, Carlos J. (1984), *Historia de la navegación en la ciudad de México*, México, DDF.

Sigüenza y Góngora, Carlos de [1680-1693] (1960), *Obras históricas*, ed. de José Rojas Garcidueñas, México, Porrúa.

___ (1972) [1690-1692], *Relaciones históricas*, edición de Manuel Romero de Terreros, México, UNAM.

Solano, Francisco de (1994), *Las voces de la ciudad. México a través de sus impresos (1539-1821)*, Madrid, CSIC, Biblioteca de Historia de América.

Stevenson, Robert (1968), *Music in Aztec and Inca Territory*, Berkeley, University of California Press.

___ (1974), *Christmas Music From Baroque Mexico*, Berkeley, University of California Press.

Suárez de Peralta, Juan [1589] (1949), *Tratado del descubrimiento de las Indias. Noticias históricas de Nueva España*, México, SEP.

Tibón, Gutierre (1980), *Historia del nombre y de la fundación de la ciudad de México*, México, FCE.

Toribio Medina, José (1912), *La imprenta en México (1539-1821)*, 8 vol., Santiago de Chile, Casa del Autor.

Torquemada, Juan de [1614] (1975-1983), *Monarquía indiana*, edición de Miguel León-Portilla, 7 vol., México, UNAM.

Toussaint, Manuel (1973), *La catedral de México y el sagrario metropolitano*, México, Porrúa.

___ (1983), *Arte colonial en México*, México, UNAM.

Toussaint, Manuel, *et al.* (1938), *Planos de la ciudad de México. Siglos XVI y XVII*, México, UNAM-IIE.

Tovar de Teresa, Guillermo (1981), *México barroco*, México, Secretaría de Asentamientos Humanos y Obras Públicas.

___ (1988), *Bibliografía novohispana de arte*, 2 vol., México, FCE.

___ (1991), *La ciudad de los palacios: crónica de un patrimonio perdido*, México, Fundación Televisa.

___ (1992), *Pintura y escultura en Nueva España (1557-1640)*, México, Grupo Azabache.

Trabulse, Elías (1974), *Ciencia y religión en el siglo XVII*, México, El Colegio de México.

Trueblod, Beatriz (1984), *500 planos de la ciudad de México*, México, Secretaría de Asentamientos Humanos y Obras Públicas.

Unikel, Luis, *et al.* (1976), *El desarrollo urbano de México. Diagnóstico e implicaciones futuras*, México, El Colegio de México.

Valdés, Dennis N. (1978), *The Decline of the* Sociedad de castas *in Mexico City*, Ph. D., University of Michigan.

Valero Gutiérrez, Ana Rita (1984), *La ciudad de México, su primera traza*, México, INAH.

Valle Arizpe, Artemio (1946), *Historia de la ciudad de México según los relatos de sus cronistas*, México, Pedro Robredo.

Vallejo Cervantes, Silvia Gabriela (1991), *Literatura satírica*

586

perseguida por el Santo Oficio de la Inquisición en Nueva España (siglo xviii), tesis, México, UNAM.

Vázquez de Espinosa, Antonio [1620] (1944), *Descripción de la Nueva España en el siglo xvii*, México, Patria.

Vélez-Ibáñez, Carlos (1983), *Rituals of Marginality: Politics, Process and Cultural Change in Urban Central Mexico, 1969-1974*, Los Ángeles, University of California Press.

Vetancourt, Agustín de [1697], (1971), *Teatro mexicano. Descripción breve de los sucesos ejemplares…*, México, Porrúa.

Vetancourt, Agustín de, Juan Manuel de San Vicente, Juan de Viera [1697, 1768, 1778] (1990), *La ciudad de México en el siglo xviii (1690-1780), Tres crónicas*, México, Consejo Nacional para la Cultura y las Artes.

Villarroel, Hipólito (1979), *Enfermedades políticas que padece la capital de esta Nueva España*, México, Miguel Ángel Porrúa.

Villaseñor y Sánchez, José Antonio de [1755] (1980), *Suplemento al Theatro Americano*, estudio preliminar, edición y notas de Ramón María Serrera, México, UNAM, Escuela de Estudios Hispanoamericanos, CSIC.

Viqueira Albán, Juan Pedro (1987), *¿Relajados o reprimidos? Diversiones públicas en la ciudad de México durante el Siglo de las Luces*, México, FCE.

587

DISCOGRAFÍA

Un libro no puede restituir la atmósfera musical que reinó en la ciudad a lo largo de su historia, ya se trate de música importada o de composiciones propiamente mexicanas. Cada vez hay más discos compactos que permiten acompañar los recorridos propuestos en los capítulos de esta obra.

Música del Renacimiento y del siglo XVII

Antonio de Cabezón. Tientos. Himnos. Pange lingua. Motetes. Pavanas. Canciones. Variaciones. Kimberly Marshall. Vallois/Auvidis v4 645.

Músico de Carlos V y de Felipe II, Cabezón domina el órgano español del siglo XVI. Su obra influyó en la música que se tocaba en la catedral de la ciudad de México.

Cuatrocientos años de música. Primer Gran Festival Ciudad de México. Bajo la dirección de Benjamín Juárez Echenique. Cuatro Estaciones (México).

Una obra del maestro de capilla de la catedral de la ciudad de México Hernando Franco. Más adelante se encontrarán otras interpretaciones más convincentes *(Il secolo d'oro* y sobre todo *Spanish and Mexican Renaissance Vocal Music).* Para el siglo XVII, el *Salve Regina* de Juan de Llenas, activo en la ciudad de México entre 1620 y 1630.

Ensaladas. Hesperion XX, bajo la dirección de Jordi Savall. Astrée. Auvidis E 7742.

Obras de Matheo Flecha el Viejo *(ca.* 1481-1553), Francisco Correa de Arrauxo *(ca.* 1575-1663) y Sebastián Aguilera de Heredia *(ca. 1575-1627)* ilustran un género musical en boga en la España del siglo xvi, la *ensalada*. La instrumentación —viola, flauta, vihuela, corno, chirimía...— es comparable con la que se usaba en la ciudad de México en las capillas españolas e indígenas de la segunda mitad del siglo xvi.

Il Secolo d'Oro nel Nuovo Mondo. Villancicos e orationes del'600 Latino-Americano. Ensemble Elyma bajo la dirección de Gabriel Garrido. Symphonia sy 91so5.

Dos obras en náhuatl atribuidas a Hernando Franco, *In ilhuicac* y *Dios itlaço nantzine*. Véase más adelante *Spanish and Mexican Renaissance Vocal Music*. Dos obras de Gaspar Fernández (Oaxaca).

Masterpieces of Mexican Polyphony. Westminster Cathedral Choir bajo la dirección de James O'Donnell. Hyperion, cda 66330.

Contiene un *Salve Regina* del compositor español Hernando Franco (1532-1585). Franco nació cerca de Alcántara, en Extremadura. Después de cantar en el coro de la catedral de Segovia, se fue a Guatemala (1573) y luego a México, donde ocupó el cargo de maestro de capilla de la catedral hasta su muerte en 1585. Se conservan catorce *Magníficat* y muchas otras obras de él.

Messe de l'Assomption de la Vierge. Compañía musical de las Américas. La Fenice, bajo la dirección de Josep Cabré ("Les Chemins du Baroque" 3) affa, k.61702.

Piezas de Francisco Guerrero (1528-1599) —*O celestial medicina, Trahe me post te...*— recuerdan la importancia de la polifonía española y especialmente la de los músicos de Sevilla en la eclosión de la música mexicana del Renacimiento. Hasta 1540, el obispado de México dependió del arzobispado de Sevilla. Las obras de los sevillanos Guerrero, Lobo, Morales, Escobar se difundieron en la Nueva España a partir de las partituras manuscritas o impresas. Las canciones y villanescas espirituales de Guerrero (1589) obtuvieron en México un gran éxito. Sus obras se interpretarán en las catedrales mexicanas hasta finales del siglo XVIII.

Alonso Mudarra. Tres libros de música en cifras para vihuela. Hopkinson Smith. Astrée. Auvidis E 8740.

Con Milán y Narváez, Mudarra fue uno de los vihuelistas más talentosos del siglo XVI español. Sus "tres libros" expresan una polifonía rigurosa, inventiva y virtuosa. Sus partituras llegaron a México desde España: la *Orphenica lyra* de Fuenllana (1554); el *Delphín de música* de Narváez (1538) y el *Parnaso* de Daza (1576).

Diego Ortiz. Recercadas del trattado de glosas. 1553. Jordi Savall. Ton Koopman. Lorenz Duftschmid. Rolf Lislevand. Astrée E 8717.

Una obra de consulta para el repertorio de la *viola da gamba,* impreso en Roma en 1553. Entre los primeros maestros de "vihuela" en México citemos a Bartolomé Risueño, Martín Núñez y Juan Bautista de Torres, originario de Toledo.

Spanish and Mexican Renaissance Vocal Music. The Hilliard Ensemble. EMI Classics CDS 7 54341 2.

Cristóbal de Morales implementó una técnica de enseñanza del canto de iglesia que inspiró a los misioneros: el estudio del canto llano debía preceder al de la polifonía. Varias obras de Cristóbal de Morales *(Pater Noster, Parce mihi, Domine, Magnificat)* dan testimonio de la influencia de la música sevillana. El *Parce mihi, Domine* se interpretó en la ciudad de México en 1559 con ocasión de las exequias de Carlos V. Según el cronista Francisco Cervantes de Salazar, la interpretación conmocionó al público. Dos himnos en náhuatl atribuidos a Hernando Franco, pero probablemente compuestos por algún discípulo indígena, traducen el encuentro de la técnica polifónica con la frescura del villancico ibérico y la musicalidad del náhuatl. Hay que tomar nota de una obra de Hernando Franco, pero esta vez en latín, un *Memento mei, Deus* que cultiva una polifonía en alternancia con el canto llano. Una interesante interpretación del *Salve Regina* de Juan de Llenas.

Trayectoria de la música en México. Época colonial. UNAM/ Voz viva. Serie Música Nueva MN-23.

Obras de Hernando Franco y Juan de Llenas cuyas partituras se conservan en un códice del convento del Carmen (México). La grabación no es de muy buena calidad.

Tomás Luis de Victoria. Cantica Beatae Virginis. La Capilla Reial de Catalunya. Hesperion XX. Bajo la dirección de Jordi Savall. Astrée Auvidis. E 8767. Con Morales y Guerrero, uno de los maestros de la polifonía española de ese tiempo.

Música barroca

Cuatrocientos años de música. Primer Gran Festival Ciudad de México. Bajo la dirección de Benjamín Juárez Echenique. Cuatro Estaciones (México).

Obras de Manuel de Zumaya (arias, versos para orquesta), Ignacio Jerusalem *(Misa de niños)* y fray Martín Francisco de Cruzelaegui *(Dixit Dominus).*

Mexican Baroque. Music from New Spain. Chanticleer. Chanticleer Sinfonía. Bajo la dirección de Joseph Jennings, Teldec 4509-93333-2.

Obras de Ignacio Jerusalem *(Responsorio, Dixit Dominus, Misa en re mayor)* y de Manuel de Zumaya *(Sol-fa de Pedro, Lamentaciones de Jeremías, "Celebren, publiquen").*

Música clásica de los siglos XIX y XX

Cuatrocientos años de música. Primer Gran Festival Ciudad de México. Bajo la dirección de Benjamín Juárez Echenique. Cuatro Estaciones (México).

Obras de José María Chávez (la obertura *La huerfanita),* Luis Baca *(Ave María)* y Ricardo Castro *(Minuet para cuerdas).*

Para el siglo xx, Silvestre Revueltas, Gerardo Meza, Eduardo Angulo, Mario Lavista y Juan Carlos Areán.

Melesio Morales, Ildegonda, orquesta sinfónica Carlos Chávez. Forlane.

Homenaje a Jiménez Mabarak. Orquesta sinfónica Carlos Chávez bajo la dirección de Fernando Lozano. Forlane ucd 16712/16713.

Carlos Jiménez Mabarak (nació en 1916) es uno de los grandes compositores del México contemporáneo.

Música mexicana de Chávez, Revueltas. Orquesta filarmónica de México, bajo la dirección de Fernando Lozano. Forlane ucd 16688/16689.

Los clásicos: *Janitzio* de Silvestre Revueltas (1899-1940), *Huapango* de José Pablo Moncayo (1912-1958), la *Sinfonía india* de Carlos Chávez (1899-1978).

Música mexicana para piano, vol. 2. Gustavo Rivero Weber. Discos Raduga, México.

Obras de Alfredo Carrasco, Ramón Serratos y Manuel M. Ponce.

Silvestre Revueltas. Homenaje a Federico García Lorca, Sensemayá. New Philarmonic Orchestra, dirigida por Eduardo Mata, Catalyst, distribución bmg.

Giuseppe Verdi, Aída. María Callas, Mario del Mónaco, Oralia Domínguez. Dir. Oliveiro De Fabritiis. Clave ccl-281/3.

Callas en el Palacio de Bellas Artes (julio de 1951).

RANCHERAS, MÚSICA POPULAR Y ROCK

Astrid Hadad y Los Tarzanes, "¡Ay!", "Los Tarzanes", "La Tequilera", "Grítenme, piedras del campo", etc. Rounder cd 5065. Cabaret Records. En la línea de Lucha Reyes, una mezcla explosiva de influencias mayas y mexicano-libanesas.

Amalia Mendoza, la Tariácuri. 15 éxitos de oro (1992). Gas CD-1080.

Café Tacuba. "Noche oscura", "Rarotonga", "La chica banda"... (1992). Warner Music CDN 7190.

Caifanes. "Mátenme porque me muero", "Te estoy mirando", "La negra Tomasa", "Cuéntame tu vida" (1993). BMG CDM-3264.

Chavela Vargas. La llorona. Turner Records 74321 18321 2.

Danzón. La música de la película de María Novaro. Danzonera Dimas de los Hermanos Pérez, Pepe Luis y su Orquesta Universitaria, Danzonera Alma de Sotavento, Manzanita y el Son 4, Marimba La Voz de Chiapas (1991). Milán Sur 262 470.

Duetos inolvidables. Jorge Negrete, Agustín Lara, Hermanas Aguilar, etc. MDC 197 2 PECD 276.

Fobia. Leche. "Plástico", "Los cibernoides", "Fiebre"... Ariola CDL 1160.

Lola Beltrán. Grandes éxitos. Perfil CD-5305 T-C16.

Maldita Vecindad y los hijos del quinto patio. El circo. "Pachuco", "Un poco de sangre", "Un gran circo"... (1991) BMG CDM 3223.

Paquita la del Barrio. Musart CDP 1015.

Recuerdos de ayer. Agustín Lara, Toña La Negra, Pedro Vargas, Amparo Montes, etc. MDC 199 2 PECD 275.

Rocío Dúrcal. Sus 16 grandes éxitos (1983-1991). BMG CDM-3089.

FILMOGRAFÍA

Algunas obras cinematográficas para explorar la ciudad del siglo XX desde sus ángulos más diversos.

Campeón sin corona, de Alejandro Galindo (1945). David Silva, Amanda del Llano. El box en la ciudad de México, en un estilo neorrealista.

Danzón, de María Novaro (1991). María Rojo, Blanca Novaro. Entre la ciudad de México y Veracruz.

Él, de Luis Buñuel (1952). Arturo de Córdova, Delia Garcés. Un retrato de la burguesía mexicana.

El ángel exterminador, de Luis Buñuel (1962). Silvia Pinal, Enrique Rambal. La burguesía mexicana y el humor negro.

El apando, de Felipe Cazals (1975). Salvador Sánchez, José Carlos Ruiz. La prisión de Lecumberri.

El automóvil gris, de Enrique Rosas (1919). Juan Canal, Joaquín Coss. El hampa en la ciudad de México en 1915.

El callejón de los milagros, de Jorge Fons (1994). Ernesto Gómez Cruz, María Rojo. La vida en el centro de la ciudad, según la novela de Naguib Mahfouz.

El esqueleto de la señora Morales, de Rogelio A. González (1959). Arturo de Córdova, Amparo Rivelles. Sátira y humor negro.

El rey del barrio, de Gilberto Martínez Solares (1949). Tin Tan, Silvia Pinal. Comedia urbana.

Frida. Naturaleza viva, de Paul Leduc (1983). Ofelia Medina, Juan José Gurrola. La vida de la pintora.

La reina de la noche, de Arturo Ripstein (1994). Patricia Reyes

Spíndola, Alberto Estrella. El calvario de la cantante Lucha Reyes.

Los caifanes, de Juan Ibáñez (1966). Julissa, Enrique Álvarez Félix. Encuentro de adolescentes provenientes de medios sociales distintos.

Los olvidados, de Luis Buñuel (1950). Stella Inda, Roberto Cobo. El universo de los marginados en la ciudad.

Matinée, de Jaime Humberto Hermosillo (1977). Héctor Bonilla, Manuel Ojeda. Dos niños descubren la capital.

Nocaut, de José Luis García Agraz (1983). Gonzalo Vega, Blanca Guerra. El mundo del box en la ciudad de México,

Nosotros los pobres, de Ismael Rodríguez (1947). Pedro Infante, Blanca Estela Pavón. El medio popular.

Principio y fin, de Arturo Ripstein (1993). Ernesto Laguardia, Lucía Muñoz. Ascensión y fracaso en la clase media, según una novela de Naguib Mahfouz.

Rojo amanecer, de Jorge Fons (1989). María Rojo, Héctor Bonilla. La masacre de Tlatelolco vista desde un departamento cercano con una familia de la clase media.

Salón México, de Emilio Fernández (1948). Marga López, Miguel Inclán. El famoso Salón México.

Víctimas del pecado, de Emilio Fernández (1950). Ninón Sevilla, Tito Junco. Un cabaret en el barrio de Tlatelolco.

ÍNDICE ONOMÁSTICO

Cervantes, Miguel de: 156, 209, 526

Cervantes, Vicente: 106

Cimarosa, Domenico: 128

Cocteau, Jean: 43-45

Colón, Cristóbal: 302

Concha, Andrés de: 203, 220, 223

Conesa, María: 65

Copland, Aaron: 59

Córdova, Arturo de: 28

Córdova y Bocanegra, Fernando: 210

Corral *el Malagueño*, Juan: 214

Correa, Juan de: 152, 381

Cortés, Antonio: 245

Cortés, Hernán: 40, 70, 95-96, 166, 181, 199, 205, 209, 232, 234, 236-237, 247, 255, 257-258, 263, 295, 307, 311, 312-318, 330, 394, 424, 452

Costa, Lysa: 42

Covarrubias, Miguel: 37

Coyolxauhqui: 267

Croix, Carlos Francisco, marqués de, virrey (1766-1771): 122

Cromberger, familia: 233

Cruzelaegui, Martín Francisco de: 128

Cruz, Juan de la: 249

Cruz, Juana Inés de la: 42, 161, 162-165, 171, 186, 190, 218, 347, 353, 358, 365-368, 371, 375, 388, 496, 545, 557

Cuauhtémoc: 70, 79, 125, 247, 307-308, 311

Cuéllar, Alonso de: 198, 373

Cuesta, Jorge: 60

Cuitláhuac: 247, 310

Custodio Durán, Miguel: 146

Charlot, Jean: 44, 52

Chiarini: 85

De la Cortina, familia: 462

De la Cueva, familia: 52

Delhumeau, Eduardo: 493

Descartes, Rene: 158

Díaz, Ponciano: 481

Díaz, Porfirio: 64, 66, 71, 73-74, 84, 109, 482, 488-489

Díaz de Gamarra, Benito: 118

Díaz del Castillo, Bernal: 249 250, 255, 263, 309

Diego, Juan: 144

Dietrich, Marlene: 36

Donizetti, Gaetano: 92

Dos Passos, John: 58

Dumas, Alexandre: 76

Durero, Alberto: 237

Echave, Baltasar de: 219

Echave Ibía, Baltasar: 222

Echave Orio, Baltasar: 222

Eguilaz, Luis de: 76

Eisenstein, Serguei M.: 184 204, 240, 492

El Crespillo: 249

ÍNDICE DE NOMBRES DE LUGARES

610

Circo Orrín: 480
Ciudad Nezahualcóyotl: 518, 532-533, 536, 544, 556, 573
Ciudad Satélite: 505, 525, 528
Ciudad Universitaria: 29, 233, 514
Coatepec: 266
Colegios:
de México: 24
de Las Vizcaínas: 136
de Minas: 86, 104, 114
de Santa Cruz de Tlatelolco: 238-239, 345
de San Ildefonso: 49, 74
de San Juan de Letrán: 327
Colina del Tepeyac: 144, 464, 473
Colonias:
20 de Noviembre: 498
Álvaro Obregón: 498
Condesa: 28, 485, 530,
Cuauhtémoc: 485, 526, 527
El Pocito: 548
Guerrero: 485, 497, 500, 501, 525-526, 553
Hidalgo: 74, 486
Hipódromo: 29, 530
Juárez: 72, 485
Los Pastores: 528
Mártires de Río Blanco: 498

Morelos: 486, 540
Polanco: 28, 528, 536
Rastro: 486
Roma: 29, 72, 485, 516, 530
San Francisco Tepito: 394, 526, 540
Santa Julia: 486, 527
Santa María la Redonda: 319, 436, 500
Valle Gómez: 486
Columna de la Independencia (Columna del Ángel): 67
Correo Mayor: 73
Conventos:
de Churubusco: 139
de Jesús María: 364, 369
de la Encarnación: 366-367
de la Concepción: 364, 366-367
de Nuestra Señora de Guadalupe: 366
de Regina Coeli: 364, 367-368
de San Bernardo: 120, 366
de San Fernando: 148
de San Francisco: 84, 86-87, 88, 98, 148, 221, 333, 364, 394
de San Francisco de Tlatelolco: 84
de San Hipólito: 148
de San Jerónimo: 366, 545

La ciudad de México: una historia se terminó de imprimir y encuadernar en septiembre de 2004 en Impresora y Encuadernadora Progreso, S. A. de C. V. (IEPSA), Calz. de San Lorenzo, 244; 09830 México, D. F. En su composición, parada en el Departamento de Integración Digital del FCE, se usaron tipos New Baskerville de 8:9, 9:11 y 10:12 puntos. La edición consta de 2 000 ejemplares.

COLECCIONES DEL FCE

A la Orilla del Viento
A través del Espejo
Antología de la Planeación en México
Archivo del Fondo
Arte Universal
Biblioteca Americana
Biblioteca de la Salud
Biblioteca de Prospectiva
Biblioteca de Psicología, Psiquiatría y Psicoanálisis
Biblioteca Joven
Biblioteca Mexicana
Biblioteca Premio Cervantes
Breviarios
Breviarios de Ciencia Contemporánea
Clásicos
Clásicos de la Historia de México
Claves (Argentina)
Códices Mexicanos
Colección Archivos
Colección Conmemorativa Dr. Ignacio Chávez
Colección Encuentros (Perú)

Colección Escritores Centroamericanos
Colección Piedra del Sol (Perú)
Colección Popular
Colección Puebla
Cuadernos de la Cátedra Alfonso Reyes
Cuadernos de la Gaceta
Cuadernos de Renovación Nacional
Ediciones Científicas Universitarias
Entre la Guerra y la Paz
Entre Voces
Espacios para la Lectura
Estructura Económica y Social de México
Fideicomiso Historia de las Américas
Fin del Mundo (España)
Fondo 20+1 (España)
Fondo 2000
Foros de la Cátedra Alfonso Reyes
Fuentes para la Historia de la Revolución
Fuentes para la Historia del Trabajo
Guías de Planeación y Control
Historias de México
Intercultural (Guatemala)
La Ciencia para Todos
La Industria Paraestatal en México
La Realidad Argentina en el Siglo XX

La Reconversión Industrial en América Latina
Las Razones y las Obras
Lecturas de *El Trimestre Económico*
Lecturas Mexicanas
Letras Mexicanas
Libros de Texto de Secundaria
Libros sobre Libros
Los Especiales de A la Orilla del Viento
Los Primerísimos
Monografías Especializadas
Noema (España)
Nueva Cultura Económica
Nuevo Periodismo
Obras Reunidas
Paideia (España)
Presencia de México
Revistas Literarias Mexicanas Modernas
Río de Luz
Sección de Obras de Administración Pública
Sección de Obras de Antropología
Sección de Obras de Ciencia y Tecnología
Sección de Obras de Economía
Sección de Obras de Educación y Pedagogía
Sección de Obras de Filosofía
Sección de Obras de Historia

Sección de Obras de Lengua y Estudios Literarios
Sección de Obras de Política y Derecho
Sección de Obras de Sociología
SEP/80
Sombras del Origen (España)
Testimonios del Fondo
Tezontle
Tierra Firme
Travesías
Tucanto
Una Visión de la Modernización de México
Varia
Vida y Palabra de los Indios de América
Vida y Pensamiento de México